◎ 高等院校经济与管理核心课经典系列教材 ◎

人力资源管理专业

人力资源 招聘·培训·考核

RENLI ZIYUAN ZHAOPIN PEIXUN KAOHE

（第三版）

唐志红 ◎ 编著

首都经济贸易大学出版社
Capital University of Economics and Business Press
·北 京·

图书在版编目(CIP)数据

人力资源招聘·培训·考核/唐志红编著. —3版. —北京:首都经济贸易大学出版社,2017.8

(高等院校经济与管理核心课经典系列教材)

ISBN 978-7-5638-2666-7

Ⅰ.①人… Ⅱ.①唐… Ⅲ.①企业管理—人力资源管理 Ⅳ.①F272.92

中国版本图书馆CIP数据核字(2017)第144976号

人力资源招聘·培训·考核(第三版)

唐志红 编著

责任编辑 洪敏

封面设计 砚祥志远·激光照排 TEL: 010-65976003

出版发行 首都经济贸易大学出版社

地　　址 北京市朝阳区红庙 (邮编 100026)

电　　话 (010)65976483 65065761 65071505(传真)

网　　址 http://www.sjmcb.cueb.edu.cn

经　　销 全国新华书店

照　　排 北京砚祥志远激光照排技术有限公司

印　　刷 北京建宏印刷有限公司

成品尺寸 170毫米×240毫米 1/16

字　　数 470千字

印　　张 26.75

版　　次 2003年7月第1版 2011年7月第2版
2017年8月第3版

印　　次 2025年1月总第9次印刷

书　　号 ISBN 978-7-5638-2666-7

定　　价 48.00元

序言

人力资源始终是企业管理的核心命题。

本书从第一版到第二版,再到今天的再次修订,13年的时间。13年中,中国经济高速增长,总量已经跃升为世界第二位,成为影响世界的经济巨人。与之对应的是中国企业在世界的崛起,包括华为、联想、格力、阿里巴巴等众多的中国企业以及企业家走向了全球经济的大舞台,中国企业的管理案例也日渐成为各商学院教学的经典案例,曾经课堂上企业管理经典案例对象的索尼、松下不断萎缩,曾经被奉为管理经典的摩托罗拉也已经倒下。一方崛起一方倒下,企业发展的沉浮让我们感受到市场的无情,更使我们坚定在管理领域探索的决心。在管理快速变革的时代,我们建议读者加强对基本概念的理解,基本概念是我们理解管理以及操作方法变化的基础。

本次修订我们在强化基本理论的同时,结合当前人力资源管理的最新进展,尤其是新技术革命背景下的新技术手段的引入对人力资源管理手段的影响,对人格特质分析在招聘中的意义,进一步对工作分析中的关键词进行了界定,为读者提供可直接操作的工具建议。在战略日益重要的背景下,我们突出了人力资源战略与企业战略之间的匹配,目标导向、战略支撑、责任界定、能力匹配成为基本逻辑体系。结合企业发展的动态实践,我们对大多数的案例进行了重选,感谢中国企业人力资源管理的实践为我们提供了丰富的选择。希望我们能在人力资源招聘、培训和绩效管理三个基本模块上带给读者从理论到实际操作的完整体系。

本书的第一版由我和骆玲教授完成,我负责了第二版的全部修订工作。本次修订我负责全书体系的组织,并具体承担第一章、第二章、第三章的修订工作,与西藏大学经济管理学院周蓉老师一起对第四章、第五章、第六章进行修订,彭川宇副教授负责第七章、第八章和第九章的修订,林晶晶副教授负责第十章、第十一章和第十二章的修订,最后由我定稿。彭川宇副教授和林晶晶副教授都是我在西南交通大学公共管理与政法学院的同事,希望我们这个团队能继续合作并在这个领域有所突破,我的两个研究生刘芝红和潘宇森负责全书图表的修订。

再次对首都经济贸易大学出版社各位老师的辛苦努力表示感谢。在本书的写作中我们参阅了相关资料,引用了众多学者的最新研究成果,并尽力在相关部分予以注明,如有遗漏请海涵。

目 录

第一章

导论

本章要点

本章从认识人入手，讨论现代企业人力资源管理的核心思想，研究人力资源管理与企业竞争优势的关系，并以此为切入点，针对现代移动互联新时代人力资源管理的新模式及对应的内容体系，进一步确认战略性人力资源管理框架下招聘、培训和考核在现代企业人力资源管理中的地位。要求学生通过本章学习，掌握现代企业人力资源管理的基本内涵，认识人力资源管理不同发展阶段的管理重点及当前人力资源管理的新方向。

引入案例

2016年7月的某天，中国LSGS人工智能研究院举办全球人才招聘德国专场，公司按计划准备进行相对小范围的深度筛选，只计划邀约几十位候选人当面交流。其结果：通过各种渠道投递简历的应聘者超过10 000人，公司副总裁进行宣讲，对每一位到现场的应聘者准备了礼物，针对应聘者进行了单独面试和群组面试，最终有60位应聘者进入了第二轮面试。

中国企业进入全球化竞争时代，人才的全球化以及人才吸引力的全球化是中国企业全球竞争力的重要表现。中国的企业开始成为人才招募市场上精英人才选择的对象，意味着中国企业国际竞争力的有效提升。

现代企业之间的竞争归根到底是人才的竞争，是各个企业核心人才特别是企业家的竞争，企业核心竞争力也相应地体现在企业之间吸引、保留、激励适宜人才能力的竞争。本章从现代企业人力资源管理内涵及发展历程、核心思想入手，讨论人力资源管理与企业竞争优势之间的关系，并以此为切入点，分析新时期人力资源管理的模式以及内容体系，确认招聘、培训和考核在现代企业人力资源管理中的地位。

第一节 人力资源管理的内涵及发展

进入21世纪，人们愈发认识到人力资源管理的基础性作用，作为现代企业管理的核心要素，其作用的有效发挥是企业核心竞争力的源泉。不同历史时期，由于企业环境的不同，使得人力资源管理的思想、内容、制度及手段在不同时代都有所不同。我们要把握社会经济发展给企业带来的机会，就必须充分认识到人力资源管理的重要性及现阶段的特点，同时把握人力资源管理的新理念，通过员工（雇员）的满意，为顾客创造高质量产品或服务，并最终为企业提供满意的回报。

一、现代企业对人力资源管理体系的要求

世界经济进入以移动互联和新能源利用为基本特征的新时代，人工智能加速发展，新兴行业和新型盈利模式不断涌现，企业的人力资源管理对人的认识以及用人技术手段变化的挑战，企业转型发展压力加大。

（一）现代市场竞争以及社会经济发展趋势对企业经营管理的要求

在经济全球化的今天，企业间的竞争已经超越了国界，如何适应全球市场瞬息万变的需要，从全球范围的需求进行企业的资源配置，是企业所面临的第一个挑战。其次，社会经济发展中人文价值日益得到重视也是一个不争的现实，如何满足员工的多层次需求是企业发展面临的第二个挑战。再者，如何将企业的发展与社会的可持续发展相结合，与环境保持融洽，从传统的企业营销进入社会营销阶段是

企业面临的又一个挑战。

在这种背景下,企业管理理论不断创新。从迅速满足顾客的需求出发,再造企业的组织流程;从顾客需求日益多样性出发,重新构建企业的生产线;从员工的个人发展出发,考虑如何实现员工与企业的共赢(注意双赢与共赢存在差异,后者更强调员工与企业凝聚在一起,通过二者的结合促进企业的发展);从社会利益出发,考虑企业的发展目标。上述问题成为当前管理界思考的焦点。当然,这些转变有一个中心,那就是最终实现股东权益的最大化。人们认识到在这些转变中,实现企业与员工的共赢是关键,因为只要员工满意度提高,就会充分发挥其能力及潜能,积极主动地创造出令顾客满意的产品;顾客满意了,企业就可以取得相应的收益,也就可以在解决就业的基础上为社会提供税收,最后股东就可以得到满意的回报。也就是说,现代企业的管理实际上是满意度管理,出发点是顾客满意,通路是员工满意,终点是股东满意。

现代社会发展进入创新大爆发时代,移动互联技术的高速发展改变了信息传递方式以及办公方式,智能技术的发展使得机器人成为工业生产主力军,以个人为中心的管理和创新激发成为新时期管理的重要方向。

表 1-1 说明,从战略举措,到日常管理细节,人力资源管理诸活动已成为企业改善经营业绩的关键。

表 1-1　重视改善业绩的关键环节

1. 遴选合适的人
使用一个能够吸引合适候选人的招聘程序;
实行适当的工作岗位分析;
对每一个新员工都有高期望值;
监测招聘程序的效率
2. 正确的培训和发展计划
使员工技能的发展满足经营的需要;
每一个员工都必须建立个人发展计划;
如果可能,新员工应建立内心目标
3. 有效的沟通
确保目标和战略保持在一个能被理解的适当水平上;
价值体系必须明白无误地宣布并予以实施;
对沟通的关键信息,包括成功,做出一个精心准备的规划;
对企业和个人的表现与绩效了如指掌
4. 每个人都明确自己的角色责任
明确个人目标,并针对目标对工作绩效做出评估;
每年至少要做出一次素质评估

续表

5. 各个层面上员工的权限
他们必须感觉到自己的价值;
他们必须被授权,并且懂得使用权限去行动;
奖励体系必须公平合理;
员工的所有权必须得到重视;
避免使用陈腐的"他们和我们"的做法来凸显经理和其他员工的差异
6. 在企业内倡导创新精神
持续的远景展望;
鼓励尝试——常常是一个好办法

资料来源:内维尔·贝恩,比尔·梅佩. 人的优势——通过更好的遴选与业绩改善经营成果[M]. 北京:经济管理出版社,2001:19.

(二)中国企业人力资源管理的挑战

中国社会经济进入大转型期,对于企业人力资源管理而言,所面临的严峻现实是:企业微观层面人力资源管理转型与国家层面人口红利的消退、时代层面上技术颠覆式创新、空间层面上全球经济格局重整三位一体。

中国企业快速成长推动中国成为世界第二大经济体。众多跨国公司选择进入中国市场投资,一方面是看中了中国市场巨大的消费能力,另一方面则是看中了中国市场的人力资源优势。与跨国公司竞争,中国企业拥有的最大优势就是我们对本土的熟悉,拥有大量优质且廉价的人力资源,但这种熟悉往往会变成一种惰性,中国企业擅长和重视的是对机遇的把握,忽略的是优异的人力资源。正如波特在《国家竞争优势》一书中所指出的那样:"在狭义的国际竞争中,竞争优势源自于丰富的资源,并将科技视为外部条件。然而在实际竞争中,丰富的资源或廉价的成本因素往往造成资源配置没有效率。""在中国,两条腿的人有的是!"国企改革中,我们往往对实物资产的流失痛心疾首,而对大量优秀工人的下岗、技术专家被挖走表现出惊人的麻木。从发展看,中国"人口红利"消失是必然的,企业必须在维护劳动者的权益、提升劳动者待遇的过程中提升竞争力,切实在行动上将人力资源作为企业第一资源而不仅仅是演讲中的说辞。进一步,中国企业开始大举进军国际市场,以全球化的视野,尊重文化的多元化,建立起符合现代人需求、具有激励作用的人才选拔和使用机制,推行科学的绩效考核及管理,实现从机遇性投机成长到内涵式可持续发展成为中国企业国际化发展之必须。

二、人力资源管理的基本概念

（一）资源

资源是现代经济学中一个核心概念。《辞海》中的资源为“资财的来源”。从字面意义看，资源是资财或财富的来源，强调的是有用。经济学通常将为了创造物质财富而投入生产过程的一切要素称为资源，包括人力资源、自然资源、资本资源和信息资源等。

（二）人力资源

人力资源概念被正式提出是近百年的事情，目前广为了解的人力资源概念是管理大师彼得·德鲁克于1954年在其名著《管理实践》中首先正式提出并加以界定的。他认为，人力资源是一种必须通过有效的激励机制才能开发利用的一种特殊资源。20世纪60年代以后，舒尔茨的人力资本理论得到了重视，使得人力资源概念更深入人心。学者们从不同角度出发提出了一系列的人力资源定义。这些观点大致可以分为两种：一种是从能力角度进行的界定，例如，人力资源是人类可用于生产产品或提供各种服务的能力、技能和知识；人力资源是劳动过程中可以直接投入的体力、智力、心力的总和及其形成的基础素质，包括知识、技能、经验、品性与态度等身心素质。另一种则是从人的角度解释人力资源，例如，人力资源是指能够推动社会和经济发展的具有智力和体力劳动能力的人的总称；人力资源是一定社会区域内所有具有劳动能力的人口的总和。后者的解释比较符合国家经济统计的需要，而前者则更符合管理的需要。

从管理的角度出发，我们认为，所谓的人力资源就是人所具有的，在一定条件下可以被组织所利用的，对价值的创造起贡献作用的体能、知识、技能、能力、个性行为特征与倾向等载体中的经济资源的总和。需要强调的是，现代管理愈发重视个性行为特征与倾向的价值，这种资源的属性在很大程度上决定了资源可使用程度及方向，一般性的能力可以通过短时间的培训而获得或改变，倾向一旦形成，短时间则不可能改变。就如嘎嘎叫是鸭子的行为倾向，要找一个具有执行力的人就必须寻找老鹰而不是光说不练的鸭子。个人的个性行为倾向与岗位对应的人格要求相匹配是人力资源管理的基础性工作。

一般的，人分为个体人、群体人和任务人。不同层次的人，考察的力是不一样的（参见图1-1）。管理的对象不同，其需要激发的力也就不同。

人力资源不是人本身，而是人身上所具有的可以使用的力。人是资源的载体，但是，这些资源只是一种存在，真正为我们所使用的应该是在一定条件下所发挥出来的能力。因此，著名人力资源管理专家、美国密歇根大学教授戴夫·乌里尔克认为，“人力资源＝能力水平×投入程度”。中科院的专家们在《中国可持续发展战略

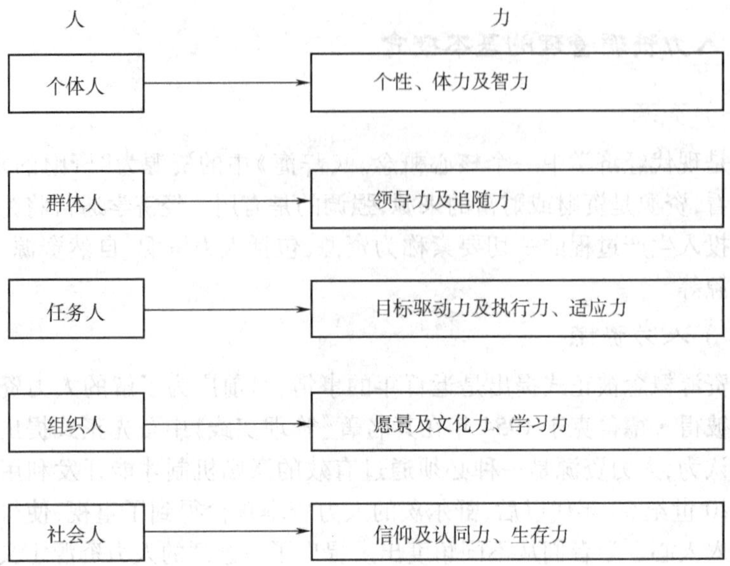

图 1-1 人—力的组合

报告》中指出,人力资源能力分为三个层面:人的体能(生理和心理的健全程度)、人的技能(掌握基本技术和生产流程的熟练程度)和人的智能(创造性开发及创新的程度)。专家认为,这三方面能力对社会财富的贡献分别为1:10:100。按这样的计算,中国人的"人力资源能力"得分为 7 分左右,而发达国家平均得分为 25 ~ 40 分。

正确理解人力资源,还需要掌握该概念与相关概念的区别,如人才。与人才同音的还有人材与人财。人材强调了人力资源某一方面特征的可塑性;人才强调了其能力的特性,而人财则强调了对人力资源的使用会创造更多的财富。任何一个组织本质上所需要的人都是人财。《辞海》解释,所谓的人才是指有才识学问的人,德才兼备的人。人才资源更多地强调了其能力、学识的异质性,而人力资源则强调了能力的共同性。相对而言,人才是较人力资源高一个层次的概念。

(三)人力资源管理

1. 管理

哈罗德·孔茨认为,管理就是设计和保持一种良好环境,使人在群体里高效率地完成既定目标。彼得·德鲁克认为,管理是"人的价值与行为相整合的约束或社会秩序与知识探求"及"自由的艺术"。当今著名管理学家亨利·明茨博格在一次演讲中提出管理是科学也是艺术,同时也是手艺。这些认识丰富了管理的内涵,并使我们相信,要理解管理就必须从实践出发。"最终检验管理的是企业的业绩。唯一能证明这一点的是成就而不是知识。换言之,管理是一种实践而不是一种科学或一种专业,虽然它包含这两方面的因素"①。

现代管理学认为,管理就是营造一个磁场,通过磁场效应凝结各个生产要素,使之整合在一起,形成合力和向心力,最终实现组织预先制定的目标(参见图1-2)。

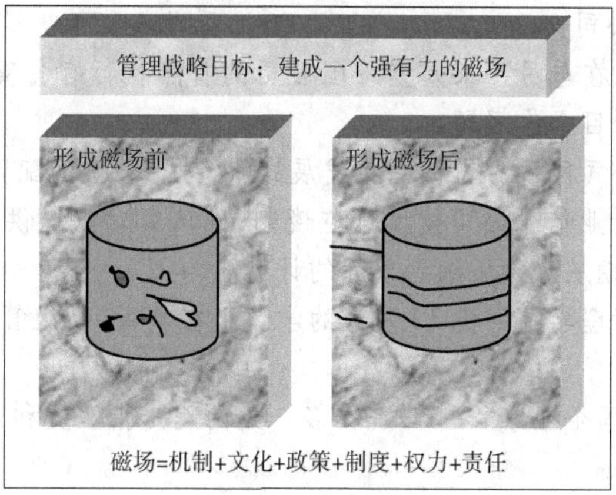

图1-2　管理与磁场

阅读材料:

画面1:中国的企业

晚上8点钟,某上市公司的董事长与一咨询公司老总聊天。半个小时内电话响了7次。

分别是:

董事长秘书打电话来请示给某领导购买生日礼物的金额要控制在多少范围内?

办公室主任打电话请示今年的重阳节是否给老同志安排活动,预算可为多少?

总经理打电话请示说公司最近资金紧张,董事长能不能与银行的王主任谈谈?

人力资源部部长汇报门卫已经安排好了(此人为董事长的远房侄子)!

公司市场部经理请示明天公司新产品推广会主题标语是否恰当?

董事长秘书又来电请示,刚刚接到通知,董事长明天要参加市政府的文明卫生城市创建先进企业表彰大会,并发言!

保卫科科长打电话说,公司前不久偷东西的贼已经抓住,是一个家庭很困难的职工所为,请示是否需要送派出所?

① 彼得·德鲁克. 管理实践[M]. 上海:上海译文出版社,1999:11.

过了一会儿,该董事长自己拿起电话看了看,确认自己手机处于正常状态,因为已经好一会儿没有人打电话来了!

画面2:外国公司:

首席执行官正在与另一家大型跨国公司的首席执行官打高尔夫球,顺便聊聊两个公司明年的项目合作问题。

CFO正依据公司刚刚拟订的明年发展战略,考虑资金的配置和融资渠道。

CLO正与一专业信息公司技术总监谈判,确认由对方提供一整套管理信息系统,将企业的存货期从7天压缩到5天的计划。

公司内部的管理学院一批30多人的学员正在学习"高级管理综合素质培训课程"。

有人戏说,中国企业家"两院"院士多。此两院是指医院和法院。

管理所营造的磁场效应通过机制、文化、政策、制度、权力和责任实现。其中,制度是基础,机制是保障,文化是源泉,权力是杠杆,政策是措施,责任是约束(激励)。

2. 人力资源管理

事情都是人在做。管理的核心就是管人。人力资源管理是运用现代化的科学方法,对与一定物力相结合的人力进行合理的组织、培训和调配,使人力、物力经常保持最佳比例,同时对人的思想、心理和行为进行恰当的诱导、控制和协调,充分发挥人的主观能动性,使人尽其才、事得其人、人事相宜,最终实现组织目标和个人发展目标的有效结合。

人力资源是数量和质量的统一体,因此,人力资源管理就是从量和质两个方面进行管理。人力资源量的管理就是通过招聘、培训、组织和协调等方式使组织拥有所需要的人,实现人与组织岗位的恰当配置。人力资源质的管理就是通过对组织成员个体思想、心理和行为的整合与管理,提升个体的工作能动性,以创造更高的绩效。

人力资源管理的核心问题是"匹配",即做到人与事的匹配,这种匹配是一种动态的匹配。世上没有无用之人,只有没有用好的人。一个人工作绩效的好坏首先需要考察他是否适合此项工作。在此基础之上,好的绩效还需要恰当的物力支持。因此,人力资源管理的对象不是单纯的人,而应该是与物力相结合的人,人力资源管理的第一出发点不是管理的对象,而是管理者自身,管理者自身对人力资源的认识以及人岗匹配认知,影响到人力资源配置从而最终影响到人力资源管理效率。

人力资源管理的第一任务就是激活,通过各种管理手段,激发人力资源活力,使其处于"活着"的状态,从而有效发挥其能力。犹如人喝酒,一般酒量的人在激活的状态下,往往能喝超过自己平常的量不会有事;而一旦处于被压抑的状态,则即使很少的一点酒都能使其醉倒。

三、人力资源的基本特征

作为一种特殊资源,人力资源具有不同于自然资源的特殊性,主要表现为能动性、时效性、增值性、非经济性、个体差异性和有限性。

(一)能动性

能动性指人力资源是所有生产力要素中唯一具有能动性的要素,人力资源的载体总是有目的、有计划地使用自己的体力和智力,在社会价值的创造中始终处于主动地位,是劳动过程中最积极、最活跃的因素,其他的要素则总是处于被动的状态。人力资源管理的首要任务就是调动被管理对象的能动性,从让他做转变为他自己要做。

(二)时效性

时效性是强调人的不同生命阶段人力资源的质量是不一样的,如果不及时使用则会出现"过期作废"的现象,通俗地说,人力资源不能实现库存。知识经济时代,科学技术的革命性发展使得人力资源的时效性特征表现得更为突出,形象的比喻为人会"加速折旧"。

(三)增值性

增值性是指人力资源的智力会因为使用和不断积累而更有价值,体现出边际递增的效益。美国经济学家舒尔茨教授认为,土地本身并不是使人贫穷的主要因素,而人的能力和素质却是决定贫富差距的关键。旨在提高人口质量的投资极大地有助于经济繁荣和增加穷人的福利。发达国家的经验告诉我们,高素质人力资源的投资效益远高于固定资产投资的收益,人力资源的经济价值不断上升。春秋时期的管子有曰:一年之计,莫若树谷;十年之计,莫若树木;终身之计,莫若树人。一树一获者,谷也;一树十获者,木也;一树百获者,人也。可见投资于人收益的长久性。

(四)非经济性

非经济性是指人力资源的载体即人,除了追求"高收入"的经济利益外,还有非经济方面的考虑,如个人兴趣爱好、职业晋升机会、工作环境和职业的社会地位等。经济性需求仅是人力资源发挥作用的必要条件而非充分条件。

（五）个体差异性

个体差异性是指不同的劳动要素个体，知识技能条件、劳动参与率倾向以及要素产出都不一致，不存在完全一致的劳动要素，通俗地说就是人与人不一样。

（六）有限性

有限性是指人力资源只能在相对有限的时间范围内有限使用。劳动者的生产过程和消耗过程同步进行，人的精力有限，人的生命有限，其使用也就只能是有限的。

（七）社会性

人力资源的形成及作用的发挥将受到社会文化及环境的影响，从而具备社会性的特征。人力资源的社会性主要表现为人与人之间的交往及由此产生的千丝万缕的联系。不同民族、不同地区的人们具有不同的社会属性，也就具备不同的行为倾向。这就使得我们在人力资源管理过程中不仅要考虑人的个性，还要考虑人与人之间的团队关系，考虑这种关系对组织的影响。比如，中国人比较讲感情，管理中重视沟通，重视组织内部关系融洽；而美国人以制度为管理基础，强调法制，管理中重视规则。

四、人力资源管理的发展

从管理重心的差异出发，这个过程大体分为传统人事管理阶段（20 世纪初 ~30 年代）、人力资源管理阶段（20 世纪 30 年代 ~70 年代）、人力资本管理阶段（20 世纪 80 年代 ~21 世纪初）、能本管理阶段（21 世纪初至今）四个阶段（参见图 1－3）。

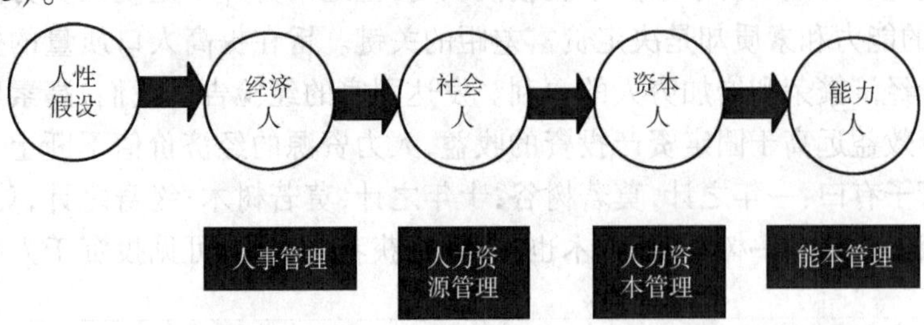

图 1－3　人的认识及人力资源管理的发展

（一）传统人事管理阶段（20 世纪初 ~30 年代）

传统人事管理，“主要处理工作中人的问题，以及人与企业的关系”①。这是人

① 王锐添．人事管理与组织行为（修订本）[M]．香港：商务印书馆，1993：1.

力资本管理的古典阶段。

传统的人事管理重物轻人，把人当作工具，是“经济人”，强调人事有效配置，主要是人适应机器。泰勒把企业看作是一个“大机器”，而企业的员工则是这一机器中的“零部件”。在管理中强调通过利用具有法定的、严格的规章制度对每个员工进行考核，并根据考核结果实行重奖重罚。奖励的主要方法是实行“差别计件工资”，以及奖金和其他福利与荣誉，对于中层以上的领导，还有分红、职务升迁等。处罚形式包括记过、罚金、长(短)期停职、降低工资、解雇，崇尚“蛋糕原理”，提倡工人与雇主共同进行“思想革命”，即双方都不要把心思放在盈余的分配上，而应放在增加盈余的数量(把“蛋糕”做大)上，使盈余增加到大家都认为没有必要去争论如何进行分配，为此，把和解奉为座右铭。

工业革命的伟大成果之一就是关注标准的连续大规模生产，人的行为标准化是其重要支撑。我们可以将标准理解为现代的规范化。显然，泰勒管理模式无法充分发挥人的潜能和创造力，但它通过强调培训，使人具备标准、统一、机器化的行为(参见图 1 – 3)，从而达到提高工作效率的目的，工作的需要是用人的出发点。

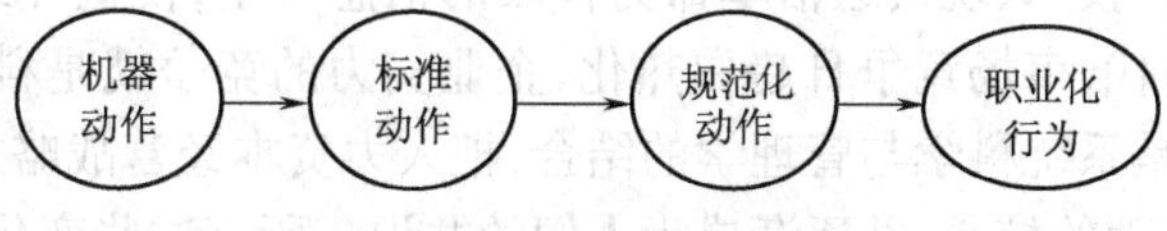

图 1 – 4　人的标准化过程

资料来源：唐志红，肖丕楚，韩文丽. 能本管理实用图解手册[M]. 北京：中国工人出版社，2006：14.

传统人事管理只把人作为机器，忽略人的能动性和潜能开发，注重人的能动性，使人事管理转变为人力资源管理。但从行为标准角度出发，将人作为机器管理或许是一个训练的历程。这一点对于没有大规模经历工业革命的中国具有较强的指导价值。中国已经进入工业社会，但中国人在一定程度上还缺乏工业社会基本的规范意识和行为。

(二)人力资源管理阶段(20 世纪 30 年代 ~ 70 年代)

这一阶段的主要代表人物有马斯洛及其“人类需求层次论”、赫茨伯格及其“激励因素—保健因素理论”、麦格雷戈及其“X 理论—Y 理论”、大内及其“Z 理论”等。

在人力资源管理阶段，人们首先批判了传统的“经济人”人性假设，提出了“社会人”假设和“自我实现人”假设，将人视为一种重要的资源，其需求具有层次性，因此，将开发和激励作为人力资源管理的重点。在此基础上，人们强调非正式组织和劳资合作对于提升人力资源管理绩效的重要性。

与传统人事管理单纯强调理性管理相比，人力资源管理更加注重其管理的社会性和心理性，用“人性管理”统率对人的理性管理，拓宽了人力资源管理思想的内涵。它已经具有了“以人为中心”管理思想的雏形。但它仍然只是停留在对人的行为、人的心理、人的观念等的分析认识之上，希望通过改善人的行为，平和人的心理，让劳动力“资源”更充分地发挥作用；忽略（至少是不提）劳动者的文化科学技术素质。同时，即使对于“理性人”和“社会人”的关系，任何偏向一方而“淡化”（其极端是否定）另一方，都同样会陷入片面与僵化，达不到真正有利于提升人力资源管理效率的目的。

（三）人力资本管理阶段（20 世纪 80 年代 ~21 世纪初）

20 世纪 80 年代初，随着发达国家在 70 年代末从工业社会向信息社会（后工业社会）的转变，人力资源管理思想出现了一个新动向：一方面是在上一阶段已经出现的“以人为中心”的管理思想日趋成熟；另一方面是人力资本理论开始全面介入企业管理。这种思想产生的背景，一是企业文化理论的系统化，促使一个新的管理学派——文化管理学派诞生；二是 20 世纪 50 年代末期由 W. 舒尔茨创立的人力资本理论，越来越多地被人们所认识和接受，科学技术成为举世公认的第一生产力；三是以计算机技术、现代通信革命为代表的信息科学，使世界经济全球化进入了前所未有的时代，市场竞争日趋白热化，企业实力的竞争就是科学技术的竞争、人才的竞争；四是系统科学与管理学的结合，把人力资本经营战略放在整体企业发展战略和企业管理的核心，并逐渐成为人们的共识。所有这些变化，标志着初期的把人当作物的附属物进行的“人事管理”，经过从 30 ~70 年代的“人力资源管理”，最终被代之以知识经济为特征的“人力资本管理”时代。著名管理学家德鲁克、著名经济学家加里·贝克尔、罗默、卢卡斯等人，都为这个阶段的发展做出了重要的贡献。

这一阶段，强调人是一种资本要素，而且是组织生存和发展的第一资本；强调人的自我发展和自我能力的释放；在具体的管理过程中重视以人力资本为中心的无形资本的经营。

人力资本管理论者主张，人力资本营运是一个系统工程。它具有两大体系：一是把人力作为资本进行运作的体系；二是把人力资本作为生产要素进行管理的体系。两大体系下面又有相关的若干子系统，例如，组织结构系统、指挥控制系统、计划配置系统、技术开发系统、市场信息系统、评价与考核系统、培训教育系统、监督（会计与审计）系统、社会心理测试系统和人事管理系统等。各个系统之间相互联系、相互影响、相互作用，从而构成一个整合的人力资本营运体系。

（四）能本管理阶段（21 世纪初至今）

管理以人为本需要思考的是“本”是什么？是人吗？现代科技革命的迅猛发

展,使得创新能力成为决定一个企业乃至一个国家生存和发展的重要因素,人所具有的特性在各个阶段都是存在的,管理以人为本,推行人本管理的“本”如果是人,那怎么将对人的管理与具体的企业竞争力培育联系起来呢?怎么将人与企业绩效的提升直接关联起来呢?

创造财富的不是人,而是人身上的能力。人只是能力的载体,因此,管理以人为本,应该将“本”放置在人的能力上,考虑评估人的能力,形成一种以人的知识、智力、技能和实践创新能力为核心内容的管理新思路,也就是以能为本的管理。

“能本管理”就是以人的能力作为管理的对象和管理的核心,提倡能力本位,建立起以能力为核心的价值观,从而通过一系列的制度安排,实现人和组织的共同发展,最终建立起学习型组织。

“能本管理”就是挖掘人的潜力,最大限度地发挥人的创造力和智力,把人塑造成“能力人”,充分调动人的工作潜能,培养、发挥人的智商、情商和创新能力,营造一个能发挥每位员工创造能力的环境。下面的故事或许可以给我们一些启示。

小故事:蜜蜂和苍蝇

六只蜜蜂和同样数目的苍蝇被装进一个玻璃瓶中,瓶子平放,瓶底朝着窗外。想一下,谁能从瓶子里出来。

你会看到,蜜蜂不停地想在瓶底上找到出口,一直到它们力竭倒毙或饿死;而苍蝇则会在不到两分钟之内,穿过另一端的瓶颈逃逸。事实上,正是由于蜜蜂对光亮的喜爱,由于它们的智力,蜜蜂死亡了。愚蠢的苍蝇对事物的逻辑毫不留意,全然不顾亮光的吸引,四下乱飞,结果误打误撞地碰上好运气。

想一想:蜜蜂和苍蝇谁更有能力?表现在哪些方面?

这并不是一个寓言故事,而是美国密执安大学教授、著名行为学者卡尔·韦克教授所做的一次实验。韦克总结道:这件事说明,实验、坚持不懈、试错、冒险、即兴发挥、最佳途径、迂回前进、混乱、刻板和随机应变,所有这些都有助于应付变化。能力,实际上是一个相对的概念,相对于任务,相对于一定时期特定任务和代价而言。能本管理实质是以“能力人”为基础和前提,是以人的能力及能力应对目标的发挥为本的管理。

从人事管理到今天的能本管理,人力资源管理不断向前进步。我们用表 1-2 进行不同阶段管理内容的对比。

表1-2 从人事管理到能本管理

	人事管理	人力资源管理	人力资本经营	能本管理
人力资源现状分析	·定员定编，依据当前生产状况决定人员配置 ·多为感性认识	·以企业经营战略为导向 ·对员工的构成进行理性分析（年龄、性别、学历、技能等）	·用货币来衡量、评价现有的人力资本的价值，更有比较性 ·追求利润的最大化	·现实人员与岗位的匹配度及可能的潜力 ·追求人尽其才，事得其人
员工招聘	·计划成分多 ·随意性大	·全面考核个人素质 ·只挑最好的	·以投资回报率的预测为基础决定取舍 ·只买对的，不买贵的	·依据企业核心能力建设所提出的企业能级体系 ·有能者居之
员工培训	·以解决现在问题为目标的一种活动 ·多为技能培训	·以文化和谐，素质提升为导向 ·培训内容广泛 ·制度化、规范化	·以可预期的未来收益为导向 ·选择收益最大的培训方案	·动态地适应企业岗位需要
员工考核	·为内部价值分配进行员工排序 ·多为单纯的业绩评价或论资排辈 ·缺乏明确、统一的考核标准	·关注员工的未来表现 ·具有公正、明确、统一的考核标准	·用科学的方法对员工价值链进行评估，并不断指导员工进步	·以绩效的改进和提升为目标界定能力提升计划 ·员工激励
员工激励	·对已发生的行为奖惩 ·由于考核结果的不公正，导致激励效果不明显 ·多年一贯制，激励缺乏层次	·以公正的考核结果为依据 ·以员工的需求结构为导向 ·激励效果明显增强	·将员工的知识、技能、经历、态度、企业家精神等价值量化，通过职工持股计划，形成内在激励	·能动地发挥其潜力 ·及时鼓励
员工使用	·"拉郎配"	·责以能授，职以需设 ·人适合于岗位，岗位适合于人	·以预期收益决定岗位的设定和人员调配	·能岗匹配

五、现代人力资源管理的核心观念

（一）人力是一种重要的资本要素

人力资本是指体现在劳动者身上的、以劳动者的数量和质量表示的非物质资本，表现为劳动者健康、具有一定的操作技能和劳动熟练程度。对于企业而言，人力资本就是企业所拥有的、人力资源具备的、为企业创造价值的能力。现代社会已经进入智力资本竞争时代，企业人才构成以及使用效率在很大程度上决定了企业的竞争力。企业人力资本保值增值过程就是企业可持续发展过程。

（二）企业是人力资本与非人力资本的合约

在长期的经营管理中，谁拥有资本谁就有发言权，这里的资本主要是指物质资本、货币资本。现代制度经济学的研究证明，企业实际是人力资本与非人力资本的一个合约，彼此结合在一起才能发挥效用。当然，在不同的经济发展时期各种资本的作用有差异。在很长一段时间内，货币资本的作用占主导地位，而随着知识经济时代的来临，人力资本的作用日益凸显，在一些高智力行业甚至起到了主导作用，人力资本的产权安排有助于构建现代企业治理结构。

（三）人力资本是一种能动性资本

与其他资本相比，能动性是人力资本一个显著的特征，其使用的发挥与资本的环境、人力资本载体的意愿等密切相关。如何激发员工的工作积极性，使其能动地发挥作用是企业人力资源管理面临的一个重大课题。

（四）人力资源管理部门是一个利润中心

长期以来人力资源管理部门不受重视，一个重要的原因就是我们把这个部门的工作当作费用（成本）中心。在人力资本营运时代，我们已经知道人力资本是企业的核心资本要素，企业的每一项活动都是价值创造的活动，人力资源管理部门作为企业各项人力资源活动的总指挥部，理所当然地应成为企业的利润中心。

（五）招聘、培训和考核是企业重要的能本管理活动

招聘和培训直接面向企业所需要的能力。结果就是企业人力资本的增加（招聘是外延式扩张，培训则是内涵式扩张），而考核特别是绩效考核可以验证招聘和培训是否直接有效。因此，从人力资本投入的角度而言，我们可以将招聘和培训视为人力资本投资，而考核则视为人力资本产出。

（六）企业管理的重心从顾客关系管理到员工关系管理

近年来，顾客（客户）关系管理成为企业经营管理中的一大热点，各个企业纷纷结合本身的特性建立自己的顾客（客户）关系管理系统。现代人力资本管理理

论认为,员工是企业的第一顾客,高人力资本价值的、满意的、创造价值的和敬业的员工是全世界所有盈利型和增长型企业关注的焦点;维系企业与生产经营的不同环节、不同职位、不同文化层次和不同工龄员工的关系,促进员工忠诚度的提高,激发员工工作的积极性、主动性和创造性成为企业人力资源管理的重要任务。

第二节　人力资源管理3P模式——选人、育人和用人

一、企业人力资源管理的主要内容

(一)现代企业人力资源管理的基本任务

现代企业管理的实践,对人力资源管理提出了基本要求。有人认为,人力资源管理的任务包括:①人力资源计划、招聘和选择;②人力资源开发;③报酬和福利;④安全和健康;⑤员工和劳动关系;⑥人力资源研究[①]。有的人则说是“获取”(招聘、考试、选拔和委派)、“整合”(上岗前培训,如企业文化、质量观、技能等)、“保持和激励”(奖酬、福利、提升等)、“控制与调整”(评估考核,做出奖惩、升迁、离退、解雇等决定)、“开发”(培训与教育,提供发展机会,指明发展方向等)[②]。哈佛大学商学院则把下面6项列为人力资源管理最基本的任务:①“吸引”(工作要求,做这些工作的人数和技术要求,对合格者提供工作机会等);②录用(根据需要选择人员);③保持(保持员工积极性,保持安全健康的环境);④发展(发展四种能力:知识K—Knowledge,技巧S—Skill,能力A—Ability,其他特长Os—Others);⑤评价;⑥调整(依据组织需要和雇员技能水平进行调整,使组织和个人均达到最佳的发展状态)[③]。

根据企业发展战略的要求,通过有计划地对人力资源的优化配置,激发员工的积极性和创造性,提高生产率和经济效益,推动企业发展,是人力资源管理的主要任务。具体任务是:

(1)人力资源的计划与配置。通过计划、组织、吸引、招聘、选择和配置等方式,保证供给足够数量和质量的劳动力和专业人才,满足企业发展的需要。

(2)人力资源潜力的开发。通过教育与培训等方式,不断提高员工的劳动技能和专业技术水平,增加企业人力资源积累,提高企业经济效益和社会

① [美]韦恩·蒙迪,罗伯特·诺埃.人力资源管理[M].北京:经济科学出版社,1998:6.
② 余凯成.人力资源开发与管理[M].北京:企业管理出版社,1997:23.
③ 罗锐韧,曾繁正.人力资源管理[M].北京:红旗出版社,1997:17.

效益。

(3)职业发展生涯。企业与员工双方利益最大化,是实现企业目标的根本保证。为此,要通过对员工的选拔、任用、考核和奖惩,积极协助和引导每个员工制订切合实际的职业发展计划,并尽可能地实施,促进全体员工尽快成长。

(4)业绩评估和激励。依据工作分析的成果,制定明确的工作说明书和严格的工作规范,作为业绩评估的依据,并根据评估的结果,运用合理的报酬、福利、提升及其他激励形式,鼓励员工的积极性和创造性。

(5)协调劳动关系。运用各种手段,对管理者与被管理者、员工与雇主、员工与员工之间的关系进行协调,按照国家法律规定,维护员工合法权益不受侵犯,保证劳动法的合理实施。

(6)人力资源管理研究。注意研究有关劳动法律、法规与政策的出台和实施的结果,了解劳资关系的新变化,调查人力资源市场和人力资源管理的新趋势和新经验,跟踪国际人力资源管理学科发展的新趋势等。

(7)人力资源心理管理。现代社会充满各种矛盾,而员工心理问题已经成为众多企业管理者必须面对的话题,特别是企业任务繁重或者裁员的时候,相关问题表现异常突出。人力资源管理的心理管理就是要求人力资源管理部门和相关管理者高度重视员工的心理调节,从而提升员工的活力和构建企业内部和谐的员工关系。

(8)人力资源信息管理。为企业的各项人力资源管理活动及时而准确地提供相关信息,是提高管理决策的及时性及科学性的保证。现实中很多企业积极采用专业人力资源管理软件系统,对人力资源进行深度信息管理和分析。

(9)人力资源管理成本效益核算。"管理不定量,必定是粗放",因此,我们必须注意对各项人力资源管理活动进行成本效益核算。人力资源会计已经成为企业人力资源管理领域新的研究和实践热点。

(二)人力资源管理者的职能

一般说来,企业人力资源管理者有四大功能:①直线功能,即直接指挥别人做事和暗示别人该做什么事。②协调与控制功能,即确保企业人事目标、人事政策和人事程序的贯彻执行。③职能(服务)功能,即要完成一般人事工作者最基本的工作任务①,包括招聘、培训、评价、建议、晋升和离(退)职等工作,处理劳资关系。④创新功能,即为直线管理人员提供当前最新发展趋势以及解决问题的最新方法,通过这些功能找到并留住在企业的生存和发展过程中,与企业参与市场竞争相匹配且符合企业要求的员工,实现人得其职,职得其人,人职相宜,相得

① [美]加里·德斯勒. 人力资源管理[M]. 北京:中国人民大学出版社,1999:6.

益彰。

从图1-5我们可以看到,企业的人力资源管理活动始终围绕企业的发展目标进行,绩效管理是中心,工作分析和工作设计是人力资源管理活动进行的基础,科学绩效管理的前提是绩效评估,因此,要确认人力资源信息,进行人力资源的素质评估,获得企业所需要的人力资源。获取的渠道包括两个,即招聘或培训。我们将招聘定义为人力资源的外延扩张,将人力资源的培训和开发定义为人力资源内涵式扩张。确认人力资源管理是否符合企业的目标,就是要通过对人力资源管理活动的会计核算,评估其管理绩效与企业财务指标之间的相适应程度。

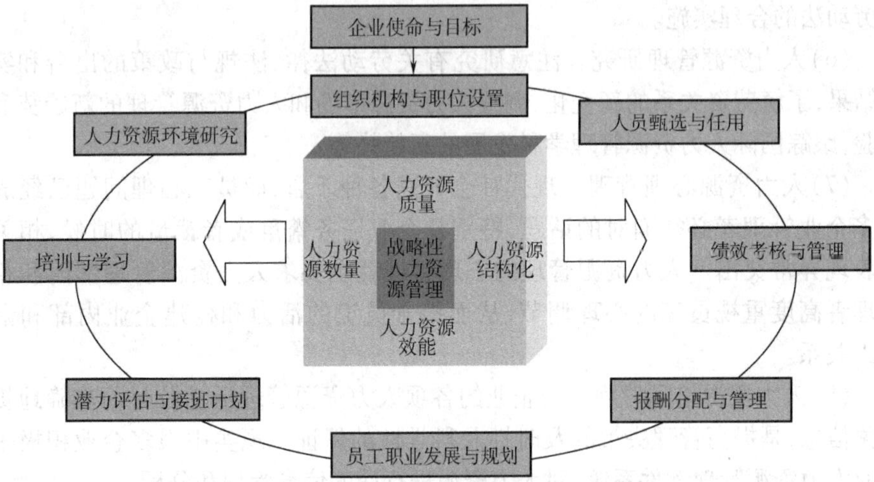

图1-5 人力资源管理活动体系

在此基础上,我们提出了现代人力资源管理的OSRA体系(参见图1-6)。目标(objective),战略(strategy),责任(responsiblity),能力(ability)。任何管理首先必须明确管理的目标,基于目标制定战略,每个员工明确战略中的岗位责任,进而明确对应的能力要求。

图1-7是对图1-6的进一步深化。

二、人力资源管理模型——3P模式

(一)3P模式的基本内容

从传统的人事管理到现代人力资源管理不是一个简单的文字游戏,在许多企业的人力资源管理实践中,部门的名称更换了,但工作本身并没有发生实质性改变,许多从业人员对工作的性质、内容没有清楚的认识,以至于人力资源管理并没

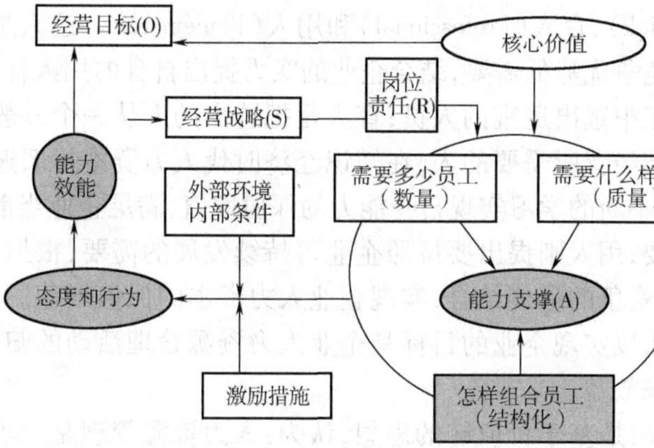

图 1-6　现代人力资源管理 OSRA 体系

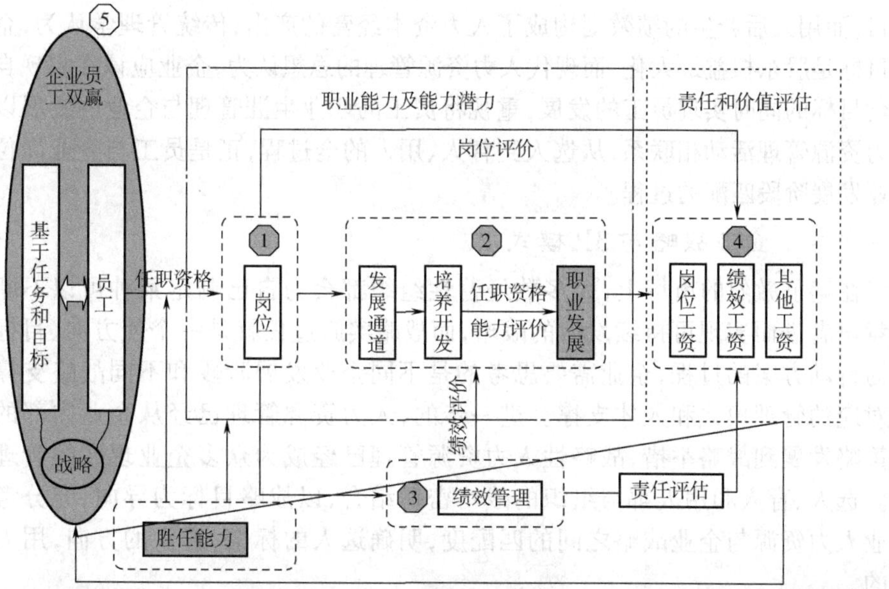

图 1-7 深化的 OSRA 体系

有真正落到实处。究其原因，人力资源管理的新观念并没有得到企业管理人员，特别是高层管理人员的认同，或者说，没有理解人力资源管理的实质内容。大多数企业管理者的工作中心依然是生产和营销（当然这两项工作非常重要）。人力资源管理3P模式,明确了选人、育人和用人是人力资源管理的中心工作。

3P即选人(Pick)、育人(Professional)和用人(Placement)。选人是依据企业参与市场竞争获取竞争优势的需要,结合企业的实力提出自身的用人标准,从社会招聘或内部现有员工中选出适宜的人员;育人是把选出的人从一个一般意义上的劳动力变成企业生产经营所需要的人,在知识经济时代人力资本折旧速度加快的背景下,使员工通过不断的学习实现自身能力的保值增值,满足企业当前以及未来参与市场竞争的需要;用人则提出要按照企业可持续发展的需要,根据人员的能力,寻求企业、员工与竞争的最佳结合,实现企业人力资本的保值增值。可以认定,正确地使用正确的人以实现企业的目标是企业人力资源管理活动的归属,因为资本只有使用才能带来效益。

3P模式的提出是基于价值链的思想,认为:人力资源管理是一项系统性的工作,选人、育人和用人是其中三项基本的工作,是人力资源管理价值链的关键环节;从工作流程的角度考察,选人、育人和用人是人力资源管理工作流程的传递;人力资本经营是现代企业经营的重要内容,而选人和育人是人力资本经营重要的投入项目,而用人后产生的绩效则构成了人力资本经营的产出;传统管理学认为,企业的目标是股东权益最大化,而现代人力资源管理的思想认为,企业应该在实现自身经营目标的同时实现员工的发展,重视将员工的职业生涯管理与企业的发展以及人力资源管理活动相联系,从选人到育人、用人的全过程,正是员工与企业岗位和企业发展阶段匹配的过程。

(二)企业战略与3P模式

在竞争激烈的市场上,大多数经营性组织都会为自己制定某种可以不断超越竞争者进而实现可持续发展的战略,而战略实施过程就是一个使方向、目标转化为行动方案的过程,企业需要思考的是不同企业发展阶段和不同战略支撑下所对应的管理模式和人才支撑。进一步的,人力资源管理已经从企业内部的管理策略发展到战略举措,战略性人力资源管理已经成为众多企业现实的管理实践。选人、育人和用人都与组织的战略密切结合,以战略目标为导向,充分考虑企业人力资源与企业战略之间的匹配度,明确选人的标准,育人的方向,用人的目的。

(三)价值链与3P模式

价值链思想是由美国著名的管理学大师迈克尔·波特提出来的。波特认为,企业生产经营过程就是价值创造的过程,因此,我们应该把企业的生产、营销、财务和人力资源等方面有机地整合起来,做好计划、协调、监督和控制等环节的工作,使它们形成相互关联的整体,按照"链"的特征组织企业的业务流程,使企业的各个环节既相互关联,又具有处理资金流、物流和信息流的自组织和自适应能力。价值链管理以客户不断变化的需求和竞争日趋激烈的市场为背景,以流程管理为主线,基于企业内部,面向客户和企业价值链。在波特的价值链思想中,人力资源管理活动是重要的辅助活动。

正如德鲁克所言:“所谓企业管理,最终就是人事管理。人事管理,就是企业管理的代名词。”因此,人力资源管理活动贯穿于企业各项价值创造活动中,人力资源管理价值链实际上是企业各条价值链中的关键链,其管理的目的就是力图使企业的每项价值创造活动中有适宜的员工,选人、育人和用人按照匹配的原则,实现人和事的理想搭配。

(四)企业工作流程与3P模式

从企业人力资源管理活动的开展看,选人、育人、用人是一个自然的流程,当然也在一定程度上存在反馈,对于一个新员工,经过招聘进入企业,经过新员工培训,具备从事企业某一岗位工作的实际技能,而根据培训的结果和企业的要求将该员工配置到合适的岗位上就构成了人力资源管理的一般流程。人员使用中表现的绩效与企业要求之间的距离决定了下一步的人员使用计划或培训计划。因此,我们要依据用人的结果对选人、育人成效进行评价。

(五)3P模式是人力资本经营的重要内容

从人力资本的角度,我们可以将招聘作为企业人力资本经营的外延式扩张,培训作为企业人力资本的内涵式扩张。因此,选人和育人都是企业人力资本经营的重要内容,人力资本使用后产生的绩效就是人力资本经营的产出。从资本经营角度而言,3P模式构成了投入产出核算的完整链条。

(六)3P模式与职业生涯管理

20世纪70年代以来,职业生涯开发开始发生转变,它不再仅是帮助个人成长的单一手段,而逐渐成为有远见的组织的关键性战略资产①。有组织的职业生涯开发,有意识地将人的职业生涯规划与组织机构的劳动力需求相联系,是提高劳动力效率和提升企业可持续发展动力的重要手段,得到了众多成功企业的广泛认同。对于员工而言,其所工作的每一个企业、所担任的企业每一个工作岗位都是其职业生涯的一个点;对于企业而言,选人(这里主要指外部招聘),是企业对员工职业生涯开发的第一步。我们的目的就是通过选人将员工对企业的需要和企业对员工的需要结合在一起,使员工的职业生涯发展与企业的发展轨迹相一致。育人则是使员工获得职业开发所必需的资源;企业通过培训帮助员工获得更具有挑战性和职业期望的工作技能。用人的过程就是企业发展和员工职业生涯实现过程的有机结合。

---

① 托马斯·格特里奇,赞迪·莱博维茨,简·肖尔. 有组织的职业生涯开发[M]. 天津:南开大学出版社,2002:1.

三、本书的写作框架

本书讨论的话题是人力资源招聘、培训和绩效考核。我们以能本管理作为基本的管理导向，以3P模式作为企业人力资源管理的基本范式，首先讨论人力资源管理的基础工作，即工作分析，分析岗位评价的有关内容，并讨论人力资源的发展规划，在此基础上，我们讨论人力资源管理中的三大主要活动，即人力资源的招聘、培训和考核。本着管理一定要定量的思路，我们在理论讨论的同时，注重对实践操作方法的介绍，并特别强调对每一个管理活动的成本与效益进行评估。招聘的绩效体现在企业用合理的成本招到需要的员工；而育人的绩效则体现为通过培训使人员的素质得到提升，且在工作中有更好的绩效；考核的绩效在于通过考核使企业的绩效不断提升。

案例思考　华为人力资源管理的实践

深圳华为技术有限公司成立于1988年，从事通信产品的研究、开发、生产与销售。从一个不足20人，注册资本仅2万元的小作坊，到2015年，销售收入达到了3 950亿元人民币，净利润达到369亿元人民币。截至2015年年底，华为员工达到17万人，来自全球163个国家和地区，女性管理者比例达到8%，海外聘用员工总数超过3.4万人，海外员工本地化率为72%，中高层管理者本地化率达到17.7%。业务遍及全球170多个国家和地区，服务全世界1/3以上的人口，建立了包括电信基础网络业务与软件、专业服务和终端等在内的端到端优势。

公司的发展离不开优秀的员工，认真负责和管理有效的员工是华为公司最大的财富。华为每年大量派遣管理人员、技术人员到国外考察、学习、交流。通过不断优化人力资源各个领域的管理，为员工提供良好的工作环境和事业发展的空间。

1. 选人——注重素质

华为依靠自己的宗旨和文化，成就与机会，以及政策和待遇，吸引和招揽一流的人才。华为公司每年从高校和社会上招聘大量的人才，在招聘和录用中，注重人的素质、潜能、品格、学历和经验。按照双向选择的原则，在人才使用、培养与发展上，提供客观且对等的承诺。公司有严格的面试流程，一般来说，一个应聘者必须经过人力资源部、业务部门的主管等四个环节的面试，以及公司人力资源部总裁审批才能正式加盟华为。为保证招聘质量，公司针对主要的岗位建立素质模型，对素质模型中的主要素质进行分级定义，统一各面试考官的考核标准，从而提高面试考核的针对性和准确性。另外，华为公司建立面试资格人管理制度，对所有的面试考官进行培训，合格者才能获得面试官资格。而且公司每年对面试考官进行资格年审，把关不严者将取消面试考官资格。

2. 内部劳动力市场

华为公司通过建立内部劳动力市场,在人力资源管理中引入竞争和选择机制。通过内部劳动力市场和外部劳动力市场的置换,促进优秀人才的脱颖而出,实现人力资源的合理配置和激活沉淀层,并使人合适于职务,使职务合适于人。

3. 育人——持续的人力资源开发

华为公司将持续的人力资源开发作为实现人力资本增值目标的重要条件,实行在职培训与脱产培训相结合,自我开发与教育开发相结合的开发方式。每个员工通过努力工作,以及在工作中增长的才干,都可能获取职务或任职资格的晋升。与此相对应,保留职务上的公平竞争机制,坚决推行能上能下的干部制度。公司遵循人才成长规律,依据客观公正的考评结果,让最有责任心的明白人担任重要的责任。华为公司不拘泥于资历与级别,按公司组织目标与事业机会的要求,依据制度性甄别程序,对有突出才干和突出贡献者实施破格晋升。

4. 用人——客观公正的考评和适当的流动

华为公司考评体系的建立依据以下假设:

华为绝大多数员工是愿意负责和愿意合作的,是高度自尊和有强烈成就欲望的。

金无足赤,人无完人;优点突出的人往往缺点也很明显。

工作态度和工作能力应该体现在工作绩效的改进上。

失败铺就成功,但重犯同样的错误是不应该的。

员工未能达到考评标准要求,也有管理者的责任。员工的成绩就是管理者的成绩。

员工和干部的考评,是按照明确的目标和要求,对每个员工和干部的工作绩效、工作态度、工作能力的一种例行化的考核与评价。工作绩效的考评侧重在绩效的改进上,宜细不宜粗;工作态度和工作能力的考评侧重在长期表现上,宜粗不宜细。考评结果建立档案,考评要跟随公司不同时期的成长要求有所侧重。在各层上下级主管之间建立定期述职制度。各级主管与下属之间都必须实现良好的沟通,以加强相互的理解和信任。将沟通列入对各级主管的考评。

华为一直就有末位淘汰制度。2009 年初,公司下决心严格按照末位淘汰制度裁员 5%。这个决定是否是因为华为的经营出现问题呢?华为有关人士称,华为的经济效益还可以,不会因为养不起员工而裁员,这次裁员主要是为了激励员工,怕一些老员工养成不上进的习惯。

5. 激励体系

华为成功的关键有两项:员工关系、客户关系。《华为基本法》确定了两条十分惊世骇俗的原则:一是实行员工持股制度,作为企业的创始人,任正非大量稀释自己所拥有的股份。据他自己透露,“我在公司中占的股份微乎其微,只有1%左右。”二是在技术开发上近乎偏执地持续投入,任正非坚持将每年销售收入的10%用于科研开发,这在中国著名企业中是一个无人可及、无人敢及的高比例。华为快速发展的关键支撑是华为的17万员工。因为任正非用了中国企业中史无前例的员工持股制度:98.6%的股份归员工所有,任正非本人所持有股份只占1.4%,这无疑造就了华为式管理的向心力,能够激励员工的工作热情。华为这个“部队”敢冲、敢拼,就在于华为有17万名把自己当老板的员工。

问题:

1. 请你谈谈对“认真负责和管理有效的员工是华为公司最大的财富”的认识?
2. 为什么裁员能激励员工?

G 关键概念
GUANJIANGAINIAN

人事管理　　人力资源管理　　人力资本管理　　人力资本扩张

F 复习思考题
FUXISIKAOTI

1. 人力资源管理阶段的主要思想是什么?
2. 简述人力资源管理与企业竞争力之间的关系。
3. 人力资源管理3P模式的指导思想是什么?

B 补充阅读材料
BUCHONGYUEDUCAILIAO

绩效主义毁了索尼

天外伺郎

2006年,索尼公司迎来了创业60年。过去它像钻石一样晶莹璀璨,而今却变得满身污垢、暗淡无光。因笔记本电脑锂电池着火事故,世界上使用索尼产锂电池的约960万台笔记本电脑被召回,估计更换电池的费用将达510亿日元。

PS3 游戏机曾被视为索尼的“救星”，在上市当天就销售一空。但因为关键部件批量生产的速度跟不上，索尼被迫控制整机的生产数量。PS3 是尖端产品，生产成本很高，据说卖一台就亏 3.5 万日元。索尼的销售部门预计，2007 年 3 月进行年度结算时，游戏机部门的经营亏损将达2 000亿日元。

多数人觉察到索尼不正常恐怕是在 2003 年春天。当时据索尼公布，一个季度就出现约1 000亿日元的亏损。市场上甚至出现了“索尼冲击”，索尼公司股票连续两天跌停。坦率地说，作为索尼的旧员工，我当时也感到震惊。但回过头来仔细想想，从发生“索尼冲击”的两年前开始，公司内的气氛就已经不正常了。身心疲惫的职工急剧增加。回想起来，索尼是长期内不知不觉慢慢地退化的。

“激情集团”消失了

我是 1964 年以设计人员的身份进入索尼的。因半导体收音机和录音机的普及，索尼实现了奇迹般的发展。当时企业的规模还不是很大，但是“索尼神话”受到社会的普遍关注。从进入公司到 2006 年离开公司，我在索尼愉快地送走了 40 年的岁月。

我 46 岁就当上了索尼公司的董事，后来成为常务董事。因此，对索尼近年来发生的事情，我感到自己也有很大责任。伟大的创业者井深大的影响为什么如今在索尼荡然无存了呢？索尼的辉煌时代与今天有什么区别呢？

首先，“激情集团”不存在了。所谓“激情集团”，是指我参与开发 CD 技术时期，公司那些不知疲倦、全身心投入开发的集体。在创业初期，这样的“激情集团”接连开发出了具有独创性的产品。索尼当初之所以能做到这一点，是因为有井深大的领导。

井深大最让人佩服的一点是，他能点燃技术开发人员心中之火，让他们变成为技术献身的“狂人”。在刚刚进入公司时，我曾和井深大进行过激烈争论。井深大对新人并不是采取高压态度，他尊重我的意见。

为了不辜负他对我的信任，我当年也同样潜心于研发工作。比我进公司更早，也受到井深大影响的那些人，在井深大退出第一线后的很长一段时间，仍以井深大的作风影响着全公司。当这些人不在了，索尼也就开始逐渐衰败。

从事技术开发的团体进入开发的忘我状态时，就成了“激情集团”。要进入这种状态，其中最重要的条件就是“基于自发的动机”的行动。比如“想通过自己的努力开发机器人”，就是一种发自自身的冲动。

与此相反的就是“外部的动机”，比如想赚钱、升职或出名，即想得到来自外部回报的心理状态。如果没有发自内心的热情，而是出于“想赚钱或升职”的世俗动机，那是无法成为“开发狂人”的。

"挑战精神"消失了

今天的索尼职工好像没有了自发的动机。为什么呢？我认为是因为实行了绩效主义。绩效主义就是："业务成果和金钱报酬直接挂钩，职工是为了拿到更多报酬而努力工作。"如果外在的动机增强，那么自发的动机就会受到抑制。

如果总是说"你努力干我就给你加工资"，那么以工作为乐趣这种内在的意识就会受到抑制。从1995年左右开始，索尼公司逐渐实行绩效主义，成立了专门机构，制定非常详细的评价标准，并根据对每个人的评价确定报酬。

但是井深大的想法与绩效主义恰恰相反，他有一句口头禅："工作的报酬是工作。"如果你干了件受到好评的工作，下次你还可以再干更好的工作。在井深大的时代，许多人为追求工作的乐趣而埋头苦干。

但是，因实行绩效主义，职工逐渐失去工作热情。在这种情况下是无法产生"激情集团"的。为衡量业绩，首先必须把各种工作要素量化。但是工作是无法简单量化的。公司为统计业绩，花费了大量的精力和时间，而在真正的工作上却敷衍了事，出现了本末倒置的倾向。

因为要考核业绩，几乎所有人都提出容易实现的低目标，可以说索尼精神的核心即"挑战精神"消失了。因实行绩效主义，索尼公司内追求眼前利益的风气蔓延。这样一来，短期内难见效益的工作，比如，产品质量检验以及"老化处理"工序都受到轻视。

"老化处理"是保证电池质量的工序之一。电池制造出来之后不能立刻出厂，需要放置一段时间，再通过检查剔除不合格产品。这就是"老化处理"。至于"老化处理"程序上的问题是否是上面提到的锂电池着火事故的直接原因，现在尚无法下结论。但我想指出的是，不管是什么样的企业，只要实行绩效主义，一些扎实细致的工作就容易被忽视。

索尼公司不仅对每个人进行考核，还对每个业务部门进行经济考核，由此决定整个业务部门的报酬。最后导致的结果是，业务部门相互拆台，都想方设法从公司的整体利益中为本部门多捞取好处。

团队精神消失了

2004年2月底，我在美国见到了"涌流理论"的代表人物奇凯岑特米哈伊教授，并聆听了他的讲演。讲演一开始，大屏幕上放映的一段话是我自进入索尼公司以来多次读过的，只不过被译成了英文。

"建立公司的目的：建设理想的工厂，在这个工厂里，应该有自由、豁达、愉快的气氛，让每个认真工作的技术人员最大限度地发挥技能。"这正是索尼公司创立的宗旨。索尼公司失去活力，就是因为实行了绩效主义。

没有想到，我是在绩效主义的发源地美国，聆听用索尼的创建宗旨来否定绩效主义的“涌流理论”。这使我深受触动。绩效主义企图把人的能力量化,以此做出客观、公正的评价。但我认为事实上做不到。它的最大弊端是搞坏了公司内的气氛。上司不把部下当有感情的人看待,而是一切都看指标、用“评价的目光”审视部下。

不久前,我在整理藏书时翻出一封信。那是我为开发天线到东北大学进修时,给上司写信打的草稿。有一次我逃学跑去滑雪,刚好赶上索尼公司的部长来学校视察。我写那封信是为了向部长道歉。

实际上,在我身上不止一次发生过那类事情,但我从来没有受到上司的斥责。上司相信,虽然我贪玩,但对研究工作非常认真。当时我的上司不是用“评价的眼光”看我,而是把我当成自己的孩子。对企业员工来说,需要的就是这种温情和信任。

过去在一些日本企业,即便部下做得有点出格,上司也不那么苛求,工作失败了也敢于为部下承担责任。另一方面,尽管部下在喝酒的时候说上司的坏话,但在实际工作中仍非常支持上司。后来强化了管理,实行了看上去很合理的评价制度,于是大家都极力逃避责任。这样一来就不可能有团队精神了。

创新先锋沦为落伍者

不单索尼,现在许多公司都花费大量人力物力引进评价体制。但这些企业的业绩似乎都在下滑。

索尼公司是最早引进美国式合理主义经营理论的企业之一。而公司创始人井深大的经营理念谈不上所谓“合理”。1968 年 10 月上市的单枪三束彩色显像管电视机的开发,就是最有代表性的例子。

当时索尼在电视机的市场竞争中处于劣势,几乎到了破产的边缘。即便如此,井深大仍坚持独自开发单枪三束彩色显像管电视机。这种彩色电视机画质好,一上市就大受好评。其后 30 年,这种电视机的销售一直是索尼公司的主要收入来源。

但是,“干别人不干的事情”这种追求独自开发的精神,恐怕不符合今天只看收益的企业管理理论。索尼当时如果采用和其他公司一样的技术,立刻就可以在市场上销售自己的产品,也许就不会有破产的担心了。

投入巨额费用和很长时间进行的技术开发取得成功后,为了制造产品,还需要有更大规模的设备投资,亦需要招募新员工。但是,从长期角度看,索尼公司积累了技术,培养了技术人员。此外,人们都认为“索尼是追求独特技术的公司”,提升了索尼的品牌形象。

更重要的是,这种独自开发能给索尼员工带来荣誉感,他们都为自己是“最尖端企业的一员”而感到骄傲。单枪三束彩色显像管电视机之所以能长期成为索尼公司的收入来源,是因为技术开发人员怀着荣誉感和极大热情,不断进行技术改良。

具有讽刺意味的是,因单枪三束彩色显像管电视机获得成功而沾沾自喜的索尼,却在液晶和等离子薄型电视机的开发方面落后了。实际上,井深大曾说过:"我们必须自己开发出让单枪三束彩色显像管成为落伍产品的新技术。"包括我自己在内的索尼公司高管没有铭记井深大的话。

如今,索尼采取了极为"合理的"经营方针。不是自己开发新技术,而是同三星公司合作,建立了液晶显示屏制造公司。由这家合资公司提供零部件生产的液晶电视机"BRAVIA"非常畅销,从而使索尼公司暂时摆脱了困境。但对于我这个熟悉索尼成长史的人来说,总不免有一种怀旧感,因为索尼现在在基础开发能力方面,与井深大时代相比存在很大差距。今天的索尼为避免危机采取了临时抱佛脚的做法。

高层主管是关键

今天的索尼与井深大时代的最大区别是什么呢?那就是在"自豪感"方面的差别。当年创始人井深大和公司员工都有一种自信心:努力争先,创造历史。

当时索尼并不在意其他公司在开发什么产品。某大家电公司的产品曾被嘲讽为"照猫画虎",今天索尼也开始照猫画虎了。一味地左顾右盼,无法走在时代的前头。

在我开发"爱宝"机器狗的时候,索尼的实力已经开始衰落了,公司不得不采取冒险一搏的做法,但是出现亏损后,又遭到公司内部的批评,结果不得不后退。

今天的索尼已经没有了向新目标挑战的"体力",同时也失去了把新技术拿出来让社会检验的胆识。在导致索尼受挫的几个因素中,公司最高领导人的态度是其中最根本的原因。

在索尼充满活力、蓬勃发展的时期,公司内流行这样的说法:"如果你真的有了新点子,来。"也就是说那就背着上司把它搞出,与其口头上说说,不如拿出真东西来更直接。但是如果上司总是以冷漠的、"评价的眼光"看自己,恐怕没有人愿意背着上司干事情,那是自找麻烦。如果人们没有自己受到信任的感觉,也就不会向新的更高的目标发起挑战了。在过去,有些索尼员工根本不畏惧上司的权威,上司也欣赏和信任这样的部下。

所以,能否让职工热情焕发,关键要看最高领导人的姿态。索尼当年之所以取得被视为"神话"的业绩,也正是因为有井深大。但是,井深大的经营理念没有系统化,也没有被继承下来。也许是因为井深大当时并没有意识到自己经营理念的重要性。

我尝试着把井深大等前辈的经营理念系统化、文字化,出版了《经营革命》一书。在这本书中，我把井深大等人的经营称为“长老型经营”。所谓“长老”是指德高望重的人。德高望重者为公司的最高领导人，整个集团会拧成一股绳，充满斗志地向目标迈进。

在今天的日本企业中，患抑郁症等疾病的人越来越多。这是因为公司内有不称职的上司，推行的是不负责任的合理主义经营方式，给职工带来了苦恼。

不论是在什么时代，也不论是在哪个国家，企业都应该注重员工的主观能动性。这也正是索尼在创立公司的宗旨中强调的“自由，豁达，愉快”。

过去人们都把索尼称为“21 世纪型企业”。具有讽刺意味的是，进入 21 世纪后，索尼反而退化成了“20 世纪型企业”。我殷切希望索尼能重现往日辉煌。

（原文刊登于日本《文艺春秋》2007 年 1 月刊，作者为索尼公司前常务董事、作家）

第二章

工作分析和工作设计

本章要点

工作分析和工作设计是人力资源开发与管理中最基本的技术，是人力资源开发与管理的基础。本章在对工作分析进行概述的基础上，介绍工作信息收集方法并在此基础上对工作设计进行介绍。要求掌握工作分析的定义、工作描述和工作规范的方法、工作设计的思想以及工作设计中要考虑的基本问题。

引入案例

某企业是一家手机生产企业，公司抓住移动互联智能手机市场快速扩张的机遇迅速发展，企业员工数飞速增长，表现出人才饥渴状态，内部的岗位设计在快速发展中不断变化，老总不断为挖来的人才设置岗位，人力资源部也没有时间进行内部制度建设和对岗位的任职资格深度剖析，觉得只要是同行业相关专业人士就可以，导致招聘的人员到岗后对新岗位的责任没有清楚认识，岗位变动也显得非常随意，岗位职责不清时有发生，常出现一部分事情无人负责的同时又有相当多的事情大家都在管，但又发生推诿扯皮的现象。尽管公司给出了高薪待遇，但新聘人员包括引进的高管流失率却一直较高。老总觉得这是快速发展期企业的基本特征，不用大惊小怪。你觉得呢？

工作分析始于“科学管理之父”泰罗1895年开始的工作时间与动作研究，应用于人力资源管理领域已经百余年，是现代企业人力资源管理众要素中最基本的要素，是开展人力资源管理工作的基础。我们要为企业的发展招聘合适的员工，其前提就是对企业生产经营过程中所涉及的各种工作进行分析，并在此基础上结合企业的目标制定企业的发展战略及其组织机构，以选拔合适的员工去填补空缺，这也就是工作分析的基本内容。

第一节 工作分析概述

科学的工作分析是人力资源管理各项职能有效开展的基础。通过工作分析，形成工作说明书，界定岗位的基本职责及对应的岗位胜任能力要求。

一、工作分析的内涵

（一）工作分析的定义

工作分析又叫职务分析。它是企业有关人员依据组织经济社会效益最大化发展的目标，通过观察和研究，全面收集企业某一工作的基本活动信息，明确其在组织中的位置及与其他工作之间的相互关系，进一步确定必需的工作职位及其权责、任职条件的过程。通过这一过程，我们可以确定某一工作的任务和性质，以及哪些类型的人（从技能和经验的角度来说）适合被雇用来做这项工作。换言之，工作分析的任务是：确定公司的组织机构及其职数，认定每个职位的责任与权力，以及提出每个职位的任职人员必须具备的条件。并且，最终应把分析的结果进行科学、系统地描述，做出规范化的书面记录。工作分析通过对工作输入、工作转换过程、工作输出、工作的关联特征、工作资源和工作环境背景等的分析，形成工作分析的结果——职务规范（也称工作说明书）。职务规范包括：工作识别信息、工作概要、工作职责和责任、任职资格的标准信息，为其他人力资源管理职能的有效开展提供基础信息。

（二）工作分析涉及的基本信息

组织管理者或组织的人力资源管理部门通过工作分析，可以得到工作内涵和工作对员工要求两大部分信息，即7W1H：工作内容（What）、责任人（Who）、工作岗位（Where）、工作时间（When）、为什么这样做（Why）、上下关系（for Whom）、具备的资质(What qualifications)、怎样操作(How)。

1. 岗位及职责信息

岗位及职责信息包括:实际工种及其数量、每个工种定职数、每个岗位具体职责、上下关系、工作条件和管理监督责任等。

不同管理思想指导下的岗位及职责分析的思路存在差异。过去,人力资源专业人员和直线管理人员都习惯于将某一特定的工作脱离开大的组织背景去进行分析和设计。现代企业管理则要求企业结合行业竞争的特性、消费者的需求、企业的能力,以及企业管理者管理风格的再造,企业组织结构的再造。在这种思想指导下,我们必须从工作流程设计角度来确认企业的岗位及职责。

工作流程设计是将具体的任务配置或分派给某一特定的工作、特定的人之前,首先对生产某一产品或者服务所必须完成的任务进行分析和分解的过程。在工作流程设计分析的基础上,我们就可以确认相应的岗位及职责信息。传统的工作流程设计是从企业生产经营控制的角度出发,研究如何完成一项工作,而现代的工作流程设计是企业从顾客的需要出发,研究如何迅速及时地为顾客提供一个整体的解决方案。

2. 岗位胜任能力要求信息

针对岗位工作的具体内容,有针对性地提出员工要达成某岗位的基本要求需要具备的基本的岗位胜任能力,这些要求是完成此岗位工作所必需的基本的条件,也可以称为最低条件,包括:信息敏感程度、交往能力、决策能力、写作能力和负重能力等。

在一般意义上考察工作对人力的要求之后,还要具体考察完成这些工作所需要的职业要求信息,如与职业相关的知识、技能(教育、培训、工作经历)和所需个人的特质表征(聪颖、体质、个性、兴趣)。

在工作流程设计分析的基础上确认岗位及职责,就可以对这些岗位所需要具备的员工素质(基本素质和职业素质)进行确认,提出明确的人力要求信息。

3. 工作岗位设备及产出信息

工作岗位设备及产出信息包括:机器、工具、设备和有关辅助工作信息,如产品制造、原材料加工、交往或应用知识(财经、法律)、咨询或修理等服务。有了完善的工作流程,就可以确认完成流程中每个岗位所必需的设备,并确认每个岗位的产出状况。

4. 工作任务标准信息

如对完成每一种工作任务的数量、质量和速度的要求。

按照工作流程设计的岗位组成企业生产经营的价值链,每一个岗位构成价值链上的一个环节。这条价值链要顺利运行，就要求每一个环节有一个标准的产出，这样才能保障这个价值链的协调运行。因此，工作分析必须对每一项工作任务有明确的标准和要求。

5. 工作条件信息

如体力劳动条件、工作日程、组织社会条件，以及做某种工作的激励措施等。

要完成工作就必须具备一定条件，这种条件除了上面所描述的硬件(设备)外，还包括相应的软件条件。一般说来，我们应将整个工作放在企业生存和发展的微观及宏观环境中，考察完成工作的条件信息。

从上面的分析我们可以看出，现代企业人力资源管理中的工作分析与工作流程设计密切相关。我们用图 2－1 来展示二者之间的关系。

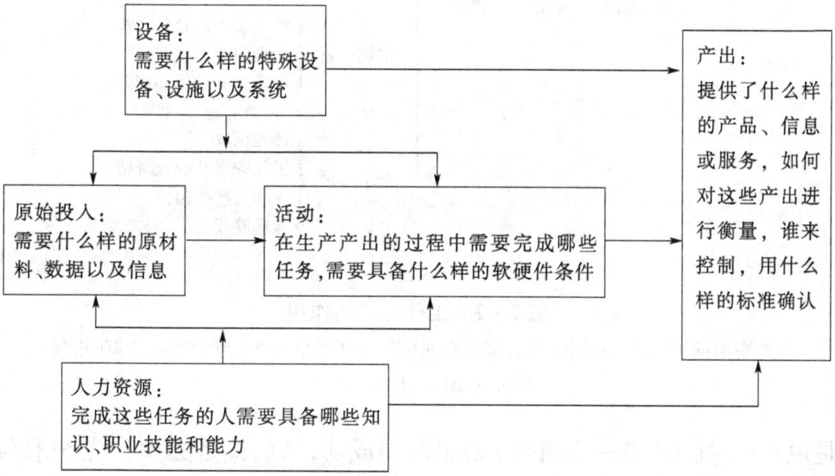

图 2–1　工作分析与工作流程

(三) 工作分析的意义

工作分析是企业人力资源管理的基础性工作，工作分析的直接结果，将用于组织的人力资本规划、员工的招聘与配置、教育与培训、绩效考评、激励与薪酬管理，以及劳动合同管理等(如图 2－2)。

苏格拉底指出，一个正义的社会必须认识清楚三件事：第一件事是不同的个人其能力有差异，因此不同的人在从事工作的资质方面存在相当的个体差异；第二件事是不同的职业需要具备不同独特资质的人来完成；第三件事是一个社会要取得高质量的业绩就必须努力把每一个人都安排到最适合他们资质发挥的职业上去。

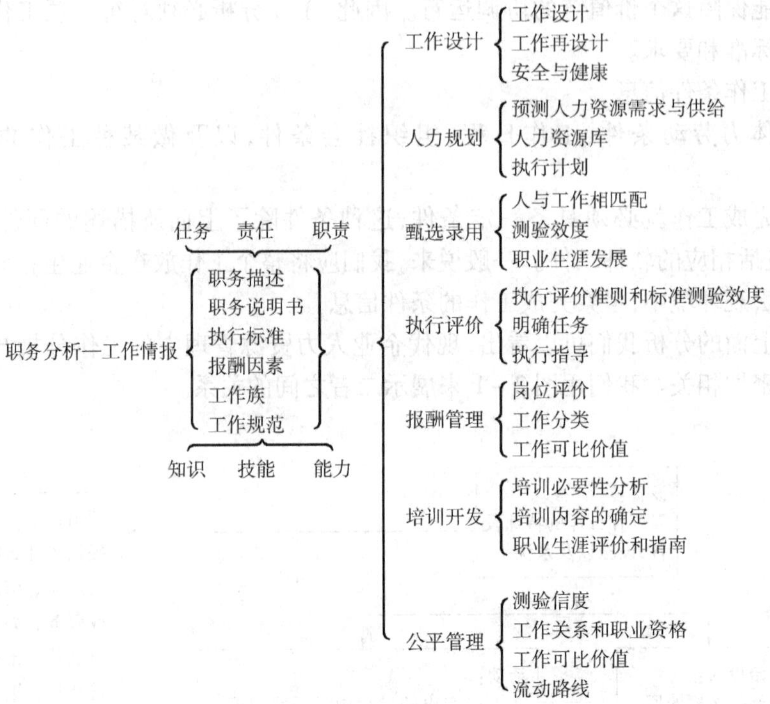

图 2－2　工作分析的作用

资料来源：根据赵署明编著《人力资源管理与开发》（北京师范大学出版社，2007 年版）第 33 页图 2－1 修改而成。

也就是说，一个社会（或一个组织）要想取得成功，其前提是必须首先获取与工作有关的详细信息（这就需要工作分析来实现），在此基础上保证这些工作要求与个人的资质之间是相互匹配的（通过人员甄选、培训和配置来实现）。从这些论述我们可以看出，工作分析是人力资源管理全部活动中最重要、最基本的工作之一，是人力资源管理的基础。因此，工作分析是人力资源管理部门工作人员必备的一门重要而实用的技术。

具体地说，工作分析在人力资源管理中的作用主要表现在 6 个方面。

1. 有利于人员的甄选

根据工作分析所得的资料，可以详细地了解为顺利履行某项工作职责，工作人员应具备的基本条件，从而为企业人力资源的甄选提供科学的决策依据。

2. 有利于人力资源规划的科学性

通过企业工作流程的设计以及工作分析，结合企业的发展目标，可以制定出与企业发展计划相匹配的人力资源规划，为企业的发展提供人力资源保障。

3. 有利于企业的绩效管理和培训工作

通过工作分析和工作设计所形成的职务规范，是具有广泛用途的客观尺度，既可以在招聘时用于对人员的甄选，判断求职者是否合格以及内部原有人员的再配置，还可以用工作分析中对工作任务标准信息的规定作为人力资源绩效管理的客观依据，结合人员要求信息提出企业的人力资源培训计划。

4. 有利于制定合理的薪酬制度

将工作置于企业的价值创造流程中，可以通过工作分析判断每一个工作的“相对价值”，并以此为依据确定企业内以及企业间报酬的相对水平。

5. 有利于促进企业日常管理的制度化、规范化

工作分析对每一项工作的内容以及任务都做了标准规定，在企业的日常管理中可以从这些规定出发，推动企业管理的制度化、规范化。

6. 有利于劳动保护工作的开展

工作分析对工作开展的条件进行了规定，根据这些规定可以预先发现可能发生危险的场所或设施，针对这些潜在的危险采取适当的措施，并结合使用的设备对人体健康和安全的保障程度拟定科学的、合乎国家法律的劳动保护条款。

二、工作分析的基本术语

工作分析涉及的专业术语主要有：任务、工作要素、责任、职位、职务、职务规范、职业和工作族等。

（一）任务

任务指安排一位员工完成的一项具体的工作，是为了达到某种目的所从事的一系列活动，它可以由一个至多个工作要素组成。例如，接待员接电话是一项任务，打字员打字也是一项任务。任务的说明一般是简短而明确的。

（二）工作要素

工作要素指工作中不能再继续分解的最小动作单位。例如，接电话、开大门等都是工作要素。

（三）责任

责任指对员工在工作中需要完成的工作的详细说明，它可以由一个至多个任务组成，常用来对管理职责和专业职位进行描述。例如，打字员的责任包括：在规定时间内打字、排版、校对、交递文件和简单维修机器等任务。

管理就是责任大于权利，工作不是做事而是承担责任。

（四）职位和职务

职位，指一个人所担任的工作职务和责任，或者是一个人完成的任务和职责的

集合，而职务是一组责任相似的职位。一般说来，职位与个体是一一匹配的，有多少职位就有多少人，二者的数量相等。而对于职务来说，根据组织规划的大小和工作性质，一种职务可以有一至多个职位。

1. 职位的要素

(1)职(任)务——指规定担任的工作，或为实现某一目的而从事的明确的工作行为，即一定岗位上的工作。

(2)责任——指在某个岗位上，从事该工作的人员，对完成该项工作任务所做的承诺。它含有工作内容、工作要求、工作条件和任职资格等。

(3)职权——指在某种岗位上，为了保证工作任务的完成，所赋予该职位的某种权利。没有相应的权利，就不会有相应的责任。

2. 职位的特征

(1)职位是任务和责任的集合，也是人与事有机结合的基本单元。

(2)职位数量有限(编制有限)。

(3)职位不是终身的，可以是专任，可以是兼任；可以常设，也可以是临时的。

(4)职位一般不随人走。

(5)职位可以按不同标准加以分类。

3. 职位分类

所谓职位分类，是指将所有的工作岗位即职位，从横向上，按其业务性质分为若干职组、职系；从纵向上按其责任大小、工作难易、所需教育程度及技术高低，将每个职系分为若干等级，每个等级又分为若干职等。

(1)职系指专门职业，亦指专门的职称系列。

(2)职组指同类职系或相近职系的组合，又叫职群，即某一类职业。《中华人民共和国职业分类大典》将我国职业归为 8 个大类。第一大类：国家机关、党群组织、企业、事业单位负责人；第二大类：专业技术人员；第三大类：办事人员和有关人员；第四大类：商业、服务业人员；第五大类：农、林、牧、渔、水利业生产人员；第六大类：生产、运输设备操作人员及有关人员；第七大类：军人；第八大类：不便分类的其他从业人员。

(3)职级是职位分类中重要的概念。虽然人们所从事的具体职业不同，但责任大小、工作难易程度和任职资格等方面基本相同的可以认定为同一职级。例如，教授、研究员、高级工程师等为同一级；讲师、助理研究员、工程师等为同一级；助教、研究实习员、技术员等为同一级；党、政、军中的省(部、军)级、地(师)级、县(团、处)级等。另外，同一职系中，又由若干职级组成。例如，教学职称系列就由教授、副教授、讲师、助教等职级组成；历史上官阶分为九品，每“品”又分为正从二级，这个“品”，就是官员的职级，在清朝，知县正七品，知府从四品。中国干部制度中，干部系列分为高干、中干和基层干部，还有科员等。

(4)职等指工作性质不同或主要职务不同，但其困难程度、责任大小、所需资格等条件都相同的职级。同一职等的所有职位，不管他们属于哪个职系的哪个职级，其薪金报酬相同。每个等级的同一职等，其薪金报酬相同。职等是工资、待遇、奖惩、调整的依据。

（五）能力分析

能力分析，泛指用以确定工作中所要求的职业能力的方法，特指确定一个人是否合格的过程和方法。工作分析只解决岗位用人的标准问题。但是从宏观上讲，组织与其工作需要相关的员工能力，应当有一定的结构。从微观上讲，一个按客观岗位标准配置的人上岗以后，究竟能否适应岗位的工作需要，则是另一回事。所有这些，都需要进行能力分析。能力分析，不仅会使人们认识到现在工作中所要求的知识、技能和解决问题的能力，而且可以使人们了解未来工作所要求的能力。因此，能力分析是工作分析中不可缺少的组成部分。

一个人的能力可以从不同角度去分析。例如：①理论知识的能力；②技能；③感性知识的能力；④分析问题、解决问题的能力；⑤生理能力（运动力量、躯干力量、视力听力、爆发力、灵活性、协调能力和平衡能力、耐力等）；⑥心理能力（记忆力、逻辑推断能力、分析能力和判断能力）等。考察一个人的能力可以通过不同途径进行，但最有效的是通过实践、比较进行分析鉴别。工作分析中所涉及的能力分析实质上是职业能力的分析。

（六）职业

职业是在不同组织、不同时间，从事相似活动的一系列工作的总称。它有时与行业混用。例如，教师、工程师、工人和农民等都是职业。

（七）工作族

工作族又称工作类型，是指两个或两个以上的工作任务相似或要求的人员特征相似的一组工作。

三、工作分析的程序

工作分析的过程一般有四个步骤：准备阶段、调查阶段、分析阶段和完成阶段。这四个阶段相互联系，相互影响，在完成阶段我们要编写工作描述和工作规范，这意味着工作分析的最终结束（参见图 2－3）。

（一）准备阶段

准备阶段是工作分析的第一阶段，主要任务是了解情况、确定样本、形成关系和搭建工作小组。

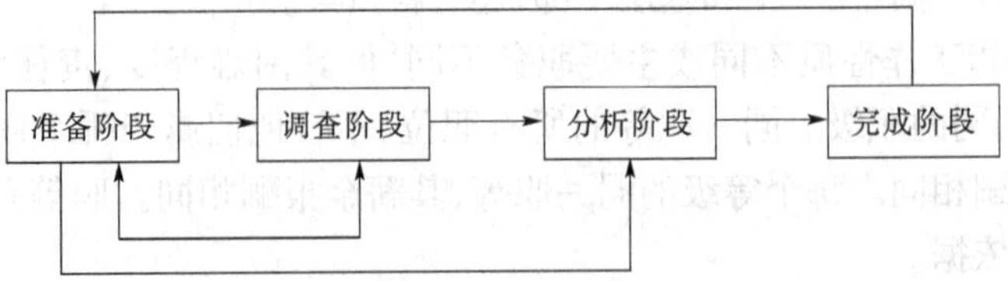

图 2-3 工作分析各阶段的关系

1. 明确工作分析的目的、意义、方法和步骤

工作分析是在企业新成立、组织机构调整、为完成新任务而设立新部门、为企业发展需要招聘新员工等情况下进行，不同的情况使工作分析的目的和意义存在一定的差异，并影响工作分析的方法及程序。

2. 向有关人员宣传解释

工作分析是一个复杂的系统，有关人员的了解和配合将推动工作分析顺利进行。可以邀请外部专家宣讲工作分析的目的，以提升各级人员对工作分析的理解程度。特别需要提醒的是，向公司高层管理者尤其是业务部门的管理者进行宣传和解释是整个工作分析成功开展的基础。

3. 与有关员工建立良好的人际关系，并使他们做好心理准备

在进行工作分析过程中将不可避免地涉及有关人员的利益，因此，取得这些人的理解与支持是工作分析科学进行并得到实施的重要保障。

4. 以精简高效为原则搭建工作分析小组

工作分析涉及企业的流程，涉及企业方方面面的工作，因此按照本次工作分析的目的和意义确认工作小组人员将促进工作分析的开展。其搭建原则是精简高效，以避免人浮于事和本位主义。工作小组一般由公司相关领导、人力资源部门的领导和具体操作人员以及各个业务部门的相关领导组成。

5. 确定调查和分析对象的样本，同时充分考虑样本的代表性

这一工作是为下一个阶段的调查做好准备。

6. 确定难度

将要分析的各项工作分解成若干工作要素和环节，确定工作的基本难度。

（二）调查阶段

调查阶段是工作分析的第二个阶段，其主要任务是对整个工作过程、工作环境、工作内容和工作人员等方面做一个全面的调查，收集所需的相关信息。具体包括：编制调查提纲和调查问卷；运用各种调查方法，获取现场资料，根据资料描述出特定工作的特征值；将特定工作及其所需人员的特征值加以排序，以确定等级。我们将在第二节对信息的收集方法予以集中介绍。

（三）分析阶段

分析阶段的主要任务是对有关工作特征和工作人员特征的调查结果进行深入而全面的分析和论证。

1. 仔细审核已收集到的各种信息

适当的信息是我们正确决策的基础。因此，我们必须对调查阶段的信息进行审核，确保各种信息相互匹配，并确保信息与决策的相关性。

2. 分析、发现有关工作和工作人员的关键成分

在进行工作分析时，我们必须掌握工作和人员的关键成分，这样才能使我们的工作有针对性，其结果才有可操作性。这种关键成分的分析与流程设计中的关键价值创造流程是相关的。

3. 归纳、总结出工作分析的必需材料和要素

通过对信息的审核以及关键成分的分析，我们可以归纳和总结出工作分析所必需的材料和要素，这些要素是我们完成工作分析的基本保障。

（四）完成阶段

通过前面三个阶段的工作，我们应该根据工作规范和信息编制"工作描述"和"工作规范"。这两份文件的编制意味着工作分析的结束。

四、工作描述和工作规范

工作分析就是要对工作做出相关的说明，并对受聘于该工作的人的任职资格提出相关要求。因此，工作分析的结果要形成两个书面文件：工作描述和工作规范（又叫工作说明书）。

（一）工作描述

1. 工作描述的定义

工作描述是用来说明有关工作的范围、任务、责任、功能、工作关系及工作环境等方面的情况，也就是关于一种工作中所包含的任务、职责以及责任的清单。

随着现代企业管理理念以及方式的改变，工作描述也分为传统的工作描述和新兴的"柔性"工作描述两种。传统的工作描述对工作岗位的任务、责任与技能等规定得非常具体。新兴的"柔性"工作描述属于开放式工作描述，通常对任务特性做出概要说明，并涉及此岗位人员应具备的能力和技能，但不硬性规定此岗位应属于哪个部门或小组，也不具体界定岗位责任性质。所谓"能力"就是按就业岗位的预期标准完成某种职业或功能性活动的能力。20 世纪 90 年代初，"柔性"工作描述在受日本管理方式影响的企业特别受欢迎。值得注意的是，

“柔性”工作描述对于“能力”高低的侧重，已经影响到传统工作描述对人员的“柔性”要求。

2. 工作描述的主要内容

工作描述的内容与目的有关，要考虑是描述工作目前的样子，还是描述工作应该是什么样子。如果描述的目的是为了招聘，就描述工作应该是什么样子，而如果描述的目的是为了薪金管理或对员工进行考核，就应该描述工作现在的状况以及任务标准。但一般情况下，任何一份工作描述都要包括工作内容、工作条件、工作关系和工作的社会环境四个方面的内容。表2－1和表2－2分别给出了两种格式的工作描述，供大家参考。

表2－1　锅炉维修工工作描述

工作名称：锅炉维修工

工作的总体描述：在机修组的统一协调下，专职负责A厂区内所有锅炉的修理及维护工作，保障企业管理部门和生产部门对锅炉使用的要求。

1. 关键职责（40%）：锅炉维修

任务：要求对锅炉进行检查并提出报废或修理某一零件的建议。如果锅炉需要修理，则需要及时采取相应的措施使锅炉恢复正常的工作状态，其中包括使用各种手工工具和设备与其他维修人员配合对锅炉进行部分或者全部的重组，重要的是燃料系统和废气排放系统的全面大修以及故障排除。维修时协调与其他环节的关系，以保障维修的安全以及整个企业的有效运行。

2. 关键职责（40%）：锅炉保养

任务：保留对锅炉所做维修和保养的所有记录，根据锅炉使用说明的要求及时进行保养；定期检查锅炉的燃料系统和排气系统，以发现可能出现的不良运行情况；还有可能与其他维修人员配合完成相关设备的日常保养；以及有可能包括对执行保养任务的操作工进行建议和培训的任务。

3. 关键职责（10%）：测试与批准

任务：确保所有要求完成的保养和维修工作均已完成，并且必须是按照设备生产商所提供的说明书和授权书进行维修；建议、批准或否决已经达到在某工作条件中被使用的条件。

4. 关键职责（10%）：库存保持

任务：保持锅炉维修和保养所需要的库存零部件。

5. 非关键职责：上级分配的其他职责。

6. 工作环境：主要在室内；采用合同聘用形式，与机修组一起协调上班时间；每半年接受一次专业培训；本岗位是初级岗位，可晋升为机修组组长；基本工资每月2 000元，全年完成任务可获得年终奖金5 000元；按国家规定享受相应的福利。

表 2－2　销售部经理工作描述

职务名称:销售部经理　　　　　　　　职务别名:销售部主任、销售部总管
职务代码:1137—118　　　　　　　　制定时间:2016 年 4 月 1 日

(一)工作任务与权利

1. 通过对下级的管理与监督，实施企业的销售计划，组织、指导和控制销售部的各种活动。全面、及时地向上级管理部门报告销售事务。根据对销售区域、销售渠道、销售定额、销售目标的批准认可,协调销售配给功能,批准对推销员销售区域的分派,评估销售业务报告,批准各种有助于扩大销售的计划,如培训计划、促销计划等。

2. 审查市场分析,以确定顾客需求、潜在的消费量、价格一览表、折扣率、竞争活动,以实现企业的目标；亲自与大客户保持联系;可与其他管理部门合作,建议和批准用于研究和开发工作的预算支出和拨款;可与广告机构就制作销售广告事宜进行谈判,并在广告发布之前对广告素材予以认可;可根据销售需要在本部门内成立相应的正式群体;可根据有关规定建议或实施对本部门员工的奖励或惩罚;可调用小汽车 2 辆、送货车 10 辆、摩托车 10 辆。

(二)工作条件与物理环境

75% 以上的时间在室内工作,一般不受气候影响,但可能受气温影响;湿度适中,无严重噪音,无个人生命或严重受伤危害,无有毒气体。有外出工作要求,一年中约有 10% ~20% 的工作日出差在外,常年工作地点在本市。

(三)社会环境

有一名副手,销售部工作人员有 25 ~ 30 人;直接下级是销售部副经理;需要经常交往的部门是生产部、财务部;可以参加企业家俱乐部、员工乐园各项活动。

(四)聘用条件

每周工作 40 小时,法定节假日放假;基本工资每月 5 000 元,职务津贴每月 1 000 元,每年完成全年销售指标奖金 2 万元,超额完成部分再以 10‰提取奖金;本岗位是企业中层岗位,可晋升为销售副总经理或分厂总经理。每年工作以 4 ~ 10 月为忙季,其他时间为闲季;每三年有一次出国进修机会;每五年有一次为期一个月的公休假期,可报销 5 000 元的旅游费用;公司免费提供市区二房一厅(85 平方米以上)住宅一套(为公司连续工作 10 年以上则产权属于员工个人)或提供一次性购房补贴 15 万元。

(1)工作内容的描述,又称为工作任务和工作程序,需说明:工作名称、预先制定的执行标准、工作程序、所要完成的任务与责任、所体现的工作展开程序、所连接的前后工作关系等。

(2)工作条件的描述,又称工作外部环境,需说明:使用的原材料与设备,工作地点的温度、湿度、光线和噪声等状况,安全条件,地理位置等。

(3)工作关系的描述,又称为工作关系或人际关系(工作内部环境),需说明:工作群体的具体人数、对人际交往程序要求、工作四周的协调、部门交往要

求、工作点内外的文化设施、社会风俗、监督关系、汇报关系及同事之间的关系等。

(4)工作社会环境的描述,需说明:工作时间、聘用方式、工资结构及支付方式、福利、培训、组织地位与晋升、季节因素等。

3. 工作描述前的准备工作

(1)明确工作描述的目的。如前所述,工作描述目的的确认将在很大程度上决定工作描述的内容。如果工作描述要用于广泛的目的,描述的数量就可以由与每个目的有关的岗位确定下来。在确定哪些岗位将被描述时,应该有客观的标准,否则易引起混乱。

(2)确定工作描述的负责人。一般说来,工作描述都是由人力资源管理人员负责,但是其他部门(如财务、生产等部门)的主管人员也可以负责,这主要取决于工作描述的用途和目的。

(3)确认工作描述的形成过程。一般工作描述的形成要经过这样四个阶段:①收集工作分析信息;②起草工作描述的初稿;③检查和修订初稿;④形成最终的工作描述确定稿。工作描述主要由工作描述人员和责任人参加,有时不需要与工作有关的人参与和认同,因为他们可能夸大工作的难度和负荷,干扰描述工作的进行,但必须取得他们一定程度的配合,以确保工作的有效性。

(4)向组织的管理者(尤其是高级主管)和组织成员介绍工作描述。这样做的目的是取得他们对工作描述的支持,如果没有高级主管和其他管理者的配合,工作描述就很难进行。

4. 工作描述中应该注意的问题

(1)确认工作描述的经济性。工作描述是一个系统、严格而又规范的工作。对于一个人数较少的公司(200人以下)而言,工作描述没有太大的必要。近年来,企业流程再造和管理再造的理论日益盛行,在这种理论下,工作之间的界限变得相对模糊,员工的工作按照竞争的需要具有相当的灵活性,这一点给工作描述带来了挑战。工作描述的经济性,要求我们在将某一工作的范畴扩大时,使得工作描述能对企业的工作产生推动性,而不至于使得企业由于分工过细导致效率下降或由于监督减少而导致损失。

(2)工作描述之前的计划是工作描述有效进行的重要保障。工作描述要花费主管人员相当多的时间和精力,科学的计划将确保工作在预期中进行,并使一些工作中的问题及时得到解决。

(3)主管的认同。一般说来,工作描述可以发现组织结构内的一些错误,如果组织的主管没有决心或勇气修正错误,则工作描述的作用将大为降低,其实施的效果也很难得到保障。

（二）工作规范（工作说明书）

1. 工作规范的定义

工作规范是根据工作描述的结果，列出一个人为了完成特定的工作所必须具备的知识、技能、能力以及其他特征。

知识指的是为了完成某一项特定的工作任务而必须掌握的最低的事实性或程序性信息。技能指的是一个人在完成某项特定的工作任务方面所具备的熟练水平。能力指的是一个人所拥有的符合特定工作需要的且具有持久性的才能。在定义中强调的其他特征指的是一个人达到目标的动力或持久力等人格特征。从这些描述中我们可以看到，知识、技能、能力以及其他一些人格特征，在事实上都是一些不能被直接观察到的与人有关的特点，只有当一个员工实际地与特定的工作相结合，承担起相应工作的任务、职责和责任的时候，才有可能对这些特征进行观察。这就增加了我们在招聘新员工时的考察难度。

2. 工作规范中对人的要求

工作规范主要是对人进行要求。从一般意义上讲，这些要求分为三个方面，即一般要求、生理要求和心理要求。

(1)一般要求，指从事该项工作所需要的一般性要求，包括员工的年龄、性别、学历、外语水平和工作经验等。

(2)生理要求，指的是从事该项工作所需要的生理性要求。一般可以用九种能力标准来分析工作对生理能力的要求，即：①运动能力；②躯干能力；③视力、听力；④爆发力；⑤运动的灵活性；⑥延伸的灵活性；⑦身体的协调性；⑧身体的平衡性；⑨耐力。

我们可以将每一种能力划分为几个等级，来确定工作所要求的能力范围以及对哪几种能力要求更严格。

(3)心理要求，指从事该项工作所需要的心理性要求，包括事业心、合作性、观察性、领导力、沟通能力、压力承受力和影响力等。不同类型的考试可以鉴别不同的心理能力，如一般的认知考试测验的是记忆、分析、判断和推理等能力，而心理测验则能说明一个人的个性特征。

3. 工作规范的内容

工作规范要求的内容，大致有两种不同的方法进行规范：

一种是评测岗位与应聘者合适程度的传统方法，又称“七点计划”[①]。其要点是：①体格，指健康、外貌等；②学识才能，指学历、知识结构、资历、经历和经验要求等；③一般智力，指智力水平；④特殊才能，指动手能力、数字和交际能力等；⑤兴趣点，指文化、体育等的兴趣爱好；⑥性情，指可爱程度、可靠性和主见性等；⑦特殊条

① 罗杰．七点计划[M]．伦敦：国家工业心理学研究所，1952.

件,指准备好转换工作、适应出差等。

另一种评测人员的规范方式被称为“五点评分系统”①,1958 年由管理学家芒罗·弗雷泽提出。其要点是:①对他人的影响(通过体格、外貌、表达方式);②已有资历(教育、培训和经历);③固有特质(快速切入实质、渴望学习);④动机(树立目标并关心实现);⑤调整(能承受很大外界压力,与他人相处随和)。

近年来,工作规范越来越注意特定岗位上的“关键成效领域”,即要求关注雇员被雇用后可能的成绩表现。这将为后续的业绩评价打下基础。实践中有相当多的企业将该岗位的关键业绩指标纳入其中。

需要强调指出的是,由于《劳动法》等法律规范的实施,有关可能涉及职业歧视(如年龄、种族、残疾、性别等)的要求,在书写工作规范中应避免出现。

表 2-3 是一种工作规范的表述方法。

表 2-3　销售部经理工作规范

职务名称:销售部经理　　年　龄:26~40 岁
性　别:男女不限　　学　历:大学本科以上
工作经历:从事销售工作 4 年以上

1. 生理要求

无严重疾病,无传染病,能胜任办公室工作,举重 5 公斤,有时需要走动和站立,平时以说、听、看、写为主。

生理要求标准:

A——全体员工中最优秀的 10% 以内。若以总经理为 100 分,他们在 90 分以上。

B——70~89 分;

C——30~69 分;

D——10~29 分;

E——9 分以下。

2. 心理要求

一般智力:A	观察能力:B	集中能力:B
记忆能力:A	理解能力:A	学习能力:A
解决问题能力:A	创造力:A	知识域:A
数学计算能力:A	语言表达能力:A	决策能力:A
团队精神:A	性格:外向	气质:多血质或胆汁质
态度:积极、乐观	兴趣爱好:喜欢与人交往,爱好广泛	
事业心:十分强烈	领导能力:卓越	

① 芒罗·弗雷泽. 雇用面试手册[M]. 伦敦:麦克唐纳和埃文斯,1958.

科学的工作分析，应当在企业领导、典型工作代表与人力资源管理专家组成的工作分析小组领导下进行。一般说来，工作分析的结果是书面形成工作描述和工作规范，我们也可以将二者合在一起，统称为“工作说明”（参见表2－4）。不论是单独还是合在一起，书写文件时要求做到：①清晰；②具体；③简明扼要；④规避法律法规的限制；⑤经常调研，适时修改。

表2－4　A公司销售总监工作说明书

<table>
<tr><td rowspan="4">基本情况</td><td>职位名称</td><td>销售总监</td><td>职位编号</td><td colspan="2"></td></tr>
<tr><td>所属部门</td><td>A事业部</td><td>职位职级</td><td colspan="2">总监级</td></tr>
<tr><td>直接上级</td><td>分管副总裁</td><td>直接下属</td><td colspan="2">大区经理</td></tr>
<tr><td>设置目标</td><td colspan="4">制定并推行销售战略、销售方案，有效地管理客户，打造并带领销售团队完成公司全年的销售任务</td></tr>
<tr><td>组织架构</td><td colspan="5">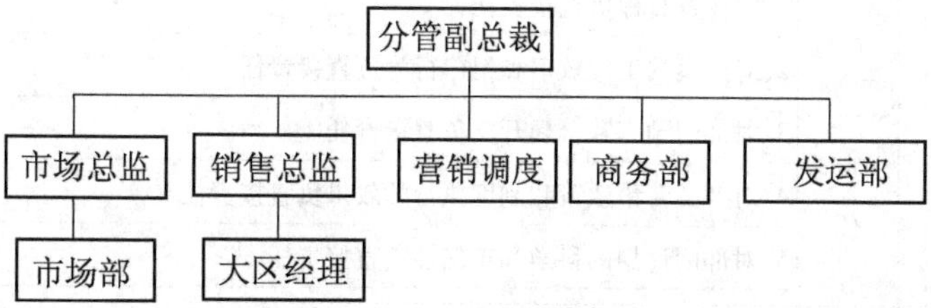
</td></tr>
<tr><td rowspan="9">工作职责</td><td>10%</td><td colspan="4">1. 根据营销规划，制订区域营销计划并报营销副总裁审批</td></tr>
<tr><td>30%</td><td colspan="4">2. 带领大区经理完成销售目标，对销售系统应收款、对账、销售预测等业务活动进行检查和控制</td></tr>
<tr><td>10%</td><td colspan="4">3. 做好销售费用的预算和控制</td></tr>
<tr><td>10%</td><td colspan="4">4. 组织完善并维护营销网络，做好战略市场新客户的开发和大客户管理</td></tr>
<tr><td>5%</td><td colspan="4">5. 参与制定、调整产品价格</td></tr>
<tr><td>15%</td><td colspan="4">6. 拟订销售系统人员配置及薪酬方案，负责销售系统核心骨干的培养和选拔，指导并考核下属的工作，保证核心员工的稳定性</td></tr>
<tr><td>10%</td><td colspan="4">7. 与市场总监密切配合，确保营销方案的实施及调整</td></tr>
<tr><td>10%</td><td colspan="4">8. 及时了解市场信息、销售状况，供分管副总裁决策</td></tr>
<tr><td>不定期工作</td><td>1. 与各部门交流沟通；
2. 各片区巡视，与员工见面交谈；
3. 听取下级工作汇报，督导下级工作推进；
4. 组织协调多部门参与重大活动；
5. 应急处理市场、客户的重大问题；
6. 向上级汇报工作，反馈信息；
7. 市场巡视督导，拜访客户</td><td>定期工作</td><td colspan="2">1. 拟订周度、月度工作计划和总结；
2. 召开月、周工作例会；
3. 定期述职和汇报工作；
4. 每天批阅有关文件、资料、报告和财务表单等</td></tr>
</table>

续表

权责	权力	1. 对公司营销政策、制度、计划的建议权	
		2. 具体的营销方案的审核权	
		3. 重大销售活动的决策权	
		4. 产品价格的建议权	
		5. 一定范围的客户投诉赔偿和退货审批权	
		6. 授权内的财务审批权	
		7. 对公司供应和生产情况的知情权	
		8. 公司品牌策略的建议权	
		9. 管理范围内的人事配置建议权	
		10. 对下属部门绩效考核的决策权	
		11. 对重大质量事故处理的建议权	
	责任	1. 对业务目标负直接责任	
		2. 对部属的工作效率和纪律行为负直接责任	
		3. 对部门预算和合理开支负直接责任	
		4. 对各类营销政策和制度执行的效果负直接责任	
		5. 对部门计划的科学和正确性负直接责任	
		6. 对公司营销系统培训效果负间接责任	
		7. 对经销商会议的效果负间接责任	
工作条件	办公室、电脑、电话		
关键业绩指标（KPI）	指标权重	考核指标	指标定义及目标值
	25%	销量目标完成率	分为年度和季度目标完成情况进行综合。年销量完成×万吨
	10%	销售产品品种结构合理性	—
	10%	应收款回款率	100%
	10%	重要客户成长水平及流失率	—
	10%	销售费用控制率	预算范围内
	10%	商务事故预防的有效性、处理汇报的及时性	—
	10%	销售系统骨干人员流失率及人才培养完成率	—
	10%	对下属考核的及时性	及时制定半年、一年考核方案
	5%	协作性	360 度考评

续表

<table>
<tr><td rowspan="6">工作关系</td><td rowspan="5">内部工作关系</td><td>请示</td><td colspan="3">向分管副总裁请示大区经理的销售战略、销售计划和量化的销售目标
向分管副总裁请示大区经理的销售方案和销售政策
向分管副总裁请示销售系统的绩效考核方案
向分管副总裁请示重大的订单预接、生产计划调整、库存准备及发运安排
向分管副总裁请示销售队伍的人员配置方案</td></tr>
<tr><td>汇报</td><td colspan="3">定期向分管副总裁汇报销售进展、市场主要竞争对手及市场变化情况
定期向分管副总裁汇报工作计划和工作进展</td></tr>
<tr><td>督导</td><td colspan="3">督导大区经理进行销售目标的分解、市场与客户的合理规划及布局、销售政策的合理调整
督导大区经理做好费用预算
督导业务人员做好资金、汇款计划以及账目核对,对欠款情况进行追踪处理
督导各业务部门做好销售工作</td></tr>
<tr><td>落实</td><td colspan="3">落实重大营销合同的谈判和签订工作
落实全公司订单及生产计划的安排、调配及库存的准备工作
落实大区经理执行公司销售政策</td></tr>
<tr><td>协调</td><td colspan="3">协调市场总监及时制定季节性市场促销方案
协调供应总监及时调整原材料的采购计划,协调生产技术部做好最新配方的算价</td></tr>
<tr><td colspan="2">外部工作关系</td><td colspan="3">定期拜访大客户,做好大客户的管理工作</td></tr>
<tr><td rowspan="5">任职资格</td><td colspan="2">学历</td><td>本科及以上</td><td>专业</td><td>不限</td></tr>
<tr><td colspan="2">年龄</td><td>35~45</td><td>性别</td><td>不限</td></tr>
<tr><td colspan="2">性格</td><td colspan="3">能承受较大工作压力</td></tr>
<tr><td colspan="2">工作经验</td><td colspan="3">8 年以上大型企业中高层管理经验,5 年以上同等职位管理经验
掌握企业战略、营销、人力资源、财务、信息管理的现代化管理方法和手段</td></tr>
<tr><td colspan="2">岗位所需知识</td><td colspan="3">企业管理知识
战略、营销、人力资源、财务和信息管理知识
行业知识</td></tr>
</table>

续表

<table>
<tr><td rowspan="6">任职资格</td><td rowspan="5">岗位技能要求</td><td rowspan="5">有市场预测和洞察能力，能引导企业适应行业市场竞争的决策能力；
能制定适应企业销售发展的规划战略、中长期销售规划和实施的组织能力；
有很强的决策、计划、组织、领导、协调创新能力；
有较强的沟通协调、写作和表达能力</td><td rowspan="5">岗位技能培训要求</td><td>科目名称</td><td>课时数</td></tr>
<tr><td>战略、营销、财务、人力资源、信息管理</td><td>一个月</td></tr>
<tr><td>企业概况与文化</td><td>一天</td></tr>
<tr><td>行业知识</td><td>二天</td></tr>
<tr><td>战略、营销、财务、人力资源、信息管理</td><td>一个月</td></tr>
<tr><td>职前培训</td><td colspan="4"></td></tr>
<tr><td rowspan="2">职业发展</td><td colspan="2">可晋升的职位</td><td colspan="3">营销副总裁</td></tr>
<tr><td colspan="2">可转换的职位</td><td colspan="3">市场总监</td></tr>
<tr><td rowspan="2">修订履历</td><td>提案部门</td><td>提案人</td><td colspan="2">审核人</td><td>审批人</td></tr>
<tr><td></td><td></td><td colspan="2"></td><td></td></tr>
</table>

表2－5汇总了岗位职责描述中常使用的动作术语，供给大家参考。

表2－5　岗位职责动词使用规范

<table>
<tr><td>
一、岗位职责动词使用规范表
管理职责与业务职责
决策层
主持、制订、策划、指导、督办、协调、委派、考核、交办、审核、审批、批准、签署、核转
管理层
组织、拟订、提交、制定、支持、督促、布置、提出、编制、开展、考察、分析、综合、研究、处理、解决、推广
执行层
策划、设计、提出、参与、协助、代理、编制、收集、整理、调查、统计、记录、维护、遵守、维修、办理、呈报、接待、保管、核算、登记、送达
二、常用动词
1. 针对制度、方案、计划等文件
编制、制订、拟订、起草、审定、审核、审查、转呈、转交、提交、呈报、下达、备案、存档、提出意见
2. 针对信息、资料
调查、研究、整理、分析、归纳、总结、提供、汇报、反馈、转达、通知、发布、维护管理
3. 关于某项工作（上级）
主持、组织、指导、安排、协调、指示、监督、管理、分配、控制、牵头负责、审批、审定、签发、批准、评估
</td></tr>
</table>

续表

4. 思考行为 研究、分析、评估、发展、建议、倡议、参与、推荐、计划 5. 直接行动 组织、实行、执行、指导、带领、控制、监管、采用、生产、参加、阐明、解释、提供、协助 6. 上级行为 许可、批准、定义、确定、指导、确立、规划、监督、决定 7. 管理行为 达到、评估、控制、协调、确保、鉴定、保持、监督 8. 专家行为 分析、协助、促使、联络、建议、推荐、支持、评估、评价 9. 下级行为 检查、核对、收集、获得、提交、制作 10. 其他 维持、保持、建立、开发、准备、处理、执行、接待、安排、监控、汇报、计划、经营、确认、概念化、合作、协作、主持、获得、核对、检查、联络、设计、带领、指导、评价、评估、测试、建造、修改、执笔、起草、拟订、收集、引导、传递、翻译、组织、控制、操作、保证、预防、解决、推荐、介绍、支付、计算、修订、承担、支持、谈判、商议、面谈、拒绝、否决、监视、预测、比较、删除、运用

五、工作分析中常见的问题

（一）员工的恐惧和抗拒

工作分析的结果有助于我们对员工的工作绩效进行考核，有助于我们分析员工工作的饱满程度，有助于我们招聘与工作职责相吻合的人员，因此，工作分析在一定程度上会引起员工的恐惧并可能最终导致抗拒。

员工恐惧是因为员工害怕工作分析会对其已熟悉的工作带来变化或者引起自身利益的损失，因而对工作分析小组的人员及其工作采取不合作甚至抗拒的行为。

1. 员工恐惧、抗拒的表现

(1)访谈过程中，员工对工作分析小组的工作有抵触情绪，不支持其访谈或调查工作。取得被调查对象的支持和合作是调查成功的重要保障，正是因为员工产生了恐惧感，因此对调查采取排斥、不支持、不合作态度，导致调查难以进行。这是一种消极的抗拒。

(2)员工提供有关工作的虚假情况。员工对调查结果产生恐惧，但并不是采用消极的方法不合作，而是故意夸大其所在岗位的实际工作责任、工作内容，而对企业其他岗位的工作予以贬低,其目的是提供工作的虚假信息,给工作分析制造障碍,甚至影响工作分析的结果。这是一种积极的抗拒,调查人员难以察觉。

2. 员工恐惧的原因

(1)员工认为工作分析的结果会对他们目前的工作、薪酬水平造成威胁。工作分析的结果有助于企业进行科学的人力资源考核,许多企业的减员、降薪也正是在工作分析之后,利用工作分析的结论进行工作评估,使工作分析成为一些企业所谓科学减员的理由。因此,很多员工对工作分析有一种天生的恐惧感。

(2)工作分析可能会导致员工的责任增加。霍桑实验研究表明,员工在工作中一般不会用最高的效率从事工作,而只是追随团队中的中等效率的伙伴,这是其团队归属的需要。而且员工认为,如果自己的工作效率太高,反而会增加自己的工作任务。工作分析的科学进行,有助于管理者充分认识员工应有的工作绩效,从而导致员工必须以高效率的方式进行工作。因此,员工对工作分析产生恐惧并进而抗拒从理论和现实意义上来讲都是合乎情理的。

3. 员工恐惧的消除

要使工作分析顺利进行,我们就必须最大限度地消除员工的恐惧及抗拒行为,确保工作分析顺利和有效地进行。

(1)事前的充分沟通。事前的沟通是员工恐惧消除的重要策略。我们在工作分析之前,应事先取得员工的信任,使员工明白实施工作分析的原因,可以为员工带来的好处以及员工提供的信息对工作分析的重要意义,并且以某种方式向员工承诺企业不会因为工作分析的结果而解雇任何员工或降低企业的工资水平。

(2)事后结果的沟通。在工作分析结束以后,将其结果与调查者进行沟通。这种沟通一方面可以使员工知晓其在这项工作中所做出的贡献,还可以使员工科学认识自己的行为,推动自身工作效率的提高。

(二)动态环境

尽管我们习惯上把工作看成是静态和稳定的,而且也只有这样我们才能确保工作分析的进行。实际上,工作总是随着时间而不断发生变化,特别是对于现代企业而言,工作的性质和状态已经在很大程度上发生了变化,即动态的因素已经在更大程度上推动我们对工作的认识,使传统的工作分析引进了新的动态因素。

举例来说,在当今产品和市场竞争迅速变化的时代,一些人认为工作仅仅是一种已经不再有用的社会性人造产品而已。事实上,更多的研究者和实践人员指出,在组织中已经出现了一种所谓的"工作废除"趋势,这种趋势的内容就是把组织看成是一个需要被人完成的工作领域,而不是一系列由个人所占据的零零散散的工作集合。例如,在英特尔公司,个人往往首先被安排到一个项目之中,这个项目会随时间的变化而变化,个人所扮演的角色以及工作对他的要求在这个过程中也会发生相应的变化，在一个项目完成之前，该员工可能已经被安排到另外一个项目或另外一些项目之中。因此，除了担负起新职责外，这名雇员还被要求在许多不同的团队里工作，管理各种不同的目标和工作时间表，同时还要在各种不同的团队位置以及不同团队成员的多种时间表之间进行协调。这就要求企业取消传统的层级式结构安排，而代之以更为灵活和更具有流动性的组织结构和工作过程，而从竞争需要出发再造企业的流程已经成为许多企业的管理实践。这些变化对传统的工作分析提出了新的挑战，编制一份比较宽泛的适应企业发展需要的工作描述成为新的管理要求。

第二节　收集工作信息的主要方法

一、观察法

（一）定义

观察法指有关人员直接到现场，亲自对一个或多个工作人员的操作进行观察、了解，并记录有关工作的内容、工作间的相互关系、人与工作的作用，以及工作环境、条件等信息。为了及时准确地获取所需要的信息，这种观察应具有结构性，事先应做好充分的准备，并取得工作者的支持与配合。

当然，由于员工个体的差异，在工作中会显出一定的差异性。这就要求我们在利用观察法收集工作信息时应该求同去异，使工作分析的结果具有相对的通用性而不是员工个性。

（二）观察法的操作原则

1. 观察的工作应相对静止

观察法应以能够观察到的行为为基础，因此，要求在一段时间内，工作内容、工作程序、对工作人员的要求不应发生明显的变化。

2. 适用于大量的、标准化的、周期短的，以体力为主的工作

观察法特别适用于对手工的操作、设备使用的工作方法、危险因素和工作条件等信息的收集，其优点是能够获得第一手资料。对于思考和研判工作即脑力工作者的工作很难使用观察法对工作进行描述。而要对所观察的工作进行准确的描述，使得描述的结果不因为观察者的不同而产生差异，就要求观察的工作必须是标准的工作。此外，观察法比较费时间，因此按经济的原则，被观察的工作应该是企业大量存在的工作。从这些角度出发，我们可以得出结论，观察法适用于大量的、标准化的、周期短的，以体力为主的工作。

3. 注意工作行为样本的代表性,避免对被观察者产生影响

一般情况下,工作者不愿意被别人看着工作,因而有时工作者会因为紧张而不能表现出其最典型的工作状态,或在有人观察的时候其工作状态表现不一样。因此,在使用观察法收集信息时,为确保相关信息的客观性,应该尽可能不引起被观察者的注意,至少不应干扰被观察者的工作。但是我们必须取得被观察者的配合,这是工作分析所必需的。

4. 观察前要有详细的观察提纲和行为标准

观察法费时较多,且受观察者和被观察者行为角度的影响而影响工作效率,因此,在具体实施观察法对工作进行描述之前,应该拟订详细的观察提纲和具体的行为标准,确保不同的观察者能得出具有相对统一且规范的结论。

(三)观察法的观察提纲

详细而准确的观察提纲是工作的必需。表2-6是一份工作分析观察提纲举例。

表2-6　工作分析观察法提纲(部分)

观察者姓名:________　　日期:________

被观察者姓名:________　　观察时间:________

工作类型:________　　工作部门:________

观察内容:

1. 什么时候开始工作?________。
2. 工作之前的准备时间有多长?________。
3. 上午工作多少小时?________。
4. 上午休息几次?________。
5. 每一次休息的时间分别是从________到________。
6. 上午一共完成多少件产品?________。
7. 在工作中平均多长时间完成一件产品?________。
8. 出了多少次品?________。
9. 去洗手间的次数以及每一次所用的时间?________。
10. 喝了几次水且每一次喝水所用的时间?________。
11. 室内的温度是多少度?________。
12. 室内的噪音是多少分贝?________。
13. 室内的光照情况怎么样?________。
14. 工作中与同事交谈几次?________。
15. 每次交谈时间约________分钟。

（四）观察法实施中应该注意的问题

因为自身的缺陷，观察法不能对脑力工作者或劳动中的脑力劳动部分进行分析，并在具体的实施中还存在其他一些问题，这些问题可以通过下面的一些做法进行不同程度的纠正：

第一，在有相似工作的地方，应多观察几个人，避免个人的独特行为对观察结果的影响。

第二，对被观察者的工作要充分地观察，以免漏掉细节。

第三，观察者应尽可能地不引人注意，并避免讨论工作过程的问题。

二、访谈法

（一）定义

访谈法指调查者通过与被调查者面对面交流的方式收集工作岗位分析资料的方法。访谈法是使用广泛的数据收集方法，一般是在离开工作地的地方进行的，面对面的访谈可以最大程度地获取工作信息。

（二）主要方法

访谈的主要方法有三种：①个人访问法，即与每个雇员单独面谈；②集体访问法，即与同一种职业的员工集体讨论；③管理人员访问法，即与一个或几个通晓如何进行工作分析的管理人员座谈讨论。不管运用哪种方法，都应当让被访问者完全明确访问的意图，因为常常有一种倾向，访问容易被误解成是在对他的工作效率进行考核。如果产生了这种误解，被访问者就不愿意把他们的看法和盘托出。

（三）访谈法的实施

访谈提出的问题大致包括：你做的是什么工作？你的岗位的主要任务是什么？你具体干什么工作？这项工作需要什么样的教育程度、经历、技能以及证书、许可证？你做过什么工作？该工作的任务和责任是什么？你的基本责任或工作任务标准是什么？你的责任是什么？完成任务的环境条件是什么？这项工作对身体、情绪和精神有什么要求？这项工作的卫生安全条件有哪些？有没有在危险或容易发生意外的工作条件下工作的经历等。

访谈法调查往往是将问题按逻辑关系排列在一起，一个个往下问，或者重要的问题先提问，次要的或不太重要的问题后提问。面谈的结果一般要经过监督者的确认和说明才算有效。

（四）访谈法实施中应该注意的问题

访谈法要取得预期的效果，应当注意如下事项：①职业分析人员和管理人员应当携手合作，了解本职工作和能客观描述其职责与责任的职工；②提前研究每项工作的基本情况，使面谈者熟悉工作，便于提问；③迅速掌握被访问人员的基本情况，并用通俗、亲切的语言简要说明访问目的，尽快与对方建立友好关系；④设计调查问卷或调查提纲；⑤访谈结束时，应回顾和核实有关情况。

三、问卷法

（一）定义

问卷法指向被调查者提供事先设计好的问卷，要求被调查者按照要求填写以获取有关其工作信息的一种快速而有效的方法。一般要求被调查者对各种行为、工作特征和工作人员特征的重要性或频率评定等级。

一般说来，问卷法可以分为两种：即一般工作分析问卷法和指定工作分析问卷法。一般工作分析问卷法适用于各种工作，问卷内容有普遍性；而指定工作分析问卷法适用于特定的工作，问卷内容在了解基本情况的基础上，还具有一定的特定性，一张问卷只适用于一种工作。

（二）问卷设计

为在短时间内收集到大量的有用信息，有关人员要事先设计出一套工作分析的问卷，把要收集的信息以具体问题的形式提出由工作人员填写，再将问卷加以归纳、分析，并做好详细的记录，从同职务的问卷中找出共同的有代表性的回答，并据此写出职务描述，再征求该职务工作者的意见，进行补充和修改。为了全面系统地进行职务描述，避免遗漏每一项工作任务，最好将各项工作任务一一列举，越全越好，然后再归类整理、分析评估。

问卷设计的质量在很大程度上会影响工作分析的质量，因此，问卷设计者在设计问卷时可以先对要分析的工作进行一些了解，或简单地观察，然后与一些专业人员合作一起设计问卷。得到分析部门负责人的支持是设计好问卷的关键。也就是说，在设计问卷时，可以训练各部门的负责人，由他们分别分析本部门的工作，再加以汇总评估设计问卷。这样做可以调动部门负责人的积极性和责任感，对做好工作分析也是十分必要的。

问卷设计一般应该遵循明晰、高效、合理和完整的原则。

1. 明晰原则

在设计问卷时应该做到明晰。首先，问卷语意必须明确、清晰地表达出调查者的本意，不应产生歧义或误解。其次，问卷应考虑被调查者的知识结构和认知水平，也就是说，必须考虑被调查者的群体特征，考虑其认知水准，防止问卷设计用语晦涩难懂或过分肤浅。

2. 高效原则

设计问卷必须直接地体现出调查的目的，减少或消除与调查主题关系不大的一些过渡性问题，力求问卷主题突出，便于回答，且便于调查者整理和分析。

3. 合理原则

问卷法实施成功的关键是被调查者的积极配合。因此，问卷的设计必须考虑被调查者的合作程度。问卷设计结构要合理，便于调查者回答，不令调查对象反感、厌倦。如果问卷使调查对象产生对立情绪或为难情绪，那么，调查活动一定不会成功。

4. 完整原则

通过问卷调查所得到的结果要能够对工作进行准确而全面的描述。如要为企业的人力资源管理以及经营管理决策提供依据，就必须使问卷设计的问题能够完整地涉及被调查者工作过程中的各种行为。

（三）调查问卷的基本格式

表2－7是一份简单的一般工作分析问卷样本。

表2－7　工作分析调查问卷

公司名称：		问卷编号：	
被调查者姓名：	性别：　　年龄：		职务：
在本公司供职时间（年）：	所在部门：		部门职数：
管理人姓名：	管理人职务：		

1. 主要任务
2. 专业证书：列出与工作任务相关的登记证、许可证、资格证等。
3. 设备：列出与完成工作任务相关的机器、设备或工具，如打字机、计算机、汽车、机床、叉车、钻压设备等。
4. 固定任务：每月必须完成的任务及其占总工时的比例。
5. 合同：列出有必要与其他部门及其个人、公司或其代理人签订的合同。
6. 监督：所任职务有无监督责任，是直接监督还是间接监督。
7. 决策：完成固定任务时拥有的决策权。
8. 登记责任：列出需要准备或保存的报告、文件。
9. 监督检查时间：经常检查、偶尔检查、很少检查、从不检查。
10. 工作条件
11. 职业要求：列出圆满完成工作任务必需的最低要求。

(1) 教育：最低学历、学习年限、专业或方向；
(2) 经历：类型、年限；
(3) 专门训练：类型、年限；
(4) 专业技能：打字（每分钟多少字符）、速记（每分钟多少字符）、其他。

续表

12. 其他情况:以上各项未包括,但有助于说明工作职位重要性的情况。   被调查者签名　　　　　　　　　　　　　　　　　　　　日期:　年　月　日

表2-8是一份指定工作分析问卷样本(部分)。

表2-8　推销员工作分析问卷(部分)

说明以下职责在你工作中的重要性(最重要的打10分,最不重要的打0分,标在右侧的横线上)。 1. 与客户保持日常沟通________。 2. 详细介绍产品的性能________。 3. 开发新客户________。 4. 掌握必要的销售知识________。 5. 拟订月度销售计划________。 6. 及时送货________。 7. 及时向上级主管汇报工作________。 8. 及时准确地把客户有关质量的问题反馈给有关部门________。 9. 与有关部门和同事保持良好关系________。 10. 拒绝客户不正当的送礼________。 11. 及时催收货款________。 12. 及时清点存货________。

(四)问卷法实施中应该注意的问题

问卷法的优点是快速和调查结果真实,而且使用一般工作问卷还可以将其剪接以适合不同部门的需要,因而其应用很广泛。但问卷法在使用中也存在一些问题,如问卷中有些问题是叙述性的,使被调查者难以用准确的语言描述和回答问题,且答案难以进行量化分析,给后续工作带来麻烦。因此,在问卷设计时应该注意尽量少提主观性的问题。

四、职位问卷分析法

（一）职位问卷分析法简介

职位问卷分析法（Position Analysis Questionnaire，PAQ）是美国普渡大学研究人员提出的一套数量化工作说明，由熟悉分析对象的专门分析人员填写。问卷包含若干项目，每一项都是一个基本因子，代表公司的一个职位。公司的全部工作可以归纳为决策活动、技能活动、体力劳动、设备操作和信息加工等。它的基本思路是，每一职位都会从不同角度对公司的工作产生影响，并获得相应的分值。该分值表明某项工作对于公司全部工作的重要性及其程度，进而对公司内部不同职位的作用进行横向比较，达到提高人力资本运营效率和整体生产效率的目的。

（二）职位问卷分析的主要内容

职位问卷分析在设计中充分体现了工作流程分析在工作分析中的运用，是一种包括 194 个问项的标准化工作分析问卷。这些问项代表了从各种不同的工作中概括出来的各种工作行为、工作条件及工作本身的特点，共分为 6 块，即信息投入、脑力过程、工作产出、同他人的关系、工作环境和其他特点。

1. 信息投入

研究工作者从哪里以及如何获得完成工作所必需的信息。

2. 脑力过程

研究工作者在获取信息之后，如何去推理、决策、计划及处理资料。

3. 工作产出

研究工作者在执行工作的时候所发生的身体活动以及所使用的工具和设备等。

4. 同他人的关系

研究工作者在执行工作的时候要求同他人发生的关系，这种关系实际上也影响着信息投入。

5. 工作环境

研究执行工作的时候所处的物理环境以及社会环境。工作环境对工作的开展以及绩效都有十分明显的影响。

6. 其他特点

研究除了上面所描述过的同工作有关的其他活动、条件以及特征。

在对某一工作进行分析的时候，工作人员首先要确定上述的每一个问题是否都适用于被分析的工作，在此基础上，工作分析者要根据 6 个维度对这些问题加以评价。这6个维度分别是:应用范围、时间长短、对工作的重要性、发生的可能性、适用性以及特种代码(在某一特定问项中所运用的评价尺度)。这些评价结果被提交到职位分析问卷公司总部,在那里运用专业的计算机程序产生报告,说明该工作在工作的各个维度上的得分情况。

研究表明,我们可以对12个维度(见表2-9)用5个基本尺度进行评价。这5个基本尺度是:①具有决策、沟通和社交能力;②执行技术性工作的能力;③身体灵活度;④操作设备与器具的技能;⑤处理资料的能力。

表2-9　职位分析问卷的12个维度

1	决策、沟通及一般责任
2	事务性活动及其相关活动
3	技术性活动及其相关活动
4	服务性活动及其相关活动
5	常规性工作时间表及其他工作时间表
6	例行的、重复性的工作活动
7	环境知觉性
8	一般身体活动
9	监督、协调或其他人事活动
10	公共关系、顾客关系以及其他接触活动
11	令人不悦的、伤害性的、高强度要求的环境
12	非典型工作时间表

只要我们知道了某种工作在工作维度上的分数,我们就能够为确定此种工作所需要的能力类型提供一些指导。

(三)职位问卷分析法的局限

应该说职位问卷分析法是一种客观的量化工具,可以推动工作分析的进行,但是在使用中也存在一些局限。这些局限主要体现在两个方面:一方面,职位问卷分析法是一种专业性比较强的分析方法,对使用者的要求比较高,既要求具有一定的文凭(如大学本科水平),还要求具备相应的专业知识,这对企业的有关人员提出了严峻的挑战,也限制了这种方法的大范围使用。另一方面,职位问卷分析法强调利用通用化和标准化的格式对工作行为进行调查,这种方法的使用在带来方便的同时,却导致了工作特征的抽象化,不能很好地描述出构成实际工作特定的、具体的活动。

五、工作体验法

工作体验法是指工作分析人员亲自体验工作,从而细致、深入地体验、了解和分析工作的特点与要求,掌握工作要求的第一手资料,这种方法的优势是人力资源管理人员可以了解工作的实际内容以及对雇员体力和脑力的要求。

工作体验法在一定程度上可以克服一些有经验的员工并不总是了解自己完成工作的方式或不善于表达的缺点,还可以得到使用其他方法无法得到的内容。但是这种方法的缺陷也十分明显。现代企业经营管理中的许多工作其专业化程度都比较高,体验者往往不具备从事某项工作的知识和技能,因此无法参与,而且这种方法耗费时间较长。因此,工作体验法主要适用于一些比较简单的工作。

第三节　工作设计

组织的一项重要任务就是决定、保持和吸引高质量、高水平的工作所要求的内部和外部条件,而工作设计就是其中的一个重要内容。

一、工作设计概述

(一)工作设计的概念

工作设计是由于企业原有的工作规范不适应组织目标、任务和体制的要求,或由于现有的人力资源在一定时期内难以达到职务规范的要求,或由于员工的精神需求与按组织效率原则拟订的职务规范发生冲突时,为了有效地达到组织目标与满足个人需要而进行的对某个职务的任务、责任、权力,以及组织中与其他职务关系的过程进行的规定,是一门让人与工作相匹配,从而使人们的终身兴趣得以表现的艺术。好的工作设计是企业留住人才的艺术手段。研究表明,那些拥有较高价值创造能力的人,在工作与其潜在终生兴趣相匹配的背景下拥有较好的稳定性,且绩效较高。

(二)工作设计的主要内容

一般说来,工作设计的主要内容包括五个部分,即工作内容、工作职能、工作关系、工作结果及工作结果的反馈。如图 2－4 所示。

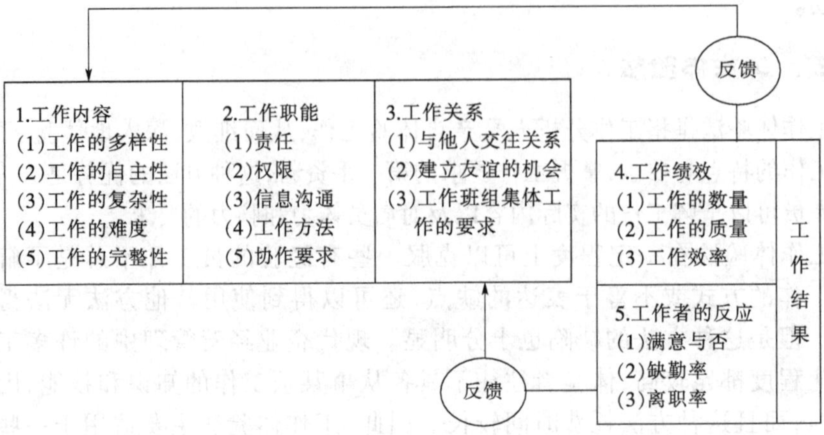

图 2-4　工作设计的主要内容

工作内容确定工作的一般性质问题；工作职能考察每项工作的基本要求和方法，包括工作责任、权限、信息沟通、工作方法和协作要求；工作关系指个人在工作中所发生的人与人的关系，包括与他人交往的关系、建立友谊的机会和集体工作的要求等；工作结果指工作的成绩与效果，包括工作绩效和工作者的反应，前者是工作任务完成所达到的数量、质量和效率等具体指标，后者是指工作者对工作的满意程度、出勤率和离职率等；工作结果的反馈主要是指工作本身的直接反馈和来自别人所做工作的间接反馈，即指同级、上级、下属人员的两方面反馈。

（三）工作设计思想的提出及发展

工作设计思想起源于泰勒的“工作和任务的合理化改革”。泰勒在时间与动作研究分析中提出应该考虑 17 个因素，这 17 个因素至今仍然是很多国家进行动作划分和动作分析的基础。随着泰勒科学管理的推广，人们在泰勒研究的基础上，发展和形成了“时间研究”和“动作研究”的基本原理和方法，并把研究的对象扩大到工厂以外的领域。这一系列的研究成果使人们认识到可以从工作本身的结构设计入手提高工作效率。

梅耶（Elton Mayo）提出了“工作满意”的概念，它强调正式组织中工人满意程度的研究。而赫茨伯格（Herzberg）等人做了进一步的研究，他们的研究发现，对工作满意与否、工作表现的好坏产生重大影响的是工作的结构和内容，而不是工作环境及条件。这些研究结果导致了用“工作丰富化”手段提高工作的满意度和表现。

从20世纪50年代开始，人们试图把工作体系和孕育工作的社会体系联系起来。基于这样的研究成果，又提出了“角色满意”的理论。在研究中，人们发现职业角色对工作过程比工作本身更具有相关性，因而强调“角色满意”而不是“工作满意”。此外，研究者还认为，组织内的非正式小组成员间的无领导性、合作性和同等性对角色的满意非常重要。

在“角色满意”理论提出以后，人们进一步提出了“工业民主”的概念。它强调通过工人自治，即通过工人自己管理小组，或通过参加生产会议、工作顾问等形式表现的工业民主促进工作效率的提高。有些国家甚至还为此专门制定了相关的法律，以促进工业民主的实现。

哈克曼和奥德姆于20世纪80年代提出了工作特征理论，如图2－5所示。他们明确指出：通过重新设计工作，从而增加工作的多样性、完整性、重要性、自主性和反馈性，进而使员工的心理状态被改善，如员工能够体验到所从事的工作很有意义，对工作更加负责任，更能及时知道努力工作的结果。在这种心理状态下，员工的内在工作动机被高度激发出来，表现出更优秀的工作绩效，对工作更加的满意以及保持较低的缺勤率和离职率。

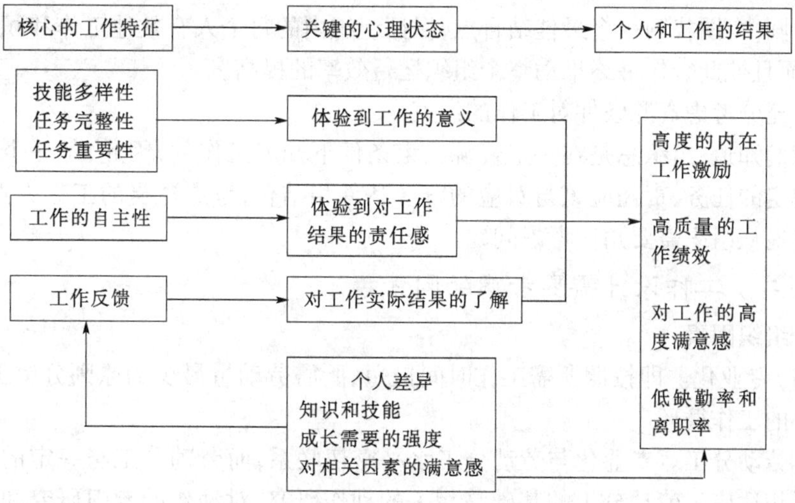

图2–5　哈克曼和奥德姆的工作特征模型

一般说来，一个好的工作设计可以减少单调重复性工作的不良效果，还有利于建立整体性的工作系统，可以为充分发挥劳动者的主动性和创造性提供更多的机会和条件。

二、工作设计的要求及需要考虑的因素

（一）工作设计的要求

1. 确保组织总任务的完成

工作设计应该从组织完成总任务的角度进行，这样才能保障组织运行的每一件工作都能够落实到工作规范中去。如一车间为二车间的生产做配套，则我们对一车间的工作进行设计时，就应该充分考虑二车间的要求，而二车间的工作设计也要考虑一车间的实际情况，只有这样，才能确保组织总任务的完成。

2. 确保组织总目标的实现

即要求组织运行所要达到的每一工作结果，组织内每一项资产的安全及有效运行都必须明确由哪个工作负责，不能出现责任空当的情况。也就是说，一车间、二车间的工作设计除保证总任务的完成以外，还必须考虑二者能够彼此协调，能够在组织总目标的约束下完成组织的任务。

3. 提高组织的运行效率

我们知道，人是具有能动性的，工作设计应该全面权衡经济原则、社会原则和人文原则，力图找到一个最佳结合点，保证组织内的每个人有效地工作和积极性的发挥，而且彼此合作最终推动整个组织运行效率的提高。

4. 充分考虑资源条件对工作的约束

我们知道，组织总是在一定资源约束条件下开展工作的，因此，每一个工作设计所规定的任务、责任应该与对应的资源条件相结合，考虑适当的工作人选，而不能简单地从组织需要角度考虑问题。

（二）工作设计需要考虑的因素

1. 组织因素

(1)专业化。即按照所需工作时间最短、所需劳动量最少的原则分解工作，形成最小的工作循环。

①劳动分工。专业化与劳动分工水平密切联系，而劳动分工与一定的经济发展水平相适应。劳动分工的基础是相关的动作研究，对动作的专门研究和运用使得人们学习一项技能的时间缩短，而且可以提高技能的运用效率，减少人力和物力的浪费。对劳动专门的研究还导致了对设备的专门研究和机械设计方面的专门研究。过去我们强调劳动分工的精细，强调专业化分工的单一化，这样既可以提高效率，还方便绩效考核。现代企业管理理论提出：专业化分工必须充分考虑人的社会性要求，即要给人安排具有挑战性的工作，使人能够享受工作的乐趣，避免人成为

机器;专业化分工要确保整个组织运行的效率,能够按照市场的需求设计企业的专业化劳动分工程度。

②工作研究。专业化研究的基础是工作研究。工作研究从泰勒时代开始已形成了很多技术和方法,这些技术和方法已经成为现代工作设计的基础。工作研究主要涉及标准时间、中等水平的人、有代表性的工作条件、正常的工作速度和学习时间等。

第一,标准时间。标准时间是以标准绩效完成一项工作所需要的总时间,也是对一般人完成一项任务所需要时间的估计,是由基本时间(以标准速度完成一项任务的时间)和宽放时间(消除疲劳的休息时间)构成的。标准时间可以作为制定奖励制度的依据或作为工作描述的一部分。

第二,中等水平的人。中等水平的人是指具备必要的身体素质、智力水平和教育程度的一般人。在进行工作研究时,选择中等水平的人作为样本才具有代表性,时间、动作、速度等方面的研究都是以中等水平的人为依据的。这样有利于确定适当的标准时间、标准速度等,而不至于过快或过慢。

第三,工作条件。工作条件主要是考察某一项工作在具体发生时的现实状况,即使在一个企业内工作条件也可以因为时间的改变而不同。

第四,正常的工作速度。所谓正常的工作速度是假定人们经过一定的培训,具有完成某一任务所需要的技能和知识,能以标准的时间完成一项任务,而且在3~4小时内没有疲劳感觉,即为正常的工作速度,这也说明标准时间的确定是以正常工作速度为基础的。一般人在工作的开始、结束和中间阶段,速度、精力和体力并不均衡,参见图2-6。工作过程中会产生疲劳感,而疲劳会影响效率,在临近工作时间结束时会有一个冲刺。这种冲刺会在一定程度上抵消一部分疲劳的损失,但并不是每个人都是相同的,这取决于冲刺与疲劳的力量对比。当然也存在另外一种情况,即刚开始工作的时候,疲劳感不会影响工作,反而会因为逐渐熟练而导致工作效率提高,而在工作时间结束前效率降到最低,因为人们会提前为下班做准备,或等待下班的来临。或因为一个工作必须连续完成,而导致在本时间段内无法完整地完成某一个工作步骤,而必须等下一个工作时间段的来临,从而使得本时段剩余时间无法工作。由此可见,一定工作时段内工作效率高的时间段是比较少的,我们研究的正常工作速度是从一般意义上平均来看的。

第五,学习时间。有经验的人和初学者完成同一项任务的时间显然是不同的。因此,学习时间也是影响工作效率的一个方面。学习时间的长短除了与个人的素质有关外,还取决于所学技能的性质。有些技能掌握很快,而有些技能(尤其是专业技能)在掌握的过程中可能会有时快时慢的特征。参见图2-7。

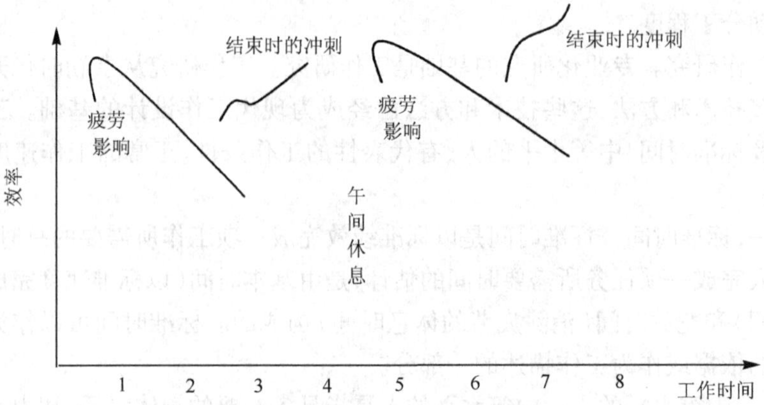

图 2-6　工作时间内的效率变化

安应明,吴菁．人力资源管理学[M]．北京:中共中央党校出版社,1998:153.

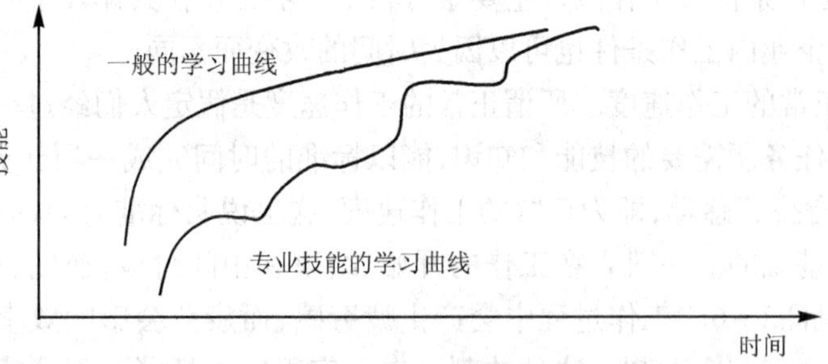

图 2-7　学习曲线

图 2-7 说明,专业技能的掌握开始可能比较快,但到了一定水平后,技能增加的速度放慢,甚至没有明显的变化,如果进行新的学习,技能的掌握又会上升到一个新的水平。

③动作经济原则。动作经济原则即为最快完成某项任务的最佳动作系列,要减少那些无用的、慢的和错误的动作,从而形成一套最佳的动作系列。

巴奈斯教授把动作经济原则分为三类:利用人体、布置工作地点、设计工具和设备。利用人体原则指尽量使用不易使人感到劳累而又最节约时间的有效动作。布置工作地点原则指工作地点的布置应努力减少无效动作,如在固定的地点提供材料和工具、提供能保持良好姿势的座椅、提供充足的照明,以及工具和材料的放置应尽可能接近工作者等。设计工具和设备原则指工具和设备的利用应最大程度地利用人体,使四肢配合起来。如有时工具可设计为用脚操作而把手节约出来以利他用,应尽可能把两种或多种工具组合在一起,以提高工具的通用性和多功能性。

(2)工作流程。工作流程指在相互协作的工作团队中,考虑每个岗位负荷的均衡性问题,以便保证不出现所谓"瓶颈",不出现任何等待停留问题,确保工作的连续性。工作流程的设计与专业化分工的发展是密切相关的,特别是现代组织的流程设计和再造已经成为管理学和管理实践的一大热点。

(3)工作习惯。工作习惯是人们在长期工作实践中形成的传统工作方法,反映工作集体的愿望。习惯往往具有强大的约束力,因此,是工作设计中必须考虑的因素。也就是说,我们在进行工作设计时必须把科学分工与人们的习惯结合起来,不因为习惯而改变科学设计,也不因为要推行新的工作设计而忽略习惯的制约。

2. 环境因素

环境因素主要包括人力资源和社会期望等因素。工作设计必须充分考虑到人力的供应问题以及社会期望。

(1)人力资源。人力资源指在进行工作设计时要考虑到能够找到足够数量的合格人员,也就是说,我们要考虑社会人力资源供给结构与组织工作完成所需要的人力资源结构之间的关系。在知识经济时代,新技术层出不穷,企业对掌握新技术、新设备的人力资源有强烈的需求,而人力资源供给却与需求之间存在时滞关系,这就要求我们在进行工作设计时充分考虑社会人力资源的供给结构,避免企业的工作设计不符合人力资源的实际情况,导致工作设计的结果无法得到实施。

(2)社会期望。社会期望指人们希望通过工作得到什么样的满足。工业化初期,由于在城市找工作不容易,许多人可以接受时间长、体力消耗大的工作,其需求较为简单。但随着文化教育水平的提高,人们对工作、生活质量有更高的期望,单纯从工作效率、工作流程考虑组织的效率往往欲速则不达。所以在工作设计时,必须同时考虑"人性"方面的诸多要求和特点。

3. 行为因素

行为科学提示我们,工作设计不能只简单考虑效率因素,还应当考虑满足员工的个人需要,找出影响员工行为的诸多因素以及企业可控因素。其主要表现在自主权、多样性、任务一体化、任务意义以及反馈等方面。

(1)自主权。对从事的工作在一定的范围内承担相应的责任,并拥有与之相关的决策权力可以使员工在工作中更具有能动性。因为提供附加责任可增强员工自尊及受重视的感觉,而缺乏自主权可引起员工的冷淡及低绩效。在现实的企业管理中,许多企业对员工进行绩效考核,要求员工承担一定的组织责任,但却并不赋予其相应的决策权和支配权,导致权利与义务不对称,其结果必然是效率的低下。

(2)多样性。工作时需要使用不同的技巧和能力,如缺乏多样性,会导致员工疲劳、厌烦,可能产生更多的失误。通过工作设计充分考虑工作的多样性,能减少疲劳引起的失误从而减少效率降低的损失。研究表明,工作轮换对于有效的工作会产生积极的作用,自主权以及多样性的运用是职工满意的主要原因。增加工作多样性的途径还包括我们在前面所提到的避免劳动分工过于专业化。

(3)任务一体化。专业化工作的突出问题就是缺乏任务的一体化,员工不能感受到自己工作的意义,他们对自己的工作成果几乎没有责任感和缺少对成果的骄傲,缺乏任务的一体化,员工不能感受到自己工作的意义,在完成本职工作后无任何成就感,将工作简单理解为完成任务,感觉自己与企业之间就是一个干活与挣钱的关系。在这种情况下,企业缺乏凝聚力,员工的能动性和积极性难以发挥。如果工作任务组成能够使员工感到自己做出了可以看到的贡献,则其工作满意感将增加,并进一步带来工作效率的提高,促使员工能动地、积极地工作。

(4)任务意义。与任务一体化密切相关的是任务意义。做任何一种工作,如果本身缺乏意义就不可能使执行者对工作产生满意感。任务意义就是使工作人员知道该项工作对于组织中或外部的其他人是重要的,看到自己在企业价值链中的位置,并因而加强自身重要性的感觉,自豪、允诺、激励、满意及较好的绩效就可以自然产生。

(5)反馈。如果工作不能给予员工其工作做得如何的反馈,那么对员工就几乎没有引导和激励。例如,让员工知道自己的产量与日定额相比如何,并允许他们调整自己的努力,在这种情况下,就可以通过反馈改善激励状况。在许多学校实行的成绩排名就是利用反馈促进学习的一种方式。

以上三大因素之间是有矛盾的。行为因素要求工作设计增加自主权、多样性、任务的完整性、意义及反馈,从而提高员工的满意度,但这会导致组织劳动成本的上升和效率降低;组织因素要求提高专业化程度,指挥的统一性,分工的细化,但这又可能引起员工不满从而导致怠工、缺勤和离职。因此,必须在三者之间权衡好,找到三者的结合点,才能最终确保工作设计的有效性。

三、工作设计的方法

(一)工作专业化

工作专业化是一种传统的工作设计方法,它通过动作研究和时间研究,把工作分解为许多很小的单一化、标准化和专业化的操作内容及操作程序,并对工人进行培训和激励,使工作保持高效率。此种工作设计的方法在流水线生产上应用最为广泛。

1. 工作专业化的主要特点

工作专业化具有以下特点：①机械动作的节拍决定工人的工作速度；②工作的简单重复性；③对每个工人所要求掌握的技术单一，且技术水平较低；④每个工人只完成每件工作任务中比重很小的工序；⑤工人被固定在流水线的单一岗位上，工人之间的工作交往和社会交往较少；⑥工人采用何种设备和工作方法，均由管理职能部门做出规定，工人只能服从。

2. 工作专业化的优缺点

(1)优点。专业化和单一化紧密地结合，可以最大限度地提高工人的操作效率；把工作分解为很多高度专业化的操作单元，对工人的技术要求低，可以节省大量的培训费用；还可以因为只需廉价的劳动力来完成工作设计所规定的岗位要求，从而降低企业的生产成本，并且有利于劳动力在不同岗位之间的轮换，而不致影响生产的正常进行；机械化程度高，有标准化的工序和操作方法，加强了管理者对工人生产的产品数量和质量的控制，以保证生产的均衡。

(2)缺点。只强调工作任务的完成，而不考虑工人对这种方法的反应，因而专业化程度高所带来的高效率在一定程度上往往会因工人对重复单一的工作不满与厌恶所造成的缺勤、离职而有所抵消。

(二)工作轮换与工作扩大化

1. 工作轮换

定期地将工人从某一工作岗位换到另一工作岗位，但必须保证工作流程不受影响，这种方法并不改变工作设计本身，从而使员工定期地进行工作轮换。这样，会使员工具有更强的适应能力，对工作的挑战性以及在一个新职务上产生的新鲜感，能够激励员工做出更大的努力。此外，此种方法给员工提供了发展技术和较全面地观察与了解整个生产过程的机会，有助于增强员工对自己当前工作在企业中的地位的感性认识，在客观上增强企业的凝聚力，并为员工以后从事管理工作奠定基础。日本企业经常采取工作轮换方式，并取得了良好的绩效。

工作轮换方法的缺陷也较明显：员工实际从事的工作并没有得到真正的重大改变，只是为了解决员工对某一专业化的单一性、重复性工作所产生的厌倦感在一定范围内做适当的缓冲，轮换后的员工长期在几种常规的简单工作之间重复交替，最终还是会感到单调与厌烦；不利于培育员工的核心专长，造成“什么都能干而又什么都干不好”的局面。

2. 工作扩大化

通过增加职务的工作内容，使员工的工作内容增加，要求员工掌握更多的知识和技能,从而提高员工的工作兴趣。通过工作扩大化可提高产品质量,降低劳务成本,提高工人满意程度,提高工作效率,并使生产管理变得更加灵活。美国很多有名的公司普遍采用此种方法提高工效,降低生产费用。工作扩大化的实质内容是增加每个员工应掌握的技术种类和扩大操作工作的数目,目的在于降低员工对原有工作的单调感和厌烦情绪,从而提高员工对工作的满意程度,发挥内在热情。但此方法没有从根本上真正解决工人的不满情绪,所以要真正通过工作设计解决员工的不满与厌烦,还必须应用现代的工作设计方法。

(三)现代的工作设计方法

现代工作设计方法的主要内容是工作丰富和工作特征的再设计。

1. 工作丰富

这是一种纵向的扩大工作范围,即向工作深度进军的职务设计方法。与工作横向扩展的工作扩大化的工作设计方法相比,此种职务设计方法的扩充范围更为广泛,主要是由于此种方法可以集中改造工作本身的内容,使工作内容更加丰富,从而使职务设计本身更富有弹性。

工作丰富化主要通过增加职务责任、工作自主权以及自我控制,满足员工心理的多层次需要,从而达到激励的目的。实现工作丰富化需要一定的条件,主要在员工责任及责任感的添加、决策权的赋予、工作绩效的及时反馈、工作过程中及时的考核、与工作技能相关的日常培训以及员工成就感的培育六个方面进行变革,实现工作丰富化。

与其他的工作设计方法相比,工作丰富化能够给予员工更大的激励和更多的满足感,从而提高工作者的生产效率和产品质量。此种方法的不足在于,要使工作丰富化得以实现,就必须使员工掌握更多的技术,企业因而会增加培训成本,以及付给员工更高的劳动报酬等。

2. 工作特征的再设计

我们知道,不同的员工对同一种工作会有根本不同的反应,个人工作成效及其是否从工作中获得满足,取决于工作设计的方式和对个人有重要影响的满足程度。工作特征的再设计就是充分考虑个人存在的差异性,区别地对待各类人,以不同的要求把员工安排在适合于他们独特需求、技术、能力的环境中去。

工作特征再设计的基本条件是:①组织能够使员工获得高层次需求满足的条件和心理状态;②工作设计的范围直接影响工作者需求的满足程度和工作成果;③员工成长需求的存在,以及在其工作范围、工作成绩上能起到重要的调节作用。

工作特征的再设计可以最大限度地发挥每一个员工的工作积极性,促进其能力的充分发挥,但是容易导致企业管理成本的增加和管理结构的零散。

第四节 岗位评价

岗位评价是在工作分析和工作设计的基础上跟进的工作环节，其工作内容直接为企业的薪酬设计服务，是科学合理的企业薪酬体系赖以生存的基础。

一、岗位评价概述

（一）概念

1. 岗位

岗位是企业进行生产劳动组织管理的基本单位，是在企业经营中，由一个或若干个劳动者组成的，使用一定的技术装备、完成一定的具体工作（一道工序或一种产品）的相对独立的区域或位置。

由此可见，岗位与工作是有区别的，岗位是工作中具体的一个环节。如同属于企业的后勤保障工作，但 A 的岗位是门卫，B 的岗位是烧开水等。岗位是工作的细化。

2. 岗位评价

岗位评价是以具体的生产岗位为评价的客体，通过对决定生产岗位劳动者劳动状况的多种因素定量的测定和决定，并根据各因素的作用和重要程度进行综合，得到具有可比性的评价数值，以体现不同生产岗位劳动量和价值大小的差别，并以此作为员工等级评定和工资分配的依据。岗位评价的对象是岗位本身，是客观存在的“事”，而不是现有岗位的人。

（二）岗位评价的作用

1. 为企业薪酬制度的设计提供依据

薪酬体系的设计是现代企业人力资源管理中的一个重要课题。通过岗位评价，我们可以确认某一个工作岗位在本企业的价值，并进而确定该岗位的薪酬水准。因此，在岗位评价基础上建立的薪酬体系，能够保证同工同酬原则的实现，有利于消除薪酬结构中的不公正因素，维护企业工资等级间的逻辑和公正关系，并容易被员工了解和接受。

2. 为其他人力资源管理活动提供决策依据

岗位评价中所提供的信息可以为确定企业人力资源招聘条件、培训技术标准等各种人力资源管理活动提供依据。通过岗位评价，还可以明确该工作岗位的价值，根据企业当前的资源合理安排各项人力资源活动的投入，以实现投入产出最大化。

（三）岗位评价的不足

首先，岗位评价是对企业各种工作岗位的价值进行评定，其评价因素、确认的权重等评价标准在一定程度上都带有较强的主观因素，使得岗位评价缺乏完全客观和公正的结果。

其次，岗位评价内容繁多，需要很多的时间和资源，并需要专业的技术，因此，工作成本较高，制约其作用的发挥。

再次，同样的工作，对于不同的企业，或同一个企业不同的发展阶段，其价值是不同的，这使得评价的结果具有一定的时限性，在此基础上制定的工资制度难以充分适应生产和技术的变化。

为了克服上述缺陷，我们在进行岗位评价时，一定要采取相应措施尽量避免主观因素以及人为偏见的影响。通过专业的人力资源顾问机构来完成本项工作，以避免人为的偏见。但顾问机构的费用较高，且对企业的专业技术情况不熟悉，使得评价的结果存在一定的差异。当然，我们也可以在评价时通过参考同行的流行做法以及充分吸引企业员工代表的民主参与，对能量化的指标尽可能量化，在一定程度上将各种非客观因素降低到最低的水平上。此外，必须明确的是，岗位评价只适用于具有基本稳定的组织机构的企业，而如果已经进行了岗位评价，还必须注意对岗位评价系统定期进行检查和修正，使其适应企业动态发展的需要。

二、岗位评价的构成

岗位评价是一个系统工程，主要包括：评价指标、评价标准、评价技术方法和数据处理四个方面。

（一）评价指标

岗位评价是一种多因素的定量评价系统，最终目的是通过对岗位劳动量和价值的定量评价，反映不同岗位劳动之间的差异，从而为企业管理活动提供科学依据。人类的劳动分为具体劳动和抽象劳动，具体劳动的形式多种多样、千差万别，难以比较，而各种形式的抽象劳动是人在劳动过程中的体力和智力的消耗，本身没有本质的差别，可以抽象为同质的量，便于比较。因此，岗位评价是以人类一般劳动所具有的共同特性为考察对象的。

影响劳动数量和质量的因素很多，但我们不能也没有必要把所有的因素都作为岗位评价的因素，而应该选择一些具有代表意义的关键因素建立岗位评价的指标体系。一般说来，我们把影响岗位劳动价值的因素归纳为五个方面：劳动责任、劳动技能、劳动强度、劳动环境和劳动心理。每个因素包含一些可定量测评的指标，从而构成多因素定量评价指标体系（见表2－10）。

表 2－10　岗位评价的指标体系

因素	劳动责任	劳动技能	劳动强度	劳动环境	劳动心理
指标	1. 质量责任 2. 产量责任 3. 管理责任 4. 安全责任 5. 消耗责任 6. 看管责任	7. 技术知识要求 8. 操作复杂程度 9. 看管设备复杂程度 10. 品种质量难易程度 11. 处理预防事故复杂程度	12. 体力劳动强度 13. 工时利用率 14. 劳动姿势 15. 劳动紧张程度 16. 工作规则	17. 接触粉尘危害程度 18. 接触高温危害程度 19. 接触毒物危害程度 20. 接触噪声危害程度 21. 其他有害因素危害程度	22. 择业心理 23. 择岗心理 24. 岗位位置

资料来源：廖泉文．人力资源考评系统[M]．济南：山东人民出版社，2000：473.

（二）评价标准

任何同类事物间的比较都必须建立在统一的标准基础上，以保证评价工作的正确性和评价结果的可比性。岗位评价标准就是指由有关部门对岗位评价的方法、指标及指标体系等方面所做的统一规定，包括评价指标标准和评价技术方法标准。

企业岗位评价标准的确认应该根据国家或行业的有关规定进行，如国家没有统一的标准，企业应根据国家制定标准的基本思路以及要求，由企业根据实际情况制定。

岗位评价的标准可以分为测定指标和评定指标。测定指标是数据性的标准，根据测定数据按标准确定级别，而评定指标是文字性的标准，评价依据多是模糊量。对于具体的指标，我们还应该按照数据量的大小（数据性指标）或级别（评定指标）分出不同指标的级别。

（三）评价技术方法

岗位评价的内容较多，涉及面广，其测定的方法多种多样。我们在后面将介绍几种常用的方法。

（四）数据处理

评价数据的整理是为分析论证提供系统、完整的资料，并使之条理化的工作过程，是整个评价实施阶段的主要工作。通过数据的处理和分析，揭示被掩盖的现象之间的相互关系,并通过整理使这种固有的内在关系能明显地用数量关系表示出来,并使各岗位间的差异性表现出来。

三、岗位评价的方法

岗位评价的方法很多,我们在这里仅简单介绍三种常见的方法,供大家参考。

(一)工作排序法

工作排序法是根据各种工作在组织中的相对价值或它们各自对组织的贡献由高到低地进行排列的一种岗位评价方法。

1. 实施要点

第一步,恰当选择岗位评价者和需要评估的工作。岗位评价者应该由专业人员、企业的有关管理人员联合组成,并由他们确定需要评估的工作。

第二步,获取排序所需要的资料。这些资料可以通过前面的工作分析和工作说明书得到。

第三步,进行评价排序。选择适当的排序方法是关键。一般说来,有简单排序法、交错排序法和成对比较法二种排序方法。简单排序法是最常规的排序方法,评估者通过对每项工作的特点进行分析,确认其高低顺序。交错排序法首先是确认被评估工作中最有价值的工作,将其放在第一位,再从剩下的工作中选出价值最低的工作,放在最后一位,然后再依此类推进行排序。成对比较法是先把排列的工作对象两两地选择出来,通过对比分出高低,然后再将两两对比的结果进行综合,比较出全部工作的排列顺序。研究结果表明,成对比较法的可靠性较高。

2. 适用范围及优缺点

工作排序法实施的关键是利用工作分析和工作说明书的信息对每一项工作进行价值判定,适用于结构稳定、实力较弱的小公司。

正因为工作排序法实施的基础是工作分析,因此具有方便简单、容易理解和应用的特点。但是其主观性强,且因为缺乏定量分析,仅能够按价值大小排列出各种工作的相对秩序,无法显示各个岗位之间价值差距具体数值的大小。

(二)工作分类法

工作分类法是将各种工作与事先设定的一个标准进行比较的一种岗位评价方法。它在一定程度上克服了工作排序法的缺陷。美国联邦政府雇员的薪酬体系就是根据这种方法设计的。

1. 实施要点

第一步,对工作进行分类。我们可以把企业有关岗位按照其性质分为几个不同的类型,如某个企业将工作分为决策型、管理型、服务型、技术型、生产型和操作型等。

第二步,在分类的基础上确认每个岗位的工作内容和要求,包括责任大小、学历要求、上岗资格、专业职称以及实际技能等。

第三步,依据上述信息在各个类型中进行工作分等和排序,明确各项工作的相对价值关系,并将各种实际的工作与上述确定的标准进行对照,以便对其定级。

2. 适用范围及优缺点

该方法适用于工作岗位多、工作之间要求差别大的企业,尤其适合对公共部门及大公司的管理岗位和专业技术岗位进行评价。

从实施要点我们可以看出,该方法的优点主要是灵活性强、简单明确、容易了解和接受,但是工作类型的合理划分是实施的一大障碍,容易导致对工作定位的主观牵强的判断。

(三)点数法

点数法是对各种工作评定点数,以便取得它们的相对价值,并据此制定工资等级的一种方法。该方法是目前国内外企业使用最普遍的岗位评价方法。

1. 实施要点

第一步,进行工作分析和准备工作说明书,在此基础上确定补偿因素。所谓补偿因素也就是报酬因素,指的是能够为各种工作的相对价值提供比较依据的工作特性,包括:技能、责任、工作条件和努力程度等。一个工作的补偿因素数目一般在3~25种之间,典型的情况是10种左右。

第二步,在确认了补偿因素之后,我们就要建立补偿因素的结构化量表。建立的前提是确认各种补偿因素的权重,表2-11为某企业的补偿因素权重表。

表2-11　某企业补偿因素权重表

	工作因素	点数%(合计100%)
劳动技能	专业知识	10
	工作熟练程度	5
	技术	5
	主动性和灵活性	10
	合计	30
劳动强度	体力强度	2
	脑力强度	18
	合计	20

续表

	工作因素	点数%（合计100%）
劳动环境	工作场所 危险性	8 2
	合计	10
劳动关系	材料消耗和产品生产 设备使用、保养 他人安全 他人工作	5 5 10 10
	合计	30
劳动责任	质量责任	4
	管理责任	6
	合计	10

资料来源：根据谌新民，张帆：《工作岗位设计》（广东经济出版社，2002 年版）第 257 页表 8－4 修改而成。

第三步，在补偿因素权重表的基础上，我们对工作因素进行分析，并给各个级别配置相应的点数，某一因素各级之间的点数差是相等的。如可以把每个工作因素分为 5 级，5 级为最高级，每一个级别给予一定的数值。比如，按照满分为 300 分计，则体力强度（2%）5 级的分值分别为 2，1.6，1.2，0.8 和 0.4，依此类推。

第四步，计算出各种工作岗位的总得分（即点数合计），并把它们与各个工资等级的点数分布表相对应，得出各个工作岗位的工资等级。

案例思考

A 公司是一家食品生产企业。近年来，随着中国经济的快速增长，市场持续成长，公司发展迅速，规模持续扩大，逐步发展为一家大型股份制食品企业。随着公司的发展和壮大，员工人数大量增加，众多的组织和人力资源治理问题逐渐凸显出来。

公司 2004 年销售收入 2 亿元左右，2010 年年销售收入已经超过 8 亿元，市场由西南三省扩张到全国，且由单一的肉制品生产企业过渡到综合性的食品生产企业。企业在发展中不断因为市场和业务扩张的需要而招人或者设立新部门，由于对组织本身没有系统的规划，导致部门之间、职位之间的职责与权限缺乏明确的界定，扯皮推诿的现象不断发生；不同部门事情的冗余程度不一。加之企业的高层领导喜欢直接干预下属工作，越权指挥现象十分突出。

2008 年，公司开始进行人力资源管理系统性建设，对岗位进行了梳理，进行了岗位相关信息调查，明确岗位的职责，撰写岗位说明书，并以此为契机对公司相关人员展开培训，但相关工作总是因为新人的到来而使岗位不断发生变化。2010 年，公司为了进一步拓展市场，不断招聘人才，甚至招募了大量的职业经理人加盟公司，企业员工队伍迅速增加，其中销售人员增加 1 倍以上，新的人员对原有人员产生冲击。公司高层领导往往依据新招聘人员的能力而设立相对应的岗位，或者划分职权体系。

在人员招聘方面，公司的用人部门给出的招聘标准比较含糊，招聘主管往往无法准确地加以理解，使得招来的人大多差强人意。同时目前的许多岗位不能做到人事匹配，员工的能力不能得以充分发挥，严重挫伤了士气，并影响了工作效果。

人力资源部门的相关人士认为，在公司迅猛发展时期，岗位的职责不断增加，新岗位不断涌现，工作分析缺乏稳定性，从而价值不大。公司的高层领导认为，企业的岗位是因任务而设立，现代市场竞争要求组织更加柔性化，应适应不同的任务需要组建不同的团队，组织结构的调整需要经常进行，工作分析意义不大。

那么，工作分析真的是他们认为的“雾里看花，水中望月”吗？该公司的工作分析项目为什么会失败呢？

问题：

1. 该公司的工作分析存在哪些问题？
2. 以人定岗和以岗定人在管理上的区别有哪些？

G 关键概念 JIANGAINIAN

工作分析　工作设计　工作流程设计　职位　工作描述　工作规范　岗位评价

F 复习思考题 XISIKAOTI

1. 现代流程设计对工作设计提出了什么样的挑战？
2. 工作分析在人力资源管理中的作用是什么？
3. 收集工作信息的方法各有什么样的利弊？

B 补充阅读材料
BUCHONGYUEDUCAILIAO

海尔的"人事"巨变

2005年9月20日,作为中国民族工业的代表,海尔创立了"人单合一"商业模式,10年后的2015年9月19日,张瑞敏穿着笔挺的深色西服再次出现在公众面前,以略带山东腔的口音详述着海尔近年来的巨变。

按照传统的观点,一个企业大致可用组织、营销、管理三维坐标进行定位。可如今,当你走进这个全球最大的家电帝国会发现,传统企业遵循的"正三角"形科层制架构被打破,西方盛行的线性固定管理流程被废除,最为常见的员工雇佣制被舍弃……

倒逼着张瑞敏推动这场变革的是家电业薄如刀片的利润。很长一段时间内,中国家电行业的平均利润率仅为2% ~3%,跟许多制造行业一样,家电业也正面临规模制造的产品越多,销售的难度越大、积压的库存越多等难题,最后家电商只得降价促销,对品牌和利润带来巨大的伤害。

10年前,张瑞敏就看到了传统家电业的弊端所在,希望通过"人单合一"的商业模式,实现员工与用户的交互、企业与市场的对接,从而摆脱行业困局。可多年后,他却猛然发现,企业的规模越大、渠道越长,与用户的距离越远,"企业与市场始终是分离的"。

为了达到真正的"人单合一",近年来,张瑞敏把海尔作为实验室,推行了一场自我颠覆式的变革。尽管表面看去整体规模依然庞大,还是以家电为核心产品,可如今人们最熟悉的海尔却已变得"面目全非"。

任何的企业变革,归根结底都是人的变革。在互联网风暴的冲击下,在企业不断自我颠覆和探索试错中,每个海尔员工经历了一次痛苦的转型。

巨变

32岁的孙传滨原是青岛海尔洗衣机厂的一名员工,在这次变革中,他通过竞标抢单成为海尔免清洗洗衣机"小微主"(即创业团队负责人)。

传统企业是按照生产线性流程设置架构,如采购部、生产部、市场部。可如今,海尔内部却只有三类组织——平台、微商与创客。

传统企业先生产产品,再寻找顾客推销,孙传滨操盘的"小微"恰恰相反——先有用户再有产品。杨君是一位来自北京的海尔用户,当她把满是残垢的洗衣机内桶照片贴到用户群里,提出有没有给孩子专门使用的免清洗洗衣机时,竟得到了五六万用户的响应。

这一建议被采纳后,通过546万人次网络交互和网络设计大赛,海尔从800多个解决方案中遴选出10个解决方案。在海尔洗衣机平台公开竞争中,孙传滨成功竞标,成为免清洗洗衣机“小微主”,全权负责这款新产品的研发、生产和销售。

此前,作为传统企业的员工,孙传滨被海尔雇佣,由企业付薪,日常的主要工作是执行领导的决策与命令。可当他成为“小微主”后,一切全变了。如今,孙传滨与海尔的关系是动态合伙人,海尔将经营权、用人权和分配权交由小微。作为回报,小微企业开发出新产品,海尔占有一定股份。孙传滨团队的薪金不再由海尔发放,转而由“用户付薪”。

海尔“免清洗用户小微”共有四个创客,在网上广泛收集用户信息、形成产品方案后,一人与“设计小微”联系研发,一人与“线体小微”联系生产,一人与“营销小微”联系网上销售和地面销售。他们是原来洗衣机厂的不同部门,现在组成了一个独立核算的实体,进行自组织、自管理、自创业。

员工转变为创业者,身份变了,不得不面临着转型的痛苦。数十年来,员工被雇佣,由企业付薪,被培训为强有力的执行者。可如今员工们猛然发现,企业最需要他们具备的能力不是执行而是创业。

企业要将权利交给小微主,权利大了,承担的责任压力与市场风险也随之倍增。传统企业实行岗位付薪,在哪个岗位就有多少薪酬。企业变革后却开始对平台主、小微主、创客们“断奶”,实行“用户付薪”政策。即,一切人员的收入来自市场,如果没有销售收入,海尔只给每人发放月均2 000元的基本薪酬,保证基本生活,如果连续挣不到钱就地解散。

从衣食无忧的安稳工作到迈入充满风险的市场,孙传滨坦言,最初整个团队都深感压力巨大。产品能否顺利研发、能否被用户接受、团队能否完成业绩任务,这都让他们一度陷入迷茫。事实上,孙传滨和创客们有两个月只拿到2 000元的基本薪酬。

2014年6月底,这款与用户交互、研发的产品上市,半年就销售了20万台、销售额7亿元,2015年预计销售100万台、销售额将达40亿元。据中怡康数据显示,免清洗洗衣机上市前一年,3 000元以上洗衣机市场的总销量只有30多万台。这意味着,免清洗洗衣机上市一年的单品销量卖出了洗衣机一个行业的市场销量。

随着免清洗洗衣机上市热销,孙传滨团队也获得了“超利分享酬”。

阵痛

海尔从大规模制造向大规模定制转型,须有两个前提条件:其一,与用户交互,采集用户需求,使其从产品研发到制造全程参与;其二,打造柔性生产线、建设智能工厂,把用户纸上的创意变为现实的产品。

作为一家制造型企业,生产工人占企业人员的比重在70%以上,生产环节的变化同样巨大。从2012年起,海尔陆续在沈阳、郑州、青岛等地建成了多个智能工厂。可工厂越智能,用工的数量就越少。

侯守成原是海尔滚筒洗衣机厂中的筒体冲压设备操作员,原来整个筒体冲压车间一共90多人。当他抢单到青岛滚筒互联工厂,成为一名创客技师后,智能工厂这一工序只剩下他一个人。

智能工厂对于留下的员工也有着更高的要求。侯守成从一个工序的简单机械操作转而要操控整条高端内筒线体自动化设备。在与新西兰专家交流中,他学会了看设备图纸,记住了每个零部件的组装和维保重点,在设备故障时能对设备维修。同时还要负责设备调试、维护保养、技术改进等。

在沈阳智能工厂,制造总监侯庭毅向经济观察报记者介绍,传统冰箱工厂,将门壳搬下生产线、运至固定工位这一工序需二三十人,每个门壳十多公斤,每人每天要搬运1 500个,劳动量巨大;在互联工厂,门壳与内胆、箱门与箱体等工序被嵌入芯片,实现"物—物"互联,完全由机器精准匹配、搬卸运输,完全不用一人。而整个工厂用工的数量不足相同规模工厂的一半。

达不到业绩指标的员工,有些是没有订单的员工,有些是企业不再需要的工种。过去两年间,海尔累计裁掉了高达2.6万名员工,占总人数的近一半。其中包括大量中高层管理人员。因为在扁平化组织架构中,中高层往往没有用武之地。

近年来,一批与张瑞敏一起打江山的元老因各种原因相继离开海尔。其中,青岛海尔原董事喻子达、曹春华自2013年4月起不再留任青岛海尔董事会;2014年,海尔中国区总经理靖长春也辞职而去。据不完全统计,仅在2014年上半年,海尔中高层的裁员数量已超过百人。

张瑞敏原本希望,"员工不再作生产线的附庸,成为自己的CEO",帮助每一个员工都迅速孵化出来,从内部破壳而出。可事实上,多数人从执行者转向创业者却并非朝夕之功。

一位海尔老员工回忆道,过去两年中,留下的海尔员工人心惶惶,要么担心被裁掉,要么担心业绩完不成。由于取消了雇佣制,海尔不与员工签订任何劳动合同。小微团队创业后,员工还与原来在海尔上班基本一样,但却成了海尔的业务关联方,有些只能与第三方劳务公司签约,让人找不到过去的归属感与安全感。

组织颠覆、人员裁撤本已招致诸多非议,由此引发的业绩下滑更是把海尔推向了被质疑的风口浪尖。2010年,海尔集团实现营收和盈利分别是1 357亿元、62亿元。当年,美的集团营收突破1 000亿元,净利润31.27亿元;格力电器实现总收入608.07亿元,净利润42.76亿元。

一时间,"海尔不行了"的言论甚嚣尘上。身处舆论的漩涡,张瑞敏把自己境地比作变法中的王安石。那句"天变不足畏,祖宗不足法,人言不足恤",也成了这位变革中的CEO留给自己的安慰。

探索

企业的变革归根结底是人的变革。尽管组织、营销、管理可以一夜之间变换，但“人”的转型却是一个漫长而痛苦的过程。

这种痛苦，对于董事局主席张瑞敏来说，不仅是来自外部的质疑和非议，更是来自于要亲手把自己花费数十年心血建立起来的整套管理体系完全颠覆。

多年来，张瑞敏按照西方管理体系搭建起的“正三角”形科层制组织架构，海尔仿照GE建立起的200多项固定管理流程，企业培育强有力的执行团队……正如张瑞敏所言，“原来成功的做法现在都要摒弃掉”，而这些恰恰是过去十年间支撑海尔帝国的基石与支柱，恰恰是为海尔赢得无数信徒前来顶礼膜拜的光环所在，恰恰是在张瑞敏内心引以为傲的……

所幸，如今海尔有望走出最为剧烈的阵痛期。海尔通过与用户交互，创造出“雷神游戏本”、无油压缩机冰箱、智能烤箱等一系列全新的产品。截至2015年7月，海尔共建立起21个平台，200多个小微，77%的小微年销售额过亿，而每个小微团队的核心成员只有七到八人。这让张瑞敏能更加坦然地面对公众，更加有底气地讲述过去发生在海尔的种种动荡与阵痛。

不过，海尔的变革毕竟刚刚开始。在毫无经验可循的“无人区”中探索创新的孤独与迷茫，仍然不时写在这位传奇CEO的脸上。

“80年代，我们学日本的精益管理，之后学美国GE”。一直以来，张瑞敏为海尔的发展寻访良师。可如今，对比近年来海尔推行的变革，现实中却无法找到相近的案例；翻遍了全球知名学者和机构的论著，也无法寻得现成的良方。

2015年9月19日，张瑞敏在“人单合一2.0”发布会上做如下开场白：“遍访欧美企业，几万人的规模进行自我颠覆，目前为止只有海尔一家，再也找不到可以借鉴的目标……”

（原载于《经济观察报》，2015-10-12）

第三章

人力资源规划

本章要点

本章从人力资源是一种战略性资源出发，讨论企业战略与组织结构、人力资源规划的地位、人力资源供给与需求预测。与企业战略相匹配的人力资源规划是企业人力资源管理的前提，而人力资源规划与组织结构的设计、员工职业生涯管理密切相关。人力资源的规划需要有效考虑人力资源供给及需求，要特别注意企业内部人力资源存量变动而形成的内生性人力资源供给。要求掌握具体的人力资源规划编制方法。

引入案例

2011年年初，由于国家行业政策突变，过去长期高速发展积累的过剩产能问题瞬间爆发，某著名新能源企业停招当年新毕业大学生，年前刚刚签约的学生面临还未就业就被迫失业从而重新进入劳动力市场的尴尬。学生们纷纷抗议，企业以不可抗拒风险予以解释。

企业的发展是面对未来可能的市场状态，设计今天的管理方式及生产经营内容，而不只是应对当前存在的问题。任何企业人力资源管理工作，都是实现企业发展战略的举措，一个与企业发展战略、发展阶段和组织结构相适应的人力资源规划是企业开展招聘、培训等人力资源管理工作的前提。

第一节 企业战略与组织结构

人力资源规划与企业战略及组织结构密切相关，人力资源战略派生于和从属于企业战略。因此，在讨论人力资源规划之前，我们首先分析企业战略与组织结构和人力资源管理之间的关系。

一、企业战略与人力资源管理战略

（一）企业战略

长期以来，管理学界和企业界对企业战略有不同的看法。阿尔弗雷德·钱德勒(Alfred Chandler)在其《经营战略与结构》一书中提出企业战略包括企业的长远目标、实现目标的行动方案和资源的分配3个部分。伊戈尔·安索夫(H. I. Ansoff)在其《企业战略》中认为，企业战略实际上由产品市场范围、成长方向、竞争优势和协同效应4个要素构成。尽管学者们的观点有所不同，但从大体上讲，企业战略是企业根据外部环境的变化，结合本身资源和实力的判断及预测，对未来较长时期发展目标定位的界定，对经营领域和产品的选择与实施方略(行为路线、方针政策和方法)有效谋划，使企业在不断变化的市场中获得持久的竞争优势。企业战略涉及组织总体目标的设立及其背景依据，以及实现总体目标的政策、措施和手段。

战略规划至少有5个基本步骤：①阐述企业使命，包括说明组织的价值观，组织存在的原因等。使命是任何一个企业生存发展的灵魂，满足顾客的需求是每一个企业的使命和追求。②考察企业的环境条件，即对影响组织实现其使命的技术、经济、政治及社会力量进行系统分析，分析其机遇或威胁。③评价组织优势与劣势，重点是分析组织内部的资源，需要指出的是，优势和劣势的讨论是结合机遇和威胁进行的。④阐述组织目标，即实现组织使命的具体目标，包括企业权益类指标(如销售额、利润等)和员工发展类指标。⑤制定策略，即化战略方案为行动方案，将企业战略与组织的组织结构、业务流程、技术开发等具体工作有效结合，提出具体的操作性策略。企业人力资源战略就是策略中一个十分重要的组成部分。企业一旦做出战略规划，企业的员工招聘、选拔、发展和奖惩都应该与组织战略的实施密切结合，从而使人力资源策略成为企业战略的重要支撑。

同一般发展战略一样，企业战略是排除了各种意外的理想模式，实际过程有很大的差异。因此，一个组织必须明确它所追求的长期目标，同时又要使自身具有对外部重大变化做出及时反应的灵活性。

（二）人力资源管理战略

企业战略在许多方面与人力资源管理战略相关联，例如，组织结构、企业文化、人力资源资本化与员工职业生涯发展等。值得注意的是，这里"相关联"有双重的含义：①二者"相克"。例如，企业目标是利润最大化，那么它就可能采用降低劳动成本的办法，从而可能导致裁员，特别是企业在面临经营困境时裁员将成为第一时间的选择，这就与人力资源管理中强调对员工负责的观点相悖。②二者"共生"。强调人力资源管理，特别是组织主动将员工个人职业生涯列入长期发展计划，实现组织发展和员工发展的良性互动。

人力资源管理活动在三个层次上与企业战略相结合，即战略层次、管理层次和运作层次。

1. 战略层次

焦点是公司与外部环境界面，主要追求公司的整体利益。人力资源管理者应作为最高管理层的一员发挥其影响，相关活动包括：

(1)接班人规划，即发现、遴选新一代企业各级管理者，也包括组织相关岗位人才梯队计划。

(2)人力资源规划，为预测企业总体战略期内员工的数量与质量、类型打下基础。

(3)业绩管理，即确定最适合本组织、能取得最佳效果的业绩评价体系及类型，通过绩效管理实现组织战略目标的实现。

(4)奖励管理，确定未来企业战略期间最有效的奖励体系，并选择与实现长期目标相关联的行为相对应的奖励政策与种类。

(5)培训与发展，依据企业未来战略发展对人才的需求，确认员工的总体发展计划。

2. 管理层次

重点是从最高层的决策转移到决策的实施——改善人力资源的方针、方法及体系方面。人力资源的长远规划和方针将被细化为具体事实系统，如设计招聘选拔程序、奖励方案、培训计划等。重要的是，所有这些具体内容都应遵从在战略层次制定的纲要和方向。

3. 运作层次

该层次的主管直接与产品生产或提供具体服务的基层人员接触。人力资源管理的一系列规章制度将在此层次得到具体落实。

人力资源管理战略与企业战略的关系如图3-1所示。

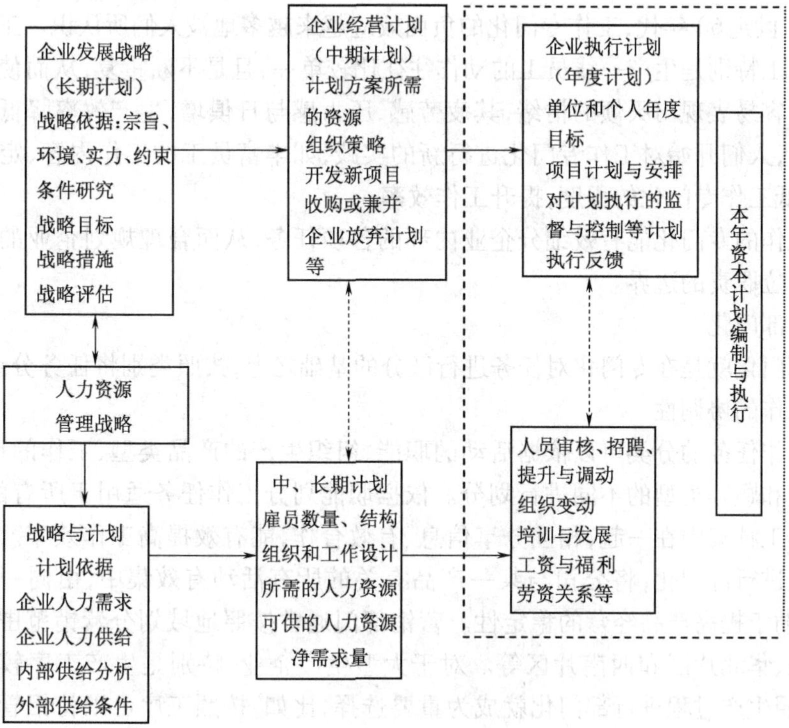

图3-1　人力资源管理战略与企业战略关系图

二、组织结构

组织结构是为了有效实现组织战略目标，对组织工作任务有效分工、分组和协调合作，表明组织各个部分排列顺序、空间位置、聚散状态、联系方式以及各要素之间相互关系的一种模式，是企业战略得以构思和实施的整套基础设施。基于企业战略方向，构建合理的组织结构，确认岗位的责、权、利，成为人力资源管理工作开展的基本前提。

（一）组织结构设计的要素

管理者在进行组织结构设计时，必须考虑6个关键因素：工作专门化、部门化、命令链、控制跨度、集权与分权和规范化。

1. 专门化

分工是人类一大发明，而专门化的实质是将一项工作分解为若干步骤，不同的人从事不同的工作，一项工作的各步骤由不同的人独立去做。20世纪初，亨利·

福特(Henry Ford)建立汽车生产线的实践充分说明了专门化的效率。直到20世纪50年代,大多数管理人员都把工作专业化看作是提高生产率的不竭之源。

20世纪60年代,工作专门化的负面效应越来越多地被人们所认识。工作专门化下员工特别是生产一线员工的动作往往比较单一,且是不断重复,从而使得人在工作中容易表现出厌烦的情绪,其疲劳感、压力感与日俱增,生产效率降低。在此背景下,人们开始对工作专门化进行新的实践,如丰富员工的工作内容、定期轮岗等,降低工作专门化的程度,提升工作效率。

工作的专门化能有效细分企业内部的各项任务,从而合理规划企业的岗位并界定岗位职责的边界。

2. 部门化

部门化就是在专门化对任务进行区分的基础之上,按照类别将任务分组,提升相关工作的协调性。

工作任务的分类可以依据活动的职能、组织生产的产品类型、工作的地域、生产过程和顾客类型的不同进行划分。依据职能划分工作任务适用于所有的组织,把同类工种集中在一起,相互分享信息、有效合作,能有效提高工作效率。依据产品类型进行部门化,将公司与某一产品有关的所有活动有效集中,由同一主管经营,有助于提高产品经营的稳定性。营销部门通常按照地域划分营销范围,比如,亚太区、华北片区和西南片区等。对于大型生产企业,特别是生产工序较多的企业,按照生产过程进行部门化就成为重要选择,比如,按照工序可以将铝管生产过程分为铸造部、锻压部、制管部、成品部和检验包装运输部等部门。如果顾客的需求存在明显的差异性,就可以按照顾客的不同进行部门划分。

3. 命令链条

命令链条是一条不间断的权力路线,从组织最高层扩展到最基层,澄清谁向谁报告工作,明确回答员工提出的"我有问题时,去找谁?""我对谁负责?"之类的问题。

命令链条涉及权威和统一性两个问题。权威是指管理职位所固有的发布命令并期望命令被执行的权利。为了促进协作,每个管理职位在命令链中都有自己的位置,每位管理者为完成自己的职责任务,都要被授予一定的权利,权威性与职位密切相关。工作岗位即意味着权利与责任的统一。但切不可把权利当作"权威"让下级顺从。明智之举是,各级经理人员要强化自己的团队意识,积极发挥员工的团队合作和主动参与管理的精神,利用一切可以利用的内、外部资源,为组织目标服务,同时自己从中获取更多的专业知识和技能。统一性即是指令的统一性,下属只向单一上级汇报并得到指示。一个人应该对一个主管,且只对一个主管直接负责。企业必须避免多重领导现象的出现。

4. 控制跨度

控制跨度是指向同一位上司汇报工作的下属人数。控制范围与组织的等级层数成反比。最适当的管理跨距设计并无一定的法则，一般是 3 ~ 15 人。高阶层管理跨距约 3 ~6 人，中阶层管理跨距约 5 ~ 9 人，低阶层管理跨距约 7 ~ 15 人。

目前，组织结构扁平化是一个普遍现象，有利于扩大控制范围。但并非控制范围越大越好。扩大控制范围的前提是应该有高素质、经验丰富的层级管理人员队伍。此外，决定控制范围取向的因素还有如下 4 点。

(1)工作复杂程度。一般是工作越复杂，控制范围越小，才有利于保证上级对下属足够的支持。

(2)与下属的空间距离。距离越近，越有利于扩大控制范围。

(3)正规化与标准化程度。规章制度越健全，扩大控制范围也越有条件。

(4)经理人员管理方式及偏好。

5. 集权与分权

决策和执行是企业管理的一条主线。采用集权式管理的企业，高层管理者制定所有的决策，基层管理者只是简单执行高层管理者的决策，是单一的执行者。采用分权式管理的企业，其决策权往往下放到业务一线的管理人员手中。

组织设计时，既要有必要的权力集中，也要有必要的权力分散，二者不可偏废。集权式的管理有助于提升管理者对企业的掌控程度，有助于提升决策的连续性和一致性，有利于人力、物力、财力的合理分配和使用，但由于决策的集权化程度较高，从而使得相关决策与市场的吻合度、决策的及时性受到影响，基层主动参与管理的积极性较差。分权是有效调动下级积极性、提升决策速度和与事件吻合度的重要策略，基层人员参与程度较高，工作积极性较高，责任性较强。在市场形势瞬息万变的今天，速度胜于质量的背景下，要求企业必须更加灵活、主动和及时地对市场变化做出反应，企业架构分权式决策的趋势比较突出。

6. 规范化

规范化是指组织中工作实现标准化的程度。工业革命一个重要的成果就是推行标准化管理。企业管理规范，一个岗位的工作内容、工作时间、工作标准以及工作方法都有明确规定，员工只需要按照企业的规定恰当行为就可以了。中国一些传统大型国有企业往往都有明确的工作说明书，繁杂的企业规章制度，企业管理的可控度较好。对于规范化程度较低的工作，员工在工作中的灵活度较高，有一定的自主权。由于个人许可权与组织对员工行为的规定成反比，因此，工作标准化程度越高，员工决定自己工作方式的权利就越小。工作标准化不仅减少了员工选择工作行为的可能性，而且使员工无须考虑其他行为选择。从不规范到规范，从简单执行到灵活应对，这些都是企业不同发展阶段的选择，也是不同规模企业、不同行业企业或者是不同管理者管理风格的选择，简单地说哪一个好是不合适的。

（二）组织结构的基本模式

组织内部结构有繁简程度不同的特点。传统上，人们从垂直差异、水平差异、空间差异、程式化和集权与分权的角度对组织结构进行归纳，看出在各种特征下组织运作的优劣，以及员工作用发挥的效果。下面只介绍三种对现代企业影响巨大的组织结构模式。

1. 经典科层制

著名社会学家、组织管理学家韦伯对科层制的定义是：在理想状态下，基于理性—制度的框架结构。所谓理性，是指它的目的就是实现特定具体的功能；所谓制度，是指机构运行建立在涉及每个职位、每项工作的整套制度和程序基础上。理性—制度模式与其他模式，如人治模式（领袖驱动）和传统模式（主要受习惯习俗影响）清晰地区别开来。其主要特点是：责任义务规范清晰；专业分工最大化；权力纵向传递；尊重权威；任职者主要依赖基于技术知识的专业技能；最大限度地利用各类规划；管理层的非个性化；报酬由官衔和工作责任决定；升迁由主管或上级判断的成绩决定；组织所有权与控制权界限分明。

按照经典科层制建立的组织，其外形如金字塔，因此又称金字塔结构。由于严重依赖于制度、程序，具有明确的职责、关系和责任等，因此，相应地也有一些缺陷。例如，对员工施加很大压力，以要求他们按既定方针谨慎行事，严格遵守纪律和规则，其结果会导致对实现目标的方法比对目标本身更加重视，以及产生“本本主义”。员工过分注重权威和地位，最终可能对组织利益造成消极影响。同时，即使科层结构正常发挥功能，也只在任务简单、重复化，一段时间内不变的情况下才能实现①。

2. 事业部制

事业部制适用于规模庞大，品种繁多，技术复杂的大型企业，是国外较大的联合公司所采用的一种组织形式，近几年，中国一些大型企业集团或公司也引进了这种组织结构形式。事业部制最早由美国通用汽车公司总裁斯隆于 1924 年提出，故有“斯隆模型”之称，也叫“联邦分权化”，是一种高度（层）集权下的分权管理体制。

事业部制是分级管理、分级核算、自负盈亏、分工细化的一种形式，即一个公司按地区或按产品类别分成若干个事业部，从产品的设计、原料采购、成本核算、产品制造，一直到产品销售，均由事业部及所属工厂负责，实行单独核算，独立经营，公司总部只保留人事决策、预算控制和监督权，并通过利润等指标对事业部进行控

① 麦克纳，比奇．人力资源管理[M]．北京：中信出版社，纽约西蒙与舒斯特国际出版公司，2008：34～35.

制。也有的事业部只负责指挥和组织生产,不负责采购和销售,实行生产和供销分立,但这种事业部正在被产品事业部所取代。还有的事业部则按区域划分。

3. 矩阵制

矩阵制创始于20世纪80年代中期,是由职能部门系列和为完成某一临时任务而组建的项目小组组成。例如,组成一个专门的产品(项目)小组从事新产品开发工作,在研究、设计、试验和制造各个不同阶段,由有关部门派人参加,条块结合,以协调有关部门的活动,保证任务的完成。这种组织结构形式是固定的,人员却是变动的,按照任务的需要灵活配置人员,项目小组和负责人也是临时组织和委任的。任务完成后就解散,有关人员回原单位工作。因此,这种组织结构非常适用于横向协作和攻关项目。

矩阵制组织结构下,纵向管理系统为职能系统,横向管理系统是按职能划分的子项目系统。

矩阵制的主要优点是灵活性和适应性较强,有利于加强各职能部门之间的协作和配合,有利于开发新技术、新产品和激发组织成员的创造性。矩阵制的主要缺点是组织结构稳定性较差,双重职权关系容易导致职责不清,引起冲突。

矩阵制适用于一些重大攻关项目。企业可用来完成涉及面广的、临时性的、复杂的重大工程项目或管理改革任务。特别适用于科研、设计、规划项目等创新性较强的工作或者单位。

三、企业战略与人力资源规划

企业的战略主要是从分析社会经济发展的机会、威胁入手,提出企业的发展目标和方向,而企业的人力资源战略可以被认为是有计划的人力资源使用模式,以及旨在使组织能够实现其战略目标的各项活动。我们知道,战略管理过程具有两个不同但相互依赖的阶段,即战略的形成和执行。人力资源管理是企业战略管理过程的重要内容,在企业战略形成中的内部分析以及战略执行中占有重要的地位,而人力资源规划在企业战略形成和向战略执行阶段过渡的过程中起着重要的桥梁作用。在图3-1的基础上图3-2进一步详述了战略形成以及战略执行中人力资源战略及规划的地位。

图3-2内部分析的优势和劣势均是针对外部的机会和威胁而言,重心在于分析企业现有的人力资源在抓住机会、迎接挑战过程中的优势和劣势。

我们可以将人力资源战略与企业战略之间的关系简单地划分为三种类型,即配合式(执行式)、互动式和完全整合式。配合式是人力资源战略及规划的制定和实施主要配合企业战略的执行,人力资源管理部门不参与企业战略的制定;互动式讲究人力资源规划与企业战略之间互相沟通,互相影响和制约;而完全整合式强调

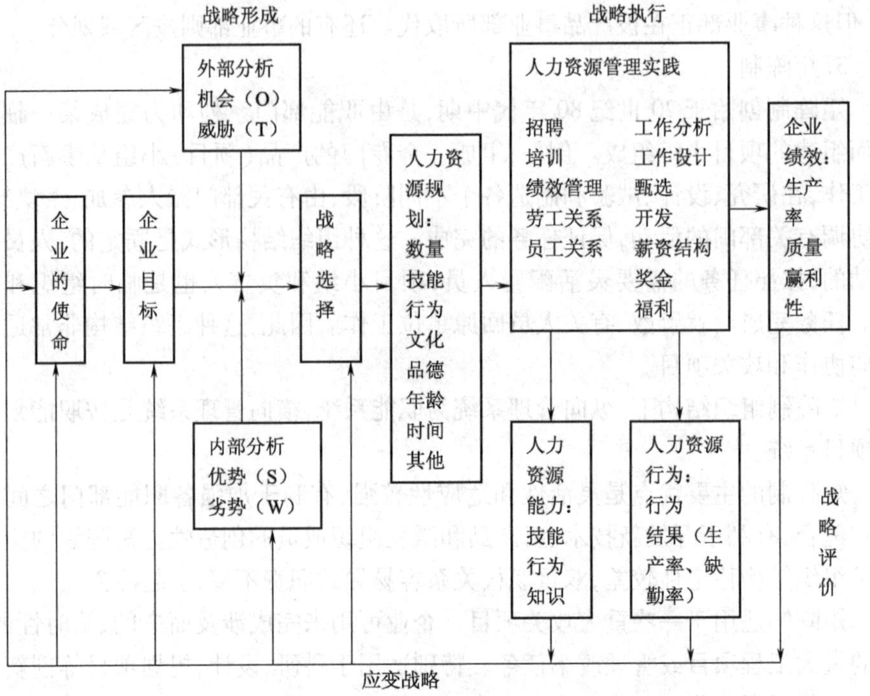

图3-2　企业发展战略过程与人力资源战略

人力资源管理者积极主动地参与企业战略的制定和决策，人力资源战略及规划成为企业战略一个不可缺少的重要组成部分。

人是企业生产要素中具有能动性的要素，是现代企业生存和发展的第一要素，人力资源规划是确保企业战略科学形成以及成功实施的关键环节。因此，对于一个欲参加全球竞争的现代企业而言，应该从完全整合的角度考虑企业战略与人力资源战略的关系，以及企业战略形成和执行中的人力资源规划，这样的战略才是可实现的具有竞争力的战略。

四、战略与组织化趋势

组织战略的变化导致组织结构重构。公司管理应建立一套更精细的结构，以保证得到最佳效果。

在知识经济和经济全球化时代，世界各国正在兴起科技创新的热潮。与此相适应，组织需要一种能够支持创新的"柔性"结构体系。"柔性"结构又称有机结构、扁平结构，其特点是结构本身较为松散，劳动分工、专业化和条文化程度均较低，明显强调分散化。但是，如果环境有所变化，便可立即采用另一种结构安排以适应之。"柔性”结构并不一味地排斥机械结构，相反，更多的时候是采用“柔性”结构与机械结构的结合。这时，企业战略也带有明显的“仿效”特征。

1989 年，管理学家 R. M. 坎特说，未来成功的组织属于“后企业家类组织”。这种组织的特征是企业家的创造精神与强调管理的原则性相结合。从人力资源管理的角度，就更需要将管理者、企业员工双方的责任感与合作和团队精神结合起来；组织内部与外部环境建立更为密切的关系。总之，为适应市场、技术和总体环境的变化，组织要有灵活性，就必须摆脱官僚主义的臃肿结构。用坎特的话说，就是“巨型公司……必须学会跳舞”①。形象的比喻是大象跳舞。

第二节　人力资源规划概述

一、人力资源规划的含义及意义

（一）人力资源规划的定义

国内外关于人力资源规划的定义有多种②：人力资源规划就是要分析组织在环境变化时对人力资源的需求状况，并制定必要的政策和措施以满足这些要求；人力资源规划就是在组织和员工的目标达到最大一致的情况下，使人力资源的供给和需求达到最佳的平衡；人力资源规划就是确保组织在需要的时间和需要的岗位上获得各种需要的人才（包括数量和质量两个指标）；人力资源规划就是要使组织和个人得到长期的益处；人力资源规划就是要使组织内部和外部人员的供应与特定时期组织内部预计空缺的位置相吻合。

究其内涵而言，上述定义有的强调在需要的时间、需要的地点（岗位）满足组织对人才的需求；有的强调在组织与个人双目标统一的前提下，实现人力资源供需平衡；有的还界定了人力资源计划的预测性，以及平衡供需矛盾的人员来源。这些定义简明扼要，但又都不够完善。

人力资源规划是将企业一定时期内的经营战略和目标转化为人力资源需求（数量、质量和时点），以企业整体的超前和量化的角度分析和制定人力资源管理的具体目标，以确保企业整体可持续经营目标的实现。任何成功的组织都是善于运营自己所拥有和控制的人力资源的，人力资源规划就是充分利用企业人力资源

① 麦克纳、比奇．人力资源管理[M]．北京：中信出版社，西蒙与舒斯特国际出版公司，2008：53.

② 郑绍濂，等．人力资源开发与管理[M]．上海：复旦大学出版社，1995：15～16.［美］R. 韦恩・蒙迪、罗伯特. 诺埃．人力资源管理[M]．北京：经济科学出版社，1998：112.

存量和增量的一项重要措施。不同的人力资源规划可以有不同的表达方式,但最终目标基本上是一致的——最有效地利用短缺人才。因此,我们认为,人力资源规划是通过科学地预测和分析,确保在环境变化的情况下,组织在适当的时候以适当的成本获得恰当数量与质量的员工,并制定相应的政策措施使组织和个人都能够同等地得到长期的利益,实现组织预定战略目标的过程。

人力资源规划的定义有五层含义:

第一,组织的环境是变化的,这种变化带来组织人力资源供需的动态变化,强调人力资源计划应该是经过科学预测后动态变化的反映。

第二,人力资源规划要有相应的具体政策措施予以保证,否则规划要落空。

第三,人力资源规划实施结果应该确保组织和员工双方同等地获得利益。

第四,人力资源规划是组织战略目标的具体化。

第五,人力资源计划是一个系统评价人力资源需求的工作,确保必要时可以获得所需数量且具备相应技能的员工过程。

(二)人力资源规划的意义

任何组织要想有合格、高效的人员结构,就必须进行人力资源规划。

1. 组织生存环境的动态变化要求组织进行人力资源规划

任何组织都处在一定的外部环境之中,而外部大环境的各种因素均处于不断变化和运动之中,其中的一些因素对组织的生存和发展有至关重要的影响。如国家有关离退休年龄政策的变动就直接影响到组织员工的工作年限,而任何一项新技术的采用都会使劳动生产率得到一定程度的提高,这势必会在节省许多劳动力的同时,对在岗人员进行再培训以适应新技术的要求,新技术的不断涌现恰好是当今社会经济发展中最引人注目的特征之一。因此,企业或组织所处环境中,政治的、经济的和技术的等因素的变化,一般都要带来人员数量和结构的变化,从而要求组织制定相应的人力资源规划与之相适应。

2. 组织自身发展变化要求组织进行人力资源规划

组织内部的各种要素同样处在不断的运动和变化之中,作为组织内最为活跃的要素——人力要素当然也不例外,例如,离退休、自然减员、辞退和开除等现象都会导致员工的减少,而工作时间的增长会在客观上使企业员工因为经验增加和技能的熟练提升组织的人力资源质量,招聘员工会导致员工的增加,而组织内部的人力资源再配置也会使组织的人力资源结构发生变化。在这种背景下,适当的人力资源规划可以协调各种要素的运动,促进企业各种发展要素的动态协调。

3. 组织科学人力资源管理决策要求组织进行人力资源规划

(1)人力资源规划为组织发展对人力资源的需求提供可靠的保证。预计形势变动趋势,未雨绸缪,储备适合组织发展各阶段所需的人才。

(2)人力资源规划为组织各项重大人事决策提供充分的依据和指导。不同阶段的人事决策是不同的。一个发展中的组织,由于存在大量无经验的年轻员工,有较多的中高层职位待补,人员培训、人员晋升和配置工作任务比较重。相反,处于停滞衰退期的组织,虽然有经验的人逐年增加,但并不是所有的人都会有令人满意的发展,所以人员培训(再教育)和内部流动(人力再配置)工作将明显增加。在工资总额问题上也是这样。工资总额取决于组织人力资源的数量及构成。发展中的组织,未来中、长期工资总额相对会小一些;而老的、处在停滞衰退期的组织,人员负担较重,其相对工资总额就大得多,甚至可能连吃饭都会成为头痛的事。可见,在不同发展阶段上,人事工作政策的重点是不同的。

(3)人力资源规划对满足员工需求和调动员工积极性与创造性有巨大的作用。通过人力资源规划,员工可清楚地了解自己要满足的需要及满足的程度,从而促使他们为追求自己的利益而表现出应有的积极性、主动性与创造性。

(4)人力资源规划是各项具体人力资源管理活动的基础。各种人事功能如何影响人力资源规划可参见图 3-3。

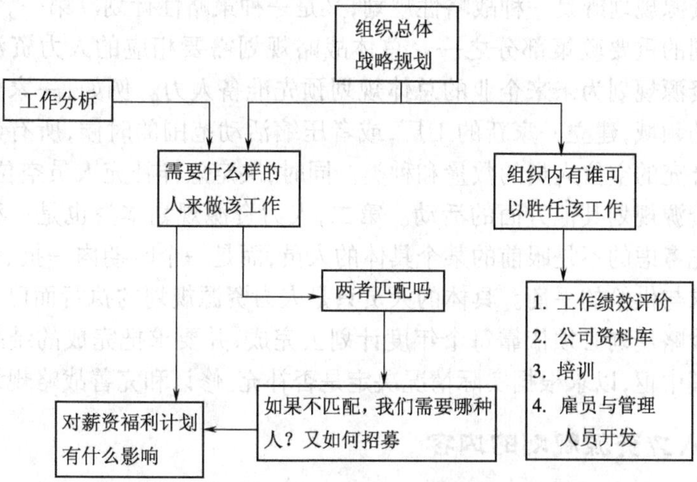

图 3-3 人事功能与人力资源规划

4. 市场竞争需要企业进行人力资源规划

在市场经济条件下,各种资源都通过市场进行配置,人力资源也不例外。企业之间竞争的关键就是人才的竞争。因此,企业要在市场竞争中站稳脚跟,甚至取得竞争的优势地位,就要求企业制定符合社会经济发展趋势和市场竞争要求的规划,人力资源规划就是确保这种规划实现的基础。比如,企业打算通过新产品的研发来提升竞争力,可企业却并不拥有相应的人力资源,或没有制定相应的人力资源招聘和运营规划,新产品的研发也就无从谈起。

二、人力资源规划的种类与性质

(一)人力资源规划的种类

从时间上划分,人力资源规划可以分为短期、中期、长期计划。短期计划(一年以内):任务具体、要求明确、措施落实。中期计划(1~5 年):总体要求和方针政策明确,但又不如短期计划那样具体。长期计划(5 年以上)也可以称规划,说明总的方针、原则,属指导性的滚动计划,即它勾画的是方向、轮廓,可以根据一定时期(通常为一年)的变化进行调整。

(二)人力资源规划的性质

从性质上划分,人力资源规划可以分为战略性规划和策略性计划。长期计划属于战略性规划。短期计划、行动计划等都属于策略性计划。另外,还有一种计划,即项目计划,一般说属于短期计划,但是有的项目,如培养宇航员的计划,又是长远规划。

人力资源规划既是一种战略性规划,又是一种策略性计划。第一,它是企业总体战略规划的重要政策部分之一。总体战略规划需要相应的人力资源规划的保证。人力资源规划为未来企业的总体规划预先准备人力。例如,一家公司决定进入一个新的领域,建立一家新的工厂,或者压缩活动范围的时候,所有活动都会影响到准备补充的空位人员的数量和种类。同时,决定怎样补充人员空位,也会影响公司人力资源规划其他方面的活动。第二,人力资源规划本身也是一种策略性计划。它首先考虑的不是眼前的某个具体的人员,而是一个时期内一批、一组和一类人员的需求与供给的平衡。具体的人员只是人力资源规划的执行而已。策略性计划是因为战略规划必须依靠每个年度计划去完成,并要求把完成的结果如实反馈给组织管理中枢,以求根据实际情况决定是否补充、修订和完善战略规划。

三、人力资源规划的内容

人力资源规划内容应是全面的。从实践看,不仅应有数量方面的规划,也应有质量方面的规划。人力资源规划的内容还应该是反映环境变化的动态规划,即要求人力资源规划的内部一致性与外部一致性彼此统一[①]。内部一致性是指招聘、甄选、配置、培训以及绩效评价等规划设计应当是彼此配合的。外部的一致性是指人员规划应当成为企业总体规划的组成部分,因为是否进入新的业务领域、是否建立新的工厂或降低现有业务活动水平等,都有着深刻的劳动力含义,关系到招聘、

① Wayne Cascio. *Applied* Psychology *in Personnel Management*[M]. VA:Reston,1978:158.

培训等。

人力资源规划的一个重要内容是功能性行动计划的拟订。这些计划如岗位职务规划、人员补充规划、教育培训规划、人力配置规划和职业发展规划等,都会影响人力资源整体规划。

(一)岗位职务规划

岗位职务规划有三个基本任务:①定员(定位),依据组织中、长期发展目标、劳动生产率、技术设备工艺要求、本行业技术进步的特点与趋势等,确立相应的组织机构、岗位职级和职数;②定责(岗位准则),为确保完成组织既定目标,必须对每个岗位提出相应的职务标准,并成为定期考核岗位工作人员业绩的依据;③定权(或定保障条件),岗位职务规划必须同时赋予上岗人员相应的权利,这既是权责统一的需要,也是完成组织任务的保证。

(二)人员补充规划

人员补充规划主要指在中长期内使组织空缺的岗位职务能从质量上和数量上得到合理的补充。人员补充规划要提出对各级各类人员所需要的年龄、性别、资力、学历(教育与培训)和技能等具体要求。人员补充规划又属于组织的人力资源外延扩张问题。

(三)教育培训规划

依据组织发展需要,提出通过各种教育培训途径,及时培养和输送各级各类合格人才的计划。一个趋势是,随着科技的进步、“地球村”的形成,社会对劳动力素质的要求将会越来越高、越来越全面。不仅技能、知识等要求是如此,而且还将从语言、跨文化、技术手段、对外交流和国际经济贸易知识与实务等方面提出新的要求。同时,教育与培训既要考虑组织的发展与需要,又要考虑员工个人的发展与需要。教育培训规划是关于人力资源投资的规划,属于组织人力资源内涵的扩张范畴。

(四)人力配置(使用)规划

人力配置规划是组织依据其结构、功能和岗位职务的专业分工配置所需的人员,以及相关的工作任务的计划。人力分配规划要遵循人力资源优化配置、人力资源产出最大的原则,最大限度地做到人尽其力、人尽其才,为公司创造最大的经济效益和社会效益。

(五)职业发展规划

职业发展规划指规划一个人的职业生涯,把个人的发展与组织的发展紧密地结合起来,二者的利益同时得到满足。职业生涯对员工成长以及组织发展的重要性已经得到人们的认同。目前对职业生涯的含义还没有统一的认识。法国权威词典将职业生涯定义为:“表现为连续性的分阶段、分等级的职业经历”①。美国学者罗斯威尔和思莱德将职业生涯界定为人的一生中与工作相关的活动、行为、态度、价值观和愿望的有机整体②。

在前面给出的人力资源规划定义中,我们已经明确地提出了人力资源规划实施的结果应该确保组织和员工双方同等地获得利益。职业生涯的成败对于人的一生有着决定性的影响,而员工的职业生涯发展总是在一定的组织内实现的。因此,如果企业的人力资源规划不能实现与员工自身职业生涯规划有效结合,则很难激发员工的工作积极性,人力资源规划的可实现性就比较差。

我们必须将企业的生存与发展和员工自身的发展相结合,考虑如何在员工目标实现的过程中实现企业的目标(包括管理者和股东的目标),即我们把员工放在了第一位,因为人力资源的数量和质量是企业生存和发展的第一要素,员工的能动性将在很大程度上决定其工作的态度,决定了我们所拥有和控制的人力资源的作用能否真正得到发挥,决定了企业的目标能否实现,也就是说,只有满意的员工,才能创造出使市场满意的产品,只有企业的产品使市场满意,企业才能最终获得利益。

表3－1列出了企业人力资源规划的主要内容。

表3－1　人力资源规划的内容

规划类别	目标	政策	步骤	预算
总规划	总目标:绩效、人力资源总量、素质、职工满意度等	基本政策:如扩大、收缩、改革、稳定等	总体步骤:(按年安排)如完善人力资源信息系统等	总预算
岗位职务规划	解决人力资源管理中的“三定”:定员、定责、定权	责、权、利、能相结合	岗位职务设计 岗位职务要求 人员配置	工作分析和设计费用
人员补充规划	类型、数量 对人力资源结构及绩效的改善	人员标准 人员来源 起点待遇	拟订标准(×月) 广告宣传(×月) 考试(×月) 录用(×月)	招聘、挑选费用

① Le Petit; Paris, LAROUSSE, 1995:189.

② Willian J, Rothwell & Sredl J. Professional Human Resource Development Roles & Competencies[M]. HRD Press, 1992:8.

续表

规划类别	目标	政策	步骤	预算
人员使用规划	部门编制,人力资源结构优化及绩效改善,职务轮换幅度	任职条件 职务轮换 范围及时间	略	按使用规模、类别及人员状况决定的工资、福利预算
人才接替及提升规划	后备人才 数量保持、提高人才结构及绩效目标	选拔标准、资格,试用期,提升比例 未提升资深人员安置	略	职务变动引起的工薪变化
教育培训规划	素质及绩效改善;培训类型、数量,提供新人力资源,转变工作态度和作风	培训时间的保证,培训效果的保证(如待遇、考核、使用)	略	教育培训总投入,培训的机会成本
评价及激励规划	人才流失降低 士气水平 绩效改进	激励重点 工资政策 奖励政策 反馈	略	评价成本 增加工资及奖金额
职业发展规划	企业发展与员工职业生涯发展规划相匹配	沟通 员工职业生涯设计 员工发展刺激	略	沟通成本 企业发展与员工需求不匹配而产生的离职成本
劳动关系规划	减少非期望离职率,员工关系改进,减少投诉率及不满	参与管理 加强沟通	略	法律 诉讼费
退休解聘规划	编制,劳务成本降低及生产率提高	退休政策 解聘程序等	略	安置费 人员重置费

四、影响人力资源规划的因素

企业生存和发展所处的内外环境都会对企业的人力资源规划产生影响。

(一)人口因素的影响

一定时期社会人口的变化会导致当期及今后一段时间内劳动队伍的变化,这意味着组织所需要的具有一定技能的人的可获得性也将发生相应的变化。关注人口统计的变化，对制定企业的长远人力资源规划具有现实的指导意义。在人口统计数据中尤其需要注意的是人口总数、新增劳动力数量、劳动力队伍中的女性以及拥有高技术水平的人员等信息。

1. 人口总数

人口总数反映着人力资源存量的一个方面，但这并不意味着人口总数越大，人力资源就越多。比如，大多数发展中国家都是人口大国，但人力资源所创造的财富同发达国家相比却低得多，其原因就在于数量优势并没有转变为质量优势，对于单个企业而言，重要的是人力资源的质量。

2. 新增加的劳动力队伍

人口总数的增加并不意味着人力资源的可获得性就会增加，劳动力队伍的增减状况才能较直接地反映人力资源供给量的变化，因此，我们必须关注实际的劳动力数量有多少。特别是在很多国家都已经进入老龄社会阶段的今天，这一点表现得尤为突出。老龄化时代的来临，使得很多国家在总人口增加的时候，却面临劳动力短缺的危机，而社会的养老问题却日益突出。在中国表现为一方面老龄人口迅速增加，使本已薄弱的社会养老保障体系面临更大的挑战，另一方面却又有大量的青壮年劳动力面临严峻的就业形势。2011 年，全国很多地区出现了民工荒，包括一些劳动力输出大省，说明中国的劳动力问题已经出现。

3. 劳动力队伍中的女性

妇女是劳动力队伍中一支特殊的大军，女性劳动参与率的高低可直接影响到劳动力队伍的变化。如美国在 1993 年的时候，女性就业人数占全部就业人数的百分比高达 45.77%，其影响和作用是巨大的。在分析女性劳动力的时候，我们还要将其年龄结合起来进行分析，女性因为生育问题而在一定时期内可能退出就业，而且生育观、家庭观也将在很大程度上影响女性劳动者的就业程度。

4. 拥有高技术水平的人员

现代社会已经进入知识经济时代，这个时代的显著特征就是一大批以知识为主的产业迅速崛起，以及知识将推动传统产业的现代化。这就要求我们在发展各产业的同时必须拥有一批具有高技术水平的人员，包括农业产业的发展也是如此。现今中国，不但发展现代高技术产业的人员匮乏，包括改造和提升传统产业的高技术人员也比较缺乏，中国的人力资源供需之间的结构性矛盾极为突出。

（二）经济的发展变化

通货膨胀、人力资源流动成本、区域经济非均衡发展，对人力资源的需求以及社会经济结构的变化都会影响到人力资源活动。人力资源与经济发展的水平相适应，经济发展到何种程度都需要有特定的质量和数量的人力资源与之相对应，经济快速发展时期对人力资源的需求会大幅度增加,而经济萎缩时期对人力资源的需求会下降。企业必须提前对经济的发展变化做出预测,才能把握机会,这就要求我们制订的人力资源规划要与经济发展变化和企业发展战略相配套。

(三)技术的变化

技术进步是经济增长的必要条件,新技术的发展和应用在企业的发展和管理实践中已经成为重要的力量。由技术变化代表的生产力的变化、技术装备的变化以及生产手段和生产效率的变化,对人力资源的质量、数量和结构提出了新的要求,技术的进步要求有掌握更多知识的人力资源与之相适应,也无形地调整着人力资源的结构,因此,企业在制订人力资源规划时要考虑技术的要求:一方面根据企业的发展制订符合技术发展趋势以及企业发展规划的技术人力资源招聘计划;另一方面可以制订出周密的培训计划,确保企业的人力资源在技术不断变化的时候能够实现保值增值。

当然,技术进步对人力资源也有负面作用,比如技术进步、设备更新会产生排挤劳动者的情况,而这些被排挤的劳动者往往会涌向社会,造成很多问题,而且技术更新的加快将会使人力资源流动加快,对企业发展带来不利的影响。

(四)法律和法规条件

人力资源活动在很多方面都受到法律和法规的影响,各国都制定了相当多的法律、法规来调整和规范与企业人力资源实践有关的活动。因此,我们在制订企业人力资源规划时必须充分考虑法律、法规对企业人力资源管理活动的影响。

(五)企业的发展阶段

企业在不同的发展阶段面临不同的任务,其工作的重心也存在较大的差异,要求有不同数量和结构的人力资源与企业的发展阶段相适应。如在企业的成长期,由于其规模不断扩大,业务逐渐增加,因而对人力资源的需要量增加,而且偏重于对开拓型人才的需求。在企业的成熟期或繁荣期,业务的增长速度都已相对稳定,对人力资源的需求数量不一定会增加,但质量上的要求在进一步提高,这时更需要稳定的、有成熟技术的人才,还需要精通市场销售的专业人员。在企业发展的后成熟期或衰退期,若要保持持续的活力,也需要经常有裁员的举动,这时更强调工作人员的经验和经历,因而对留下来的人员更是通过精挑细选而确定,或为使企业重新获得发展,则需要精通资本运作或创新的人才。因此,企业的人力资源规划在企业的不同发展阶段应有不同的侧重点,这样才能与其他部门和组织的整体计划协调起来。

五、人力资源规划的过程

与其他的规划过程相类似，人力资源规划的过程可以简单地分为三大步骤：人力资源预测、人力资源目标的设定与战略规划以及人力资源规划的执行和效果评价(见图3-4)。

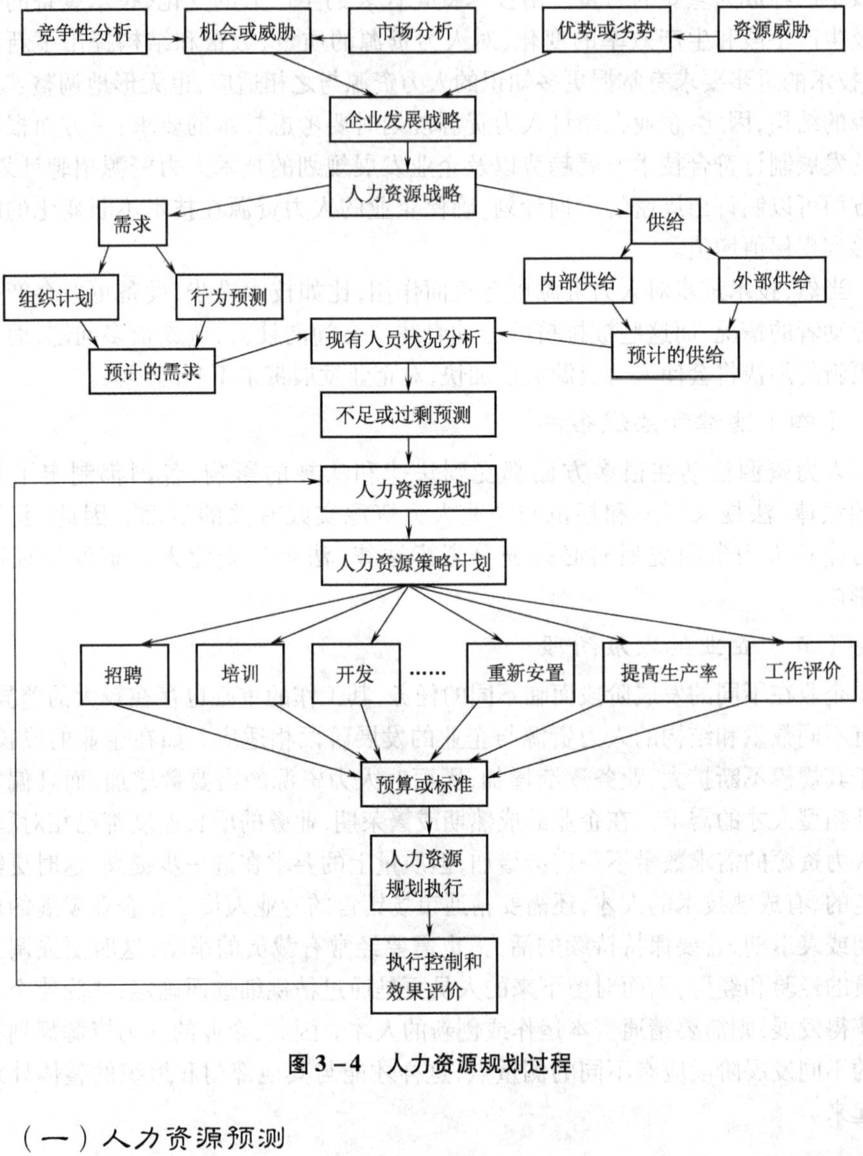

图3-4 人力资源规划过程

(一) 人力资源预测

关于人力资源预测的方法和预测技术我们将在下一节专门讨论。我们在这里仅介绍人力资源预测的过程。

在进行人力资源预测时，首先必须取得企业的发展战略，从中确定实现企业的发展战略所需要的人力资源数量和质量，然后结合企业的基本人力资源信息（可从员工的档案及有关记录中查询），判断各种不同类型人力资源的供求状况，其基本目标是估计在企业内部的哪些领域中，在未来可能出现劳动力短缺或劳动力过剩的情况。

对企业的基本人力资源信息进行科学判断是预测的重要基础。对现有的人员一定要尽量做到人尽其才、才尽其用，因此，管理者在管理工作中经常清查内部人员情况，对此做到心中有数是必要的，并对不合适的人员加以调整。在这一阶段要格外注意对内部人员有用性的了解，对可提升人员的鉴别以及做出个人的发展培养计划。

在预测的过程中，选择做预测的人十分关键，因为预测的准确与否和预测者的素质及他的管理判断能力关系重大。一般说来，商业因素是影响员工需要类型、数量和质量的重要变量，预测者要会分离这些因素，并且要会收集历史资料做预测的基础。从逻辑上讲，人力资源的需要是产量、销售量、税收等的函数，但对不同的企业或组织，每一因素的影响并不相同。预测者在选择影响因素以及预测的计算上都要十分小心。

（二）人力资源目标的设定与战略规划

在科学预测的基础上，我们结合组织的发展战略制定相应的与发展战略相匹配的人力资源目标和战略规划。确定量化目标的目的在于将注意力集中在问题上，并且为对比解决未来劳动力过剩或短缺问题的各种方案成功的可能性提供一个基准参照。这种目标应当直接来自于对劳动力供给和劳动力需求所进行的分析，其中应当包括用来描述某一职位类别或技能领域需要发生和变化的一些具体数字，以及这些结果应当在什么时候形成一个具体的时间表——战略规划。

应该说，本阶段是人力资源规划的关键阶段，规划者围绕实现人力资源规划的目标，对不同的方案在成本、速度、效果、受到影响的人数以及可控性等方面做出全面的权衡，最终决定企业可供实施的人力资源规划及解决方案。

在近年来企业的实践中，我们可以看到，对于内部劳动力过剩的典型操作做法就是裁员，这种做法见效很快，但是所带来的人的痛苦也较大，一些修正的做法则是采取工作分享。而企业在劳动力短缺的时候通常的反映则是：要么雇用临时工，要么将业务外包，这种做法的优点是速度快并且可控性很强。

此外，本阶段还要注意人力资源规划与企业其他规划之间的协调。人力资源规划如果与企业中的其他规划不相协调，则规划必定失败。

（三）人力资源规划的执行与评价

方案执行阶段的关键问题在于，必须确保要有专人负责既定目标的实施，负责人拥有保证目标实现必要的权力和资源。进一步，我们还需要在方案实施中定期报告进展状况，以确保所有方案都能够在既定的时间里得到执行，并根据实践情况在执行中对方案进行适当的调整，以确保最终方案实施的效果与预测情况一致。

人力资源规划过程的最后一个步骤就是对执行结果的评价。最为明显的评价是看在公司发展战略实现的过程中，公司是否有效地避免了潜在的劳动力短缺或劳动力过剩情况的出现。

第三节　人力资源规划的编制

与其他规划一样，一个好的人力资源规划必须具有一定的基本前提，即对企业未来经营环境及人才需求的基本假设。人力资源规划就是要在该基本前提或基本假设下确认组织的人力资源发展策略。组织制定人力资源规划，通常需要进行三个方面的预测，即：人力需求预测、外部候选人供给预测和内部候选人供给预测。其中，人力需求预测是组织编制人力资源规划的核心和前提条件。

一、人力资源需求预测

（一）预测人力资源需求应考虑的因素

人力资源需求预测就是根据组织的目标能力、岗位要求和发展前景，确定未来所需员工的数量、质量和类型，进而制订人力（补充）计划方案、教育培训实施方案的过程。

从实践看，预测组织未来人力资源需求应考虑6个因素：①组织工作任务（销售额／营业额）；②完成工作量（达到销售额／营业额）的决定因素；③完成工作量所需人员估计，人员因辞职或中止合同而发生的流动比率或流动频率；④现有人力的素质和性质、产品或服务的竞争性、技术与管理能否适应增加产量和提高效率的需要以及资金财务状况等；⑤组织所处社会环境变化趋势；⑥人力资源需求对应的时点。

在6个因素中，核心问题是产品或服务的数量与质量。因为组织的人力需求，总是与其提供的产品或服务有关。换句话说，产品或服务是预测的重要参数。

（二）人力需求预测的基本方法

预测人力需求的主要方法包括：德尔菲法、趋势分析法、比率分析法、散点图法和经济计量模型法等。

1. 德尔菲法

德尔菲法是美国兰德公司在20世纪40年代后期从“思想库”中发展起来，并用于预测的一种方法。该方法的目标是通过综合专家各自的意见来预测某一领域的发展，因为专家之间存在身份地位的差异，会使一些人不愿意批评他人而放弃自己的合理主张，为此，通过中间人或协调员，避免专家面对面的集体讨论，把第一轮预测过程中专家各自单独提出的意见集中起来加以归纳后反馈给他们，然后重复这一循环，使专家有机会修改他们的预测并说明修改的原因。一般说来，重复3～5次，专家的意见就可以趋于一致。这种方法依靠专家的知识和经验，对未来的发展做出判断性预测，既可以用于预测“渐变”式的发展过程，也可用于预测“跃变”式的变化过程，适用于中期和长期的预测。

在使用德尔菲法做预测时，应该注意下列问题：

（1）给专家足够的信息使其能够做出判断，即给专家提供收集的历史资料以及有关统计分析结果和预测的背景材料。

（2）所提的问题是被问者都能够回答的问题，且尽量简化。

（3）不要求精确，允许专家估计数据，并说明他们所预计数字的肯定程度。

（4）保证所有专家能从同一角度去了解你的定义、概念及分类等。

（5）向高层领导部门和决策人说明本预测法的益处，特别说明其对生产率和经济效益的影响，以争取他们的支持。

2. 趋势分析法

趋势分析法是根据对本组织最近一个时期历史资料的回顾性分析，预测未来发展的人力需求。比如，在最近五年中，组织雇用的人力总量、不同类别人力的数量结构和质量结构、资本的技术构成和有机构成、劳动生产率、销售额／营业额等，根据这些实际情况，预测组织未来某个时期的人力需求数量与质量。其目的在于确定在今后有哪些趋势会继续发展下去。这里，隐含着生产率不变的前提。这种方法简单易行，特别适用于公司人力需求的初步估计。但是，现实生活中，生产率不变的情况比较少见。如果考虑未来技术发展趋势，估计本公司可能达到的水平，以及届时的比例关系等，趋势分析法就显得过于简单。如果不加修正，其预测结果很可能不准确。

3. 比率分析法

比率分析法是根据两种因素的比率来预测未来人力需求的方法：一是某些原因性因素，如销售额；二是所需要的人员数量及其结构变化，如生产人员与销售人员的比率、生产人员与非生产人员的比率等。与趋势分析法一样，这种方法也是以生产率保持不变为前提的，因此，根据历史比率进行人力预测，其结果也难免不准确。

4. 散点图法

散点图法是一种用图形表示两个变量之间的关系，用以预测组织未来人力需求量的方法。这种方法通过对同一类型的生产（服务）活动所需人力的散点图比较，预测未来某一规模的同类活动需要的人力数量。具体操作方法是，把生产（服务）量作为横轴，把这些生产（服务）量所占用的人力作为纵轴，然后把所有同类公司的产量（服务量）在坐标图上找到散点，根据这些散点的走势确定未来人力数量。

5. 经济计量模型法

经济计量模型法又称回归分析法。这是一种非主观的预测方法，具有很强的实用价值。根据这种方法，人力资源管理专家与组织中各部门经理，将组织的人力需求量与影响需求量的主要因素之间的关系用数学模型的形式表达出来，依此模型及各种自变量，测算公司未来的人力需求。回归分析法有一元回归分析和多元回归分析。由于这种方法比较复杂，需要借助计算机系统进行预测，一般只在管理水平比较高的大公司才有条件采用。

需要强调的是，上述几种预测方法都不是尽善尽美的，因为任何历史趋势、比率或其他关系很难保持一成不变。在这种情况下，管理人员的判断就具有十分重要的作用。判断的过程就是修正预测的参数，使之与未来变化相适应的过程。其中，能够影响未来人力需求预测，从而在判断中应特别注意的因素有：①提高产品（服务）质量或开拓新产品市场的决定，它意味着未来需要的人力性质发生变化及其影响，比如，现有员工的技能届时是否能够符合本组织生产或提供新产品和新服务的需要等；②技术和管理变化引起劳动生产率变化，总的趋势是效率提高，导致未来人力需求减少；③资金来源情况，一项财政资助可以让组织雇用更多的工人，也可能增加员工工资，相反，国家财政紧缩则可能导致减少职位、压缩人员，或者降低工资标准；④社会经济环境变动趋势，一个稳定的社会经济环境，有利于企业平稳发展，相反，社会政治动荡，经济危机，人民生活不安定，则必然会引起社会投资萎缩。

二、人力资源供给预测

人力资源供给的任务是满足组织对于人力在质量和数量两个方面的需求。组织未来需要的人力，可以由组织内部调剂，也可以从外部得到补充。应当说，除非一个组织正在走下坡路，它就必须从外部获得部分人力资源。对内部、外部人力供给潜力进行分析就是人力资源供给预测的主要内容。

（一）组织内部人员供给预测

1. 组织内部人员供给的优缺点

在组织岗位出现空缺，或者新添业务需要增加员工的时候，着眼于从组织现有的人员中内部调剂，成为众多企业补充岗位人员空缺的首要策略。美国的一项调查表明，大约有 90% 的管理位置都是由内部调剂补充的。许多对雇员有高度认同感的企业都有综合性的从内部晋升的规划。那些同富有献身精神的雇员紧密联系在一起的企业更是有着内部晋升的政策。

(1)优点。优先选用内部人员有几个好处：①他们已经在本组织工作一些时间，因此，对组织目标更加理解和投入，较少离开的念头；②组织对他们的能力有长期的了解，使用起来比较顺手；③内部人员熟悉情况，缩短了试用期，节省了上岗前的培训费用；④内部补充也是经过竞争上岗的，因此，有利于调动竞争获胜者的工作热情和积极性。

(2)不足。一些有能力胜任新岗位而未得到任用的人，可能由此产生不满情绪，他们可能向老板提出“我为什么落选”“我今后努力的目标是什么”之类的问题。同样，许多雇主要求经理们去应聘并会一个个地召见，而经理们心里都清楚只有哪些人才能被看中，因此，普遍抱着一种“浪费时间”的想法。如果新领导是从内部其他单位指定来的，那么这个集体可能就不满意；而新领导也难以摆脱“那一伙人”的影响。而最大的问题还在于近亲繁殖的后果，容易出现不思进取、因循守旧和维持现状等情况。

2. 组织内部人员供给的条件

内部调剂也是有条件的。这个条件就是对自己员工的基本状况有清楚地了解。了解他们的生平、教育背景、工作经历、专业技能和知识、优势和劣势、工作业绩及其评价、职业目标与追求、特长、管理能力、个人心理素质和人际关系。收集信息的方法有手工收集和借助计算机编程处理。在手工收集法中，我国干部履历表（职工登记表）提供的信息是一个重要来源，但又远远不够。一些大公司从自身需要出发，设计了一套图表，作为人员储备、利用与开发的依据（如表 3 – 2）。

3. 人力资源技能信息库

一个庞大的组织，仅仅依靠手工方法收集和保管员工的信息显然是不够的。依靠计算机编程处理，建立“人力资源技能信息库”就十分必要，而软件技术的发展为此提供了巨大的帮助。设计信息库，应该包括工作经验代码、产品知识、行业经验和正规教育等 9 个基本组成部分。

(1)工作经验代码。即用以描述企业内各种工作的一系列工作经验代号、名称和代码等，它便于用简单的符号表示某个员工现在、过去以及将来可能从事的工作。

表 3-2　人员储备与开发信息表

A 股份有限公司人力资源部制

部门	地区或事业部	分部门		登记日期	年　月　日	
姓名	社会保障号码				登记号码	
到公司服务日期 年　月　日	出生日期 年　月　日		婚姻 状况	工作 名称	工作 地点	
教育状况　受教育程度、取得学位的年份、毕业大学以及学习的主要领域						
小学	中学		大学	研究生：　硕士　博士		
在公司资助下学过的课程						
课程类型	科目或课程	年　限	课程类型	科目或课程	年　限	备注
职业与发展兴趣						
你对换一种工作是否有兴趣 感兴趣　不感兴趣		你是否愿意去其他部门 愿意　不愿意		你是否同意横向调动以求发展 同意　不同意		
如果愿意，请说明是何种类型			你满足工作要求的资格条件有哪些			备　注
你认为自己的工作需要参加何种类型的培训 ①在自己目前的职位上改善技能与绩效 ②增加经验和能力以图进一步发展						
你认为自己目前还有能力完成哪些其他的工作任务						
语　言		书　面		口　头		

续表

技能								
技能类型		有无证书			技能类型		有无证书	
社团或组织:请列举你在过去的五年中所参加的社会组织的名称及你在其中所任职务								
其他重要的工作经验或在部队服役的经历								
	地　方	开始年份		结束年份				
* 其他重要的经历、娱乐活动、爱好、兴趣及其他资料								

(2)产品知识。雇员对组织的产品生产线或服务的熟悉程度,可以作为某人是否适合被调动或提升的一个指示器。

(3)行业经验。员工的行业经验也应当编制成代码,因为他在某些关键性的相关行业中的知识对于某些职位来说是非常重要的。

(4)正规教育。输入员工在接受中等教育之后所进入的教育机构名称、学习领域、被授予学位和毕业时间等。

(5)培训课程。输入员工所参加过的由企业举办的或由外部某些机构举办的培训课程及名称。

(6)外语水平。员工学习和掌握外语的语种,以及熟练程度(一般以"读、写、听、说"等能力表示)。

(7)迁移局限。反映员工在地理位移上的意愿。

(8)职业兴趣。在这一栏中,应输入员工与上述工作经验代码相同的代码,表明自己将来想做何种工作。可以让员工进行多项选择,并列出自己选择的先后顺序。与此相关的是,也应列出任职资格,比如,具有什么知识、经验和技能等。

(9)工作绩效评价。记录员工在各个领域的工作表现(领导能力、激励性和沟通能力等),有什么优缺点。工作表现应当及时更新。

随着时代的发展,人力资源信息库包括的内容会逐渐增多,国外有的已经达到150种左右。有了这些基本情况,就可以按照管理人员和非管理人员进行人才储备排队。一旦组织发展需要增添工作职位的时候,就可以立即知道内部究竟有没有合格人员可以胜任和填补。

需要指出的是,不论是手工收集还是计算机编程管理的人力资源信息,其中有许多会涉及个人隐私的问题。一方面,雇主有权使用有关资料,另一方面又要尊重个人隐私权。因此,对于人力资源信息的管理和使用应当慎之又慎。

上述资料为从内部选拔新职位员工提供了依据,但真正要实现有效的内部人员提升,最重要的还在于做到选拔公开、公平、公正。运用"职位选拔公告"让内部职工广泛参与,无疑是一种增强透明度、保证选拔准确、减少副作用最有效的形式。"职位选拔公告"一般要求包含以下内容:工作的特性、资格要求、工作时间、薪资等级和申请程序等。以"ZJ 集团公开选拔企业领导人员的公告"为例。

ZJ 集团公开选拔企业领导人员的公告

为进一步深化集团人事制度改革,完善民主公开、竞争择优的用人机制,提高选人用人公信度,集团党委决定,在全集团范围内公开选拔集团企业领导人员。根据《关于公开选拔 ZJ 集团企业领导人员的工作方案》,特将有关事项公告如下。

一、公开选拔的职位及职数

本次公开选拔共推出职位4个，面向全集团选拔。具体职位包括：

1. ZJ 集团有限责任公司副总经理1名。

2. ZJ 一建有限公司党委副书记1名。

3. ZJ 投资集团有限公司海外部副经理1名。

4. ZJ 投资集团有限公司总承包部副经理1名。

二、报考资格条件

（一）基本条件

1. 思想政治素质高。能够认真学习政治理论，积极拥护并坚决贯彻执行党的路线、方针、政策，具有履行岗位职责所需要的政策理论水平，坚持和维护党的民主集中制原则，有全局观念和大局意识，有强烈的事业心和责任感，工作勤奋，作风务实。

2. 经营管理能力强。熟悉现代企业管理，具有胜任岗位工作的经营管理能力和综合协调能力，具备岗位所需要的专业知识，在本职岗位上勤奋工作，业绩突出。

3. 团结协作好。坚持和维护民主集中制，善于集中正确意见，善于与班子成员共事，顾全大局，团结同志。

4. 作风形象正。遵纪守法，廉洁从业，能正确把握企业生产经营方向，依法开展生产经营管理活动；能自觉遵守各项规章制度，作风务实，关爱职工，在群众中有较高威信。

（二）资格条件

1. 担任过子公司、集团总部事业部中层正职满3年或副职满5年（正、副职任职时间可累加计算）；由行业协会和行业主管部门评定为地市级以上的优秀项目经理或由专业协会评定为省级以上的优秀项目经理；担任直营项目或市级以上重点工程项目党支部书记满5年；担任集团总部主管职务满3年。

2. 年龄在45周岁以下（1970年9月30日以后出生）。

3. 大专以上学历。

4. 中级以上职称。

5. 身体健康。

现任 ZJ 集团中层领导人员，符合学历、年龄、职称要求的，也可报考。

职位要求：

ZJ 集团有限责任公司副总经理职位：分管企业生产工作。要求具有建筑工程相关专业知识，具有从事建筑施工生产管理经历，热爱企业生产工作，有较强的企业生产管理能力和组织协调能力。

ZJ 一建有限公司党委副书记职位：分管企业党建工作。要求熟悉党的方针政策和规章制度，热爱企业党务工作，有较强的综合管理能力和组织协调能力，有3

年以上党龄。

ZJ 投资集团有限公司海外部副经理职位：分管国际经营工作。要求具有建筑工程相关专业知识，具有从事企业经营相关工作经历，懂 1～2 门外语，热爱海外工作，有较强的企业经营管理能力和组织协调能力。

ZJ 投资集团有限公司总承包部副经理职位：分管生产经营工作，要求了解工程总承包、代建制的有关政策和程序，具有建筑工程相关专业知识，具有一级建造师执业资格，有较强的企业生产经营管理能力和组织协调能力。

三、报考方式和要求

报考采取组织推荐与个人自荐相结合的方式。报考人员到所在单位党委办公室或 ZJ 集团党委工作部报名。报考人员需要认真填写《ZJ 集团公开选拔企业领导人员报名表》（见附件），提供本人身份证、学历学位证书、职称证书、职（执）业证书复印件，每位报考者只能报考 1 个职位。

报名截止日期：2015 年 10 月 5 日下午 17:00。经资格审查后，集团党委工作部将对符合条件的报考者在规定的时间内统一发放《准考证》。

报考人员对提交材料的真实性负责，凡弄虚作假者，一经查实，即取消考试资格和任用资格。经资格审查后，符合报考条件的人数少于 4 人的职位不开考，报考人员可以改报其他职位。

联系电话：

联 系 人：

监督电话：

ZJ 集团公开选拔企业领导人员工作办公室

2015 年 9 月 20 日

附件　ZJ 集团公开选拔企业领导人报名表

<table>
<tr><td>姓名</td><td></td><td>性别</td><td></td><td>出生年月</td><td></td><td rowspan="4">照片</td></tr>
<tr><td>民族</td><td></td><td>籍贯</td><td></td><td>出生地</td><td></td></tr>
<tr><td>入党
时间</td><td></td><td>参加工作
时间</td><td></td><td>健康状况</td><td></td></tr>
<tr><td>专业技术
职务</td><td colspan="2"></td><td colspan="3">熟悉专业
有何专长</td></tr>
<tr><td rowspan="2">学　历
学　位</td><td>全日制
教　育</td><td colspan="2"></td><td>毕业院校
系及专业</td><td colspan="2"></td></tr>
<tr><td>继　续
教　育</td><td colspan="2"></td><td>毕业院校
系及专业</td><td colspan="2"></td></tr>
</table>

续表

现任职务		现任职级时间	
报考职位			
联系电话		身份证号码	
简历			

资料来源:依据 http://www.zjej.com/qyxwd.php? nid = 1083 相关内容修改而成

(二)外部人员供给预测

如果内部人员不足以选聘填补空位,就需要从外部招聘。招聘的前提是了解所需要的外部人员供给的前景。为此,需要预测总的经济形势、本地劳动力市场行情和专门职业供给信息等。

1. 宏观经济形势预测

通常情况下,宏观经济形势越好,失业率越低,劳动力供给就越少,人员招募的难度就越大。为了使预测尽可能准确,注意了解、熟悉和掌握国家与地方政府、研究单位和咨询部门等发布的国民经济与社会发展的有关统计信息。

2. 地方劳动力市场状况预测

区域人口状况及发展趋势对未来一段时间的劳动力供给有相当的影响。对于一个地区而言,劳动力流动及流向对所在地区企业进行劳动力供给预测有十分重要的作用。

3. 职业供给信息

对特定职业供给的信息,需要到专门的职业市场上进行了解。国外已有成功的专门职业市场,中国还处于起步阶段。

三、人力资源规划编制

企业编制人力资源规划后,还应结合实际情况进行修正。企业的战略目标是人力资源规划的输入条件,最重要的是有关企业发展的趋势,以销售预测、市场走向、技术发展及工艺和生产率的变化等信息为基础,以及获得关于劳动力数量和质量要求的信息。在此基础上,注意 5 个问题:第一,预测和规划本组织未来人力资源的供给状况;第二,预测人力资源需求;第三,进行人力资源供需比较分析;第四,制定人力资源供需政策与措施;第五,对人力资源规划进行审核与评估。

案例思考　年底裁人最易被公司抛弃的5类员工

年底来临一部分员工翘首以盼,这不仅是拿年终奖的时刻,同时也是申请加薪的好时机,毕竟对一年的工作总结,取得的业绩和为工作做出的贡献是不可磨灭的。但是,作为企业的管理者来说,年底之际也是为企业节约成本,裁掉"平庸者",保留精锐人才的执行期。那么年底裁人时最易被公司抛弃的是什么样的人?对照自己,你有被裁掉的危险吗?

(1)业绩差——"最差的就是你"

镜头回放:在高压业绩制度的压力下,A在某保险公司挨了两年。最后一个季度,他的业务状况不怎么好,连续3个月业绩不达标,在团队里面垫底。年终总结眼看就快到了,A心慌到失神,因为这意味着,年后他就得自觉请辞了。

专家点评:在年底"大清算"中,几乎所有公司最先盘点的就是各部门、个人的业绩成果。如果你的业绩不太理想,需要引起高度重视。在年终总结时,你需要好好梳理一下出现这种状况的原因,诚恳进行自我反省,并提出针对性的改善方案,让上司或老板看到你真心在"亡羊补牢",或许还能减轻一点风险。如果你是短时间里出现业绩波动,相信公司也不会立马翻脸不认人;但你是在很长一段时间里都状态不佳,你要挂心的就不只是眼前这份工作,更应该思考、审视自己的职业定位是否合适,如果发现不合适要及时调整,避免后期职业发展受到长久影响。

(2)忠诚度低——想走?公司也绝不留你

镜头回放:T是某电子商务公司的美工,工作了一年。T的美工技术不错,因此他在工资上很敢开口"要价"。眼看年底到了,T觉得又到了和老板谈涨薪的时候了,只要老板不给涨,他就开始物色跳槽的机会,一有高薪岗位,他就准备闪人。其实他这点心思,老板早就看出来了。

专家点评:个人职业发展的长久性、稳定性,不仅需要有清晰的职业定位,更需要你对组织有一定的忠诚度,两者相辅相成。在一个组织中,有稳定、持续的积累很必要,这是在组织内部建立信任,获得晋升的必要条件。在职业发展积累阶段,因为薪资、环境等外生条件而频繁跳槽,不利于个人实现真正的成长。像T一样的职场人很多,表面上看是很"聪明",实际却是聪明反被聪明误,因为从公司的角度来说,对于这类不忠诚的员工,绝不会委以重任,一旦察觉你心思不定,自然也不会让你久留。

(3)人际关系差——受团队排挤,谁也帮不了你

镜头回放:S毕业后就直奔上海来工作,应聘的是行政助理。很快S就进了一

家民营企业工作,工作内容繁杂,她不仅要做办公室的一些杂事,还要配合销售做一些支持工作,老板时不时地还会分配一些"额外任务",这让S非常不爽,她在办公室始终拉着长白山似的脸,做什么事都很不耐烦,加之做事自作主张,配合度低,公司从上到下没有人喜欢她。

专家点评:职场中,团队里,除了工作能力外,人际关系也是必须经营和维护好的。工作中很多任务都需要团队的合作、同伴的支持,如果因为某个人而造成工作难以开展或停滞不前,甚至牵连整个团队的气氛和士气,考虑到整个团队的绩效以及新一年工作的顺利推进,老板很可能会考虑换掉此人。职场人,尤其是职场新人,在刚进入团队时,一定要学会收敛锋芒,理解并接纳团队已有的文化、习惯、行事作风,这比凸显个性会让你少碰钉子。对于"职场老人",更要学会管理情绪,不要把私人恩怨卷入工作中,不要让不必要的小事影响了大局。

(4)可替代性强——有你没你,公司照样运转

镜头回放:F从学校刚毕业,还是一个毫无工作经验的"二愣子",因为之前在学校参与做过校刊,被一家公司录用误打误撞成了网络编辑。在这半年的工作中,F每天都在网络上找文章,进行"伪原创+关键词"再发布,日复一日,没有任何新意,薪水和前途看不到未来。俗话说"铁打的营盘,流水的兵",这份工作换谁都可以做,F感觉随时都可能被替代。

专家点评:即便不是年底,可替代性强的人也随时都有失业的风险。核心竞争力是你在职场的立足之本,在明确职业定位后,就应该以此为中心不断积累相关经验、知识和技能,才能一步步完成职业生涯下一阶段的任务,接受更大的挑战。有八成职场人从一开始进入职场时,就没有明确职业定位和职业目标,蹉跎三五年后,仍在初级岗位打转,到那时被人替代的风险更大,沉没成本也更高。这样的状况下,年底很可能被组织和团队淘汰,不得不另寻出路。对此,各位务必提高警惕!

(5)负能量携带者——"害群之马"不敢留

镜头回放:V是办公室主管,在G公司待了三四年,工作能力较强,一直受上司器重,下属尊敬。去年,他的顶头上司换了人,此人的行事作风、工作习惯和V完全不一样,在工作中多生摩擦,V心中各种愤愤不平,对新上司诸多看法,各种看不惯,各种抱怨。天下没有不透风的墙,这些都传到了新上司那里,新上司表面上不发作,只是暗中观察V,一旦V的负能量对团队有大影响,马上就会采取措施对付他。

专家点评:办公室里的"负能量"最为老板和上司忌讳,因为它不仅传染力极高,杀伤力和影响力也极大。年底公司在清算业绩的同时,也留意着团队中各人员的工作状态和言行举止,对团队有负面影响的人,往往容易被"清理"掉。如果你工作状态不好,需要及时进行自我调整和修复,而不能唾沫横飞地在办公室里大倒

苦水。如果你让个人问题升级成集体问题,老板肯定不会轻饶你!

年底绝对是个敏感时期,你不仅需要注意工作业绩,也要注意工作中的各种细节。与其每到年底就忐忑,不如提前做好职业规划,找准方向和目标,完成每一步该完成的任务,脚踏实地修炼职业资本。记住,临时抱佛脚从来都不管用!

(资料来源:http://www.xuzhoujob.com/News/2120121226114820.html)

问题:

1. 为什么要在金融危机时期推进"人才储备策略"?
2. 校园的人才为什么"更是我们人才储备重要来源"?

G 关键概念 JIANGAINIAN

企业战略　　人力资源规划　　人力资源预测

F 复习思考题 XISIKAOTI

1. 如何认识企业发展战略与人力资源规划之间的关系。
2. 人力资源规划的主要内容有哪些?
3. 影响人力资源规划的因素是什么?
4. 裁减员工会提高企业的效率吗?
5. 比较人力资源预测各种方法的利弊。

B 补充阅读材料 CHONGYUEDUCAILIAO

高潜力人才"SW6"模式的特质

徐庆菁

中国市场已不再是简单的蓝海,对人才的争夺将是下一轮竞争的焦点。作为人才招募的长期实践者,我非常赞同《潜力:21世纪英才新标准》一文作者的观点,但在中国真正能做到的企业少之又少,企业需要走出舒适地带、更新所谓的人才标准，才能寻找到真正的人才。

首先，企业必须具备创新精神。要找到充满高潜力的新人，他必须具备相关经验吗？不然。在实际工作中，一个没有相关经验的高潜人才一定会犯错误，但具有创新意识的企业会比较有宽容心，能允许员工犯错，甚至鼓励员工有“创造性”地犯“新错误”。这样，他们才能从错误中快速学习纠错，丰满羽翼。

其次，企业需要把人力资源部门看作战略部门而非支持部门，负责招聘的人力资源经理应以业务伙伴的方式开展工作。人力资源管理人员要敢于把一个简历上看似不匹配的候选人推荐给业务部门，而不必担心被指责；否则，人力资源管理一定会把可能发光的金子筛选出局，因为必须“求稳”。从这一角度讲，业务出身、没有人力资源管理“经验”的人往往比不懂生意、一路从事事务性人力资源管理的人更能胜任招聘工作。优秀的招聘经理应该能够透过应聘者的经验看到应聘者的本质，并敢于不拘一格选人才。

只有具备这些基本条件，企业才有可能长期吸引到高潜力优秀人才，并进一步授予其新挑战。说不定五年后的总经理，就是今天招募的应届毕业生。

2006 年，当我刚开始着手建立员工招聘和发展部门时，我问老板：“什么是你的择人标准?”他的回答是：“招聘比你更优秀的人——如果两三年以后，你愿意向今天坐在我面前应聘的这个人汇报，他会比你更优秀，那就值得招聘。”如此形象的说法对我的招聘理念产生了深远影响。

那么，如何找到比自己更为优秀的高潜力人才呢？根据我们对全球各地诸多领导者的接触和观察，高潜力优秀人才身上具备一些相似的特质。我们将其归纳为独特的“SW6”模式（6 Strengths & Weaknesses），即：使命必达（Killer Instinct）、决断力（Decisiveness）、创造力（Creativity）、分析能力（Analytical Ability）、感召力（Presence）以及感知力（Antennae）。

辨识高潜力人才的
“SW6” 模式

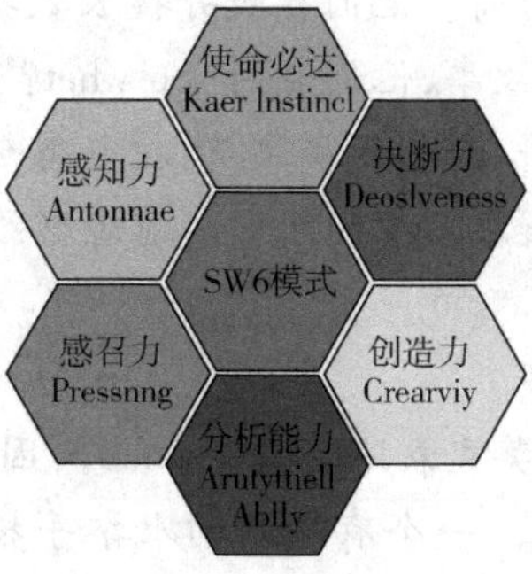

1. 使命必达

“使命必达”的英文表述为“杀手的直觉”（Killer Instinct），这听起来很血腥，但却正是企业所需要的人才素质。“Killer”善于发现商机，无所畏惧，坚韧不拔，一旦认定目标，排除万难也要达成结果。当你想找人帮你完成一件不可能的使命，你下意识里想到的那个人一定是“Killer”。如何甄别 Killer？我常会问：“请分享一个您的成功故事。”和“请分享一个您的失败案例。”如果一个人没有经历过事业或生活的跌宕起伏，或者把失败的故事轻描淡写，我很难确定他的韧性和源自内在的自信。

2. 决断力

用时下流行语说就是“不纠结”。有决断力的人不只依赖分析，也相信直觉，能在众多事务中迅速分清轻重缓急，从而抓大放小快速做出决策。在商机瞬息万变的今天，快速做决定比完美做决定更为重要。我常问应聘者：“您每天收到多少邮件？您如何处理这些邮件？”虽然这个问题很微观，但却能反映出性格特质。一个“纠结”的人，常常不能果断决定，这封邮件是该删、该转，还是该回复，结果就会邮箱超容，影响工作效率。当然，决断并不等于武断、草率。

3. 创造力

英孚创始人伯提·霍特(Bertil Hult)喜欢问一个经典问题：“你的第一辆自行车是什么颜色？”当我第一次听到这个问题时，既好奇又困惑。霍特的理由是，这个问题可以考察一个人的长时记忆能力，而长时记忆力和创造力紧密相关。创造力不是广告创意和技术研发人士的专利，任何人在任何岗位上都可以有，也应该有创造力。一个长时记忆力强的人，思考方式往往是非线性的，更能由点及面地思考问题，更能出其不意。

4. 分析能力

应聘者的简历长度，回答问题的长度，谈论一个话题时绕出去是否还能收回来，都能考察一个人的分析能力。具备这种能力的人善于做减法，他们思路清晰、言简意赅、化繁为简。他们喜欢并擅长数据分析，但决不会埋没于数据堆中，能更注重数据背后的故事，他们会问“So what?”——所以然。当遇到高难度挑战时，企业如何处理难题？我们的秘诀是，把具备创新特质的人和分析能力强的人组成团队，这样就没有解决不了的问题。前者思维发散，而后者收敛集中，收放组合，战无不胜。

5. 感召力

这一特质的英文表述是“Presence”，因为人们常形容一个有魅力、有感召力的领导为“有气场”。一个有气场的人举手投足都会让人感受到他的存在。气场不是领导的专利。事实上，在每天浏览成百上千的简历时，我的窍门是从后往前看。我最关心应聘者是什么样的人，他的兴趣爱好是什么，他的气场和公司的气场合不合，其次才是核心竞争力与技能的匹配，行业经验反而会放在最后。因为“气味相投”的员工才能够像老板一样思考，言必信行必果，关键时刻挺身而出，把他人、公司和公众利益置于个人利益之上。

6. 感知力

“这个人的天线（Antennae）有多长？”我们常这样评价一个人对他人、对周围环境的感知力，“天线”是我们最看重的特质之一。我们可以将其想象为“触角”——可爱的蚂蚁就是通过触角感知周围情况并传递信息的。一个领导者应该具备合适长度的天线，才能感知他人的心态，因人而异，因事而变。天线过短的人对他人的情绪反应迟钝，比如开会时自己谈性正浓，全然不顾听众的心不在焉。而天线过长的人又太过敏感，让个人情感模糊了视野、影响了判断，从而白白消耗了能量。遇到这种情况，我常常会半开玩笑地说：“你的天线太长了，剪短些。”这样一来，话可以既点到，又不伤人。

“SW6”模式是我们一直在使用的人才管理工具。它当然并不会完全否定智力、能力、工作经验及业绩等显性因素的重要性，但会更加鼓励管理者优先考虑培养、提拔那些具备好奇心、洞察力、责任感、参与感的人才。尽管不足以代表全部，但这些特质确实有助于评估应聘者，尤其是高管候选人。

我们明白，并不是每个领导者或者高潜力人才都具备以上所有特质，否则不就都成了“超人”。重要的是，作为领导者，我们要在了解自身优势、劣势的基础上，有意识地组建团队，有勇气招聘比自己更优秀的人，取长补短，让团队更有战斗力。

（资料来源：《哈佛商业评论》，原标题：《年底了，遇到这样的人才你一定要拼命挽留、誓死争夺》，2015－12－15）

第四章

人力资源招聘的准备

本章要点

通过本章学习，应掌握人力资源招聘的基础理论，明确应聘者与招聘者互动所反映的人事（职）匹配、能级对应关系，掌握科学的和规范化的招聘规划，招聘流程设计要求，熟悉各种形式的招聘方法及招聘工具。要求系统掌握人力资源冰山素质模型以及人力资源招聘的基本方法。

引入案例

A公司招聘一名英语专业的女性文员。经过对几十个人的初筛后，人力资源部经理选定了一些人来面试。经过层层考核，其中4个人实力相当，难以取舍。在最终抉择中，是笔迹分析让人力资源经理迅速做出了判断。

人力资源经理让每个应聘者写一篇800字以内的中文作文，一方面考察她们的文字表达能力，更重要的是要通过分析笔迹来判断谁最适合这个岗位。

三种不合适的字体

A 小姐:有在加拿大留学的经历,在面试中发现她的英语口语和写作都非常出色。但由于部门文员需要做大量日常琐碎的工作,所以除了英语水平外,日常工作的严谨、上进和办事细腻程度也是考察的重点内容。

我们仔细看了她的作文,发现她的字歪斜懈怠,横倒竖斜,没有任何棱角,通篇很不整洁,很多地方有大团涂抹的污迹。整个字体给人的感觉是:懒惰、不思进取、散漫和得过且过。

这也可以从她说话极慢的语速和不是很灵活的眼神得到印证。

我们知道她不是一个合适的文员人选。

B 小姐:英语水平和中文表达能力都极其出色,而且由于她看过很多书,谈吐非常得体。人力资源经理面试时对她的印象很好,已经把她作为第一考虑人选。但仔细研究她的笔迹后发现,她的字体非常大、棱角过于突出,经常有一些竖笔画写到下一行的现象。通篇有一种不可一世、压倒一切的霸气。

经过分析,知道这是个很有才气同时又很有野心的女孩,她不会安心于终日做一些日常的琐碎工作。而且由于她自信心极强,她字体里反映出的不可一世,让她也不可能很随和地与部门里的人相处。而且作为经理,会非常难领导这样的下属。有这样字体的女孩子更适合做营销、业务等能带来高度挑战感的工作。

所以人力资源经理选择了放弃她。

C 小姐:人长得非常漂亮,口齿伶俐,在面试时一问一答都反应机灵而敏捷。她的英语口语非常出色。但在研究她的笔迹后发现,她的字体非常小而粘连,弱弱娇娇,字没有一点骨架,有很强地讨好别人的谄媚之相。研究后我们强烈地感觉这是个心胸很小、娇滴滴的、吃不了一点苦的而且还有极强虚荣心的人。

联想起她反复问进了公司后是不是经常有机会出国,我们判断这是个极爱出风头的女孩,所以我们不予考虑。

合适的人选

D 小姐:表面看她没有任何优势,她是通过英语自学考试拿到的英语本科文凭,无法与其他人光鲜的大学背景相比。虽然通过考试发现她英语口语和写作都不错,但由于人长得非常不起眼,而且说话很少、声音很轻,刚面试时她没给我们留下什么印象。恰恰是她的字让人力资源经理立刻注意了她:经过仔细研究,我们知道部门文员就是她了。

她的字写得娟秀清爽整齐,笔压很轻,通篇干干净净,字的大小非常均匀,而且字体中适度的棱角让字体很有个性,但这种棱角又没有咄咄逼人的压迫之气。从她的字可以判断出她做事非常认真仔细,自律意识很强且安心做日常琐碎的工作。她有自己独立的见解但又不至于没有团队精神。她的问题是笔压非常轻,从中可以看出自信心不足,但完全可以在今后的工作中慢慢培养她的自信心。在笔迹分析的帮助下,公司选择了D小姐做部门文员。半年过去了,事实证明她的性格走向完全与当初的判断相符:她敬业且高效,严谨且认真,她将部门的日常工作处理得非常好。

(资料来源:《21世纪人才报·大学周刊》,2004-02-24)

第一节　招聘概述

在以信息化、知识化和全球化为特征的新经济时代,企业竞争的实质是人才竞争,招聘并选拔出合适的员工,使组织拥有富于竞争力的人力资源,成为组织兴衰存亡的关键。杰克·韦尔奇深谙此道:“我们所能做的事就是以我们所挑选的人打赌。因此,我的全部工作就是挑准人。”尽管工作繁忙,他还是亲自与谋求GE公司500个高职位的人进行了面谈。

一、招聘的内涵及地位

(一)招聘的内涵

招聘又称之为人力资源的获取与准备,即人员与配置,包括挑选人和录用人两个相对独立的过程。招聘是指招聘者通过各种媒体、渠道发布有关招聘信息,经过一定的选拔程序和测试评价方法,把符合组织发展目标和文化价值观需要的,具有一定素质、能力和其他特殊性潜质的潜在雇员(应聘者)吸引或招募到组织空缺职位上的持续不断的过程。

系统的人力资源招聘工作以四种假设为基础:每一职位都有明确的任职资格要求;每个人都有相对的能力特长和基础素质;职位的要求与人员的能力特征和基本素质是可以匹配的;人与职位之间的良好匹配会产生较好的工作绩效,以及其他的组织绩效。这些假设隐含更深一层的意思,即职位所要求的能力特征是随着时间的变化而变化的,而个体的素质和能力会发生变化。因此,招聘应对职位要求与个体能力等进行具体、准确的测量和基于未来的判断。从社会学意义上理解(见图4-1),招聘实际上是应聘者(求职者)与招聘者(雇主)之间的互动过程。一方面,招聘可看作是组织为了结识“合适”的人而进行的社会交往——求才行为;另一方面,招聘也是具有不同素质与能力的人寻找“合适”的工作岗位而进行的社会交往——求职行为。求才求职,双向选择,若双方合意,则建立劳动关系。一般来讲,成功的组织容易吸引优秀的人才,诚如英特尔公司总裁克雷格·巴雷特所言:“人们认为我们在市场上具有优势、成功,而且引人注目,他们就想成为其中的一员。”

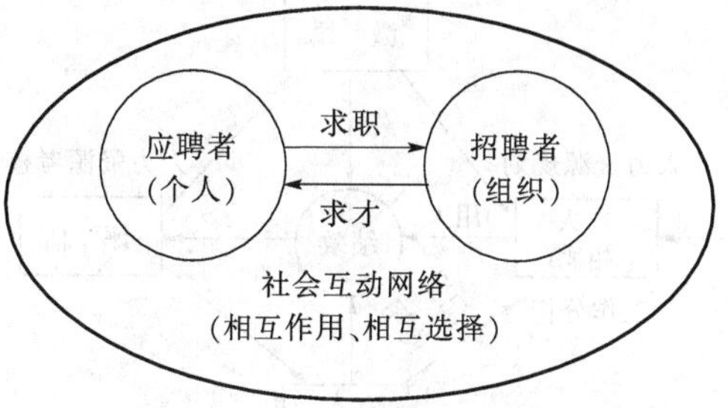

图 4-1　招聘过程的社会学分析

(二)招聘的地位

1. 招聘是人力资源管理的第一步

招聘选拔是组织人力资源形成、补充、管理、开发与利用的关键环节。只有首先获取了组织所需的人力资源,才能对之进行有效管理。因此,招聘是做好人力资源管理工作的前提,招聘质量将直接影响人力资源管理的有效性,决定人力资源管理成本的增加或减少。美国 Cisco 公司有则招聘广告语:我们永远在雇人。这表明了公司非常重视招聘工作,对优秀人才永远有兴趣。

2. 招聘是人力资源管理实践中其他工作的基础

人力资源管理工作是以“识人为基础,选人为先导,用人为核心,育人为动力,留人为目的”的①。如图 4-2 所示,招聘(包括发现人才)是人力资源管理其他工作开展的基础环节或先行步骤,如果招聘工作做得好,后续的诸如员工管理、教育培训、绩效考核等工作的开展则更有效率:聘用合适的员工有利于组织发展目标的达成和绩效的提高;引进一批适应企业文化及价值理念的优秀员工,有利于降低企业新员工培训成本,增强组织的团队精神和凝聚力;优秀人才的聘用使得组织具有“滚雪球效应”,吸引更多的优秀人才加盟;有效的招聘可减少重复性的人员招聘和安置所造成的成本损失;成功的招聘还有利于被聘用人员得到充分发挥自己的才能和潜力的机会,促进员工职业生涯发展目标与组织目的的协调。反之,招聘失误或错误选才会导致组织蒙受巨大的损失,如组织的业绩目标难以达成;组织形象

① 哈佛商学院教程研究工作室. 哈佛商学院管理全书(第一册)[M]. 北京:中国致公出版社,2001:85.

受到损害;可能造成员工团队的不稳定(如跳槽、辞退等人员流动现象),从而影响士气,增加招聘选拔成本并给企业人力资源管理部门的工作造成压力,间接地使竞争对手获利,使应聘者的职业生涯发展受到不良影响等。

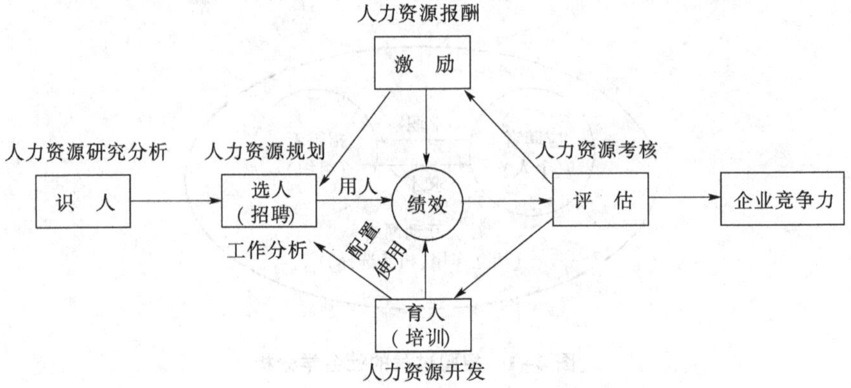

图 4-2　人力资源管理工作系统

3. 招聘的质量直接影响人力资本的质量

人力资本不等于人力资源,人力只有经过教育培训,才能真正成为资本,它比物质资本有着更广阔的增值空间。重视人力资本投资,已成为国内外知名企业的共同做法。从理论上讲,人力资本投资过程,也是人力资本扩张过程。组织人力资本扩张如同其资本扩张同样有两种方式,即内涵式扩张和外延式扩张。所谓人力资本内涵式扩张,是指"通过提高员工素质增加人力资本的方法,亦即通过人员的培训与教育,直接提高员工文化科学技术素质,达到提高人的能力、增加人力资本存量的目的"①。人力资本外延式扩张,则是指"通过增加员工的数量扩展人力资本的方法,亦即通过人员的招聘与选拔,实现组织人力资本存量的增加"①。由此可见,人员招聘与选拔是组织人力资本外延式扩张的强力手段。"企业极力保持足够的(而不是过多的)人才库存以及适当的人才流动,就像它们极力保持足够的原材料和制造部件的物资库存一样"②。这有利于组织通过优化增量达到其人力资本存量的调整与盘活的资本经营目的。面对迅速变化的人才需求、不断变化的人口结构以及劳动力供给,组织必须更加主动、有效地招募人才,改进人才选拔以及使人才保持活力,更有效地管理内部人才开发活动。"这是一种基本的管理职责,一种变得越来越重要的职责,需要采用新的、改进了方法的职责"③。总之,人力资

① 何承金. 人力资本管理[M]. 重庆:四川大学出版社,2000:183.
② 詹姆斯·沃克. 人力资源战略[M]. 北京:中国人民大学出版社,2001:144-145.
③ 詹姆斯·W 沃克. 人力资源战略[M]. 北京:中国人民大学出版社,2001:144-145.

源越来越成为组织获取核心竞争优势的最重要的资源之一，而人员招聘是组织获得人力资源补充的主要渠道之一，也是外部人才进入组织的直接通道。不同公司战略可能不同，但所有公司都必须做出以下决策：一是人事政策，这影响到企业将向求职者提供的工作类型；二是获取求职者的来源，这将会影响到应聘者的类型；三是招募者的性格及其行为，它会影响到求职者认为自己与工作之间的匹配程度是怎样的①。

三、招聘的目的

组织以最小的代价招聘最需要的、合适的人，并将其安排在合适的岗位上使其发挥作用，这是组织用人的重要目标。

（一）组织招聘的一般目的

在迅速变化的市场环境里，组织在获取和保持竞争优势方面面临着许多挑战，这些挑战有经济全球化带来的管理变革与创新、引进新技术、保持低成本、改进服务和产品的质量、实现多样性与协同的平衡等，应付这些挑战需要组织与员工的才能、素质、健康体魄和工作绩效同步增长。

1. 增强组织核心竞争力的需要

组织要想在瞬息万变的市场环境下生存与发展，成为长寿公司，就必须注重其核心能力的培养。而人力资源管理对于企业核心能力的培养，起着至关重要的决定作用，特别是对于以知识为基础的高科技企业，能否取得成功更加依赖于掌握关键技术和技能的关键员工——这正是构成企业核心能力的重要组成部分。对任何组织而言，招聘选拔并拥有一批富于创造力、想象力及新知识、新能力的高层次人才是构成组织核心竞争力的源泉。

2. 适应组织结构调整和管理变革的需要

根据组织发展战略、目标及内外环境的变化，及时地调整组织结构并进行相应的管理变革，为完成未来的组织任务和满足环境变化对组织的新要求，需要不断地提供人力资源，确保组织在适当的时间和不同的岗位上获得适当的人选（包括适当的数量、质量、层次结构）。一方面，通过招聘满足变革的组织对人力资源的需求；另一方面，最大限度地开发和利用组织内部现有人员的潜力和价值，使组织与员工的需要均得到充分满足并实现同步发展。在制度型组织中，“人员配置是一种终生性事务”；在当今灵活型组织中，“管理者必须‘准确及时地进行人员配置’，一旦有

① 雷蒙德·A 诺伊．人力资源管理：赢得竞争优势（第三版）［M］．北京：中国人民大学出版社，2001：198.

需求就要将合适的人安置到合适的岗位上去"①。

3. 组织参与人才竞争的需要

激烈的全球化竞争，迅速发展的技术，不断改变的人口结构，经济起伏波动以及其他动态环境因素要求组织具有良好的适应性和敏捷度。这是美国人力资源管理专家詹姆斯·W. 沃克分析"灵活型组织"面对不确定性、复杂性及快速变化的外部环境所应具备的态度时指出的。随着经济全球化和经营国际化，对人的素质要求越来越高，具备外向型、复合型、创造型和协作型的人才正成为组织争夺的焦点。在全球范围内配置人力资源特别是高科技人员、高级管理人员等关键人才已成为现实。

从某种意义上讲，招聘工作并不仅仅是解决职位空缺或企业扩张的人员需求问题。在先进的人力资源管理实践中，招聘还可起到以下作用：①储备人才；②引进新的理念和技术；③进行内部人员置换；④提升组织的知名度和美誉度；⑤人才竞争战略的需要。

（二）组织招聘的具体目的

由于组织外部环境因素、内部环境因素和人力资源自身因素变化而引起的人力资源招聘需求如下：①空缺职位需要人员的补充；②组织因业务扩张突发的人员需求；③招募组织发展所需的专业技术人员；④为了确保新规划事业正常运营所需的人员；⑤组织应对人员流入、流出引起的人力资源数量和质量的变化，通过招聘满足现在和未来的人力需要；⑥人力资源规划需要，尤其是对于那些关键的职位或者劳动力市场供不应求的职位，为引进稀缺人力资源早做准备；⑦为调整不合理的员工队伍需要招聘。

现代组织中人力资源管理工作的首要任务，就是建立一个开放、有效并且健全的人力资源管理系统。当人力资源需要系统地扩张和补充时，组织则必须建立起完善的招聘制度，依据其发展战略中的人力资源规划明确人力资源需求，即通过分析组织当前人力资源的现状特别是岗位的空缺状况，经常性地进行增加、维持和调整总劳动力的活动，保持人力资源需求的动态平衡，最终满足组织生存与发展的长远目标对人力资源配置的要求。

从组织招聘的具体目的的分析中可以看出：①一次有效的招聘，可以为组织不断补充新生力量，实现组织内部人力资源的合理配置，为组织扩大经营规模和调整结构提供人力资源的可靠保证；②合理的招聘能使录用人员完全胜任工作，并从工作中获得高度满足感，从而减少人员流动，提高组织员工队伍的稳定性；③成功的招聘可减少人员培训与开发的费用支出，也即间接地提高了人力资本投资的效益，

① 詹姆斯·沃克. 人力资源战略[M]. 北京：中国人民大学出版社，2001：159－160.

同时还能提高培训的效率;④招聘工作做得好,能使管理者的管理活动更多地投入于如何使员工发展得更好,提高管理的效率,而不是花费精力去改造不称职的员工。

三、现代招聘的基本理念

人力资源管理发展到能本管理阶段,使得能力素质的考核成为现代招聘的核心内容。

(一) 能岗匹配原理

将人的能力水平和能力结构与岗位的能力要求动态匹配,是以能为本的人力资源配置的基本要求。能岗匹配包括三个方面的内容:一是人的能力水平与其所在岗位级别相适应;二是人的能力结构与其岗位性质相适应;三是人的能力的动态变化与岗位要求的动态变化保持相对一致。

古人云:闻道有先后,术业有专攻。人的能力水平有高低,能力结构也不尽相同。对某一特定的岗位而言,能力强的员工并不一定是适合的员工;对人而言,令人羡慕的岗位也并不一定是适合自己的岗位。如何将人的能力水平和能力结构与岗位的能力要求相匹配,是以能为本的人力资源配置需要解决的问题。在性质相同而级别不同的岗位中,对能力要求的差异主要是能力水平的高低,如一般会计、主管会计与财务总监三个岗位的能力要求差异是财会能力水平的由低到高;而在性质不同而级别相同的岗位中,对能力要求的差异主要是能力结构的差异,如销售部经理、生产部经理和财务部经理三个岗位的能力要求差异主要是能力结构的不同。

能岗匹配的过程实际上也是一个双向选择的过程:一方面,要按能配岗,即按人的能力水平和能力结构将其安置在适合的岗位上;另一方面,要因岗选人,即按照岗位的能力要求选择适合的人。只有人的能力与岗位的能力要求相适应,才能实现资源合理的配置,才能最大限度地运用人的能力来实现岗位目标,否则将出现资源的浪费和低效率的情况。当员工的能力大于岗位要求的能力时,员工的能力没有实现最大程度的发挥,将出现人力资源的浪费;而且,岗位能力要求通常与岗位的薪酬水平相对应,低的岗位能力要求往往意味着低的岗位收入,这就难以留住能力强的员工,出现人才外流。相反,当员工的能力小于岗位的能力要求时,他将无法有效利用组织资源来完成其工作任务,出现组织资源的浪费和绩效下降。

能岗匹配的过程是一个动态的过程。人的能力是不断发展和提高的,岗位对能力的要求也是随着组织目标的变化而不断调整的。如企业的规模扩大了,对管理人员的能力要求就要相应提升。因此,能岗匹配的工作不是一劳永逸的,而是一个需要不断调整的动态平衡过程。企业必须建立起员工能力表现与岗位能力要求的反馈机制，并根据能力的变化对员工的岗位进行相应的调整，包括晋升、调动、降职乃至解雇。

（二）胜任力与素质冰山模型

胜任能力是哈佛大学著名组织行为研究者戴维·麦克里兰（David·McClelland）教授于1973年在其论文"测量胜任能力而非智力"（Testing for Competency Rather Than Intelligence）中首先提出的。麦克里兰教授针对在人力资源招聘中，条件最优秀的员工在实际工作岗位上的表现却往往不尽如人意这一现象，通过大量的研究分析，表明滥用智力测试在判断个人能力上的不合理性，并进一步提出了应将直接影响工作业绩的个人条件和行为特征，即胜任能力，作为测评对象和选拔人才的标准。胜任能力是指一个人能够有效地或者出色地完成工作所具有的内在的基本特点，包括六个方面：①知识，指从事某一职业领域所需信息的学习、组织、理解和运用。②技能，指掌握和运用专门技术的能力。③社会角色，指个人基于对社会规范和职业规范的认识，从而在他人面前表现出的社会形象。④自我认知，指对自己身份的认识或知觉。⑤人格特质，指一个人的身体特征及典型的行为方式。⑥动机/需求，指决定一个人外显行为的内在稳定的思想（见图4－3）。

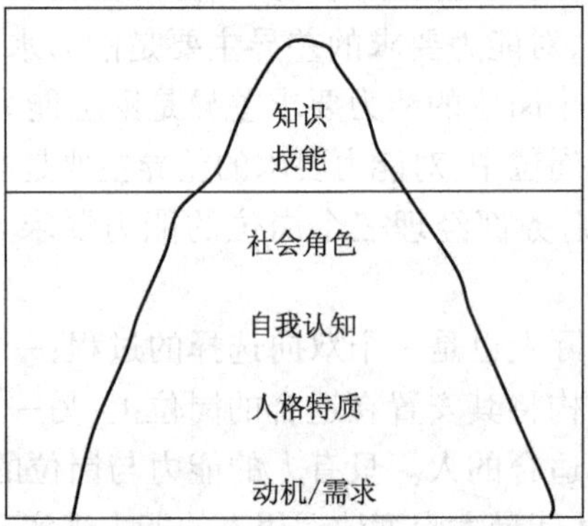

图4－3 素质冰山模型

1993年，美国学者莱尔·M.斯潘塞博士和赛尼·M.斯潘塞在《工作能力：高绩效模型》一书中，从特征的角度提出"素质冰山模型"。特征角度的素质冰山模型认为，裸露在水面上的表层部分的知识和技能是对任职者基础素质的要求，但它不能把表现优异者与表现平平者区别开来，这一部分也称为基准性素质（Threshold Competence）。内驱力、社会动机、个性品质、自我形象和态度等属于潜藏于水下的深层部分的素质，这部分称为鉴别性素质（Dif－ferentiating Competence）。它是区分绩效优异者与平平者的关键因素；职位越高，鉴别性素质的作用就越大。

第二节　招聘规划

招聘规划是在人力资源规划的指导下，建立在工作分析之上的一项工作计划。具体而言，是指确立招聘的目标和用人标准，制订“招、选、录、用”方案及实施细则，成立招聘的组织机构，拟订广告计划，通过适当的渠道，以适当的方式并付出合理的代价，确保组织在需要的时间和需要的岗位上获得适当的人选（在数量、质量、层次结构三方面符合要求），并取得预期效果的设计过程。

一、招聘的目标与原则

（一）招聘的目标

以最小的代价获得组织最需要的合适的员工并使其发挥最大作用，这是每一个招聘单位所追求的现实目标。虽然由于不同组织经营目标、企业文化各不相同以及对人员需求的差异，在人员招聘选拔方面也有不同的目标要求，但是“招聘合适的人并将其安排在合适的岗位上使其发挥作用是任何组织用人的一大目标”①。

招聘工作的核心是实现所招人员与待聘岗位的有效匹配。这种匹配要求将个人特征与工作岗位有机地结合起来，从而获得理想的人力资源管理结果。

DDI 公司是一家国际上有名的招聘公司，它提出了利用 P—J—O 合适度理论指导组织招聘工作的方法。所谓 P—J—O 合适度是指人和工作的匹配程度；P—O 合适度则是指人和组织的匹配程度。组织招聘，招的是什么？从对工作分析的讨论中可以看出，通常组织希望应聘者至少在两个方面达到要求：①具有空缺职位所需要的知识和技能；②具有空缺职位所要求的工作能力。人才选企业图的是什么？应聘者通常希望招聘者至少在两个方面达到自己的期望：第一提供令人满意的对口的工作职位；第二提供有利于自己职业生涯发展的组织环境。如果应聘者所具备的特征①②与第一的匹配程度高，那么P—J的合适度就高；如果应聘者所具备的特征①②与第二的匹配程度高，那么 P—O 的合适度就高。其实，合适度理论与组织管理中工作满意度、凝聚力、归属感及员工忠诚度等概念属异曲同工之理。组织招聘目标的确立着实需要考虑人事匹配或人职匹配，也即合适度问题。从图 4 - 4 人事匹配模型中可以看出，取得理想的人力资源管理效果，需要把工作岗位的特征与员工个人特征匹配起来，有一个合适度问题。

在对招聘内涵的讨论中可以发现，招聘实际上是一个双向选择和人职匹配的

① 彼得·道林，丹尼斯·韦尔奇．跨国公司人力资源管理[M]．北京：中国人民大学出版社，2001:56.

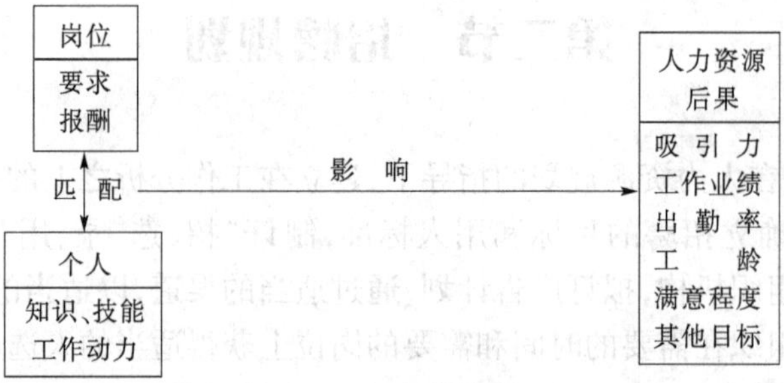

图 4-4 人事匹配模型

资料来源:秦志华.人力资源管理[M].北京:中国人民大学出版社,2000:171.

过程。在这个过程中,个人在寻找理想的工作和单位,组织也在寻找合适的、理想的员工。成功的招聘必须兼顾组织和个人发展的长期利益,并且使 P—J,P—O 合适度得到提高。

（二）招聘的原则

1. 计划性原则

招聘规划属于人力资源规划的重要内容。组织必须结合实际并在招聘目标指引下制订人员招聘计划用以指导招聘工作,也即人力资源管理部门要有计划、有目的、有步骤地开展经常性的人员招聘工作,甄选出德才兼备的合适人选。不断满足组织经营发展的需求,使组织在激烈的市场竞争中始终保持优势地位。在招聘计划确立后,需要建立科学的、规范并且实用(可操作性强)的招聘程序并制定一系列配套的具体原则,比如,识别人的标准、选拔人的标准、测评人的标准及录用人的标准等。

2. 提高合适度的原则

这一基本原则必须贯穿在整个招聘工作的全过程中。组织的人员招聘,是为了“事”(岗位特点及工作要求)而选拔录用合适的员工,以实现人事或人职匹配。换言之,组织是根据人力资源规划和工作(职务)分析的结果去选择员工的。人事(职)匹配是组织与个人之间动态结合的过程,也是招聘者与应聘者“寻优结合”的双向选择过程。只有“任人唯贤”而不是“任人唯亲”;只有“以事设岗”而不是“以人设位”;只有“选择优秀者、确保录用人员质量”而不是“满足数量要求或应急所需将不合适的候选人招募进来”,才能保证招聘的质量和有效性。

3. 提高招聘效率与效益的原则

由于人力资源的供应与需求、合适的候选人与合适的职位之间的矛盾始终存在,加之人员流动的速度与频率加快,使得组织不得不在招聘方面投入巨大的成本。因此,人员的招聘选拔也是一项投资行为,需要付出成本并可能得到回报,而错误选才是要付出代价的。招聘选拔工作要树立投资的观念,坚持科学化、规范化原则,制订可行性较高的招聘计划和一套科学而实用的操作程序及有关标准,以保证为组织挑选出高质量的合格人员。合适的、及时的人才保障实际上起到了降低招聘的直接成本、重置成本和机会成本的作用,从而提高了招聘的效率和投资效益。

在操作中,很多企业为了节约费用,在做招聘广告时,往往在一个小豆腐块一样的广告中招聘副总经理、保安等各个层次的人才,初看是对招聘版面最大化利用,实质上是一种浪费,没有达到有效地向特定人群传递价值信息的目的。

4. "三公"(公开、公平、公正)原则

及时、完整和公开披露招聘信息,对招聘过程中各个环节均认真对待,从初步挑选、面试、测评到录用,都要按照严格的招聘规程和有关的考评标准以及事先拟定的招聘录用原则行事。任何贪污受贿、弄虚作假及"拉关系、走后门""裙带风"现象,任何流于形式、缺乏实质的假招聘或以招聘为名进行炒作,均有悖于"三公"原则。此外,越来越多的应聘者在招聘过程中扮演着积极的角色,他们需要得到招聘者的尊重和善待,即给予平等的求职机会、公平的求职机会、公平的竞争机会。传统的招聘行为强调组织选择个人,组织永远是主动的,个人永远是被动的。现代的招聘活动则重视建立一种平等互利的关系,比如,美国人倡导的"聘用自由原则"认为:"雇主与员工之间的合同通常被视为一种交易。只有在双方协商内容、彼此受益和自由交易的情况下,我们才认为它是公正合理的。"[①]根据这一原则,"雇主可以在任何时候,基于任何理由或者在根本没有理由的情况下,自由地雇佣或者开除任何员工。同样的,个人也可以自由选择为他们提供工作或职务的公司,并且也可以在任何时候,基于任何理由或者在根本没有理由的情况下,辞去这份工作"[①]。当然,在现实生活中应聘者与招聘者不可能绝对平等。

此外,招聘中的公平原则还包括内外公平。很多企业在招聘时眼光向外,利用高薪或优厚的条件吸引外来人才,而对内部员工的潜力却视而不见。

5. 符合本国利益及国家有关法律、政策的原则

跨国公司所需要的管理人员和工人有三个不同的来源:本国公民、东道国公民以及第三国公民。"虽然跨国公司的目标可能包括获得全球效率和竞争力,但其职

① 理查德·德·乔治. 经济伦理学[M]. 北京:北京大学出版社,2002:396-397.

工(包括工人和管理人员)可能倾向于民族性而非全球利益”①。一般管理人员来自本国居多,工人主要来自当地。本国或外国企业进行国内招聘,必须遵守所在国的《劳动法》及与之配套的政策法规,如职工的聘用与辞退、劳动合同的签订与履行、劳动保护、劳动报酬与福利等相关法规的规定。因为现代组织是人力资本与非人力资本所组成的一种契约,招聘涉及劳动关系问题,必然受到劳动力所在国家劳动管理政策法规和制度的约束。

二、招聘的策略与途径

(一)招聘策略

招聘策略包括对目标候选人的界定、吸引应聘者的策略和用人策略(用人之道),以及对招聘渠道和方法的优化选择等。概括起来讲,即组织究竟需要什么人?怎样寻找符合组织需要的合适候选人?

1. 用人策略

即依据对岗位适应性或胜任特征的分析,组织对职位候选人的特定心理素质和行为特征的规范化要求。换言之,组织喜欢什么样的应聘者?谁是组织青睐的“有用的人”?

每个组织都可能有自己不同的用人之道。有的组织喜欢具备丰富经验的人;有的组织喜欢具备合适思维的人;有的组织喜欢用高薪待遇挖“现成的人才”;有的组织喜欢聘用有潜力的新人(如学习能力及创造欲望较强的大学毕业生);有的组织喜欢聘用有创新能力的人;有的组织喜欢具有团队合作和服务意识的候选人;有的组织十分注重应聘者与工作任务相关的技能和胜任特征;有的组织更看重应聘者的品行,认为一个人的品行比他的知识更重要……持有不同用人观的组织在中外招聘活动中皆有成功的先例,用人之道是不拘一格的,关键在于根据组织的发展目标和实际需求以及对外部环境的分析,对人才市场变动的趋势预测形成自己独到的用人之道。

尽管每个组织都有各自不同的人才评价标准,但对应聘者的要求却总有相似之处。

(1)强调人事(职)匹配原则。概括地讲,任何组织的选人、用人之道都讲究“六恰当”——恰当的目标、恰当的时间、恰当的地点、恰当的方法、恰当的数量和恰当的质量。“恰当”就是“合适”之意,组织通过制定人力资源规划和工作分析,确立合适的招聘目标,努力做到在适当的时间、适当的地点,用适当的方法获取适当数量和适当种类的人才,使组织和个人的长期利益最大化。台湾企业管理专家

---

① 杨德新. 跨国经营与跨国公司[M]. 北京:中国统计出版社,1996:864.

邱义城认为,在遴选组织成员时,适才比英才更重要。所谓适才,就是成员不论智慧、才能或专业能力,都能胜任其所担任的工作,更重要的是组织能满足他追求工作的动机,而且能使其在现有的企业文化下快乐地工作,能在团队运作下与人合作,至于是否是最聪明的反倒是其次。候选人适应组织特殊的文化环境和价值观念的能力、候选人配合组织的能力与候选人本身的智慧能力一样重要,因为适才适岗才会形成合力,才会为组织建立起竞争优势。

(2)招聘选拔过程中采用人事测量或人才测评方法。对候选人的任职资格和对工作的胜任程度(适岗性)进行系统的、科学的以及公正合理的、客观的测试评估,包括对应聘人员能力特征和发展潜力、个性品质及职业兴趣,以及与工作相关的知识和技能、行为模式等的测评,从中选出优良者。招聘考核中的称职测试又称"入局测试",是用来评定应聘者是否胜任招聘职位的测试。这就是所谓"不是找最好的,而是找最合适的"用人理念的体现。

(3)具备下述品质的应聘者可能成为组织招聘中的首选:

第一,创造型人才。他们具有较强的创新能力和创业本领,换言之,各个组织都喜欢那些有新发明、新发现、新开拓、最具创意和活力的真正想干点事情的人。这些人往往能自觉地、积极努力地,并能不屈不挠地把思想付诸行动,影响和带动周围的人努力去工作。

第二,协作型人才。包括具有良好人际适应能力,即一个人在组织中与其他成员的协调能力和沟通能力(合群性);也包括良好的适应企业文化、领悟企业精神的能力。具有良好适应能力的人往往能团结和带动组织中的其他成员一道工作。

第三,灵活型人才。组织与外部环境构成了相互作用的开放系统,在组织的发展过程中会遇到许多意想不到的情况和问题,这就需要应聘者具有应变能力,能灵活地适应各种环境的变化,迎接任何挑战。

第四,复合型人才。知识经济的一个重要特点是学科交叉、知识融合、技术集成,因此,复合型人才也就是多功能人才,包括知识复合、能力复合、思维复合等多方面。

第五,外向型人才。具有国际工作经验,精通多门外语,熟悉国际经贸规则和法律的人。

2. 吸引人才的策略

目前,国内的人才机构、人才网站数不胜数,人才招聘会异常火爆,国内外组织变着花样"笼"人才,都希望吸引到更多的优秀人才,可以说人才竞争达到了白热化程度。

事实上,组织吸引人才、留住人才的因素是多方面的。有薪酬福利因素,也有诸如企业文化、工作氛围等非经济因素;既有有形的因素,也有无形的因素。关键在于组织如何利用自身的竞争优势或独特的吸引因素,而且还要确立哪些职位候选人是要吸引的关键"顾客",从而制定出有针对性、魅力十足的招聘策略。组织向职位候选人推销自己,可考虑如下"卖点"。

(1)以优厚的薪酬或股权激励机制(如认股权、经营者股票期权计划)吸引人。这是非常重要的一种竞争因素或有吸引力的手段。许多组织都有这方面的承诺,但是否兑现及兑现的程度就很难说了,这也是求职者的担心之处。大量成功的招聘实例表明,股权激励机制的应用将是一种趋势,能将高级经理层和员工的利益与股东的利益相结合,在员工追求自身利益的同时促进公司业绩的成长和股东价值的最大化。

(2)塑造"最佳雇主"形象,展示最有人才吸引力的企业竞争优势——最佳雇主品牌。是否能吸引人才取决于该组织的魅力或者说综合实力。组织本身是否能像磁石一样把人才吸附过来且使他们不愿意离开?这就要求组织除了充分重视员工物质报酬外,还要创造一种让每个人表现或实现自我价值的环境,让员工和组织能够并行成长。此外,要善于同员工分享财富和权利,使员工在组织的不断发展中得到回报。最佳雇主必须构建一种吸引、招聘目标员工的良好机制。

(3)重视员工培训和职业生涯发展,已经成为组织吸引人才的条件之一。人才需要激励,需要对工作的热爱,而培训开发人才的现代能力素质是与组织一起成长的关键,包括自我激发能力、对抗压力能力、适应变化能力、创造能力和学习能力等。多项员工态度的调查表明,雇主所提供的学习和发展机会,一直被认为是激励员工的重要的三个因素之一。给员工学习、培训的机会和资助成为吸引人才的法宝。

(4)组织的非物质吸引力。除了追求财富之外,更吸引人才的是组织充满压力与挑战的工作本身和工作氛围;开放、宽松、自由、鼓励创新和创业能力、尊重人才的工作环境;为每个人设计职位,对员工充满人性化的关怀;有效的、平等的沟通;员工能够将巨大压力转化为巨大的动力、无比创造力和高效的生产力,获得公平的升迁提拔机会;富有感召力的企业管理模式、企业文化和企业精神,特别是"以人为本、以人制胜"的人才价值观——给员工广阔的个人发展空间和工作成就感。

(5)组织把员工当客户对待,树立"以终点为起点"的新的全面服务观。从招聘工作一开始就善待每一位应聘者,无疑会增加求职者对组织的好感和信任感,使职位候选人有受到尊重和重视的感觉。若再将被录用的人放到合适的位置上发挥其专长,当其有进步或取得一定成绩时给予及时的激励,便可达到"士为知己者死"的工作境界。

（二）招聘途径

1. 人员增补的方式分为内部招聘和外部招聘

表4－1即为择才之道——招聘方式的比较：内部培养选拔人才与面向社会招聘人才。究竟是内部招聘优于外部招聘，还是外部招聘优于内部招聘？需要一个组织充分考虑自身条件和对人力资源的需求分析、工作分析，以及在此基础上制订的人力资源规划、招聘计划，还要考虑到潜在员工的特征与各种招聘方式的优缺点及适用范围。

表4－1　内部招聘与外部招聘的比较分析

比较项目 \ 选拔方式	内部招聘	外部招聘
优点	(1)从内部招聘员工比较安全，即招聘的有效性和可信度较高。因为组织的管理者与员工之间的信息传递呈对称性，员工的历史资料是有案可查的，组织对候选人的素质和技能比较了解，并且形成了比较准确的评价 (2)内部候选人在组织中工作了一段时间，已经融入组织文化中，对组织目标和价值观、行为规范更有认同感，因而对组织的忠诚度较高，不会轻易辞职 (3)现有的员工更容易接受管理，易于沟通和协调，组织目标任务也容易得到贯彻执行，还易于发挥组织效能 (4)内部选拔、提升，容易鼓舞员工士气并改善工作绩效，激发雇员的创造力和献身精神，使组织与员工同步成长 (5)内部招聘比外部招聘减少了人力成本，招聘程序更简化且所花时间较少，提高上岗人员的适应性，减少培训期和培训费用。内部招聘的成功率较高	(1)新员工会带来新价值观、新思路、新方法和新的生产力，这种与新人同在的特有“人力资本”有时对组织来说是一笔巨大的财富 (2)外聘人才可以在无形中给组织的老员工施加压力，形成竞争意识、危机意识、合作意识，激发员工队伍的士气和潜能，从而产生“鲶鱼效应”、榜样群体效应，带动共同进步 (3)外部招聘是一种组织与外部环境有效的交流形式，组织借招聘展示其风采，在潜在的员工、客户和其他公众面前树立积极进取、锐意改革的良好企业形象 (4)外部招聘挑选员工的余地很大，能招聘到许多优秀人才，尤其是一些关键性或稀缺性人才，从而可能节省培训开发的费用 (5)外部招聘是在全社会甚至世界范围内优化人力资源配置，从而可促进人才合理流动，改善人力资源结构，具有明显的社会效益

续表

选拔方式 比较项目	内部招聘	外部招聘
缺点	(1)内部招聘会产生老员工的竞争,且失败者占多数,竞争失败者势必士气低落、沮丧,势必影响员工工作积极性,不利于组织的内部团结 (2)同一组织内的员工有相同的文化背景和同质性,内部培养易造成“近亲繁殖”“团体思维”“长官意志”等现象,抑制了个体的创造性和创新思维 (3)内部招聘的用人原则可能是按年功序列或人际关系或领导喜好而非业绩能力,易产生不正之风。管理者选用“他们很了解的人”,可能会给有能力的员工的职业生涯发展设置障碍,将导致优秀人才外流或被埋没 (4)内部招聘有可能产生“裙带关系”“小帮派”等现象,会削弱组织的效能 (5)对于某些关键性的职位,现有员工可能不具备胜任空缺职位所需要的知识、经验和技能。内部发展计划的成本有时可能比雇用“已经过培训”的外部人才要高	(1)筛选难度大,所花成本高。由于信息不对称,会加大应聘者夸大有利于自己一面的能力,弱化不利于自己一面的风险,即出现“逆向选择”的风险。组织要付出较大的信息收集成本 (2)从外部招来的员工需要花费较长时间进行培训和定位 (3)外部招聘容易挫伤内部老员工的上进心、工作积极性和自信心,影响老员工的长期服务观和事业心 (4)外部招聘来的新员工可能会出现“水土不服”现象,其个人特质融入企业文化的过程较长,对组织价值观、目标任务的认同感较老员工低;可能导致外来人员与老员工之间的矛盾,使组织人际关系复杂,会影响团队合作 (5)外部招聘存在“中转站”的风险。当新员工个人发展与组织发展不同步或者新员工不适应岗位和组织文化,就会产生“跳槽”现象。如果组织对新员工的投入较大而又留不住人,势必增加“为他人作嫁衣裳”的风险
适用范围	为了塑造提供长期工作保障的企业形象;为了维持现有的强势企业文化;为了最经济实惠的招聘、提高招聘的成功率;为了保持现有员工队伍的稳定性;为了减少招聘风险;为了得到员工推荐的可靠的人才;为了将招聘当作一种激励,提高雇员士气和忠诚度 对管理职位和专业职位这些关键职位、高级职位而言,组织现有的雇员常常是最大的人员增补来源	为了改善和重塑现有的弱势企业文化;为了补充新的生产力;为了引进多样化的思维方式;为了在社会公众中树立良好的组织形象;当一个组织在创业初期或者业务范围、工作领域等加快扩张时;当内部招聘不能满足组织对人才的质量需求,或者组织要增加人力资源总量、改善人力资源结构时;当组织考虑人才储备、满足长期发展目标所需时

2. 招聘方法的分类

（1）委托招聘。委托招聘包括：①委托各类学校的毕业生就业管理部门推荐人才；②委托各种职业介绍所招聘；③委托各种人才市场、劳务市场等招聘；④委托猎头公司招聘；⑤委托专业招聘网站招聘。

（2）自行招聘。自行招聘包括：①利用雇员推荐、人际关系网络招聘；②个别聘用（挖墙脚）或建立人才库；③利用大众传播媒体进行广告招聘；④利用组织自己的网站开创特色招聘；⑤利用人才招聘会或进行校园招聘。

3. 内部招聘的形式

内部招聘是指在组织出现职务空缺后，从组织内部选择合适的人选来填补空缺位置。

（1）晋升选拔。选择那些可以胜任某项空缺工作岗位的优秀员工。这种做法给员工以升职的机会，会使员工感到有希望、有发展的机会，对于激励员工非常有利，有利于调动员工积极性、增强组织凝聚力。内部选拔的人员对本单位的业务工作比较熟悉，能够较快地适应新的工作。此外，内部招聘的风险小、成本低。然而内部选拔也有一定的不利之处，如内部选拔的不一定是最优秀的人才，因为选择范围较小；还有可能在少部分员工心理上产生“他还不如我呢”的思想，因为任何人都不是十全十美的，一个人在一个单位待的时间越长，别人看他的优点就越少，而看他的缺点就越多，尤其是在他被提拔的时候。因此，许多单位在出现职务空缺后，往往同时采用两种方式，即从内部和外部同时寻找合适的人选。

（2）工作调换。工作调换也叫作“平调”，是在内部寻找合适人选的一种基本方法。这样做一方面能有效填补空缺，另一方面还可以使内部员工了解本单位内其他部门的工作，与更多的同事进行深入地接触、了解，也为今后的工作安排做好准备。

（3）工作轮换。工作轮换也称为岗位轮换，让员工（包括管理人员）轮换担任若干种不同工作，从而达到增强员工的适应性和开发员工能力、进行在职训练、培养复合型员工特别是管理骨干的目的。它和工作调换有些相似，但又有所区别。如工作调换从时间上讲往往较长，而工作轮换则通常是短期的，有时间限制的；工作调换往往是单独的、临时的，而工作轮换往往是两个以上的、有计划进行的。工作轮换给那些有潜力的员工提供日后可能晋升的条件，同时也可以减少部分员工由于长期从事某项工作所带来的烦躁和厌倦感。

（4）人员重聘。有些组织由于某些原因会有一批不在位的员工，如下岗人员、长期休假人员、停薪留职人员等。在这些人员中，有的恰好是内部空缺需要的人员。他们中有的人素质较好，对这些人员的重新聘用会使他们有再为单位效力的机会并能够尽快上岗，为组织减少了新员工上岗实习、培训等方面的费用开支。

（5）内部公开招聘。组织可以通过内部公告的形式进行公开招聘，如在公司网站的内部主页、公告栏或以电子邮件的方式通告全体成员，符合条件的员工自由应聘。内部选拔评价、录用的程序和标准与外部招聘一样，为广大员工提供一个公平竞争、平等发展的机会，鼓励成绩突出的员工合理流动、内部晋升。

(6)内部员工推荐。当组织出现职位空缺时，不仅要鼓励内部员工积极应聘，而且要制订雇员推荐计划，鼓励员工利用自己的人际关系网络为本单位推荐优秀的人才。若找到了合适的雇员，则给予推荐者一定的奖励。

4. 外部招聘的形式

在许多情况下，内部招聘往往满足不了组织对人员的需求，尤其当一个组织在创业初期或者快速发展时期，或者因为扩大了业务范围、工作领域等，组织会把目光转向外部这个巨大的人才市场。这时就需要通过外部招聘来解决这个问题。

(1)媒体广告招聘。这是许多组织广泛使用的招聘方式，通过大众传播媒体以广告的形式发布招聘信息，吸引并获取职位候选人。因为不同的大众传播媒体有其不同的优缺点和适用范围，而不同的招聘广告其效果也不一样。因此，根据组织人员需求分析、工作分析以及招聘对象特征分析等，选择合适的媒体和设计恰当的广告，成为广告招聘效果好坏的关键或前提。好的招聘广告一方面能吸引所需的候选人踊跃报名应聘，另一方面还会扩大本组织的知名度。在招聘广告中，除了介绍本单位及有关部门职位的情况、职位的要求和待遇、联系方式等外，还要说明应聘者应该做哪些准备、应聘的方式等。

(2)校园招聘。每年都有成千上万的大专院校毕业生走向社会，他们当中有足够数量的高素质人才，会成为组织最富有发展潜力的潜在的员工。有许多单位已经与有关院校挂钩，预定本单位所需的人员；还有的单位甚至在相关院校专业设立奖学金或合作办学，为自己培养、储备专业人才；有的组织还经常到校园开展各种形式的活动，有的还邀请学生到本企业进行社会实践，充分展示企业形象以吸引大中专学生毕业后选择本单位。这种有目的的预定方法，是组织根据自身的人力资源规划，提前同有关院校在培养、招聘人才方面进行合作。校园招聘一般来讲较适合于招聘专业职位或专门技术岗位的人员。

众多跨国公司高度重视校园招聘，其招聘活动组织严密，从企业历史介绍、企业文化展示到招聘相关环节，时间周期长，费用高，往往能吸引众多优秀学生前往应聘，一些学生以能参加某些公司招聘走到第几个环节作为自身能力的一种证明。

(3)利用各种人才中介机构招聘。随着经济的发展、社会的进步，人才流动现象越来越突出，出现了人事部门开办的人才交流中心、劳动部门开办的职业介绍所以及私营的职业介绍机构等，这些中介机构已成为人才交流的桥梁。它们既为用人单位推荐人才，也为求职者介绍工作，同时还要举办各种形式的人才招聘会。招聘会有专场的、非专场的；有大型的、小型的；有专业性的、综合性的。组织要选择对自己有价值的人才招聘会。招聘前,组织必须进行事前策划、精心准备才会有所收获。

(4)利用专业猎头公司是现代人力资源招聘的一种主要方法。“猎头”一词源于英文“Head-Hunting”,是第二次世界大战以后在美国出现的新词汇。当时美国政府在占有战败国科技资料的同时,还不遗余力地网罗顶尖的科技人才。其行动方式是先找到目标,然后再使用各种手段将其“捕获”,颇似丛林狩猎,由此就有了“猎头”的说法。时至今日,在国外猎头已成为一个成熟的行业,中国的猎头公司早期都是以外企为服务对象的,即使到今天,由于体制和组织领导人观念的原因,各猎头公司的客户依然以外企为主。实际上,猎头公司所做的事情,是组织人力资源部门工作的拓展。组织的人力资源部门受到工作范围、信息资源的限制,有些事情是心有余而力不足,猎头公司则弥补了这个缺陷。同时,有远见的猎头公司也有意识地将自己放到这个位置上,全方位地为组织人力资源开发服务,甚至提出作为组织的人事部门代理,以谋求自身更好地发展。可见,猎头公司的职能并不仅是人才的交流,而是一种综合性的人才开发。在招聘高级管理人才或专业技术人才时,一些组织已经逐渐习惯于聘请猎头公司进行操作,因为资深的“猎手”,对特定行业中的高级人才有深入地了解并保持着密切的联系,可以为组织寻觅到所急需的各类高级管理人员、专业技术人员,甚至是总经理、副总经理等高级管理人员。尽管付给猎头公司的费用较高(在费用上,国内猎头公司一般也依照国际惯例,即完成任务后,按该职位第一年年薪的30%收取佣金,有的具备一定影响的猎头公司也要求在签约时预付相当于佣金总额1/3 的定金),但与得到的效果和节省的资源相比,这笔费用还是值得的。

(5)互联网。互联网正以惊人的速度超过招聘会和报纸广告成为人才交流的主流媒体,现已形成了一个日益庞大的网上人才资源库。越来越多的人选择上网求职,越来越多的组织利用互联网求才。网络招聘以其招聘范围广、信息量大及可挑选余地大、相对稳定的受众、廉价快捷等优势获得了越来越多的组织的认可。网络招聘一般地说有下面几种渠道:注册成为人才网站的会员,在人才网站上发布招聘信息,收集求职者信息资料,查询合适人才信息;在自己公司的主页或网站上发布招聘信息;在某些专业的网站上发布招聘信息;在一些浏览量很大的网站上或在一家有影响力、服务好的网站上发布招聘广告;利用搜索引擎搜索相关专业网站及网页,发现可用人才,自己做猎头;通过网络猎头公司;在 BBS、聊天室里发现并挖掘出色人才等。

三、招聘的计划与程序

(一)招聘计划

1. 制订招聘计划的意义

作为组织人力资源规划的重要组成部分,人员招聘录用计划为组织人力资源管理提供了一个基本的框架,也为人员招聘录用工作提供了客观的依据、科学的规范和实用的方法,减少了人员招聘录用过程中的盲目性和随意性,并避免错误选才带来的损失。

依据组织的人力资源规划,制订招聘计划的主要功能是通过定期或不定期的、有目的的和系统的招聘组织所需要的各类合适的或优秀的人才,为弥补人力资源的不足或为组织人力资源系统补充新生力量,实现组织内部人力资源的合理配置,为其扩大经营规模和调整经营结构提供人力资源数量上和质量上的可靠保证。

2. 招聘计划的主要内容

招聘计划主要内容有三个方面(见图4-5)。

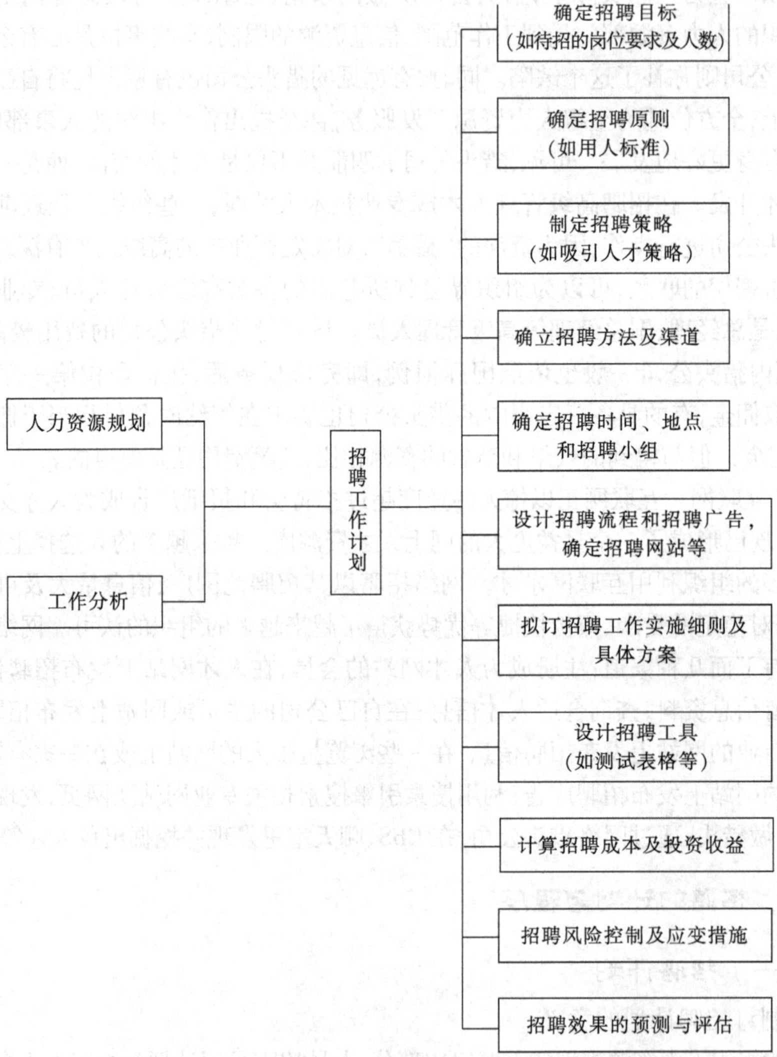

图4-5 招聘计划内容概览

（1）确立招聘目标、招聘需求以及用人标准，对拟聘岗位和条件进行充分说明。

（2）确立吸引人才的策略、招聘方式和渠道，并制订一系列具体的招聘规程，包括既便于企业安排又便于应聘者应聘的招聘时间、参与招聘的相关人员及分工等。

（3）进行招聘成本计算及预测招聘效果、制定风险控制措施。

3. 招聘计划书参考格式

我们这里以 ABC 公司为例予以简单说明。

ABC 科技开发有限公司招聘计划书

（1）招聘目标（需求分析）

职务名称	人员数量	职 位 要 求
软件开发工程师	3	计算机专业本科以上学历，35 岁以下，有 2 年以上独立研究开发经验
销售代表	5	大学本科以上学历，相关工作经验 3 年以上，适应长期出差者
行政主管	1	经济管理类专业本科以上学历，女性，30 岁以下，有 IT 行业背景优先

（2）招聘方式及信息发布时间

①××日报刊登招聘广告　　3 月 1 日

②××招聘网站发布信息　　3 月 1 日

（3）招聘小组成员名单

组长：×××（人力资源部经理）

对招聘活动全面负责

成员：×××（研究开发部经理、销售部经理、行政部经理）

具体参与面试、录用工作

×××（人力资源部薪酬管理人员）

具体负责应聘人员接待、求职资料整理

×××（人力资源部招聘专员）

具体负责招聘信息发布以及安排面试、笔试

（4）招聘地区：北京、上海、广州、武汉、西安、成都

（5）招聘选拔方案及时间安排

A. 软件开发工程师

资料筛选	研究开发部经理	截至 3 月 15 日
初试（面试）	研究开发部经理	3 月 17 日
复试（笔试）	研究开发部命题小组	3 月 19 日

B. 销售代表

资料筛选	销售部经理	截至3月15日
初试(面试)	销售部经理	3月17日
复试(笔试)	负责销售工作的副总经理	3月19日

C. 行政主管

资料筛选	行政部经理	截至3月15日
初试(面试)	行政部经理	3月17日
复试(笔试)	负责行政工作的副总经理	3月19日

D. 选拔录用

总经理及分管副总、人力资源部和有关业务部门经理　3月20日

(6)新员工上岗时间

预计在4月1日左右

(7)招聘费用预算

A. ××日报广告刊登费	4×8 000+2×6 000=44 000(元)
B. ××招聘网站信息刊登费	800元
	合计:44 800元

(8)招聘工作时间表

2月25日:起草招聘广告

2月26日:进行招聘广告版面设计

2月27日:与报社、网站进行联系

2月28日:到报社、网站刊登广告

3月1日~3月15日:接待应聘者、整理应聘资料、对资料进行筛选

3月16日:通知应聘者面试

3月17日:进行面试

3月19日:进行软件开发工程师及行政主管笔试(复试)、销售代表测试(复试)

3月20日:录用决策

3月21日:向通过复试的应聘人员发录用(试用)通知书

3月25日~30日:新员工入职教育培训

4月1日:正式录用的新员工上班

(9)招聘人事政策(包括人事配置、薪酬福利等)

人力资源部　　　　总经理(签章)

2002年3月1日

4. 需要注意的问题

(1)不同的组织或处于不同发展阶段的同一组织，在编制人员招聘计划时，应区别对待，突出重点，有的放矢。

(2)人员招聘计划不仅要规划未来(前瞻性)，还应反映目前现有员工的情况(现实性)，如员工的调入、调出、升迁等。

(3)从招聘方式看，应明确区分、分类规划安排，包括定期招聘、临时招聘和个别招聘等。

(4)组织处于多变的市场环境中，人员招聘计划应不断地根据实际情况的变化进行调整，决不能一劳永逸，所谓“计划没有变化快”，要配备应变计划。

(5)编制和实施人员招聘计划时，还必须考虑到社会公众价值观念的取向、政府的劳动就业政策和有关的劳动法规。如在录用员工时，不能搞性别歧视。

(二)招聘程序

1. 定义

招聘程序是指从确立空缺职位到候选人被正式录用的全过程。包括提出招聘需求、确定招聘渠道和方法、获得候选人、对简历进行筛选、面试、选拔测评、复试和录用等一系列具体的工作环节，是招聘计划在招聘过程中的贯彻落实或具体化(见图4－6)。

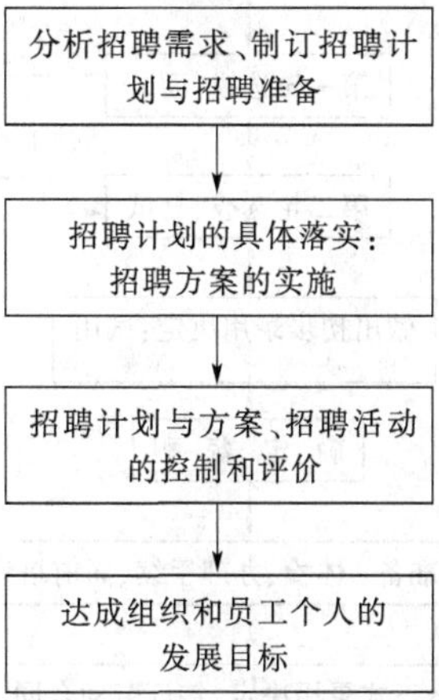

图 4-6　人员招聘程序

2. 招聘工作流程图

招聘工作流程参见图4－7。

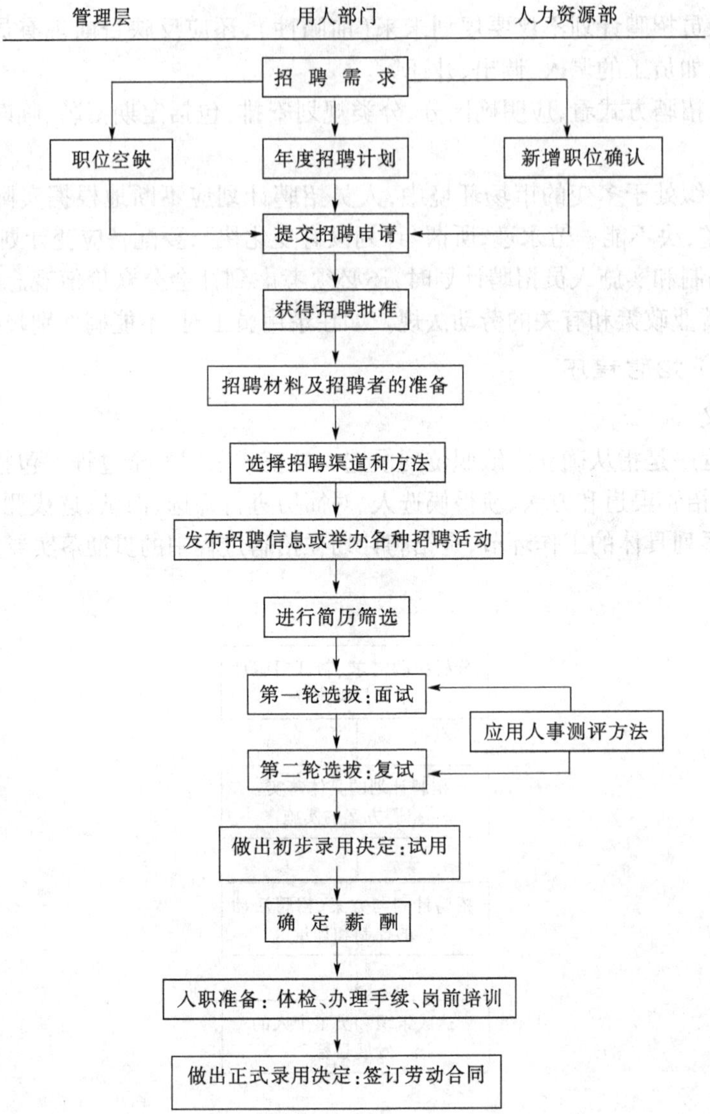
管理层
用人部门
人力资源部
招 聘 需 求
职位空缺
年度招聘计划
新增职位确认
提交招聘申请
获得招聘批准
招聘材料及招聘者的准备
选择招聘渠道和方法
发布招聘信息或举办各种招聘活动
进行简历筛选
第一轮选拔:面试
应用人事测评方法
第二轮选拔:复试
做出初步录用决定:试用
确 定 薪 酬
入职准备：体检、办理手续、岗前培训
做出正式录用决定:签订劳动合同

图 4－7　招聘流程图

第三节　招聘人员及招聘工具的准备

为使招聘工作科学有效地进行,必须做好相应的准备工作。一般而言,包括招聘人员及招聘(主要是招聘资料)的准备。

一、招聘人员的准备

组织内部的人力资源管理部门和用人部门都要参加重大的招聘工作,任务较重的招聘活动一般都要组建临时性的招聘机构。按照惯例,招聘机构以人力资源管理部门为主,人力资源管理部门主持日常性招聘工作并参与招聘的全过程,负责招聘的组织和服务,吸收有关部门人员参加;业务部门在录用决策中有发言权,用人部门的经理在最后一轮的选拔中参与考评及初步录用决策。而对是否招聘和正式录用决策则更多的是由总经理及业务主管拍板,也有一些企业开始尝试普通员工参与招聘和配置员工的决策。当然,重视招聘和树立正确的招聘观也非常重要:招聘不仅仅是一次人员的补充,还是一次组织的公共关系活动,也是一次战略投资行为,应做到适才适岗以实现效用最大化目标。

(一)各类招聘人员在招聘过程中的主要职责

为确保招聘特别是外部招聘或者委托招聘的成功,企业必须组建良好的招聘体系,做到内部专家与外部专家结合、自身组织机构与中介机构结合、人力资源部门与用人部门结合以及单位领导与招聘专员、老员工结合。用人部门经理和人力资源部相关人员是主要参与者。

1. 用人部门经理在招聘过程中的工作内容和职责

用人部门是被招聘对象最后的使用者,从团队管理、业务开展等方面对被招聘人员有具体的要求,是招聘工作重要的参与者和决策者。其主要职责包括:①负责确定业务发展计划、人力规划及人力需求,负责制订招聘计划和报批;②草拟招聘职位说明书;③对职位候选人的专业技术水平进行评判、初选;④负责面试和复试人员的确定;⑤负责测试内容的设计;⑥参与录用(特别是在最后一轮选拔中有主要发言权);⑦负责员工基本技能的训练辅导。

2. 人力资源部门招聘人员的工作内容和职责

人力资源部是专业的人力资源管理部门,其招聘专员负责企业整个招聘工作的组织及实施,在招聘过程中,其工作内容和职责主要包括:①负责对外部环境影响因素进行分析,如经济状况、劳动力市场等,熟悉有关劳动关系的法律法规,帮助用人部门分析招聘的必要性和可行性,负责制订招聘计划和报批。②协助用人部门撰写职位说明书。

③选择招聘的渠道和方式。④策划招聘广告以及办理相关审批手续,联系信息发布媒体。⑤负责简历等求职资料的登记、筛选和背景调查。⑥设计人员选拔评价方法和工具。⑦主持面试和实施人事评价程序。⑧为用人部门的录用决策提供政策性建议。⑨与试用期员工确定薪酬。⑩寄发通知并帮助被录用的人员办理体检、档案转移、签订劳动协议等各项手续,并开展岗前培训。⑪向未被录用的落选者表达诚意并委婉地拒绝。

（三）对招聘人员的要求

组织参加招聘的工作人员的外在形象十分重要。他们代表组织去求才选才,与应聘者打交道的第一次印象就直观地反映了该组织的雇主形象,影响应聘者对招聘单位的评价,而且招聘人员的一言一行都会让应聘者想象未来就职的组织是否尊重员工、是否能分享“以人为本”的人性化管理等,从而直接影响到该组织能否吸引优秀人才,即人员招聘质量问题。因此,组织选派招聘工作人员时,应让他们在招聘录用全过程中始终坚持做到以下“10 个字”:热情——使人亲近;稳重——让人放心;诚恳——令人信服;务实——给人好感;进取——催人奋进。

具体地说,一个成功的招聘者需要具有以下几方面的素质:

1. 具有热心、热情、公正和强烈的责任心

招聘工作是敏感性和政策性比较强的工作,因此,进行招聘工作的人一定不能缺乏诚实的品质,否则会给组织带来损失。招聘者的热心反映出招聘者对应聘者的关心程度;热情反映出组织求贤若渴的态度;公正能使优秀者脱颖而出;强烈的责任心使招聘者能为组织树立良好的社会形象,也能有效感染应聘者,帮助应聘者形成对企业的第一良好印象。

2. 具有“以人为本”的意识

在招聘过程中,应该尊重应聘者,尊重应聘者的个人喜好、生活习惯和个人隐私,并且让应聘者深深感到招聘者为他们所做的一切。现实中,一些企业的面试人员利用面试的机会对自身夸夸其谈,甚至假托自身在一家优秀企业而对应聘者表现傲慢,其实这是自身低素质的一种表现。越是优秀的企业和人员越能表现出对应聘者的尊重。

3. 具有专业的招聘技巧与能力

招聘者需要与人才市场、广告市场和各种各样的媒体接触,与组织内部的主管领导接触,还要与应聘者接触,通过谈话、报告和信件等形式来清楚地表达自己,表达职位的要求,因此,招聘者应具有较强的表达能力和交际能力;招聘者还需要在很短的时间内认识和了解应聘者的各方面,所以又需要很强的观察能力。同时,招聘者还需要专门的招聘技巧,如帮助应聘者迅速进入状态;及时与有关机构沟通,以证实应聘者的背景资料;当招聘具有某些技能的人员时,还需要具备相应的专业知识等。

4. 具有很广阔的知识面

包括心理学、社会学、法学、管理学和组织行为学等基础知识，还应该清楚地了解组织的结构，组织的任务和目标。

招聘之前应该对所有参与招聘的相关人员进行招聘培训，明确本次招聘工作对岗位人员的具体要求，明确相关人员的具体职责，对招聘流程有统一的认识等。

此外，我们还应该很好地协调招聘人员的招聘工作和日常工作之间的关系，避免对其正常工作产生冲击。

二、招聘工具的准备

（一）设计制作组织简介

此类宣传资料的设计无固定格式，其创意丰富多样，但关键是要突出个性化。

招聘是一个双选的过程，对组织的合理介绍有助于应聘者了解公司，从而有效吸引目标应聘者前来应聘，同时还能合理宣传和展示企业，提升企业的社会形象。

（二）各类招聘表格的设计例示

在招聘的各个环节中，除了非结构性面试外，差不多都应用了各种类型的表格。如果说招聘程序正趋于规范化、科学化，那么各类有关招聘的表格设计和应用就是其具体体现。

表4－2中未包括各种选拔评价类量表或问卷表。下面具体举例说明不同类型招聘表格的设计。

表4－2　招聘甄选资料概览

◆工作说明书	◆录用员工报到通知书	◆面试表
◆面谈构成表	◆聘任书	◆聘用人员任用核定表
◆求职人员基本情况登记表	◆人事部门月报表	◆人事部年度招聘计划报批表
◆人员试用标准	◆人员增补申请表	◆试用保证书
◆试用合同书	◆新员工试用表	◆新员工试用考察表
◆新员工甄选报告表	◆新员工甄选比较表	◆面试评价表
◆应聘人员登记表	◆应聘人员复试表	◆招聘流程图
◆招聘人员登记表	◆履历表	◆求职申请书
◆员工试用通知单	◆招聘（录用）通知单	◆员工招聘申请书
◆员工到职单	◆人事登记表	◆人才需求表
◆招聘计划书	◆正式录用合同书	

1. 招聘需求、应聘者资料分析类表格

表格包括：人才需求表、工作说明书、人事部年度招聘计划报批表、人员增补申请表、招聘申请书、求职人员基本情况登记表、应聘人员登记表、求职申请书和履历表等。

应聘人员登记表、求职申请表是招聘工作初选的依据。用统一格式记录应聘者的基本情况能使人力资源部门提高招聘效率。应聘人员登记表如表4－3所示，求职申请表如表4－4所示。

表4－3　X公司应聘人员登记表

填表须知							照　片
首先欢迎和感谢您参加应聘！我们将通过此表了解您的情况，请认真填写，以便使我们能掌握真实准确的信息。如果表内项目本人没有，请写“无”。我们将对您的各项信息予以保密。							
一、基本信息							
姓名		性别		出生年月		政治面貌	
民族		身高		婚姻状况		兴趣、爱好	
身份证号				籍贯		户口所在地	
毕业院校及专业						学历/学位	
英语水平				毕业时间		身体状况	
联系方式				家庭住址及联系电话			
本次应聘岗位					期望薪水		
二、主要学习经历							
三、主要工作（实践经历）							
起止时间	单位					部门	职务（薪酬）
四、家庭主要成员							
姓名	称谓	出生年月	单位				职务
是否曾有过不良行为记录？如有请详细告之。如无请写“无”							
五、个人陈述情况							
所担任主要职务及获得的成绩							
简要列举个人主要能力优势							
承诺：我谨此证实以上表格所述内容无虚假、不实、夸大之处，且未隐瞒对我应聘不利的事实或情况。如有虚报和瞒报，我愿承担相应的责任。 本人签名：　　　　日期：							

求职申请表是招聘工作初选的依据。

表 4－4　某电视台求职申请表

求职申请表

填表须知：

■ 为了能够充分了解您的情况，请您如实填写本表格，在上传本表格前请确认所有的问题已回答完毕。

■ 本表格的目的在于了解应聘者的真实情况，没有统一的答案，不实或虚假的答案都会影响您的应聘结果。

■ 本人保证以下所填写的内容真实，如有虚假，愿受开除处分。本人签名：

1. 工作期望（Job Expectation）

申请职位：______________

最低年薪：______________最低月薪：______________

可参加工作日期：______________

个人照片 Picture

2. 个人资料（Personal Information）

中文姓名（Chinese Name）		英文姓名（English Name）		性别（Sex）		籍贯（Native place）	
年龄（Age）	出生日期（Date of Birth）		政治面貌（Political background）		民族（Nationality）		
血型（Blood－group）		婚姻状况（Marital Status）		身高（Height）		体重（Weight）	
身份证号码（ID card number）			电子邮件（E－mai）				
通讯地址（Address for reply）				邮政编码（Zip Cord）			
联系电话（Phone）			手机号码（Mobile No）				
身体状况（physical condition）			既往病史（disease history）				

续表

3. 受教育程度(Education)

阶段(Stage)	学校名称(Name of School)	起止年月(Start – stop date)		专业(Major)	学习类型(types)	学制(Length)
博士(Doctor)						
硕士(Master)						
本科(University)						
大专(College)						
其他(Others)						
目前就读(Present Studies)						

4. 工作经历(Employment Record)

曾就职公司名称(Name of Previous Company)	起止年月(Start – stop date)		所在部门(Department)	职位(Position)	最后薪水(Last Salary)	工作地点(Job site)
1.						
工作职责和业绩描述:(Duty and achievement) 离职原因:(Demission cause)						
2.						

续表

工作职责和业绩描述： (Duty and achievement) 离职原因： (Demission cause)						
3.						
工作职责和业绩描述： (Duty and achievement) 离职原因： (Demission cause)						

5. 技能与特长(Skills & Specialty)

(1)技能项目	获得何种证书和等级水平	获得时间
英　语		
其　他		
(2)专业技术资格证	获得何种专业和级别证书	获得时间
电视类		
广告类		
证券类		
会计类		
法律类		
计算机软件类		
其　他		
(3)特长	获得何种奖励	获得时间

续表

6. 自我评价(Appraise oneself)

请根据您真实的想法排列以下择业要素的顺序(您认为最重要的在括号内写1,其他按重要性顺序填写数字)

【 】地理位置及当地的经济发展状况
【 】薪资待遇
【 】企业未来成长性
【 】工作内容与本人的兴趣及知识结构相符
【 】企业文化
【 】合理的职业生涯规划
【 】可以快速得到提升
【 】其他:________________________

请指出您希望的薪资待遇为__________元/月,您为什么会有这样的期望?

【 】依据本行业在当地的平均薪资
【 】自己认为应该得到
【 】依朋友或自己类似的人的收入情况
【 】其他:________________________

如果公司提供的薪资待遇与您的期望有些差距,您会怎么办?

【 】没关系,我接受公司的薪资体系
【 】略有差距是可以接受的,但不希望差距超过________元
【 】差一点都不行

个性及其他(在合适选项的括号内画"√")

以下哪个特点在您的个人特质中表现最明显:

续表

【　】耐力强
【　】很高的个人标准
【　】自制力强
【　】亲和力强，关心别人
【　】学习成绩优秀，知识广博
【　】个人阅历丰富
在您经历的团队活动中，您通常满意让别人来担任领导吗？
【　】一般情况下，我都是领导
【　】还好，偶尔也会有意见，但并不影响我接受领导
【　】我相信会比多数领导都做得好
【　】愿意接受别人的领导
【　】不确定
与周围的人相比，您觉得您的领导能力在什么水平？
【　】top 10%　【　】top 25%　【　】top 40%　【　】bottom 50%　【　】don't know
7. 家庭成员状况及经济状况(Family Status)

家庭成员(Family Member)	姓名(Name)	单位/职位(如退休，请注明退休前单位/职位)(Unit/Position)	联系电话(Telephone No.)
父亲(Father)			
母亲(Mother)			
配偶(Spouse)			
子女(Children)			

家庭经济情况：【　】较好　【　】尚可　【　】一般　【　】不好　【　】较差
家庭主要经济来源及月收入：________________
有无住房：【　】是　【　】否　住房地址：【　】北京　【　】西安　是否贷款：【　】是　【　】否
您是否要继续读书深造：【　】想考研　【　】不想继续读了，边工作边学习【　】先参加工作再说
您的业余爱好：________________
8. 您获知本项招聘信息渠道(请在"□"中打√)
电视：陕西卫视 □
网络：陕 视 网 □　搜　狐　□　雅　虎 □　新　浪 □
杂志：《广告人》□　《广告主》□　《传媒》□
报纸：
其他：________
9. 其他相关信息(Additional Comments or Questions or Work experience)：
10. 为了让我们更好地了解您，请写一篇短文。
题目：请您谈谈对目前中国书画产业发展的看法

资料来源：www. sxtvs. com/images/2008－01/23/170105231

我们看到表4-4中最后问项是写一个短文,这种方式在招聘中得到越来越多企业的高度重视。

2. 选拔评价类表格

选拔评价类表格主要是一系列人员素质测评量表(参见表4-5),详见第五章有关内容。

表4-5　面试人员测评表

(初试、复试)

岗位:_______　主持人:_______　时间:____年____月____日

姓名	测评内容				是否转入其他岗位面试,若转,请具体注明	是否通过面试	
	1	2	3	4		是	否

注:①面试主持人应在面试前填写"测评内容"的具体项目。

②"是否通过面试"只表明是否通过本次面试,不表明通过面试者一定会被录用。

③请将通过面试的人员直接介绍到办公室谈待遇问题。

④面试结束后,请及时将此表随面试人员资料送交办公室,以免延误招聘进程。

面试人员测评表用来记录应聘者的面试表现,在面试结束后可以将各应聘者的测评表进行比较而决定何人比较胜任该工作。

3. 人员录用类表格

我们以A公司报到通知书为例。

A公司2010年社会招聘录用通知书

先生/女士:

在经过简历筛选、笔试、面试和体检等招聘程序后,您已被公司正式录用。您的岗位为A公司总部人力资源部薪酬福利管理员,职级为主管。

非常高兴地邀请您加盟A公司,希望您与A公司共同成长!基于我们双方的充分沟通,我们相信您在A公司有广阔的发展空间。

请您按以下要求到公司报到,具体安排如下:

1. 报到时间:2010 年 4 月 26 日上午 9:00

2. 报到地点:A 公司总部办公大楼×××

3. 报到时携带的资料:

①本人身份证:原件及复印件 6 份(新版身份证需复印两面),原件验证后归还;

②本人学历,学位证书,注册资格证书、专业职称证书、职业技能鉴定证书原件及复印件 1 份。原件验证后归还;

③与原单位终止/解除劳动合同的证明或相关人事关系证明原件(失业证原件,如果有)

④人事档案、组织关系或其相关证明:原件(非必需,可入职后再办);

⑤近期 2 寸免冠照片 4 张(照片后面写上本人名字);

⑥户口本复印件 1 份(如本人不是户主,则另需复印户主页);

⑦结(离)婚证(如果有)复印件 1 份;

⑧打印本录用通知 1 份。

附 1:党(团)组织关系办理

组织关系转移介绍信上抬头:市内转入写"中共 A 公司党委";市外转入写"中共×市委组织部"。组织关系资料在报到时由工作人员统一收取。

如因个人原因不能按时报到,请提前 1 周与人力资源部×××联系(电话:×××××××××)。

A 公司全体员工热忱欢迎您的加盟!

A 公司人力资源部
2010 年 4 月 21 日

(三)招聘广告的设计

招聘广告是利用各种宣传媒介发布组织招聘信息的一种方法,主要用于组织的外部招聘过程。常用的媒体有广播、电视、报纸、杂志和互联网络等。媒体又分为全球性的、全国性的和地方性的,以及市民性的、专业性的。招聘广告设计的原则首先要符合 AIDA(Attention - Interest - Desire - Action)原则,即要引起受众的注意特别是求职者的兴趣、激发职位候选人到本组织工作的愿望,并由此采取求职行动;其次,招聘广告要符合真实、合法、简洁明了与有的放矢原则。招聘广告的内容包括:富有特色和吸引力的组织情况介绍,易于理解且能级对应与人事匹配明确的职位说明书,应聘者应该做的准备,清晰的招聘程序和方式,联络方式等。

案例思考　著名企业的用人之道

爱立信(中国)公司在吸引中国大学毕业生方面费尽心思。其人力资源高级经理介绍说:"在中国招聘大学毕业生,我们越来越重视能力素质,成绩最好的未必是公司最适合的,招进公司也并不等于一劳永逸。"爱立信认为,知识管理十分重要,提倡"终身学习",选人有一个标准——选的是一个有潜能的人,而不一定是一个完全理想的人,人才需要一个培育发展的过程,借助人力资本最大化,达到公司整体效应最大化。

跨国公司对中国本土人才的竞争不再只是依靠高薪待遇挖"现成的人才"。如美国摩托罗拉公司将启动"希望之星奖学金",据负责这一项目的摩托罗拉人士称,他们将由单纯的资助转向人才的培养。英特尔公司于2002年1月底正式启动"未来教育"计划,这家跨国公司联合微软等公司,投资5亿美元,培训40万名教师。英特尔公司还与中国科协达成正式协议,2002年5月,4支中国中学生代表队赴美国参加一项特殊的竞赛:被称为"小诺贝尔奖"的英特尔科学天才选拔赛。

跨国公司对人才竞争的理念发生了变化,从争夺现成的人才发展为寻找人才的苗子。国内企业一般认为,人才竞争发生在大学毕业之后,而跨国公司已经把人才争夺的时间提前了。比如微软公司,听说哪里有天才儿童就会找上门去,有些孩子上中学就开始拿"微软"的工资了。在"微软",这被称为"争夺人才幼苗"。

在2002年4月28日至30日召开的中国人力资源能力高层峰会上,德勤咨询(中国)有限公司人力资源业务总监报告了目前一些人力资源的前沿调查状况。"调查反映了很多新的理念变化,比如,通过调查'什么样的人是企业的人才'发现,企业开始经历由用'好人',向具备实现企业战略目标所需的技能的'有用的人'转变。传统'好人'的观念是:忠诚、苦干、投入、具备专长;新时期的'有用的人'的观念是:具备较强的口头表达能力、人际关系处理能力、团队精神、职业精神、分析能力和计算机运用能力。调整人才观的目的,是使企业人才具备企业需要的技能"。

"联想"在看待人才上,不唯资历、学历,重在能力和业绩。只要有能力,创造出了显著的业绩,都可以得到重用,都能够有所发展。"联想"所追求的是给每个人才提供没有天花板的舞台,在这个舞台上,你可以尽情施展。"联想"员工的平均年龄为29岁,是一个年轻人聚集的地方:80%以上是本科学历;提干的最快时间为3个月;现今创造着年收入60亿元的子公司总经理年龄也不过35岁。

企业的发展关键在于技术领先，而技术领先靠人才实现。所以企业在招聘人才时，必须注重人才的实际能力，而不是注重人才的学历。在美国硅谷，任何企业对人才都是很重视的，因为他们知道，离开了人才是一无所成的。特别是做软件的企业，其最大的资源就是人才。在人才的分布状况里，技术开发人才占了职工总人数的40%左右，这样才能保证企业的技术水平不断提高。在这些技术人才中，还有极少数的顶尖人才，他们在决定企业的技术走向。比如在Adobe公司有几个人，他们有很高的薪水，但看起来却没有什么事做，整天在"狂想"。实际上，他们是在考虑和寻找本行业最新的技术框架，一旦发现某个技术或构想符合本企业的发展方向或能给企业带来丰厚的利润，便向企业提出相关建议。

Cisco公司招聘一个人，除了有基本条件的要求外，还要求应聘者有领导的特质。因为在Cisco公司每一名员工都是一个单兵作战的单位。例如，Cisco的系统工程师，不是简单做产品规格，工程师可能要到客户那里去做报告，这样就需要有较好的表达能力。所以Cisco在招聘时考虑应聘者的综合素质，需要有领导的特质和专业精神，对工作的需要和客户的需要都能有敏锐的反映。"Cisco的业务不是做一次买卖，而是与客户建立一种长久的关系，需要员工能够感觉客户的需要就是Cisco的需要，这样的敏感度和成熟度必须反映到每个人的身上。对于行政人员，也需要他们给别人提供好的服务"。到Cisco应聘主要是通过面谈。招聘的大致过程是首先挑选简历，然后用人部门直接安排时间与应聘者面谈，一个应聘者进入Cisco一般最少要跟5~8个人交谈，任何职务都要经过这个过程。

[资料来源：中华英才网(China HR. com)，2002-05-14]

问题：

1. 请问上述企业的招聘有哪些共同的特征？
2. 你怎么理解"成绩好的未必是最好的"。

G 关键概念 JIANGAINIAN

招聘　人事匹配模型　合适度　招聘计划　招聘流程　招聘组织体系

F 复习思考题 XISIKAOTI

1. 什么是人事(人职)匹配？

2. 在招聘活动中如何运用合适度理论？

3. 为你身边熟悉的公司设计一项招聘计划以及相应的实施方案。

B 补充阅读材料
CHONGYUEDUCAILIAO

人力资源九段晋级

就拿招聘业务来说，都是人力资源经理，结果不同，价值不同，获得的报酬也将不同，他们的人生也会不同。

一段人力资源经理："发信息，等消息"

一段人力资源经理做的事情是"发信息，等消息"。把招聘信息发出去，然后等待应聘的简历或消息，发布的渠道也许是网站，也许是人才市场，也许是猎头公司，反正是发出去了，把发出去当成结果，那么，这样的人力资源经理一个月你给多少钱？1 000 元差不多了。所以，发出信息不是结果，有效简历或消息的回复才是结果。

二段人力资源经理："紧跟踪，做分析"

二段人力资源经理发出信息，还要"紧跟踪，做分析"。每天搜索网上应聘者的简历，注意收集来的招聘信息数量多少，质量高不高，以判断招聘渠道的有效性，如果投递简历很少，质量不高，就应当立即采取措施，做出调整。

同时，要主动出击，亲自到人才市场调查，与人力资源专家、同行了解人才招聘的特定渠道，直到找到适合本公司、本岗位的快速渠道，最大限度地获得高质量的应聘信息；对公司重要人才的招聘，要到这些人才聚集的地方或通过与猎头公司合作，亲自去招聘，二段人力资源经理将高质量的应聘量作为自己的结果。所以，回复不是结果，高质量、有速度的回复才是结果。二段人力资源经理给多少月薪呢？3 000 元可以了。

三段人力资源经理："凭经验，做判断"

三段人力资源经理"凭经验，做判断"。没有标准、没有方案、没有流程，大致有个面试提纲或领导的要求，然后就去面试应聘者，与应聘者随心所欲地聊天、谈话，然后凭借自己丰富的经验，做出是否可以推荐的结论。面试过程本身成了结果，面试的质量却无法保证，面试的方法也不可能传承。所以，面试本身不是结果，保证质量并且质量稳定才是结果。三段人力资源经理给多少月薪呢？5 000 元不少了。

四段人力资源经理："做标准，严考核"

四段人力资源经理"做标准，严考核"。根据岗位要求，与用人部门共同制定岗位应试标准、招聘方法和流程，提出资格、文化与业务考核操作方案，当有一定数据积累时，组织开发出本公司人才招聘信息化系统，做招聘的工业化。但是，这样做的结果是用人部门见到的只是一张看上去很合格的报告，而对应聘者了解并不深刻。所以，提交报告不是结果，让下一道程序的考核人了解应聘者才是结果。四段人力资源经理月薪 8 000 元蛮可以的。

五段人力资源经理："做交底，给推荐"

五段人力资源经理"做交底、给推荐"。对于通过面试的应聘者，特别是特殊人才或重点人物，人力资源经理在提交面试报告之后，要向用人部门领导做面对面"招聘交底"，对记载的事实与数据，做一个细致的讲解，结果是让部门领导对要参加复试的人员有一个更加深刻的了解，提高下一步招聘考核的质量。对于特别重要的应聘者，人力资源经理应当参加部门经理或公司领导主持的复试，并在复试后结合初试结果提出参考意见。但是，新员工入职不是结果，新员工成为公司需要的人才，通过试用期才是结果。五段人力资源经理月薪 12 000 元相当可以了。

六段人力资源经理："做培训，做监督"

六段人力资源经理不是把人送到部门就算完成了，通过开展系统性的培训，让新员工尽快地适应公司的文化、业务和工作节奏，帮助新员工能够经受住试用期的考验，努力成为正式员工；同时，要把培训当成重点的考核机制，把定期监督新员工在各部门的表现当成平时考核机制，对于试用期间不合格、不合适的员工，要建议用人部门立即采取措施，尽快解除劳动合同，以避免公司与员工最后的结果是双输。所以，员工培训与考核不是结果，通过培训与考核留下合格的员工才是结果。六段人力资源经理 18 000 元不为过。

七段人力资源经理："做文化，做推动"

七段人力资源经理"做文化、做推动"。七段人力资源经理不是将自己定位于招聘主管，陷入具体的招聘业务之中，而是要将自己定义为公司文化的主要推动者之一，协助总经理或主管领导做公司文化的建设与推动者，把员工的成长放在首位，帮助员工做个人战略规划、提高职业化水平，树立公司提倡的价值观，为团队输入强大的精神动力等。所以，留下合格的员工不是结果，让员工在公司中成长起来，为客户、为公司和为自己创造更大的价值才是结果。七段人力资源经理 22 000 元的月薪当之无愧。

八段人力资源经理："做战略，做梯队"

八段人力资源经理"做战略、做梯队"。八段人力资源经理不是"救火队长"，每天被各部门经理、公司领导催着要人；八段人力资源经理首先对公司战略理解透彻，并能够根据公司战略，制定出符合总经理要求的人才规划战略，并执行到底，不但要做到"要人用时有人用"，还要做到"能人走时有人顶"，为公司战略实施提供强大的人力资源的支持。所以,一个阶段的招聘成功不是结果,把招聘当成一种日常业务,做战略性人才储备,形成人才竞争机制,优化员工队伍才是结果。八段人力资源经理给25 000元月薪理所应当吧。

九段人力资源经理:"做流程,做传承"

九段人力资源经理"做流程、做传承"。九段人力资源经理不仅是公司执行的标兵、职业化的表率,同时也是公司的文化推动者和人才战略的实施者,本身就是战略管理者,他要考虑公司的持续性发展,所以,要做招聘工作的工业化,就是将上面做的工作标准化、流程化和工具化,做传承。不论谁来接替他的工作,公司的招聘工作依然可以高效率地运行。九段人力资源经理给月薪30 000元我们也觉得不多吧。

启示:

从月薪1 000元的人力资源经理,到月薪30 000元的人力资源经理,同样的岗位,为什么报酬上的差距就那么大呢?其实,"九段人力资源经理"的月薪是多少并不重要,重要的是我们要让团队懂得这样一个道理,结果不同,人生不同,人生是结果的积累,结果决定人生。

(资料来源:智联招聘——《招聘周刊》,2011-01-12,总第56期)

第五章

人力资源招聘的实施

本章要点

了解招聘实施的流程及其各环节操作的要点，重点掌握面试的技巧和各种人员测评方法与技术，为今后所服务的组织开展有效的招聘、选拔合适的人才打下良好的理论基础。

引入案例

某银行2010年校园招聘的笔试题目被众多网友称为“史上最牛招聘考题”，笔试的题目难度最大，覆盖天文、地理、生物、人文和英语等常识：①一般一匹成年母马的牙齿有多少颗？②月亮金字塔位于哪里？③人体有多少块骨骼肌？④钢琴总共有多少个键，其中有多少个黑的，多少白的？⑤苹果所含的什么元素可以增强记忆力。试题让众多求职者的复习全部落空，不少求职者为此高呼：“这些常识题都不在我的常识范围内。”他们普遍感到无法理解，为何银行考查的并非传统的行政职业能力测试及金融相关试题呢？

人力资源招聘的实施过程也是对求职者的选拔评价过程，它关系到人力资源招聘的有效性及人力资源利用的合理性，一般包括四个阶段：对求职者的初步筛选、第一轮选拔即面试、第二轮选拔即人员素质测评、录用决策与入职准备。

第一节　初步筛选与面试

面试是最古老而又最重要的一种人才选拔评价方法，是人力资源招聘中最常用和最有效的方法之一，也是组织鉴别人才的一个重要环节。科学合理的面试，可以帮助企业找到最合适的人选，同时也可以使求职者找到最理想的职位。为了避免面试工作的盲目性，我们必须在面试前对求职者的应聘材料及简历进行仔细阅读与分析，并进行初步筛选，以确定面试人选。

一、初步筛选

（一）筛选求职者

招聘信息发布后，求职者通常会寄来个人简历以及有关证明材料。个人简历、自荐信或推荐信给人的印象是有些不可靠或者有"包装"嫌疑。为了保证应聘人员提供信息的规范性，组织在人员招聘活动开展时，都预先设计求职人员登记表或应聘人员登记表，以供求职者填写，再将应聘者的材料输入计算机，建立一个组织的人才库以供未来招聘甄选所用。

1. 应聘人员登记表的设计

应聘人员登记表是快速收集资料，以供进一步研究决策的有效依据。所以，组织还应针对不同的招聘对象制作不同的应聘人员登记表。例如，招聘管理人员和技术人员的登记表就应不同于普通工人用的登记表，前者偏重于教育水平及相关问题，后者偏重于操作技能等。

应聘人员登记表的设计主要依据职务说明书，表中栏目可反映以下几个方面的信息：

(1)个人情况：姓名、年龄、性别、婚姻状况、联系地址及电话等。

(2)教育背景：最后取得的学历、学位，受教育年限，在校期间的学习成绩，接受培训教育的经历及相关证书，外语水平证书等。

(3)工作技能：与岗位工作相关的某些特殊的技能、专长等，如计算机操作水平。

(4)工作经验：工作年限，曾获得的职务职称，主要工作成就等。

(5)个性品质：性格特点及个人的兴趣爱好等。

(6)身体素质:身高、体重、健康状况等。

(7)其他情况:家庭成员构成,发明与获奖情况,社会任职、离职的原因,应聘新职位的动机,工作意向,对薪酬及福利待遇的要求等。

供筛选用的应聘人员登记表不应含有歧视性项目和可能涉及个人隐私等敏感性内容,此外,还应符合国家有关的政策法规。

2. 应聘人员登记表的筛选

对应聘人员登记表或个人简历的初审及评价是招聘录用系统的重要组成部分。初审的目的是通过迅速地从求职者信息库中排除明显不合格者,以挑选出符合招聘条件、有希望被聘用的求职者,在其后的选拔过程中再收集有关该求职者更详细的信息。筛选应聘人员登记表可依据人员录用标准进行,将求职者分为等待正式面试、进一步接触、明确拒绝三类。首要工作就是对收到的大量简历与证明材料进行第一遍筛选,将明显不符合条件的申请者筛掉,控制求职人数,为面试做准备。其次在筛选过程中留有选择空间,真正确定为"面试人选"的应聘人员既可以是多学科、多专业综合素质较为突出的一些人,也可以是适合从事空缺职位的专业人才;最后要做好拒绝的工作。拒绝时,要讲求拒绝艺术,通常是在尽可能短的时间内,以正式信函的形式通知本人,信中要有感谢、鼓励之类的措辞。

(二)审阅应聘者提供的文字资料

仔细阅读和分析求职者的应聘材料及简历,可以取得两个效果:一是熟悉求职者的背景、经验和资格,并将其与职位要求和工作职责相对照,对求职者的胜任程度做出初步判断;二是发现求职者应聘材料及简历中的问题,供面试及下一步测评时参考。

在审阅求职者的应聘材料(如求职信)和个人简历时,应主要关注以下几方面的问题:

1. 浏览外观与行文

应聘材料的外观与行文是求职者给招聘者的"第一印象",其书写是否整洁、流畅,排版是否美观、大方,文字语言、语法结构及修辞是否恰当,从中可以看出该求职者的文字表达水平和应聘态度。应聘材料及简历的结构、内容是否有逻辑性、有条理或有重点,求职者对招聘单位和工作岗位的了解程度,求职者在书法或英文翻译等方面是否擅长等,都可以加以审视和分析,从而考查求职者的基本功是否扎实和专业水平如何。

2. 注意材料中的空白处

招聘单位一般会提供标准化的应聘表格或简历范本给求职者,如应聘人员登记表。因此,招聘者很容易看出求职者的登记表中有哪些栏目是空白的或被省略掉了,这样有助于对求职者遗漏的信息进行鉴定和分析。

3. 注意求职者的相关工作经历

求职者一般都会选择一份与自己过去经历或经验相关的工作应聘，在其所提供的材料中也会明白无误地反映出来。招聘单位在了解该求职者相关工作经历的同时，要善于思考和分析该求职者工作变动的原因和工作的动机、意向，对求职者与应聘职位的合适度做出初步判断。

4. 了解求职者的教育背景

对大多数人来说，教育背景与所从事工作的内容、性质是密切相关的，但也有人所从事的工作与自己所学的专业没有直接关系或关系不大，这就要根据招聘目标、招聘标准对求职者知识背景的要求进行选择，同时也要注意求职者在选择职业时对个人职业生涯发展方面的考虑，如对在职培训和继续教育的需求。

5. 其他方面

招聘者要留意求职者的薪酬要求，以便与该职位所能提供的薪酬水平做比较；还要特别关注材料中前后不一致的地方。有的应聘者还特意对招聘单位或职位做出评价或建议，这也是需要注意的。

综上所述，求职者提交的应聘材料及个人简历，既是招聘单位对求职者进行初步了解的窗口，又是对求职者进行评价和筛选的重要依据。招聘单位在进行初步筛选的时候，应秉承实事求是的态度，在对应聘材料进行科学分析的基础之上，尽可能公正合理地对求职者做出评价。此外，初步筛选还可加入电话筛选的内容，即在面试之前，花一些时间进行简短的电话访谈，既可以确认求职者应聘材料中信息的真实性，又可以初步了解该求职者的语言表达能力、应变能力及职业兴趣等是否与招聘职位相符，从而进一步做出评价与筛选。需要提醒的是，电话访谈的目的并非选拔出胜任的应聘者，而是筛选掉明显不符合要求的求职者，所以在电话筛选中应注意提问的内容与方式。

二、面试

（一）对面试的基本认识

从广义上来讲，面试是面试者（考官）与被试者（应聘者）直接对话、交流，或者置被试者于某种特定的情景中进行观察，从而完成对其适应职位要求的素质、能力和资格进行测评的一种方法。

面试绝不是招聘者与求职者坐在一起进行简单的一问一答，而是一种真实的、双向交流与双向选择（参见图 5－1）。对于用人单位来说，招聘者通过面试可以在一定程度上并在有限的时间内，比较全面地了解和掌握求职者的个性特征、知识面、职业兴趣、专业技术能力、工作技能、待人处事能力及对招聘职位的适合度等，从而初步判断出应聘者是否能胜任职位，是否能与未来的同事友好相处并适应组织的文化。对于应聘者来说，他们既是作为被考察、被测试的对象出现在面试中，又是作为有独立见解的社会人出现在招聘单位面前，不管该求职者是否被录用，他都对招聘单位有着直接的印象和判断，这种判断会对他今后参与工作的态度(被录用)或对该单位的信任度产生直接影响。通过面试，应聘者将进一步了解组织是否符合自己的专业特长与兴趣爱好，是否下决心选择该组织供职，并共谋发展的大计。

一般来说，面试有 5 大要素，即：被试者、主试者、面试内容、面试程序和面试结果。从图 5－1 可以看到，影响面试效果的因素既包括场地条件，还包括被试者和主试者相关的主观因素。也就是说，面试是一种主观性甄选方法，其可靠性或效果可能会很低，甚至还可能会形成主观性偏见。一些企业的面试从本质上看更像是警察审罪犯或者一个相士在看相，缺乏科学性面试。

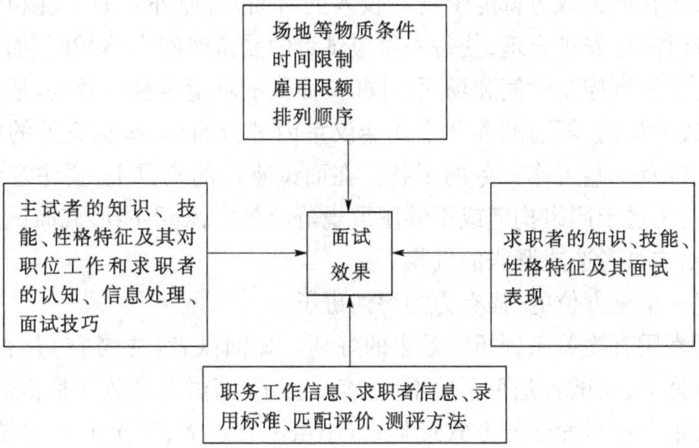

图 5－1　影响面试效果的因素

(二)面试前的准备

面试过程，不单是应聘人员的筛选过程，还是组织与外界交往的一个重要窗口，特别是常年招聘的组织，应尤其注意在招聘活动中做好组织的形象宣传。因此，面试选择的时间、地点、内容和方式都应是审慎的、科学的，而面试前的准备工作也就显得尤为重要。严格地说，对面试者的培训是最重要的准备工作之一，因为面试者自身的素质是确保面试质量的重要因素；初步筛选也是面试前的准备工作之一，它为控制面试的范围和对象、了解求职者的有关信息以及设计面试模式等，做了强有力的铺垫，下一步就是各项准备工作的具体操作了。

面试前应做好以下准备工作：

1. 有的放矢地审阅职位说明书

面试的目标是招聘适合空缺职位的新员工，围绕这一终极目标，还有若干分目标,但分目标都是服从和服务于总目标的。必须在这一目标指引下对求职者进行筛选,同时要再次审阅职位说明书。对职位的描述和说明是判断求职者能否胜任该职位的依据,面试者必须对职位说明书了如指掌,对该职位的主要职责,及其对任职者在知识、能力、经验、个性、特长、职业兴趣和价值取向等方面的要求,以及工作中的上下级关系、团队合作关系、职业发展与晋升提拔机会和薪酬及福利待遇等问题有充分的了解,才能在面试中准确地把握和评判求职者的相关信息。也就是说,面试者必须熟悉招聘目标、招聘标准与招聘要求,事先确定面试主题,以了解、求证应聘者与职位相关的、有限的特征。对工作职位的了解将使招聘者带着理想求职者特征的清晰图像进入面试。

2. 科学地安排面试时间和场地

面试应选在面试双方都能全身心投入的时间,避免外界的干扰和面试过程的中断。面试时间应安排合理,使每一位应试者的受试时间大体相同,而且在面试中主试考官还要注意控制时间和场面。同时,面试的环境也极为重要,通常应在一个安静的、雅致清洁的、舒适的办公室或会议室内进行面试,避免意外的电话或人员的频繁出入以及一些工作事务的干扰。在面试座位的安排上,要注意营造和谐融洽的氛围,避免过于严肃拘谨或不够庄重规范。总之,既不能形成面试太随便的感觉,也不能给应试者造成紧张的气氛。

3. 组建一个全方位的、强有力的评估班子

招聘者素质直接关系到招聘效果的好坏。如面试者(主考官)是否训练有素,面试者是否公平,面试者是否不偏不倚、客观公正,面试人员数量是否适当,都会影响面试的效果。小组面试的方式最佳,但小组不宜过大,三至五人比较恰当,故评估班子应由各方面的专业人士组成,并有明确的分工。确保面试前向面试官或面试小组成员提供所需的资料,如岗位描述、应聘者填写的申请表或简历等,使他们在面试前有充足的时间掌握有关情况。在面试中,评估班子要对求职者的材料进行分析和处理,并输入人才数据库进行储备;要对相关职位进行充分的了解,善于提问和善于倾听求职者的陈述;要对求职者的面试状态做出分析和反应,疏解对方的紧张或反感情绪等,以保证面试的高质量,取得好效果。

4. 掌握恰当的提问方式

面对面地问答对话是面试的最大特点,也是面试者了解和掌握求职者相关信息的主要渠道。要想完整地收集想要的信息,面试者可以透过不同类型的问题,技巧性地引导、观察并深度访问求职者。面试时可以运用的问题种类包括以下几种:

(1)知识性问题:主要测试求职者是否具备工作职位所需要的基本知识和技能,内容涉及公共知识和专业知识。

(2)假设式问题:这种问题没有对错,只是让求职者表达自己的看法和意见。

例如,“有一种工作是忙的时候很忙,闲的时候很闲;另一种工作是工作量很稳定。你会选择哪一种工作,为什么?”“如果你必须从两种极端中取舍,你是希望上司采取放任式的管理,只有当你有问题时才给予指导;还是希望上司定时询问你的工作情况,随时提醒你集中注意力在工作目标上?”

(3)角色扮演式或情景性问题:面试者给予求职者一个假设性的情况,请求职者回答,并且从中评估他的判断力及临场解决问题的能力。例如,“假如你是一家商店的老板,有一天,一名店员告诉你,他觉得另外一名店员会偷店里的东西,你会怎样处理? 为什么?”情景性问题主要测试应试者在特定的情景中的判断能力、应变能力,其试题设计的关键是描述情景必须与模拟测试情景相似,且应该注意不能让应试者对测试目的一目了然。使用这类问题时,面试者可以事先将假设的情境写下来,并完整地陈述,陈述完后给予求职者一段思考的时间,让他准确地把握问题并正确地回答。考查他在此模拟情形下如何分析问题及随机应变解决问题。

(4)行为式问题:提这种问题的目的,是让求职者以过去的行为实例来回答问题,面试者可以从中评估求职者的行为、经验及动机等。行为式问题着重考察应试者的素质与潜力,这种素质与潜力是面试者通过应试者对自己过去行为的表述来判断的,其试题必须依据应试者过去经历的个人行为来设计。例如,“当老板不在时,你有没有自己做重要决定的经历? 如果有,你那时候是怎样决策的?”“你可不可以告诉我们一个你不得不越权行事的经历?”“你曾经主动争取过更多的工作内容和职责吗?”“你参与过的规模最大或最重要的项目有哪些?”这些问题强调最近的事实,强调与工作要求相关的背景,有助于面试者对求职者做出客观公正的评价。

(5)开放式问题。提这种问题的目的,是让求职者比较深入地谈论自己。例如:“为什么你想离开现在的工作单位?”“为什么你想加入我们公司?”“我们公司录用你的最大好处或最大价值是什么?”“在你原来的工作中,你最重要的职责是什么?”开放式问题可以帮助求职者缓解紧张情绪,较好地发挥语言能动性,同时也可以在此基础上构建行为性问题,借以判断求职者的胜任能力。

(6)封闭式问题。这种问题只需要求职者回答“是”或“不是”,以确认面试者手上已有材料的真实性。面试者应该只在必要时才使用这种问题,因为这种问题只是重复已有信息,不会增加组织对求职者的深度了解。但有时可以作为各种问题之间的过渡。例如,“你到成都工作之前,是不是已经在那家公司干了 10 年?”“你最喜欢独立工作还是与他人一起工作?”“你是否赞成加班?”

(7)追问式问题。从求职者的谈话中,衍生出问题来询问他,以便更好地了解求职者。例如,当求职者谈到他以前的工作是秘书,负责接听电话、打字、帮经理和主管安排行程等,面试者可以紧接着询问:“你觉得当一个秘书,最重要的职责是什么? 你对以前的工作满意吗?”

(8)其他类型的问题。知识性、情景性、行为性问题是近年来国内外普遍使用、行之有效的问答式面试的三大题型。为了适应面试工作的需要,除了继续研究开发以上三大题型外,还须拓展诸如背景性、智能性和意愿性等题型。背景性试题着重考察应试者的个人情况(主要包括个人学习、工作及业余生活情况,家庭及社会关系背景),用于测评其兴趣爱好、人际关系资源等;智能性试题可通过对社会热点的思考与分析,着重考察应试者的思维方式、知识水平和综合分析能力;意愿性试题则是通过对择业观、求职动机的陈述,考察应试者自我情绪的控制能力,对事业与生活的真实追求,用于测评求职动机与拟任职位的匹配性,对于这些不同类型的问题以及它们之间的衔接与转换、提问的技巧等,面试者都应充分熟悉和掌握,特别是谈话的主题要清晰明确,以便快捷、准确地收集到所需要的信息。

(三)面试的分类与过程

1.面试的分类

(1)按应聘者的行为反应,面试分为言谈面试和模拟操作面试。

言谈面试是通过主试与被试的口头交流沟通,由主试提出问题,由被试口头回答,以考察应聘者知识层次、业务能力和头脑机敏性的一种测试方法。

模拟操作面试是让被试者模拟在实际工作岗位上的工作情况,由主试者给予被试者特定的工作任务,考察被试者行为反应的一种方法。这种方法是一种简单的功能模拟测试法。例如,企业在招聘技术工种时,可采用实地操作的测试方法,考察应试者技术的娴熟程度。又如,招聘速记、打字、绘图等人员时均可采用实地考试的方式。另外,招聘公关、销售等有关人员时,也可结合模拟操作面试。例如:

主考官:(手拿一件产品)这是我公司的一件新产品,现在你作为本公司销售人员,我作为一名消费者,请向我推销。

主考官:假设你是我公司负责媒介工作的公关人员,我公司有一重要广告要在三天内见报,而某热门报纸的广告一个星期内均已排满,你将采取哪些行动?

(2)按面试的操作方式,面试可分为结构性面试和非结构性面试两种。

结构性面试又称直接型面试,是指依照预先确定的程序和题目进行的,过程与结构严密、层次分明、评价维度确定,面试者根据事先拟好的谈话提纲逐项向应试者提问(答案也是既定的),应试者针对问题进行逐项回答的面试。总之,这是一种比较正规的面试。

非结构性面试又称非直接性面试,是指在面试中所提的问题以及谈话时所采用的方式都是由面试者自由决定,谈话层次交错,具有很大偶然性的面试方式。面试人员可以即兴地向应聘者提出各种问题,问题可以是预先准备好的,也可以是即兴发挥的。因此,即使是招聘做同样工作的人员,对不同求职者所提的问题也不一定相同。这对富有经验的面试考官来说是有效简便的方法,但对大多数面试考官来说还是应当采用结构性面试方式。

(3)按面试的人员组成,面试可分为个人面试、小组面试、集体面试和计算机面试。

个人面试又可分为一对一的面试和主试团面试两种方式。一对一的面试多用于较小规模的组织或招聘较低职位员工时采用,有时也用于人员初选,另外,当公司总经理对人员进行最后录用决策时也常采用这种方式。一对一的面试能使应聘者的心态较为自然,话题往往能够深入,谈话过程容易控制;但其缺点是受主试者的知识面限制,考察内容往往不够全面,而且易受主试官主观因素的影响。主试团面试是由2~5个主考人组成主试团,分别对每个应聘者进行面试。采取这种方式时,主试团成员需要进行角色分配,各自以不同的角色相互配合。一般主试团由3人组成,一位是人事部门经理,一位是用人部门业务经理,另一位是聘请的咨询机构的人才招聘专家。3人的分工主要侧重于评价维度的分配上,如公司人事部经理可侧重于对应聘者求职的动机、工资要求、人际关系的考察;人才招聘专家侧重于对其责任心、应变能力、领导才能等方面的考察;用人部门业务经理一般负责考察其相关专业知识和过去的工作成绩。主试团面试容易给被试人构成一种心理压力。

小组面试。当一个职位的应聘人员较多时,为了节省时间,将多个应试者组成一组,由数个面试考官轮流提问,着重考察应试者个性和协调性的面试方式。

集体面试。将被试者分成数组,每组5~8人,几个主试人坐在一旁观察。主试中确立一个提问者,提出一个能引起争论的问题展开讨论,从而考察被试者的沟通能力、协调能力、语言表达能力和领导能力。这种方法是现代评价中心技术中的无领导小组讨论在面试实践中的应用,与单个面试相比较,具有其不可超越的优越性。

计算机面试是大公司日益重视的一种面试方法。它把一系列相关问题列成一个表格,应聘人员按要求填写,然后交计算机阅读判断。

(4)按面试进程,面试又可分为第一次面试、第二次面试、第三次面试直至第五次面试。一般常用的是三次方式,称为三级面试方式。第一次面试常由人事部门的人才招聘专员接待,对应试者的基本条件进行核实,确认应试者的学历证明及其工作业绩。第二次面试是面试中最重要的一次,常由人事部门和业务部门联合主持,有可能的话还邀请专门面试考官参加,是对应聘者个性特征、能力倾向、愿望动机和业务能力等方面的综合考察,并写成评语报公司人事总裁。第三次面试由公司人事总裁直接约见,主要是在第二次面试的基础上,考察应聘人的适用性和应变力。第三次面试往往是短时间的面谈。一般来说,录用人员的层次越高,面试的次数也越多。普通人员的录用常由人事部门和业务部门面试后直接决定,只有公司中层干部的录用,必须由企业人事总裁直接参与。

(5)按照目的,面试可以分为重点面试和评价性面试。重点面试是一种特殊的选择性面试,往往是突如其来地向应聘人员提一些不太好回答的问题,其目的在于考察应聘者的敏感程度与耐性。评价性面试是雇主与雇员之间进行的工作评价和补救措施的讨论,当一个雇员因故离开公司的时候,管理人员有必要同该雇员进行一次离职谈话。其目的是希望他把在公司工作期间的有关想法谈出来,以便于公司改进工作。

(6)面试前的"面试"。一些公司在面试时故意设置一些"秀"让面试者"表演"。如应聘者爱好唱歌,就让他当场高歌一曲;在面试场所设置一些道具(如倒地的扫把等),看应聘者是否留意及反应。通过观察以掌握对应聘者的第一印象或判断其是否与公司的用人标准一致,面试前的面试有时会收到奇效。

(7)能力面试。与注重应试者以往所取得的成就不同,这种方法关注的是他们如何去实现所追求的目标。在能力面试中,面试主考官要试图找到应试者过去成就中所反映出来的特定优点。要确认这些优点,主考官寻找 STAR(即情景 Situation、任务 Task、行动 Action 和结果 Result)方法来确定被试者的能力优势。

2. 面试的过程

面试一般分为关系建立阶段、提问阶段和结束阶段。也有的把面试归结为五个阶段:关系建立阶段、导入阶段、核心阶段、确认阶段和结束阶段。后者倾向于把提问过程细化,其实质和效果并无多大差别。

(1)关系建立阶段。这一阶段的主要任务是面试者要为求职者提供宽松、友好的氛围,建立和谐融洽的关系,这样有助于双方在面试过程中更加开放地沟通,使前来面试的求职者放松且不感到拘束。除选择不受干扰的房间外,还可以通过谈论一些题外话题,如天气或交通状况来开始谈话。这样做的目的是使求职者能够轻松自如地回答提问,而且不论他是否被聘用,都能受到友好、礼貌地对待,并以此展示组织的良好形象。

(2)提问阶段。面试提问分为导入、核心和确认三个环节,因此面试者的提问技巧显得极其重要。面试者应首先选择开放式问题,让求职者逐渐消除紧张情绪,进入应试状态,随后回答一些具有决定作用的行为式问题。此间还可以穿插一些探索性问题、假设性问题以及封闭性问题,要让应试者自由发表一些评论,以充分了解求职者的有关信息。提问可以是一对一的方式、小组方式或由一系列主试者提问的方式。无论哪种提问方式都要注意做到以下几点:

第一,积极有效地倾听。面试者应该少说多听,留给求职者最大限度的发挥空间;要注意提取求职者的回答要点,充分理解他的本意,作好阶段性的总结;提问中要排除各种干扰,并不带个人偏见;要善于分析和思考隐藏在语言后面的各种信息,如求职者的个性、态度和职业兴趣等。面试者如果用心聆听,可以从一个看似

平凡无奇的问题中,获得求职者的珍贵资料。例如:

"做到现在,你最喜欢的工作或项目是什么? 为什么?"仔细聆听求职者喜欢的工作特质是否与空缺职位要求的主要工作内容相符。

"描述一下你做过的一件复杂的工作,你当时是如何执行这项工作的?"仔细聆听求职者是否能有条有理地描述做一项工作的细节。

"你可不可以告诉我,你工作中有哪一次必须自动自发地完成,结果如何? 你做了哪些事情?"仔细聆听求职者如何界定"自动自发",了解他是自己主动提出想法并且完成,还是在主管的要求下依照指示行事,只是自己必须决定一些小细节。

"你对我们公司以及这个工作有什么想法?"仔细聆听求职者是否正确解读信息,他是否把公司或工作美化了或者有不切实际的幻想。

第二,注意求职者的身体语言。求职者的面部表情、行为姿势等也会传达一些信息,有经验的面试者应从中判断出该求职者的情绪、心理状态以及言谈的真实性。如果应试者身体前倾,目光直视,面带笑容,则表明他正集中精力,完全进入了状态;如果其双手交叉于胸前,身体后仰,则可能表示一种反感情绪;如果其双腿交叉,双手也交叉,则表明求职者有紧张情绪。聪明的考官,会根据诸如以上的各种身体语言,及时调整提问策略或气氛,保证面试的顺利进行与面试的质量。如对于情绪紧张的求职者,面试者可抛出一些轻松的话题或通过自己的身体语言(一个鼓励的眼神和善意的微笑)来缓解其紧张情绪,使对方能够轻松交谈。

第三,做好面试记录。人的记忆力是有限的,面试者面对那么多前来面试的求职者,很难全面准确地把握他们各自提供的信息,这就需要做一些记录。做记录时不用把每一句话都记下来,只是记一些重点。面试记录是面试者对求职者做出客观评价的依据之一,有的单位还专门制订了面试评定表供面试记录使用(见表5-1和表5-2)。

表5-1 ABC公司面试评定表

编号: No.

姓名		性别		年龄		应聘职位	
考察/评价内容		得分	评价(从"差""一般""好"可分为3,5,7几个评价等级)				
离职原因							
求职动机/期望							
语言表达							
仪表风度/气质							

续表

兴趣爱好		
教育背景/修养		
专业知识/特长		
工作经验/经历		
人际交往/沟通		
自我认知/自信		
情绪控制		
应变能力/创意		
综合分析能力		
胜任能力		
总体水平		
综合评语以及录用意见	□建议录用　　□可考虑　　□建议不录用 理由：	
面试人	（签字）　　年　月　日	
用人部门意见	（签字）　　年　月　日	
人事部门意见	（签字）　　年　月　日	
总经理意见	（签字）　　年　月　日	

表5－2　某知名中外合资企业面试测评表

要素	观察内容	提问项目	评价要点
礼仪风度	仪容、衣着 行为、举止 敲门、走路、坐姿和站立等的仪态 口语		1. 穿着整齐、得体、无明显失误 2. 沉着、稳重、大方 3. 走路、敲门、坐姿符合礼节 4. 口语文雅、礼貌

续表

要素	观察内容	提问项目	评价要点
求职动机愿望		你选择本公司的原因 你选择本公司最重视什么 你对本公司的了解 你希望公司如何安排你的工作待遇	是否以企业发展为目标兼顾个人利益 回答完整、全面、适当 说服力
表现力、语言表达能力	1. 将自己表达的内容有条理地、准确地传达给对方 2. 引用实例、用词准确 3. 语气、发言合乎要求 4. 谈话时的姿态表情合适	请谈谈你自己 谈谈你的优缺点 你的兴趣爱好 据你自我分析，最适合你的工作是什么	谈话前后连续性 主题、语言简洁明了 逻辑清楚 说服力 用词准确
社交能力和人际关系		1. 请你介绍你的家庭 2. 你的朋友如何看待你 3. 你希望在什么样的领导下工作 4. 你交朋友最注重什么	自我认识 交往能力
判断力、情绪稳定性	1. 准确判断面临的情况 2. 处理突发事件 3. 迅速回答对方的问题 4. 处理难堪问题的反应	1. 假如 A 公司与 B 公司同时录用了你，你将如何…… 2. 公司工作非常艰苦，你将如何对待 3. 你怎么连这种问题都听不懂 4. 你好像不太适合本公司的工作	1. 理解问题的准确性、迅速性 2. 自我判断能力 3. 是逻辑判断还是感情判断 4. 有自己的独到见解
行动与协调能力、工作经验	1. 对自己认定的能够坚持进行 2. 工作节奏紧张、有序 3. 集团工作的适用性 4. 组织领导能力 5. 能够更多地从他人的角度解释问题	1. 你从事过何种勤工俭学工作 2. 你参加过何种组织活动 3. 你对某问题有过何种研究 4. 谈谈你的论文写作过程	表现力 考虑对方处境和理解力 实践能力 交往能力
责任心、纪律性	1. 负责到底的精神 2. 对工作的坚持 3. 令人信服地完成工作 4. 考虑问题全面 5. 对本职务的要求	1. 你对委派的任务完成不了时如何处理 2. 对学校的规章制度的看法是什么	自信力 纪律力 意志力

续表

要素	观察内容	提问项目	评价要点
个人性格品质	有无不良的性格(过分狂妄和过分自卑) 有无偏激的观点 回答问题的认真、诚实 掩饰性	1. 你认为现在社会中一个人最重要的是什么性格 2. 你能否"受人之托忠人之事"	诚实真诚 人生观 信用
专业技能学识	1. 对专业知识的了解程度 2. 成绩 3. 对所要从事工作的认知	1. 你为何选择你的专业 2. 介绍一下自己的成绩和擅长的科目 3. 你有何特长和具备何种资格 4. 谈谈你从事这项工作的优势 5. 你有什么重要工作经验	1. 专业学识是否符合工作要求 2. 有无特殊技能 3. 有无工作经历
	面试结束后你的评价	经过上述面试,请你对你的面试结果做初步的评价,说明为什么	1. 综合、全面评定 2. 尽量减少误差影响

第四,注意对求职者的尊重。面试是双方的交谈过程,而不是面试者一方对求职者的"审问",因此要采取"友好、平等"交谈的态度提问,特别是不能企图控制对方。此外,对求职者特别是女性应聘者在面试中必须尊重她们的隐私权。

现实中,一些面试者以自己的强势身份,夸夸其谈,甚至有意贬低求职者,这些都是错误的做法。要知道,每一个求职者其实都是优秀的,关键是匹配。

(3)结束阶段。结束阶段是面试者检查自己是否遗漏了关于求职者胜任能力的问题并加以追问的最后机会。同时,求职者也可以借此机会做最后的自我总结和推销,还可以向面试者提问。一般来说,面试结束并不意味着人员录用与否的确定,必须经过下一轮选拔和最后评定。

面试结束后,面试者应对面试过程做简要的回顾,检查和完善面试记录,并初步决定下一轮选拔的候选人名单或递交评估班子对面试结果进行讨论。

(四)选拔的新动向

在企业竞争节奏加快、市场全球化加速推进的新时期,企业的人才选拔工作面临许多新的挑战,在选拔环节出现了一系列新的变化。

1. 传统的人员招聘运作模式和理念

求职者必须有简历;必须进行面试,而且面试是作为评价求职者的基本方法;

筛选简历与面试是经理们选拔人才的必经程序，给招聘人员留下的余地很小；招聘工作根本不具有营销或销售功能，而仅是一种附属工作；网上招聘对于传统媒体招聘只是一种补充；对于非技术领域或非高新科技领域的求职，互联网仅仅是一种搜寻工具。

2. 现代的人员招聘运作模式和理念

简历与面试已变得无关紧要，经理们再也不会介意这些，而是要求迅速地配置高素质的人员；通过互联网，不要简历就可以评判求职者；不需要面试而是通过先进的在线实时测试与模拟测试就可以判断求职者的技能水平和个人能力。即使是不同教育层次的人都可能会在互联网上刊登广告来寻找他们渴望的工作；寻找工作的整个过程也许会发生改变，很少有人需要东奔西走地寻找工作，大多数人仅仅需要在招聘网站上花点工夫就可以找到工作了。对于寻找工作的求职者来说，这当然需要良好的营销意识和独特的网上技能，这就意味着，招聘在很大程度上具备营销和推销的功能。这种推销和营销的专业化工具将会增加招聘人员的效率，并有助于获得成功。互联网已经不仅仅是个通道，不只是一种工具，也不只是一种便捷的手段，而是一种改变整个人类活动的新方法。互联网将在很大程度上取代传统的招聘工具，例如，程式化无个性的招聘与专有的数据库等。招聘人员若仅依赖孤立的、封闭的信息开展业务，他们很快就会被淘汰。人才流动太频繁了，个人信息变化特别快，甚至个人待在同一工作领域的时间也不会太长。数据库应该日新月异，成为一个动态的资源。任何静态的信息都将毫无价值可言。

第二节　招聘中的人员素质测评

素质测评是指测评主体通过量表、面试、评价中心技术、观察评定和业绩考核等多种手段，收集被测评者在主要活动领域中的表征信息，针对某一素质测评指标做出量值或价值的判断过程。

现代招聘认为，人力资源招聘不仅要寻找具备合适工作经验的人，更重要的是寻找具备合适思维方式的人。一个人的品行和行为倾向远比其拥有的知识更重要，其心理素质、价值取向、职业兴趣和能力倾向等决定了他应该适合什么样的职业岗位，合适的人在合适的位置上。素质测评就是帮助企业寻找和识别合适人员的科学方法，它能帮助招聘者了解求职者的现有水平和发展潜能，从而为他们安排合适的岗位以及合得来的合作伙伴。测评方法和技术在绩效考核中也被大量运用，但在人员招聘中，测评的主要目的是了解应聘者对工作职位的胜任能力、对新环境的适应性以及候选人的发展潜力。这种以现代人事管理学、人才测量学和心理学为基础的素质测量,是对人的智能和心理素质进行具体量化的过程。

一、人员素质测评的内涵和方法

(一)素质及人员素质测评的内涵

1. 素质

在较长的一段时间内,人们把素质理解为个人先天具有的解剖生理特点。如中国心理学家曹日昌指出,素质是“有机体天生具有的某些解剖和生理的特性,主要是神经系统,脑的特性,以及感官和运动器官的特性”。中国社会科学院语言研究所编写的《现代汉语小词典》中提出:“素质是事物本来的或原来的特质。”《简明心理学词典》写道:“素质,又称天赋,是个人生来具有的解剖生理特点。这些特点是通过遗传获得的,所以也叫作遗传素质。主要是指神经系统,感觉器官和运动器官的特性,其中脑的特性尤为重要。”心理学家在著作中提出的完整的素质含义就是:个人生来所具有的解剖生理特点。

更多的学者认为,素质不单是先天具有的解剖生理特点,他们认为,后天的活动以及氛围会在很大程度上对素质的形成产生影响。从辩证法的角度我们知道,素质是人的先天禀赋与后天活动的“合成”,是人的生理解剖特点、个性心理特点及社会意识品质所构建起来的一个整体,是人的各种身心特点的集成系统。马克思从人与自然、人与社会的相互关联的社会实践活动中,揭示出人的素质——人的本质及其发展的历史规律,主要包括三个方面的内容:人性品质、个性品质和社会历史品质。人性品质最为稳定,可以通过遗传而获得。个性品质比较稳定,是个体在发展中逐步形成的心理能力,如感觉能力、观察能力、记忆能力、形象思维与逻辑能力、注意能力、需要品质、情感与情操以及意志力等,这些在教育与社会生活中逐步形成的个性品质,是人类学习与生产劳动的必要前提。社会历史品质如人的阶级性、民族性和宗教性等,这些品质与个性品质一起都是人们在社会生活与劳动中逐步形成与完善的。

我们认为,素质是个人先天具有的解剖生理特点以及这些特点在后天的学习后所形成的,在完成一定社会活动与任务时所具备的基本条件和基本特点,是行为活动的基础与根本因素,是影响员工工作绩效的自身条件和因素,包括思想道德素质、生理素质、心理素质和能力素质以及绩效素质五个方面。

2. 人员素质测评

有人认为,素质测评具有两方面的因素,即测评设计因素和测评人因素。这种观点实际上是从实际操作的角度给出的素质测评定义,即首先是测评要素与标准的设计,然后以此为基础,由测评者通过一系列科学的方法用于测评被测评者的一种动态的过程。

也有人在中国传统的人力资源考核经验的基础上，结合国外人力资源管理实践，综合邻近学科的研究成果对人力资源素质测评进行定义，即：人力资源素质测评是指对人的德、能、勤、绩、体等素质，采用定量和定性相结合的办法所进行的测量和评定。

《人员测评的理论与方法》一书认为，人员素质测评是指测评者采用科学的方法，收集被测评者在主要活动领域中的表征信息，针对人员素质测评标准体系做出量值或价值判断的过程，或者从表征信息中引发与推断某些素质特征的过程，也就是先测量后评定的工作。

我们认为，人力资源素质测评可以从广义和狭义两个角度来认识。广义人力资源素质测评是通过量表、面试、观察等多种科学方法，对人力资源的基本素质以及业务素质进行综合测评的一种活动，而狭义的人力资源素质测评是企业设计出一系列的量表，通过科学的方法，对现有员工或拟招聘员工从事本企业相关工作的德、能、勤、绩、体等素质进行定性和定量的测量及评定。注意，我们所测评的是人员所具有的或在工作过程中所表现出来的个人稳定的素质特征（包括行为能力特征）。

个人稳定的素质特征，是从心理学的角度讲的，包括个人能力因素和人格因素。从职业发展角度看，能力因素与人格因素在职业行为中的确起着重要作用，人员素质测评就是通过科学的手段对受测人员的能力因素和人格因素进行测量和评价。有的学者又将人员素质测评分为素质测试和技能测试。一般来说，素质测试适用于管理人员、行政人员等，重在智力的测试、心理测试（如性格测试）、协调能力测试和职业适合性测试等，通常用智商来表示智力。对于成人的智力测试而言，主要是测度记忆力、词汇量、口头表达与综合能力、运用数字说明问题的能力，以及归纳推理和演绎推理的能力等。而技能测试适用于专业技术人员、普通生产（服务）人员等，通过对应聘者身体能力状况——手指灵活性、操作灵敏度、手臂运动速度及反应时间（肌肉张力）、负重能力与牵引能力（肌肉力量）、身体协调能力与平衡能力、肌肉或心肌的耐力等的测试和认知能力状况——语言理解能力、数量能力、推理能力和解决问题能力等的测试，了解应聘者的操作能力和其他特长、职业兴趣等。

人格是指一个人行为处事时所表现出来的独特的、稳定的风格，是一个人个性心理、文化素质、情趣爱好和价值取向等各种因素的综合投射和反映。从社会心理学意义上讲，人格是指具有社会意义的各种特性的统一体、各种特性的配合形式。一个人的行为方式、处事态度、办事风格和职业愿望等都受其人格因素的影响，其本身并没有好坏之分，只有与具体工作联系起来的时候，才有适合与不适合的问题。

对于企业的人力资源管理活动而言,狭义的人力资源测评具有重要的现实意义,人力资源招聘、培训和绩效考核等管理活动的进行都与人力资源的测评密切相关。

（二）人员素质测评的内容

素质测评就是测量与评定有关人员作为个体存在的人的内在素质及其表现出的绩效,也就是上文所说的个体的身体素质、品德素质、心理素质和智能素质等。

进行人力资源素质测评就是要测评人员的这些素质吗? 答案既肯定也否定。企业人力资源管理中的素质测评一方面要对人员的上述素质进行测量及评定,另一方面要考察这些素质表现出的对工作的胜任程度——胜任特征。人力资源素质测评就是对员工的胜任特征进行测评,人力资源素质测评是由美国哈佛大学的麦克利兰教授在 20 世纪 70 年代提出的,已经得到很多企业的广泛采用。

1. 身体素质

身体素质指人的身体健康程度,对自然环境和人才环境的适应程度、健美程度等。主要表现为基本活动能力和对各类环境的适应能力。身体素质测评就是对人员的健康状况、体力、耐力和速度等的测试,可以通过各种仪器检测和进行体格检查。

基本活动能力是人们从事一切活动和工作的物质基础。适应能力包括内适应力和外适应力两种:内适应力指人体内生理功能的平衡,主要表现为抗病能力;外适应力主要指对于外部环境的反应力和耐受力。企业员工的身体素质一般表现为在现有工作中的持久性、旺盛的工作精力和出勤率等。

身体素质的考核是企业人力资源选拔的常规项目。比如,对拟新招聘的员工进行体检,而一些地方在选拔运动员时也把身体素质的测评放在重要的位置。人力资源考核中的素质测评强调对员工身体素质与企业岗位、职业的匹配程度,职业身体素质不是泛泛而谈的一般意义上的身体素质。

2. 心理素质

心理素质测评是对人员的气质、性格、兴趣、价值、情绪和注意力等个性特点及特殊能力的测试,可以通过各种心理测试量表,采用问卷法和模拟法测得,反映个体面对成功与失败的心理承受能力,是一个成功的人必备的重要素质。“心理”在希腊语中原意为灵魂,指人对客观事物的反应和应变,它主要包括智、情、意三个方面的内容。作为心理素质的智,主要指认知活动和认知能力,即智力。它是人在先天的生理基础上通过后天的学习和实践所形成的认知方面的稳定心理特点的综合,本身包括观察力、记忆力、想象力、注意力以及思维力 5 个基本因素。其中,观察力是智力的门户,记忆力是智力的仓库,想象力是智力的翅膀,注意力是智力的警卫，而思维力是智力的核心。作为心理素质的情是人对客观事物是否符合自身需要的反应，包括情绪（心境、热情、激情）、情感（责任感、荣誉感、爱憎感）和情操（道德感、理智感、审美感）三个层次或三种形式，是心理素质结构中的非理性因素。作为心理素质的意是人们自觉地确定目标，并根据目标主动地支配和调节行为，从而克服各种障碍达到预期目标的心理过程，表现为形成目的和实现目的两个方面，人员所具有坚定、果断、顽强和自制等不同的意志品质，具有决心、信心和恒心三个层次。

良好的心理素质是使我们成而不骄，败而不馁，把自己所拥有的现实能力以及潜能表现出来的关键素质，得到了管理界的高度重视。

素质测评强调对员工是否能从心理上承受工作压力等方面进行相应的考察。

3. 品德素质

品德素质是社会意识形态的一种，是一定社会调整人们之间以及个人和社会之间关系的行为规范的总和。人的品德包括价值观念、道德观念、行为规范和品行与操守等，反映出个人对他人以及个人对社会的实际态度。

在人文价值日益受到重视的今天，企业高度重视品德素质在企业经营管理中的作用，用人首先要用有德的人就充分说明了品德素质测评的重要性。

品德素质的测评可以从思想政治素质、人本观、事业心、廉洁性、忠诚度以及公正心等方面进行。我们注意的是员工的品德素质是否与企业的价值取向相匹配，是否具有相应的职业道德等。

4. 智能素质

人力资源的智能素质是人所具有的专业技能素质。对智能素质的测评就是通过专业知识考试或测验等方式对被测评人从事某一工作的智能素质进行测验。

专业技能主要是指与所从事的专业工作有关的能力，包括决策能力、工作能力、领导能力、人事能力、沟通能力以及协调能力等。决策能力是一个人管理能力的核心素质，因为管理过程本身就是由大大小小的决策所组成的过程。工作能力是人员所具备的完成本职工作的能力。人事能力表现为识人、用人、励人以及开发人的潜能和培养人的能力。沟通能力从某种角度而言也是一种人事能力，主要考察员工与他人在合作过程中为了协调彼此的工作而进行相关信息沟通的能力。协调能力表现为外部协调能力和内部协调能力：外部协调能力被通俗地称为公共关系能力，表现为促进形成企业与环境之间的和谐、企业与企业之间的融洽以及企业与政府之间的良好关系的能力；内部协调能力是指企业通过亲和力和凝聚力，促进企业各个部门的相互沟通和理解，实现企业内部各个部门间的协同合作、相互理解和相互认可。协调能力高可以促使企业最大限度地利用企业内外的各种有效资源，最大限度地排除各种障碍和阻力，促进组织健康运行和迅速发展。

能力是个人胜任某项工作或在工作中取得成就所必须具备的条件,它是一种内在的心理品质,必须借助于外在的活动才能表现出来。能力有现实的能力和潜在的能力之分,能力的发挥还应依靠情感与意志的支持才能充分完成。能力与知识、技能不同。知识是人们在头脑中储存的信息,技能是人们掌握的动作方式,它们相对具体和外显;能力是人们在活动中体现出来的内在心理品质,相对抽象、内隐,同时又是知识和技能的综合体现。能力也不同于智力,智力只是一种一般能力,它不能代表能力的高低。

我们对企业现有人员的智能进行考核,就是要考核被测评员工所具备的岗位工作职能是否符合岗位的要求,即明确的职业智能。

5. 胜任特征

麦克利兰教授认为,胜任特征是企业人力资源素质测评中的一个重要内容。胜任特征指的是“能将某一职位上表现优秀的员工与表现一般的员工区分开来的个体特征,它可以是动机(motives)、特质(traits)、自我概念(selfconcept)、知识(knowledge)、技能(skill)——任何可以测量的,并且能显著区分表现优秀的员工和表现一般的员工的个性特征”①。

在这里,知识是指对某一职位有用的信息;技能是将事情做好的能力;自我概念是对自己身份、个性和价值的看法;特质是个体典型的行为方式;而动机是决定个体行为的想法。

我们认为,对企业的人力资源素质进行测评的最终目的是为企业的人力资源配置等人力资源管理活动提供决策依据,因此,胜任能力的测评直接体现了人力资源管理的要求,但是其他的人力资源素质是考察其胜任能力的前提。在这个意义上我们可以简单地认定,对企业现有的人力资源进行素质测评的目标就是要考察该被测评员工与企业、与岗位的匹配程度。

(三)人力资源素质测评的类型

1. 按素质的构成要素划分

从前面的人力资源考核概述以及素质测评的内容可以看出,人力资源的素质构成主要包括身体素质、心理素质、品德素质以及智能素质四个方面的内容。其具体内容见前文。

2. 按被测评的对象划分

按被测评的对象划分,人力资源素质测评可以分为以人为中心的测评和以职位为中心的测评。

---

① 谌新民,刘善敏. 人员测评技巧[M]. 广州:广东经济出版社,2002:16.

以人为中心的测评是对人进行全面的测评，包括对人员的身体素质、品德素质、心理素质和智能素质的测评。这种测评有利于把握一个人各方面的素质状况，做到按人力资源素质的情况合理地配置，使人力资源与岗位合理搭配。

以职位为中心的测评是以职位分析为测评的前提，根据职位分析的结果，诸如职位所需要的资格、条件、能力和岗位规范来确定所需要测评的心理素质、品德素质和智能素质等。

以人为中心的测评就是以人为出发点，考虑人与事的配置来测评人，而以职位为中心的测评是根据职位的要求来测评人，考察该岗位对人的素质要求以及现有员工素质的胜任程度。相比之下，后者更具有针对性，提高了测评的效率。从两者的应用情况看，以职位为中心的测评适于人力资源的招聘、考核、提拔和培训；以人为中心的测评适于管理、决策和提拔。

从企业的经营管理而言，以岗位为中心的测评具有很强的适应性，在大多数企业得到应用。当然，我们在对一个人进行提拔特别是在提拔一个高层管理者时，宜将以人为中心和以职位为中心的测评结合起来进行。

3. 以测评的主体划分

以测评的主体划分，人力资源测评可以分为自我测评和他人测评。自我测评是以被测人的自我认知、自我评价为依据的测评，不存在统一的、固定化的模式和结果，完全由被测人根据自己的具体情况给出答案。他人测评是测评者通过某种刺激材料（如测评量表），让被测者对这种刺激做出反应，这些反应可以用于解释被测评者的素质特点。

在现实企业的人力资源素质测评中，一般都是将自我测评和他人测评结合起来进行，以他人测评为最终依据。

4. 按测评的方法划分

从测评的方法看，人力资源素质测评可以分为定性测评法和定量测评法。

定性测评法包括以往的评语性的鉴定法、观察法和面谈法等，其特点是对主持测评的人的水平要求较高，测试结果带有较强的主观性。定量测评法包括现今的大多数测评方法，通过大量的量化的指标设计，对人力资源各方面的素质进行测评。

5. 按测评开展的时间划分

按测评开展的时间划分，人力资源素质测评可以分为招聘中的测评和考核中的测评。

人力资源测评在企业人力资源管理各个阶段都有可能发生。在第五章中介绍的是人力资源招聘的测评，是人力资源进入企业前的测评，其测评的重点、内容以及意义与企业拥有的人力资源在考核中的素质测评存在一定程度的差异。我们用

表5－3的内容来体现二者的差异。

表5－3　人力资源招聘中的素质测评与考核中的素质测评比较

比较项目	招聘素质测评	考核素质测评
对象	拟招聘的员工	企业的新老员工
测评的重点	匹配度、合适性	胜任度、适应性
身体素质	健康状况	职业体力倾向及适应性
品德素质	基本的道德素质	职业道德素质
智力能力	学历、专业知识、基本技能、能岗（人职）匹配度、潜在能力	岗位技能、高级技能和高级能力、能力扩展
个性	个性特征	个性的团队适应性、职业个性倾向、个性发展的企业化
职业素质	职业倾向、职业兴趣	职业胜任能力
测评的方法	情景模拟、面谈、问卷、量表、专业测评软件、评价中心	专业测评软件、访谈、量表、问卷、企业素质考评、评价中心

二、能力测评

能力测评包括一般能力测评和特殊能力测评。我们在招聘的时候对拟招聘的人员进行能力测评主要是对其现有的能力及潜在能力是否与企业的要求相一致进行科学的测验评估，也就是对拟招聘人员的职业能力进行测评。

（一）一般能力测评

一般能力测评包括智力测验和能力倾向测验。

1. 智力测验

这种方法主要是通过词汇、相似、相反和算术计算等类型的问题进行测试，用于检测应试者在思维能力、想象力、记忆力、推理能力、分析力、空间关系力以及数字识别和语言表达等方面的能力。运用该方法的前提是，认为在特定智力测试与工作业绩之间存在较强的相关性，在这种测试中得高分的人往往被认为具有较强的能力关注新信息，善于从中找出主要问题，取得优良的工作业绩。事实表明，某种特定的测试可能只对某一类工作或活动有效。

智力测试通常采用韦克斯勒量表（见表5－4）和瑞文标准推理测验（SPM）进行。韦氏成人智力表设计了11个分测验，其中6个分测验组成言语量表，5个分测验组成操作量表，每个分测验均可单独计分。该量表既可以获得总的智商分数，又可以获得智力内部各分测验的分数，对受测人员智力测评十分有效。瑞文标准推理测验是由一系列图形组成，是一种非文字性智力测验，可以不受文化、语言、种族的限制，应用非常广泛，使用也很方便。该测验通过不同的图形填补要求，测量人的推理能力、清晰知觉和思维以及社会适应能力等。

表 5－4　韦氏成人智力量表的内容

分测验名称		所欲测试的内容
言语量表	知识	知识广度、一般学习能力及对日常事务的认识能力
	数字广度	注意力和短暂记忆力
	词汇	言语理解能力
	算术	数学推理能力、计算和解决问题的能力
	理解	判断能力和理解能力
	相似性	逻辑思维和抽象概括能力
操作量表	填图	视觉记忆、辨认能力，视觉理解能力
	图片排列	知觉组织能力和社会情境的理解能力
	积木图	分析综合能力、知觉组织及视动协调能力
	图形拼凑	概括思维能力与知觉组织能力
	数字符号	知觉辨别速度与灵活性

资料来源：吴志明．员工招聘与选拔实务手册[M]．北京：机械工业出版社，2002：247.

2. 能力倾向测评

对各个方面能力的测试并从中发现倾向性能力，可以借助该方法衡量应试者的能力和发展潜力。因为不同的工作需要不同倾向的能力，并不是每一种能力倾向都适合任意一项工作，如会计人员需要较强的数量关系辨别力，管理人员需要较强的组织协调能力等。能力倾向测评一般采用填写调查问卷的方式进行，对应试者在语言理解能力、数量关系能力、逻辑推理能力、综合分析能力、知觉速度与准确性、空间感和动手灵活性等方面加以测试，各项能力单独计分，从而获得其能力倾向。目前，国际上比较通用的是一般能力倾向测验（General Aptitude Tests Battery，GATB，美国劳工部就业服务处于20世纪40年代编制）和鉴别能力倾向测验（Differential Aptitude Test，DAT，美国心理公司开发）。

在人力资源招聘中，我们过去比较重视学历、专业和职称，而现代人力资源招聘中对人的能力要求，更看重应聘者的能力倾向，其学习能力、适应能力及创新能力。因此,能力倾向测评在招聘中的重要性也就更加突出。

(二)特殊能力测评

实际上特殊能力测评也是一种能力倾向测评,但它是针对特定的职业所设,如音乐能力测试、飞行能力测试、美术能力测试、文书能力测试和机械能力测试等。此外,特殊能力测评还包括创造力测试。创造力是一种特殊的能力,是人的一种高级能力,一般是指产生新的想法、新的发现和创造新事物的能力或能力倾向。创造力的核心是创造性思维能力,主要表现在思维的流畅性、灵活性、独特性和发散性方面。在人员招聘中我们必须考虑拟聘岗位对人员的特殊能力的要求。如我们招聘教师就必须要求其具有良好的口头表达能力,还要具备一定的嗓音基础。

三、人格测评

(一)人格测评的基本概念

人格测评也称个性测评。人格是个人所具有的个体独特的、稳定的对待现实的态度和习惯化了的行为方式,是一个人区别于其他人的稳定的心理特征,是先天后天交互作用的结果。人格体系中各种特性是紧密联系、综合在一起的,形成一种格式塔或完形。人格既有外在的、公开的一面,如处事态度和行为方式;又有内隐的、不愿展示的一面,如情感、动机、兴趣和品德等。人格又称之为个性,它与性格、气质不同。性格指人的性情、脾气和禀性等,气质则是指与人的先天神经特点有关的心理特征。人格具有整体性、综合性、独特性和稳定性,同时又具有某种共同性和发展性,因为人总是在一定的社会环境和文化背景下成长的,不可避免地会受到一些外在因素的影响,从而具有一定的群体特征和发展变化的可能。表5-5显示了人格的五个具有共性的方面。对一个组织而言,一个素质稳定、心理健康的雇员,远比一个心理不稳定、动力不足的员工更有价值。我们在招聘中对人员的人格进行测评就是考察其个性与职业个性要求之间的相关性和可塑性。如企业的公关人员要求在性格上具备相当的外向性。

表5-5 人格特征的五个主要维度

序号	维度	内容
1	外向性	友善的、好社交的、健谈的、表情丰富的
2	调整性	情绪稳定的、不沮丧的、安全的、满足的
3	愉悦性	谦恭的、信任他人的、和善的、宽容的、合作的、仁慈的

续表

序号	维度	内　容
4	责任心	可靠的、有组织的、坚持不懈的、细心周到的、成就导向的
5	好问	好奇的、富有想象力的、有艺术敏感性的、宽宏大度的、活泼有趣的

资料来源：雷蒙德·诺伊，等．人力资源管理：赢得竞争优势[M]．北京：中国人民大学出版社，2001：245.

人格测评的方法很多，如自我报告式量表与问卷式评定量表、投射性测验、情景性测验，常用的有16种人格因素测验（16PF）、DISC个性测验、职业兴趣测验、动机测验、加州心理调查表（CPI）、YG性格测验量表、MB行为风格测验量表、笔迹分析法和主题统觉测验法等。

问卷式量表分为自我报告式量表（又称之为自陈式量表）和问卷式评定量表。前者是让被测评者提供关于自己个性特征的报告，这种问卷将主观式的自我报告进行客观化和标准化，通过对既定的答案做出选择，有助于了解求职者较为内隐的个性心理，同时便于评分。后者是由熟悉被测评者的人作答的或由对被测评者进行观察的测评者作答。虽然通常认为被测评人最了解自己，从而在自陈式量表中能做出准确的选择和回答，但是在招聘选拔的情景中，某些人会出于迎合测评者或者为了达到被录用的目的而刻意做出不符合实际情况的回答，从而影响了测试的有效性。

投射测验是一种辅助性的测评工具，其结果可作为人员素质评价的参考信息。所谓投射，就是让人们在不自觉的情况下，把自己的态度、动机、内心冲突、价值观、需要、愿望和情绪等下意识水平的个性特征，在他人或环境中其他事物上反映出来的过程。投射测验就是基于这一原理，向被测试者提供一些未经组织的刺激情境，让其在不受限制的情境下自由表现他的反应，从而揭示其深层人格的特征。投射测验一般分为五类：联想法，即根据提示说出自己的联想内容；构造法，即根据所看到的内容编造一个完整的故事；完成法，即对一些不完整的句子、故事进行自由补充；表达法，即用某种方法（如绘画）自由表露其个性特点；笔迹法，即根据其书写特点推算其性格心理等。

情景测验是将被测评者置于特定的情境中，由测评者观察其在此情景下的行为反应，从而判断其个性特点。情景测验又叫模拟工作测试，是评价中心采取的代表性测评方式，往往能直接、真实地了解到被测试人员的心理素质和能力状况，因此它是一种非常有效的测评方法。

（二）卡特尔16种人格因素测验（16PF）

美国伊利诺州立大学人格及能力研究所卡特尔（R. B. Cattell）教授于1963年

提出了16种人格因素测验(Catell 16 Personality Factor Test ,简称16PF),可广泛应用于心理咨询、人员选拔和职业指导的各个环节。卡特尔根据自己的人格特质理论,采用系统观察法、科学实验法以及因素分析统计法,经过二三十年的研究,确定出16种人格特质,并编制了这一测验。卡特尔认为,人的行为之所以具有一致性和规律性,就是因为每一个人都具有根源特质。为了测量这些根源特质,他首先从各种字典和有关心理学、精神病理学的文献中找出约4 500个用来描述人类行为的词汇,从中选定171项特质名称,应用这些名称对大学生进行了行为评定,通过因素分析后最终得到了代表着人格组织基本构成的16种人格特质。他从乐群性、敏锐性、稳定性、影响性、活泼性、规范性、交际性、情感性、怀疑性、想象性、隐秘性、自虑性、变革性、独立性、自律性和紧张性16个相对独立的人格(维度)对人进行描绘,以了解应试者在环境适应、事业成就和心理健康等方面的表现,预测应试者的工作稳定性、工作效率和压力承受能力等。该测验属自陈式量表,优点是高度结构化,实施简便,计分、解释都比较客观和容易。是评估16岁以上个体人格特征最普遍使用的工具之一,广泛适用于各类人员,对被测试者的职业、年龄、性别和文化等方面均无限制。但该测验也存在一些缺点,如被测试者常因情境的改变而做出不同的反应,其回答不一定能反映其真实情况,故测验的信度不如智力测验等认知性测验高;人格特质难于操作化定义;个体行为总是受到情境与人格交互作用的影响;反应定势和反应风格会影响测验结果。

(三)DISC个性测验

DISC个性测验着重从以下四个与环境适应模式相关的人格特质对人进行描绘,即支配性(D)、影响性(I)、稳定性(S)和服从性(C),从而了解应试者的思维和行为风格、环境适应方式以及情绪稳定性等。人的行为作为一种内在和外在因素作用下的表现,它会受到人格特征的影响,也会受到所处的具体情境的不同作用。具有不同人格特征的个体在同样的环境和情境下会表现出不同的行为,个体往往会在对环境的适应中形成自己的行为风格。DISC个性测验就是描述个体在环境适应中的优势、行为风格、个人倾向和在适应中应注意的问题。例如,如何影响他人,对团队的贡献是什么,什么时候处于应激状态等,能使个体更加清楚地了解自己的个性特征,组织也可以有针对性地考察和预测个体的行为模式。

(四)职业兴趣测验

兴趣是重要的心理特征之一,是个体力求认识某种事物或从事某种活动的心理倾向,表现为个体对某种事物、某项活动的选择性态度或积极的情绪反应。兴趣是多种多样的,不同的人有不同的兴趣,同一个人也有多种不同的兴趣。其中职业兴趣是职业的多样性、复杂性与就业人员自身人格(个性)的多样性相对应下反映出的一种特殊的心理特点,即人们对不同特点的职业的喜好或从事某种职业的愿望。职业兴趣反映了职业(工作活动)特点和个体特点之间的匹配关系,是人们选择职业的重要依据和指南。职业兴趣测验正是用于了解这两方面特点之间的匹配关系,从而为实现"恰当的人从事恰当的工作"提供可靠的科学依据。应用职业兴趣测验,一方面可以帮助就业人员明确自己的主观倾向,即通过直接或间接地了解人们对不同的职业或不同的操作对象(人、事、观念)的偏好,了解人们究竟更倾向于或更适合于何种职业,找到最适宜的活动情境并给予最大的能力投入。也就是说,只有考虑到了职业兴趣,使就业者各适其位,各尽其职,发挥特长,才能取得工作最佳或令个人最满意的工作效果。另一方面,职业兴趣测验还对人员的选拔和安置起着指导作用,即招聘者应该考虑候选人的职业兴趣与所招聘的职业类型是否匹配。此外,职业兴趣测验还可以在能力鉴定的基础上甄别可能取得最大效益和成功的活动(职业)。能力是取得成功的必要条件,但它还不是充分条件,并不是每一个有能力的人都能够成为成功者。绝大部分成功者都是那些既具备一定的能力,又对所从事的工作真正感兴趣的人。满足感本身就是激励人们去努力工作的一种动力。因此,"兴趣加能力"是确保取得成功的重要条件。

1921 年,在美国出现了最早的职业兴趣测验。它从人与职业相匹配的角度将人的职业兴趣分为三类:即对数字、符号等工作的兴趣(D),对人及社会性工作的兴趣(P),对机械、工具操作等工作的兴趣(T)。此后,随着对职业兴趣研究的深入,针对不同的使用对象产生了许多著名的测验,如:SVIB,SCII,KOIS,VPI 等,并且所有这些测验都有很多版本问世。所有的职业兴趣测验都有一个基本的理论依据,即心理学家约翰·霍兰德于20 世纪50 年代提出的职业兴趣理论,认为职业兴趣就是个性的体现,"员工对工作的满意度和离职的倾向性,取决于个体的个性与职业环境的匹配程度"①。并据此编制了一系列职业偏好量表。

霍氏在研究职业兴趣的共同性和差异性之中找到了 6 个测验维度:现实或操作取向、研究取向、艺术取向、社会取向、企业或经营取向、事务或常规取向。

1. 现实或操作取向

具有现实型人格类型特点的人喜欢现实性的实在的工作,如机械维修、木匠活、烹饪和电气技术服务等。这类人通常具有机械技能和体力,喜欢户外工作,乐于使用各种工具和机器设备,喜欢摆弄和操作各种具体有形的实物。这种人喜欢同事务或物体而不是同人打交道。他们真诚、谦逊、敏感、务实、朴素、节俭和腼腆。

2. 研究取向

研究型的人偏爱对各种现象进行观察、分析和推理,并从事系统性的、创造性的探究,喜欢各种研究性工作,如科学研究人员、医师等。这类人通常具有较强的

① 秦志华. 人力资源管理[M]. 北京:中国人民大学出版社,2000:190.

科学研究能力,喜欢独立工作,喜欢解决问题;喜欢同观念而不是同人或事务打交道。他们逻辑性强、好奇、聪明、仔细、独立、安详和俭朴。

3. 艺术取向

具有艺术型特点的人偏好模糊、自由和非系统化的活动,并在这些活动中创造艺术作品、实现自我价值。他们喜欢艺术性工作,如音乐、舞蹈和唱歌等。这类人往往具有某些艺术天赋和技能,喜欢创造性的工作,富于想象力。这类人通常喜欢同观念而不是同事务打交道。他们比较开放、富有想象力、独立、有创造性。

4. 社会取向

社会型的人偏好对他人进行传授、培训、治疗和咨询服务等方面的活动,喜欢社会服务性工作,如教师、咨询顾问和护士等。这类人通常喜欢周围有别人存在,对别人的事很有兴趣,乐于帮助别人解决问题。这种人喜欢与人而不是与事务打交道。他们往往助人为乐、有责任心、热情、善于合作、富于理想、友好、善良、慷慨和耐心。

5. 企业或经营取向

企业型的人对领导角色和冒险活动感兴趣,喜欢诸如推销、人事管理类型的工作。这类人通常具有领导才能,看重在金钱和权力方面的成就,喜欢影响、控制别人。喜欢同人和观念而不是同事务打交道。他们爱交际、喜欢冒险、精力充沛、乐观、和蔼、细心和抱负心强。

6. 事务或常规取向

常规型的人偏爱对数据资料进行条理化、系统化的整理工作,喜欢传统事务性的工作,如记账员、秘书和办事员等。这种人有很好的记录和计算能力,喜欢室内工作,乐于整理文件资料、安排日常事务等。他们往往喜欢同文字、数字打交道,比较顺从、务实、细心、节俭、做事利索、很有条理和有耐性。

职业兴趣理论主要基于下面的几个假设:①大多数人的个性都可归于六种人格类型(RIASEC,即 R—现实型、I—研究型、A—艺术型、S—社会型、E—企业型、C—常规型)的一种;②现实社会中存在六种不同的工作环境(RIASEC);③人们倾向于寻找和选择那种有利于自己技术与能力的发挥,能充分表达自己的态度,实现自己的价值并使自己能扮演满意角色的环境;④一个人的行为是他本人个性和环境特征相互作用的结果;⑤个体类型和环境类型的一致性、和谐的程度可由一个六边形模型来解释和评估。⑥个体内部或环境内部的相容性程度也可以用一个六边形模型来决定;⑦个体或者环境的区分度可由职业的编码、所绘的结果剖面图以及两者共同来解释。

(五)动机测验

动机是行为的内在原因,主要指采取一定的行为满足某种需要的意愿。动机由需求而产生，为行为提供能量，具有目标指向性。人的（职业）行为动机有明显的个体差异，有些人工作是为了生活，而另一些人活着却是为了工作。对后一种人来说，工作是自我价值感的源泉，是社交网络的基础；追求成就的动机激发并指引着他们的行为，影响着他们对许多社会状况的知觉以及自己和他人行为的评价。个人的行为风格、工作绩效、精神面貌和认真投入程度关系紧密，因为个人不同的行为动机决定了他们对自己所在组织、职业中的责任和义务的认识和运用方式。使用动机测验有助于上级了解个人，个人了解自我；有助于预测个体的行为表现及其稳定性，为有效地了解个体和做好个体的思想工作提供重要的信息；同时还可帮助组织对成员的考核并进行有针对性的激励，以提高组织凝聚力和员工满意度。

第三节　人员录用

在人员素质测评之后，人力资源招聘工作进入最后阶段或决定性阶段，即人员录用。这一阶段的主要任务是通过对甄选评价过程中产生的信息进行综合评价与分析，确定每一位应试者的素质和能力特点，根据预先确定的人员录用标准与录用计划进行录用决策。在对求职者进行招聘选拔的过程中，有若干个评价者参加，所获得的信息也并不一致，因此在决定人员录用前必须进行讨论，按照统一的录用标准充分考虑用人部门的意见进行录用决策。

一、制定甄选标准与录用决策

（一）确认甄选标准

测评数据资料的综合分析通过专门的人事测评小组或评价总结会议进行。测评小组共同讨论应聘者在每个评价维度上的行为表现，得出关于某一求职者的一致评价意见。在对每一评价维度进行类似的综合后，就可以勾画出求职者在所有评价维度上的优点和弱点，依据事前拟订的岗位任职资格做出最后的录用决策。需要注意的是，如果人事部门与用人部门在人选问题上意见有冲突，应尊重用人部门的意见；组织应该尽可能地选择那些与企业精神、企业文化相吻合的应聘者，尽管他们没有相应的知识背景和工作经验，但这些可以通过培训获得，相对来讲，一个人的个性品质是难以改变的。招聘的目的不是为了寻找少数拔尖的、最优秀的人，而是寻找更多的、最合适的人，因此甄选标准既要科学，又要合理，还要适度。

科学就是要对求职者的胜任能力进行系统化的评估和比较，即结合定量与定性的方法对求职者各方面胜任特征进行评估和比较，找出其主要的优点、缺点以及与所拟聘职位的合适度，最后得出结论。一般来说，科学的甄选应该在五个方面得到体现，即信度、效度、普遍适用性、效用和合法性。信度是指一种测试手段不受随机误差干扰的程度，比如，像智力这样相对较为稳定的特征，其测试手段在不同的时间和不同的环境中所得到的分数应当具有一致性。效度是指测试绩效与实际工作绩效之间的相关程度。普遍适用性是指在某一背景下所建立的甄选方法的效度同样适用于其他情况的程度。效用是指甄选方法所提供的信息对于组织的基本有效性进行强化的程度。一般来说，甄选方法信度越高、效度越高、普遍适用性越强，则其效用也就越大。合法性是指一切甄选方法都必须符合现行的政策及司法先例。

合理即是要在各个求职者中善于取舍，挑选出最适宜于该职位的人选。选择的目标在于利用个人差异挑选那些更具有某种特性的人，这些特性被看作是干好工作的重要因素，工作分析是整个选择过程的基础。通常招聘单位会遇到这样的难题：到底是要智商高的，还是要认真负责的？或者二者兼得最好？其实这要视组织的实际情况来定。一般来说，智力高低、负责任的态度和表现都与工作性质有关。如果工作职务并不需要高级的解决问题的技能，员工的工作自主性程度不高且有足够的时间熟悉工作，或员工本身技能要比吸收学习能力重要得多的时候，智力就居于次要，而严谨的基本技术和专门性能力倾向、负责任的态度就更为重要，如机械师、水电工、律师和外科医生等。反之，如果入门后的学习才是重点，那么智力就很重要了。例如，微软的比尔·盖茨就是一个高智商的拥护者，据称，他在决定员工人选时，最为重视的特质是智力，对他来说，人才的首要条件就是要聪明，脑筋好往往比经验更重要。因此，微软公司选人先找 IQ 高的，专业技能等进了门再说。

所谓适度，就是说标准不宜太高。如果招聘一名普通的助理人员，就不必要求他聪明绝顶、名校毕业、有丰富的实践经验和卓越的领导才能。事实上，一个特别出众的超出了职位本身要求的人，会要求更高的待遇，或者干脆不安心做这份工作，反而会影响他的业绩和工作的稳定性。

（二）录用决策

甄选标准一旦确立，就应尽快地做出录用决策。在做出录用决策时，应注意以下几点。

1. 背景调查

在整个招聘过程中，所有的信息都直接来源于求职者的简历、应聘材料、面试及各种素质测评中的表现等。但要确认求职者的任职资格，还需对其背景信息进行调查证实，即开展背景调查。聘前测试是为了预测未来，而背景调查则是追溯过去并作为未来的指标。背景调查的范围通常包括违法乱纪、信用的不良记录、教育培训、学历学位和从业经历等各种记录。如果忽略了背景调查，有可能给组织造成巨大损失。如据有关媒体报道，在广东省曾经发生过竞争对手派人打入对方窃取技术资料的“工业间谍”案。

一家微电子企业在招收了5名技术开发人员后的半年里,公司的许多重要技术被竞争对手掌握,凡是新开发产品,对方都会抢先一步推向市场,专利也会被抢先申请,为此,公司遭受巨大损失。这个情况引起公司的高度重视。经过内查外调后终于发现,在最新招聘的5名技术人员中,有一个原来是竞争对手的职工,他的任务就是窃取技术秘密。后来虽然公安检察部门对此事做了处理,但是企业遭受的损失却无法弥补。又如有一家企业在招收财务主管时,没有对录用的人员进行起码的审查,结果,被录用的人虽有高级职称,却是个有贪污前科的人,仅在1年时间内,此人就利用自己手中的财权,将公司近200万元资金转移并吞为己有。当公司发现时,此人已逃离出境。

从这些案件中可以看出,对录用的人员,特别是在关键岗位担任重要工作的人员的背景进行审查不但是必要的,而且是必需的。对录用的人员进行背景审查,包括对其学历、职称、工作经历和人品等内容的核实,审查的最基本方法是认真审阅档案,因为档案是由组织填写的,本人很难接触到,所以可靠性较强。档案的记载还有相当大的连续性,在学历、经历上造假都可以在档案里发现蛛丝马迹。另一个方法是,还可以通过对其曾工作过的单位进行实地调查、核实。当然,对其原来的单位进行工作调查时,要注意对方评价的偏见,特别注意事实性陈述,更要注意在应聘人员没有辞职的背景下维护应聘人员的隐私。

2. 决定薪酬

在初步决定录用某人之后,招聘者应与该员工讨论有关薪酬福利的问题,并达成共识(在招聘面试中已经有对其薪酬的基本描述)。一般来说,一个特定的职位往往处于一定的薪酬范围之内,根据求职者的胜任力水平决定具体的薪酬档次,同时考虑到其原有的薪酬水平、对薪酬的期望值和现有的市场水平。对求职者的薪酬水平(标准)不应定得过高或过低,过高会激起其他人的不满,过低则会挫伤该求职者的信心和积极性。双方协商的薪酬水平要有书面协议或签订聘用意向书,以备查证。

3. 要有备选人名单

由于背景审查和讨论薪酬还需要一个过程,有时甚至导致无法录用某些人,因此,应有一个备选人名单。备选人名单应按优先次序排列,当人员录用完毕之后,这个名单连同他们的资料一并存入人才库。

4. 通知未被录用的求职者

对未被录用的求职者进行答复能展现招聘单位的良好形象。一般来说,最好采用书面通知的形式,并注意内容与措辞,既要简洁明了,又要礼貌尊重,同时应对落聘者表示鼓励和感谢。

二、员工入职程序

当一名应聘者经过层层选拔、评定环节被录用后,到正式进入该单位工作,还须经过一个入职程序,即入职之前。入职前该应聘者需要做好以下几件事:①从原雇主处辞职、解除劳动合同;②将人事档案转移到新单位统一指定的档案管理机构;③体检合格;④到人力资源部报到,领取并填写(新)员工个人档案登记表;⑤签订劳动合同;⑥进行入职教育(岗前培训);⑦到行政部门领取办公用品;⑧到财务部门办理相关手续;⑨到任职部门报到、上班。

员工入职程序可从以下流程图上得到反映(参见图5-2)。

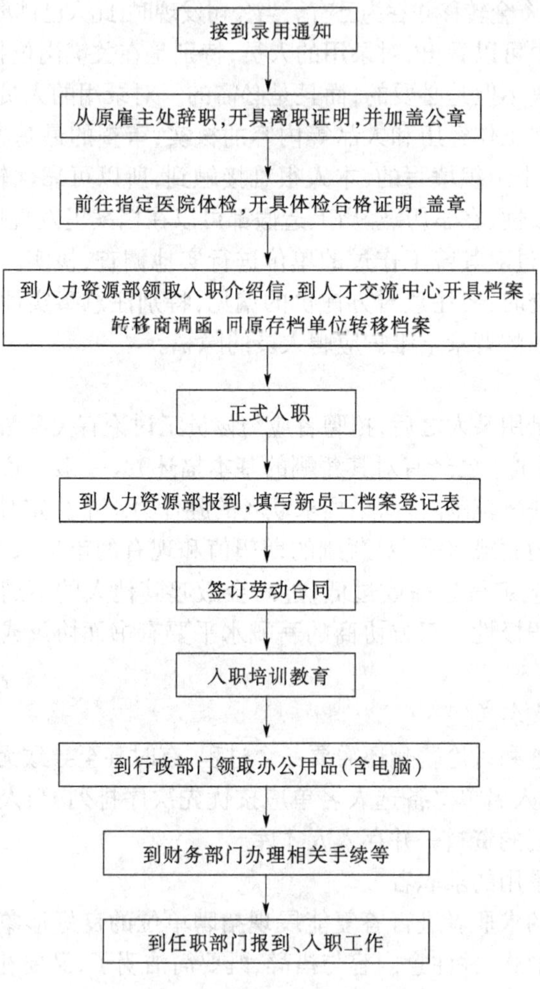

图5-2 员工入职程序流程图

这里要特别注意劳动关系的处理问题。

小提醒：

在对待员工入职时，一定要确认劳动关系，这既是对员工的保护，也是对企业自身的保护。2008 年某企业发生过这样一件事：一个员工辞职，由于人力资源部门相关人员请假，故没有及时办理解除劳动关系的相关手续，此员工在此期间就到另一家公司上班，因为原单位的离职手续未完善，导致新单位的入职手续也没有办理，上班第二天该员工发生了重大意外事故。此事情给当事双方企业都带来巨大的麻烦。

三、签订劳动合同与入职教育

（一）签订劳动合同

劳动合同一般分为短期聘用合同和长期聘用合同，新员工入职通常签订短期聘用合同，即试用期合同。试用期满合格者则签订长期聘用合同。劳动合同应严格按照《中华人民共和国劳动法》的有关规定签订，其内容一般包括：①被聘任者的职位、职责、权限、工作内容、任务、劳动保护和劳动条件；②被聘任者的劳动报酬、工作时间、休息休假、劳动安全卫生、保险、福利待遇等事项；③劳动合同期限；④劳动纪律；⑤聘用合同变更的条件及违反合同时双方应承担的责任；⑥解除、终止、续订劳动合同的条件及规定；⑦经济补偿与赔偿；⑧双方认为需要规定的其他事项。

（二）岗前培训

为了使招录的新员工尽快地熟悉、了解招聘单位的情况并融入组织文化中，以及尽快地掌握任职工作所需的相关制度规范和知识技能，招聘单位应对新员工进行入职培训（入职教育）。入职培训的主要内容包括：了解单位的发展历史、现状及未来以及组织结构、各种管理制度；进行企业文化熏陶和训练；相关工作程序、设备及技能的熟悉和掌握等。入职培训是与员工的集体荣誉感、归属感和责任感紧密相连的，只有在大量沟通、了解的基础上才能够参与和融入，从而使员工自己的努力与组织的发展保持一致。入职培训的形式多样，既可以是授课、讨论方式；也可出是训练、活动方式；还可以运用多媒体进行演示或直接参观，以增强员工的感性认识和认同感。

1. 岗前培训的目的

实事求是地向新员工介绍其工作、工作规范、工作环境及工作同事的有关情况，使其迅速熟悉业务流程和工作要求，激发新员工的士气。通过全面地、设身处地地向新员工提供组织及其岗位信息，尽快消除新员工对新工作、新工作环境及新同事的神秘感，有助于新员工对其工作群体、整个组织以及工作环境建立积极的、真实的、有利于其工作成功的看法。

2. 岗前培训的内容

岗前培训的内容包括以下几项：①熟悉岗位工作的内容、性质、责任、权限、利益和规范；②了解企业文化、管理模式、人事政策及各种规章制度；③熟悉企业生产经营与生活环境、工作岗位环境、人际关系环境；④熟悉并掌握工作流程、专业技能。

在此过程中，企业的高层领导应该尽可能亲自参加对新员工的培训，高层领导的介入会使新员工感受到组织的关怀，提升对自己尊重的感觉，加速其融合的步伐。

3. 培训周期

培训周期一般为三天至一星期，特殊岗位的入职培训可以适当延长。

4. 对不合格者的处理

培训合格者取得入职资格后可上岗工作，培训不合格者给予机会再进行培训，若仍不合格，应予以辞退。

案例思考　一次成功的招聘案例

在一次招聘会上，某著名外企人事经理说，他们本想招一个有丰富工作经验的资深会计人员，结果却破例招了一位刚毕业的女大学生，让他们改变主意的起因只是一个小小的细节：这个学生当场拿出了两块钱。

人事经理说，当时，女大学生因为没有工作经验，在面试一关即遭到了拒绝，但她并没有气馁，一再坚持。她对主考官说："请再给我一次机会，让我参加完笔试。"主考官拗不过她，就答应了她的请求。结果，她通过了笔试，由人事经理亲自复试。

人事经理对她颇有好感，因她的笔试成绩最好，不过，女孩儿的话让经理有些失望。她说自己没工作过，唯一的经验是在学校掌管过学生会的财务。找一个没有工作经验的人做财务会计不是他们的预期，经理决定收兵："今天就到这里，如有消息我会打电话通知你。"女孩儿从座位上站起来，向经理点点头，从口袋里掏出两块钱双手递给经理："不管是否录取，请都给我打个电话。"

经理从未见过这种情况，问："你怎么知道我不给没有录用的人打电话？""您刚才说有消息就打，那言下之意就是没录取就不打了。"

经理对这个女孩儿产生了浓厚的兴趣，问："如果你没被录取，我打电话，你想知道些什么呢？""请告诉我，在什么地方我不能达到你们的要求，在哪方面不够好,我好改进。""那两块钱……"女孩儿微笑道:"给没有被录用的人打电话不属于公司的正常开支,所以由我付电话费,请您一定打。"经理也笑了,"请你把两块钱收回,我不会打电话了,我现在就通知你:你被录用了。"

记者问:"仅凭两块钱就招了一个没有经验的人,是不是太感情用事了?"经理说:"不是。这些面试细节反映了她作为财务人员具有良好的素质和人品,人品和素质有时比资历和经验更为重要。第一,她一开始便被拒绝,但却一再争取,说明她有坚毅的品格。财务是十分繁杂的工作,没有足够的耐心和毅力是不可能做好的;第二,她能坦言自己没有工作经验,显示了一种诚信,这对搞财务工作尤为重要;第三,即使不被录取,也希望能得到别人的评价,说明她有直面不足的勇气和敢于承担责任的上进心。员工不可能把每项工作都做得很完美,我们接受失误,却不能接受员工自满不前;第四,女孩儿自掏电话费,反映出她公私分明的良好品德,这更是财务工作不可或缺的。"

坚持、坦诚、责任心、专业这几点都是公司比较欣赏的个人品质,即使对于个人,坚持、坦诚和责任心也是人际交往很重要的品质。

应聘一个公司,你需要知道这个公司最注重的是哪个方面,需要仔细考虑如何突出自己在公司所需要的方面的特质。

头脑对于一个人永远是最重要的,有思想、有行动,是一个人成功的重要亮点。

资料来源:http://wlkc.btvu.org/rlzygl/course_case/case_ch4_5.html

问题:

1. 请问你觉得经理的决策正确吗?为什么?
2. 该经理对女孩的决策应用了哪些人力资源招聘的技巧?

G 关键概念 GIANGAINIAN

人员素质测评　　结构性面试与非结构性面试　　职位说明书　　甄选标准

F 复习思考题 FXISIKAOTI

1. 在面试前,筛选简历和应聘材料、应聘人员登记表的意义是什么?
2. 虚拟演示:(情景)模拟操作面试法。

B 补充阅读材料
CHONGYUEDUCAILIAO

面试的26个经典问题

1. 我们为什么要雇用你呢?

有的面试只有这么一个问题。

2. 你认为自己最大的弱点是什么?

绝对不要自作聪明地回答"我最大的缺点是过于追求完美",有的人以为这样回答会显得自己比较出色,但事实上,他已经岌岌可危了。

3. 你最喜欢的大学课程是什么? 为什么?

说与你要应聘的职位相关的课程吧,表现一下自己的热诚没有什么坏处。

4. 你最不喜欢的大学课程是什么? 为什么?

"我不得不说是我们大学的主修课程,虽然我知道他们只是例行一下公事,但课堂上死气沉沉,老师和学生都只不过想熬完这个学期"。

5. 你在大学期间最喜欢的老师是谁?

我一向的回答都是(事实上也的确是):教我们广告营销的教授,他能使课堂充满生气。通过实例让学生把知识和现实紧密结合,而不是死读书本,我想从他身上得到的最多。

6. 你能为我们公司带来什么呢?

假如你可以的话,试着告诉他们你可以减低他们的费用——"我已经接受过微软(Microsoft)Access和Word的培训,立刻就可以上岗工作"。(他们在那边可能想:Access培训要花540美元,Word要花445美元,这小子能为我们省下近1 000美元的培训费用呢。)

7. 最能概括你自己的三个词是什么?

我经常用的三个词是:适应能力强、有责任心和做事有始终,结合具体例子向主考官解释,使他们觉得你具有发展潜力。

8. 你为什么来应聘这份工作?

我来应聘是因为我相信自己能为公司做出贡献,我在这个领域的经验很少有人比得上,而且我的适应能力使我确信我能把职责带上一个新的台阶。

9. 你对加班有什么看法?

尽量诚实——如果你说了"是"而实际上却不想,那么你会被人一直盯住。

10. 你对我们公司有什么认识?

说几件你知道的事,其中至少有一样是"销售额为多少多少"之类。

11. 你是怎么知道我们招聘这个职位的呢?

如果你是从公司内部某人处打听的消息,记得提及他的名字。

12. 除了工资,还有什么福利最吸引你?

尽可能诚实。如果你做足了功课,你就知道他们会提供什么,回答尽可能和他们提供的相配;如果你觉得自己该得到更多,也可以多要一点。

13. 你参加过什么业余活动?

既然最好是让人觉得你处事不乏手腕,那么最好强调一下那些需要群体合作和领导才能的活动。

14. 你参加过义务活动吗?

现在就着手做一些义务活动,不仅仅是那些对社会有贡献的活动,还要是你的雇主会在意的,如果他们还没有一个这样的员工,那么你会成为很好的公关资源。

15. 你心目中的英雄是谁?

最好的答案是你的朋友或者家人,尽量避免说及名人。

16. 你有什么问题吗?

一定要提问。

17. 你过去的上级是个怎么样的人?

别贬低过去的上司,提一下他的长处和不足。

18. 你为什么还没找到合适的职位呢?

别怕告诉他们你可能会有的聘请,千万不要说“我上一次面试弄得一塌糊涂……”指出这是你第一次面试。

19. 你最近看过的电影或者小说是什么?

一般说来,应该找一些老少皆宜的电影如《尽善尽美》。

20. 你的业余爱好是什么?

找一些富于团队合作精神的。这里有一个真实的故事:有人被否决掉,因为他的爱好是深海潜水。主考官说:因为这是一项单人活动,我不敢肯定他能否适应团队工作。

21. 你怎么看待要向比你年轻的人(或女性)汇报呢?

“我从不根据年龄性别划分别人,只要他们是凭借自己能力到达该职务的,那绝对没有问题。”

22. 我可以跟你的前任上司联系求证一下吗?

随便你怎么回答,但如果可以的话,最好答应。特别是你有前上司的证明信,没有比“当然,我有他的推荐信,你可以打电话给……”更好的回答了。

23. 想过创业吗?

这个问题可以显示你的冲劲,但如果你的回答是“有”的话,千万小心,下一个问题可能就是“那么为什么你不这样做呢?”

24. 卖这张桌子给我。

如果应聘销售或者市场之类的职务会常碰到这类问题。

25. 作为被面试者给我打一下分。

试着列出四个优点和一个非常非常小的缺点,(可以抱怨一下设施,没有明确责任人的缺点是不会有人介意的)。

26. 告诉我三件关于这个公司的事情。

你应该知道10件和公司有关的事情,他问你3件你回答4件,他问你4件你回答5件。

[资料来源:根据中国人力资源网(http://www.HR.com.cn)的有关资料,经整理改编而成。]

第六章

人力资源招聘的评估

本章要点

本章从认识人入手，讨论现代企业人力资源管理的核心思想，研究人力资源管理与企业竞争优势的关系，并以此为切入点，针对现代移动互联新时代人力资源管理的新模式及对应的内容体系，进一步确认战略性人力资源管理框架下招聘、培训和考核在现代企业人力资源管理中的地位。要求学生通过本章学习，掌握现代企业人力资源管理的基本内涵，认识人力资源管理不同发展阶段的管理重点及当前人力资源管理的新方向。

引入案例

某大型百货公司张总以50万元年薪聘请赵先生做人力资源部经理，签订了为期一年的劳动合同。赵先生是公司另一位骨干张先生介绍来的，有很不错的业绩背景。但工作一段时间后，张总发现，赵先生在很多方面不尽如人意：赵先生原来从事大型化工企业的人力资源管理工作，从没涉足过商业百货领域，管理的思路、工作作风与本企业很不一样。赵先生不懂百货业的经营特征,业务上难以沟通,个性强硬,管理简单粗放,刚愎自用,表面上服从,实际上听不进别人的意见。三个月后,张总向赵先生提出解除合同。

赵先生请求:“再给一个月,一定做好。”一个月后,赵先生的管理制度方案做出来了,但严重脱离公司现实。于是,张总给赵先生提出两个建议:“离开公司,给你一定的补偿;或者是换岗,留在本部,工薪减半,这样你仍有机会来证明你的能力。”第二天,赵先生把公司电脑里的资料复印了若干份,扔在张总的桌面上:“你要我离开公司可以,但你得补偿我50万元。如果你不补,公司资料在我手里,我可以找劳动人事部门告你。”面对这种情况,张总真不知如何办才好。

招聘是组织获得人力资源的必经途径,是企业人力资本投资的重要内容。一次失败的招聘会给企业带来巨额损失。在市场竞争日趋激烈的今天,企业人力资本投资更加注重实效,旨在通过人力资源的投入,改善其人力资源的数量、质量和结构,有效地提高组织的经营管理绩效。因此,人力资本投资同组织其他投资活动一样,必须进行投资成本核算和投资效益分析。既然招聘活动是组织人力资源管理活动的第一步,并且要花费一定的费用,招聘效果的好坏特别是录用人员的质量(上岗后的工作表现),直接影响到组织人力资源管理其他工作能否顺利开展。因此,对招聘活动进行价值核算和评估也就成为招聘程序中一项必不可少的管理环节,包括对招聘的有效性、成本和效益的分析。

第一节　有效招聘的开展

一、有效招聘概述

(一)有效招聘的含义

招聘的有效性,一是指招聘的结果是否能够满足组织对人力资源数量上的要求;二是指招聘的质量,特别是招录的新员工素质是否很好地达到了组织的用人标准;三是强调招聘花费的合理性;四是强调通过招聘使空缺岗位的成本控制在许可范围内。过去组织对于普通员工的招聘,往往侧重于第一方面,而对于知识型员工、管理人员的招聘,则强调后者。中外组织人力资源管理的实践大多认为有效招聘关键在于招聘录用人员的质量,而对招聘费用的合理性则缺乏深层次考虑。

有效的招聘或曰成功的招聘是指组织从“人”“事”“费用”“时间”四个方面出发,依据人事(人职)匹配原则,在合适的时间以合适的代价挑选出最合适的人来担任某一职务,促使上岗人员的个人特征与工作职位特征有机地结合起来,以取得理想的人力资源管理效果。

(二)有效招聘的意义

1. 人力资源管理工作有效开展的前提

如果新聘员工不合适,发展潜力小,可培养性差或使用价值小,则人力成本高于人力价格;选择不当,组织就需要对新员工花费更多的培训费用和培训时间。如果招聘失误则会造成严重损失,招聘费用相当于员工重置成本,将直接影响人力资源管理的有效性,增加人力资源管理的成本,特别是机会成本。

有效的招聘,可以调剂社会劳动力的余缺并使劳动者与组织空缺职位匹配,做到人尽其才;有效的招聘也属于人力资本投资的内容,可提高组织人力投资的收益,既有利于个人,又有利于社会。对个人来讲,人力资本投资能增加个人收入;对社会来讲,人力资本投资具有正向的外部效应,可以提高社会生产率,扩大总产出。有效的招聘,还为组织开展其他人力资源管理工作,诸如培训教育、薪酬管理、绩效评估、福利管理和组织变革等做出显著贡献,最终提高人力资源管理对组织目标、绩效的贡献。

2. 提升组织运行的稳定性

有效的招聘,可以保证组织招来真正需要的人才,不断地增强员工队伍的稳定性和竞争力,有效地防止人才的流失,减少组织因为人员流动频繁而带来的损失。

有效的招聘,可以使组织获得优秀员工和高级管理人才,有效地提高组织人力资源素质,为其进一步发展壮大打下良好的基础。

3. 提升企业社会影响力

有效的招聘,还是一个组织活力和生命力乃至发展状况的象征。成功的招聘或招聘工作做得好,可以使更多的应聘者了解本单位,并且影响他们决定是否加入本单位。因此,通过有效的招聘,组织可借机扩大知名度和美誉度,并塑造良好的企业形象。

(三)有效招聘的评估指标

随着劳动力市场的日益开放,社会人力资源流动频率加大,人才竞争日趋激烈,无论是组织还是劳动者都面临着更多的机遇,而组织的人力资源招聘工作则面临着更大的挑战,突出表现为人们对招聘工作成效的关切,也即对人力资源招聘工作业绩的量化和价值化评估的需要。当然,构建一套系统的招聘考核指标体系是一件复杂的工作,但这方面的尝试却从未间断。

1997 年,美国人力资源管理协会的调查显示,企业招聘工作的关切点按重要程度排序为:录用质量、顾客满意、时间投入和单位招聘成本。

组织有效招聘的效果评价指标具体如下:

1. 数量指标

数量指标——空缺职位是否得到满足。空缺职位是否得到满足可用以下指标衡量:

$$应聘比率=\frac{应聘人员数量}{人员招聘需求数量}\times100\%$$

$$录用比率=\frac{实际雇用人员数量}{应聘人员数量}\times100\%$$

$$有效录用比率=\frac{实际雇用人员数量}{人员招聘需求数量}\times100\%$$

2. 质量指标

质量指标——人事(人职)匹配率或 P-J,P-O 合适度与空缺职位填补的及时性。可以根据工作分析与录用标准对录用的人员进行等级排列来评估,还可用合格的应聘者与不合格的应聘者的比率进行衡量。

3. 效率指标

效率指标——平均单位招聘成本水平与平均单位招聘收益水平分析,时间价值分析。招聘成本评估是确定招聘效率的一个重要指标,如果招聘成本低,录用人员质量高,就意味着招聘效率高;如果招聘预算总经费不变,录用人数越多,则意味着单位招聘成本越低。

$$单位招聘成本=\frac{招聘总经费(元)}{录用人数(人)}$$

4. 离职率等其他相关指标

$$人力损耗指数=\frac{在某一年内离职的人数}{在某一年内的平均员工数}\times100\%$$

员工离职率越大,则组织吸引保留人力的能力越低。

$$人力稳定指数=\frac{现时服务满一年及以上的员工人数}{一年前雇用的总人数}\times100\%$$

该公式没有考虑人力的流动。

$$留任率=\frac{在一定服务期后仍在职的人员数}{原在职人员总数}\times100\%$$

二、提高招聘有效性的策略

招聘到最适合组织需要的人以实现组织目标,也即让招聘录用的人员给组织带来价值增值,这是招聘的理想效果。理查德·贝蒂在其著作《面试及选择高效人才》中指出:公司如果总能雇用高效率的人员,公司的工资总支出可以节省 50%,因为高效率的员工有很高的产出。但实际情况是,许多组织对招聘工作没有引起足够的重视，招聘活动过于草率，招聘录用决策全凭主观感觉，人员的配置缺乏计划性和相应的招聘策略，招聘选拔所采用的测评方法的效度与信度不高等，其结果造成招聘的失误，并为此付出昂贵的代价。如因新员工工作效率低下；组织为那些不合适的新员工学习新知识、新技能付出更高的费用等。总之，如果组织招错了员工，其生产力损失的代价是惊人的，组织的一切投入都将付诸东流。因此，组织必须搞好招聘工作，通过采取以下措施提高招聘效果并招募到高效人才。

（一）把吸引和留住人才作为组织的头等大事

要吸引和留住人才就需要组织的高层管理者重视人力资源管理实践尤其是招聘工作。凡人力资源管理先进的组织，都把招聘作为组织人力资源管理、开发和利用的基础，视招聘为组织任何时候都必不可少的一项难度极大、专业性很强的工作，并不断提升对招聘工作的认识。

1. 给人力资源部门和人力资源管理重新定位

在现代企业制度下，人力资源部门的角色发生了根本的变化，已由纯粹的职能部门上升为战略合作伙伴关系，被直线管理授权以协助、建议的方式推动企业战略目标的实现，而人力资源经理应该是高效的、积极的“建筑师”，在战略资源管理、人事政策和规章制度管理、人员调配管理、人员流动管理四个方面成为“业务伙伴”。一言以蔽之，人力资源部门和人力资源管理及其职业化的人力资源管理团队可以通过执行战略计划、提供有效的管理、提高雇员认同感和建立企业文化来提高企业的价值。

2. 在招聘工作之前制定和实施提高组织在劳动市场上的吸引力策略

(1)创造一种赢得员工之心的最佳雇主形象。比如，提供挑战性和创造性的、能增强员工能力的工作机会，提供良好的员工培训和开发的条件，拥有声誉卓著的品牌和产品优势，让员工获得国际工作经验，提供员工自我评价和发展的必要信息和工具等。

(2)增强工作职位吸引力。增强职位吸引力的方法很多，一般考虑工作匹配、薪酬福利、个人愿景、发展机会、组织的发展前途、奖励回报、团队工作关系和责权利标准等因素。

(3)树立诚恳的招聘态度。组织的招聘态度自始至终都将充分体现在招聘活动的各个方面，每个应聘者在求职的过程中都会感受到。例如，在招聘广告中感受一个组织是否有“求贤若渴”“诚聘英才”“栽梧桐引凤凰”的诚意；在招聘过程中，部门经理能否及时地安排面试，使应聘者觉得自己是否受到重视，如果不能，组织也许就会错过真正优秀的人才。此外，如何拒绝应聘者的应征或善待落选者，也是一个值得重视的问题。懂得拒绝艺术的组织对不合格的应聘者会寄给他们一封热情洋溢的信，感谢这些曾来应聘的人对本组织的支持和关注。这样做的目的是为了获得应聘者的好感，即使组织最终没有雇用他们，应聘者也会记住该组织曾提供的优质服务，并将其待遇告诉别人，吸引更多的潜在员工关注该组织。

(4)经常进行招聘，而不是在职位空缺才来填补。要让业绩不佳者及时离开职位，将有才能的潜在的员工及时招聘进来并安排到合适的工作岗位上。招聘部门的反映应当迅速，在接到用人要求后短时间内就能找到潜在的合适的候选人，为此招聘部门要建立一个人才资源库以供随时使用。此外，管理层对本组织是否需要招聘录用新人也应该快速做出决定。

（二）做好招聘的准备工作

1. 招聘专员与组织其他部门经理一起讨论对应聘人员的要求

比如，了解空缺职位的情况，用人部门明确提出本部门职位所需要的关键技能和条件等。优秀的人力资源招聘人员善于说明组织业务发展需要的人员的类型和资格要求，并且对本组织的目标、策略和文化价值有着很好的理解。

2. 提升人职匹配度

人职匹配度指求职者的素质和其他条件与待聘岗位的适合程度，从录用员工的成长角度考虑，给予他们自我发展的机会和条件。

在招聘过程中运用P-J,P-O合适度理论的具体操作如下：

(1)考察应聘者是否具有空缺职位所要求的知识和技能：学历如何？专业是否对口？有没有类似的工作经验？

(2)分析应聘者是否具有空缺职位所要求的能力，需要解决以下问题：①需要什么能力？应该是应聘者干好空缺职位所不可或缺的关键能力。这时工作分析就在招聘时派上了用场，因为详细的工作分析对每个职位上应该具备的关键能力给予了描述和说明；②如何发现能力？可通过面试、情景模拟、公文筐测试等方法去发现应聘者是否具备这些能力。比如，采用基于行为的面试方法，假如领导能力是待考察的一项关键能力，则可以让应聘者举一个能证明其领导能力的实际例子来加以说明；也可以从应聘者简历上看出一些能力特征，比如，他在上一家组织干得如何？

(3)判断应聘者对空缺工作职位的期望是否现实，组织能在多大程度上满足他们对工作的期望。比如，面试中招聘者可以问：你的上一份工作有哪些方面让你感到满意？哪些方面让你不满意？

(4)判断应聘者对组织的期望是否现实，组织能在多大程度上满足其对组织的期望。比如，招聘者在面试中可以问：你的上一家单位哪些方面让你满意？哪些方面让你不满意？

(5)着重考察应聘者的个性、价值观、态度、行为方式与组织的环境、组织文化、经营管理理念等是否适应。当然这种价值观念匹配性的分析是有难度的。

(6)对应聘者职业道德的考察变得越来越重要。因为岗位技能经过应聘者的入职培训可以得到改善,而一个人的品行改变起来则不那么容易。

(三)制订科学的招聘计划和严格的招聘规程以及规范的操作方法

人力资源管理实践表明,如果没有人力资源规划,有计划的人力资源补充和储备就无从谈起;没有招聘计划和招聘规程,势必导致招聘失误,给组织带来巨大的招聘风险。

组织要实现合理科学的人力资源配置,首先要制订合理的人员招聘录用计划和人力资源管理规定,设计并制定组织内部招聘和外部招聘的相关程序,以及详细、规范的部门职能和岗位描述;并设计组织的培训系统,从根本上规范组织人力资源管理的基本框架,在这个框架下定期或不定期地调配人力资源,招聘任用组织所需要的各类人才,为组织的现代化管理和适应未来的发展和竞争打下良好的基础。

根据组织的实际运作,招聘录用计划需要考虑如下因素:

(1)遵循"因事设岗、因岗定人"的原则确定组织的编制,解决"事事有人做"及做事的人在人才市场的薪酬定位,在不突破组织人力成本限额、不低于市场人才价格平均水平的情况下,招聘到理想、合适、相对稳定的人才。

(2)考虑组织实际工作量需求(最高需求与最低需求)。按平均经营水平状况来确定人力需求量,并辅以小时工、季节工等调节手段或兼职、一事一议的形式。

(3)考虑组织未来发展的需要,即组织不得不为明天付钱,培养未来所需的人才。

(4)完善与组织的使命、经营目标、价值观相匹配的完备的人力资源招聘策略和招聘程序以及社会招聘、内部招聘的有效方法。

(四)借助非对称信息理论提高人员招聘录用的有效性

20世纪70年代,三位美国经济学家乔治·阿克洛夫(George Akerlof)、迈克·斯宾塞(Michael Spence)和约瑟夫·斯蒂格利茨(Joseph Stiglitz)奠定了关于市场经济的非对称信息理论的基础。他们认为,市场信息不对称的例子比比皆是,而市场经济的有效运作,需要买者和卖者之间能够充分共享信息。如果信息严重不对称,就有可能限制市场功能的发挥,在极端的情况下,会使市场整个不存在。

对于劳动力市场而言,政府与用人单位之间、应聘者(求职者或就业者)与用人单位之间、组织内部人力资源部门与其他部门之间、各部门主管与员工之间存在着信息不对称现象,特别是应聘者与招聘者之间存在着严重的信息不对称现象。一方面,应聘者了解自身的知识能力结构而对招聘单位无法详知;另一方面,招聘单位清楚自己的需求状况和职位特征而对应聘者知之甚少,其结果容易导致人力资源的浪费和组织招聘成本的增大。因此,我们必须把人力资源的配置特别是招聘工作视为一种市场化的运作,招聘新员工可能是最具风险性的工作之一,在信息不对称的现象普遍存在、学历的信号作用日趋弱化的今天,组织需要建立一种能够让高能者脱颖而出,低能者淘汰出局的招聘选拔机制。

在招聘过程中,招聘者应对应聘者开诚布公,既谈论本组织和工作岗位的积极因素,同时也客观地描述那些不怎么吸引人的现实,还要帮助应聘者客观地评价个人素质能力与组织工作职位、目标任务之间的合适程度;招聘者既要重视应聘者的学历文凭,又不能唯文凭论,需要对应聘者的基本资料和面试表现进行具体问题具体分析。总之,信息共享、双向选择是提高招聘有效性的重要前提。

(五)提高招聘方法和招聘工具使用的效度与信度

效度是指招聘的方法和工具能够准确测出所应聘人员相关素质的程度,测量结果与要考察的内容越吻合,则效度越高;反之,则效度越低。信度是指测验结果的一致性、稳定性及可靠性,一般多以内部一致性表示该测验信度的高低。信度系数越高即表示该测验的结果越一致、稳定与可靠。

在招聘选拔的各个环节中,比如,面试、人员测评和招聘效果评估,招聘者选择各种科学的、行之有效的和现代的方法与技术工具,定性分析与定量分析相结合、执行既定标准与具体问题具体分析相结合,亦能提高招聘工作的有效性,减少招聘过程中一些传统做法带来的主观随意性。招聘方法与招聘效果是直接相关的,“如果你能够倍增遴选方法的预估能力,你就能够倍增自己的财务报偿”①。“一般说来,甄选方法信度越高,效度越高,普遍适用性越强,则其效用也就越大。此外,即使是在信度、效度与普遍适用性均保持不变的情况下,特定甄选背景中的许多特性也会对甄选方法本身的效用产生促进和减损作用”②。

(六)建立完善的招聘组织体系

经过专业培训的招聘者和用人部门经理参与整个招聘活动是实施有效招聘的人力保障,而组织给予人力资源管理部门以物质资金支持和足够的授权,将使本组织在与其竞争对手进行人才竞争时处于优势地位。

① [英]内维尔·贝恩,比尔·梅佩. 人的优势——通过更好的遴选与业绩改善经营成果[M]. 北京:经济管理出版社,2001:12.

② [美]雷蒙德·诺伊,等. 人力资源管理:赢得竞争优势[M]. 北京:中国人民大学出版社,2001:236.

第二节　招聘成本评估

20 世纪 50 年代末期由 W. 舒尔茨创立的人力资本理论，已普遍地被人们所认识和接受。人力资源和其他实物资源一样都被视为企业的资产，为此经济学家与管理学家一直在探索尽可能准确地计算人力资源投入—产出效益的理论框架和科学方法，并逐步形成运用会计方法去评估企业人力资源管理活动的方法——人力资源会计。

一、量化人力资源成本和价值

（一）人力资源会计概述

1. 定义

按美国会计学会的定义，人力资源会计是指鉴别和计量人力资源的成本和价值的一种会计程序和方法，目的在于把企业人力资源变化的信息，提供给企业管理当局和外界有关人士使用。人力资源会计的基本前提是将人力资源视为一项资产或经济资源，一项重要的、特殊的资产，即人力资源或者员工在受聘期间的劳动能力资源的使用权是能够为组织拥有或控制的，可以用货币计量价值，并且能为组织创造潜在的、巨大的经济效益。人力资源是第一资源并可计量价值、权益，人力资源是资本而不是费用。组织可以对作为知识载体的人力资源进行确认、计量和报告，比如，计算其投资成本和维护成本，计算人力资源管理活动的经济价值或对人力资源管理活动的成本—效益进行评估。

2. 人力资源会计的核算对象及分类

人力资源会计以一个组织某一会计期间能以货币计量的人力资本投入和产出为会计对象。企业人力资本投入是指组织对其人力资源的取得、开发、使用、保障、离职和评价等方面投入的资本。组织人力资本产出是指组织通过对人力资源一定时间的使用、培训开发，所获得的人力资源价值。因此，组织人力资源会计主要分为人力资源成本会计和人力资源价值会计。但也有学者将其分为人力资源财务会计和人力资源管理会计，前者以会计原则为准绳，以财务会计方法为主要手段，鉴别、计量与提供有关人力资源的货币性信息；后者以管理会计方法为主要手段，对人力资源的招聘、培训、开发和配置等进行会计管理活动。

3. 人力资源的会计职能

一是价值核算与监督管理。主要是利用财务会计方法反映组织人力资源状况的会计信息以及对组织人力资源投资全过程进行监督。二是预测、评估与决策。主要是预测人力资源价值和需求量，评估分析人力资源投资收益，进行人力资源的投资决策。

4. 人力资源会计的目的

一是为组织正确制定经营管理决策、人力资源政策以及合理计算盈亏提供会计信息；二是为组织各部门正确评价工作绩效、有效开发和安排人力资源提供决策依据；三是为组织所有者分析人、财、物投入比例和投资效果，并进一步提供人力资本保值增值情况；四是为组织外部有关部门提供组织人力资源维护、开发、使用和调配的决策信息。

（二）企业人力资源会计的计量方法

组织人力资源会计的核心问题是计量问题。传统会计以货币作为计量尺度，但由于人力资源价值的许多特性是货币所无法体现的，因此，人力资源会计除采用货币计量外，还必须合理地运用非货币尺度来反映。这种非货币信息，可在会计报表的附注中说明或以其他方式披露。组织人力资源计量的一般方法有：

1. 人力资源成本的计量

（1）原始成本法：也被称之为实际成本法，是以取得、开发、使用人力资源时发生的实际支出计量人力资源成本的方法，它反映了组织对人力资源的原始投资。图 6－1 为组织人力资源管理的基础成本，包含了人力资源招聘、培训等非生产性

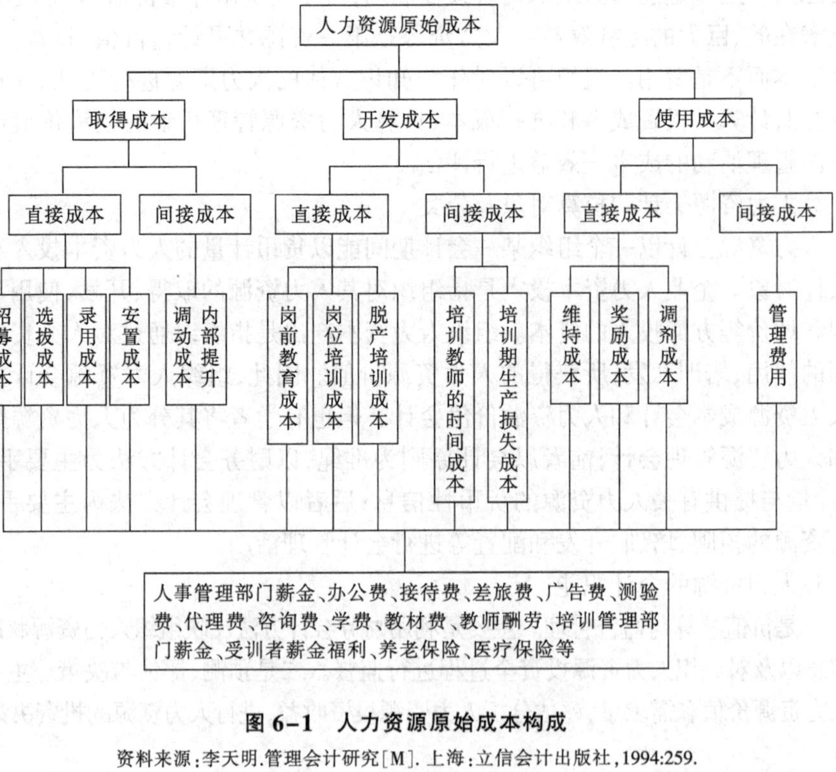

图 6－1 人力资源原始成本构成

资料来源：李天明.管理会计研究[M].上海：立信会计出版社，1994:259.

经营支出和社会投资所形成的人力资源成本。采用原始成本法,要按照划分收益性支出和资本性支出的原则,在各会计期末将人力资源资本性投资部分确认为人力资源的成本,同时还应根据人力资产成本的耗用情况,对已经形成的人力资产成本进行摊销。这种方法的优点是使取得的数据具有客观性和可验证性,能使人力资源会计与非人力资源会计在计价原则上保持一致,使两种信息具有可比性;其缺点是人力资源的实际价值可能大于其原始成本即账面价值,而且人力资产的增值和摊销与人力资源的实际能力增减无直接关系,从而使信息使用者在根据会计报表上的数据分析人力资源时,与实际价值产生偏差。

(2)现实重置成本法:是指在当前价格水平下,假设对组织现有员工重新取得、开发、培训及辞退,并达到现有水平所需发生的全部支出资本化的方法。采用此方法的缺陷:与其他资产评价方法不一致,可能误导信息使用者;重置成本估算的难度和工作量比较大,并且不可避免地带有主观性,使信息的可比性下降,但它在一定程度上反映了人力资源的现时价值。该方法主要适用于对企业人力资源的预测和决策,一般不用于对人力资产的账簿核算。人力资源重置成本包括职务重置成本和个人重置成本。职务重置成本是从职位角度计量组织在现时条件下取得和培训特定职位要求的人力资源所必须付出的费用支出。个人重置成本是从个人角度计量组织在现时条件下取得和培训具有同等服务能力的人力资源所必须付出的费用支出(见图 6-2)。

(3)机会成本法。在人力资源规划方案中,如果选用某一种方案,就意味着放弃投资于其他方案的机会收益。这些放弃的机会收益,就是选择该方案的机会成本。同样,以员工离职或离岗使组织蒙受的经济损失作为人力资产损失费用的计量依据,这种方法使机会成本更接近人力资源的经济价值,便于正确估算人力资源的成本。这种方法与历史成本法结合起来用于人力资源的账簿核算,效果会更好。

2. 人力资源价值的计量

人力资源价值是指人力资源为组织提供服务、创造价值的能力。人力资源价值的计量主要有两种模式:个人价值模式和群体价值模式,两者互为补充。人力资源价值会计就是用人力资源的创利能力来反映组织现有人力资源的质量状况。

(1)人力资源个人价值的计量方法。

第一,未来薪酬资本化法或未来工资贴现法:将组织员工从现在到退休期满为止预计所获得的个人薪酬所得,按一定的折现率折为现值,并分别加总求得人力资源价值的一种方法。该方法假定员工工资和其对组织的价值之间有确定的关系。这种方法把未来薪酬所得作为计量基础,比较容易计算。但未来薪金报酬、员工的实际有效使用年限均需估计,同时忽略了员工调动、晋升、辞职等因素,因此,可能会高估或低估人力资源的价值,影响其准确性。

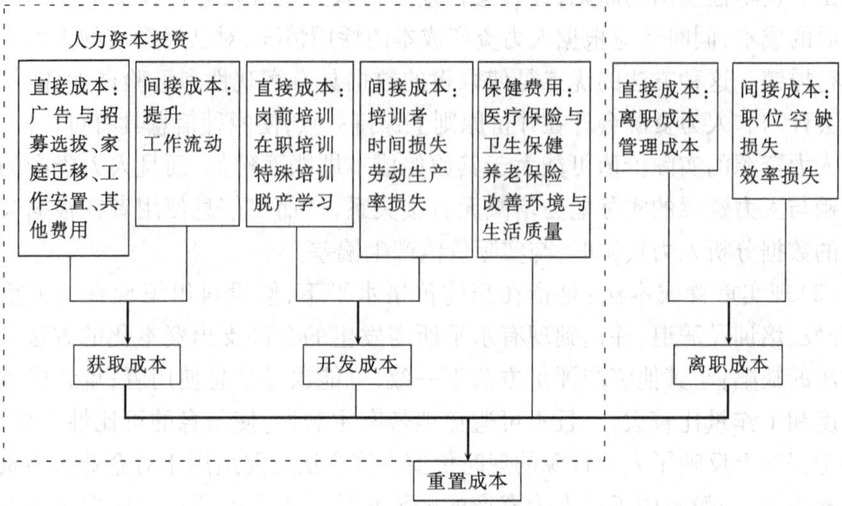

图 6-2　人员招聘的重置成本

第二，内部竞标法：认为人力资源的价值可以通过各部门、各利润中心的经理投标竞价来确定，对某员工的最高竞价也就是该员工的价值。这种方法将市场竞争机制引入组织的人力资源配置工作，可以实现现有人员的最佳配置，但忽略了一般员工的价值计量，如果员工不参加竞价，就不能反映其价值。

第三，随机报酬法或未来赢利贴现法：认为员工在未来时期所处的状态是不确定的，可能提升、离职、退休和死亡等。员工状态是一个随机过程，通过计算个人价值的期望值，将其折现为人力资源的价值。该方法假定员工现在的价值是其未来服务年限内赢利的贴现值。这种方法既考虑了员工在组织内的流动，又考虑了员工离职的可能性；数据计算比较客观，反映了人力资源的动态性，用其估计人力资源价值容易被接受，是一种值得借鉴的方法。

(2)人力资源群体价值的计量方法。

第一，商誉法：人力资源价值用组织超过本行业正常赢利的资本化收益来估计。其具体计量模式是：把组织过去若干年的超额利润列为“商誉”，并把商誉按人力资源投资占总资源投资的比例摊配额作为人力资源的价值。这种方法只考虑了超过同行业正常水平的人力资源价值，而且按此推理，没有获得超额收益的组织就没有人力资源价值或为负数。显然，这种方法缺乏理论依据，在实际计量中，要有针对性地使用。

第二，经济价值法：认为人力资源的价值在于其能够提供未来收益。该方法假定组织预期未来盈余的一部分即为人力资源价值，它把组织未来的各期收益折现，然后按照人力资源占全部投资的比例，将组织未来收益中人力资源投资获得的收益部分作为人力资产价值。这种方法虽然忽视了人的能动创造性，但以未来的经济收益为基础，考虑了人力资源投资与非人力资源投资因素，确定对人力、非人力资源的投资比例，并比较人力资源与非人力资源对组织贡献的大小，较为合理。

二、评价招聘绩效的重要指标——招聘成本

在现实招聘工作中，很少有组织核算招聘成本，即使有的进行了核算，其方法也过于简单，使得计算结果很难说明问题。由于招聘对象、招聘渠道和招聘工具的多样性，组织招聘成本也呈现出多样性特征，所以很难归纳出一个具体统一的组织招聘成本计算公式；但是，对招聘工作中所获取的招聘成本数据资料的量化和价值化考察，构建组织招聘成本评价模式，仍然是组织的老总、财务总监和人事经理们乐于探索的课题。

（一）组织招聘成本的构成

人员招聘的成本由直接成本、内部成本、外部成本和机会成本等构成。

直接成本包括：广告费、招聘会费用、猎头收费、职业中介机构收费、员工推荐人才奖励金、校园招聘费用和互联网招聘费等。

内部成本主要是：组织内招聘专员的工资、福利、差旅费及其他管理费用。内部成本是组织进行招聘核算时最容易忽略的部分，而实际上它占相当大的比重。而在实际工作中有时只通过一次招聘流程并不能招聘到合适的人选，需要重复两三次，所以内部成本不容忽视（见表6－1）。

表6－1　ABC公司招聘阶段内部成本中薪酬支付构成表

招聘工作流程	参与人员	工作时间（小时）	薪酬（元）（小时工资）	成本（元）
1. 筛选简历 确定面试人员	招聘专员（1名） 招聘经理（1名）	4 2	10 30	40 60
2. 面试准备	招聘专员（1名） 招聘经理（1名）	2 2	10 30	20 60
3. 面试初选 （10名候选人）	招聘经理（1名） 业务主管（1名）	5 5	30 20	150 100
4. 考试测评 （5名候选人）	招聘专员（1名）	2	10	20

续表

招聘工作流程	参与人员	工作时间（小时）	薪酬（元）（小时工资）	成本（元）
5. 面试复选（3 名候选人）	业务主管(1 名) 招聘经理(1 名) 部门经理(1 名)	2 2 2	20 30 50	40 60 100
合　计	10 名	28	—	650

外部成本是指招聘外地员工（异地招聘）或派遣员工去异地工作所发生的搬家费、安置费、探亲费和交通补贴等。

机会成本则是一笔可观的费用，但往往是被忽略的。它包括如果招聘到一名适合于空缺职位的员工能够给组织创造的效益；如果招聘到的员工不适合组织的要求，有可能带来的经济损失、管理费、试用期薪酬、培训费、办公费及另找一名员工所需要的招聘费用等。

从人力资源成本会计角度看，人力资源成本是取得、维持和开发人力资源过程所发生的全部支出，故招聘成本也即取得人力资源的成本。许多组织的招聘经费预算便是根据取得人力资源工作流程中各环节所需花费（各项支出）编制的。具体包括：

(1)招聘广告预算开支、宣传资料费、招聘工作人员的工资及福利费、委托中介机构招聘所支付的手续费、因招聘而发生的差旅费与行政管理费等，这些支出又被称之为前期准备的招聘成本。

(2)选拔成本，指从初选符合条件的应聘者到面试、考核过程中所发生的支出，如背景调查和委托咨询、筛选简历和求职申请表所支出的费用，接待求职者、初选面试、考试测评费用等。

(3)安置成本，将录用的人员安排到合适的工作岗位所发生的各项支出，比如搬迁费、注册费、差旅费等。

一般而言，“取得人力资源成本，对取得的职工而言，是一次性支出，而且与职工在企业中的整个服务期直接相关，所以它是资本性支出，应该资本化，作为资产入账”①。而且，人力资源的取得成本不是直接计入当期费用，而是应先计入资产账户，需要设立特殊的人力资源账户。“人力资源取得成本账户是分类汇总人力资源取得成本的过渡性账户，该账户借方反映人力资源取得过程中的支出；贷方反映转入人力资源账户的金额”②。每年的招聘预算应该是组织年度人力资源管理总预算的一部

① 黄维德．现代人力资源开发与管理概论[M]．上海：华东理工大学出版社，1998：248.

② 黄维德．现代人力资源开发与管理概论[M]．上海：华东理工大学出版社，1998：251.

分；每一次招聘活动，每个组织都是根据自身的实际情况来决定招聘预算。并在招聘工作结束后进行招聘核算，即对招聘经费的使用情况进行审计、计算、记录、评价等财务监督工作。这实际上也是一个完整的招聘流程中招聘成本评估阶段的工作，即对招聘中的费用支出进行调查、核实并对照预算进行评价的过程。

（二）影响企业招聘成本的因素

1. 招聘对象多元化对企业招聘成本的影响

组织对人才的需求是多种多样的，这是因为不同组织的经营背景和组织的使命目标、文化价值观各不相同。而且组织内部不同岗位（如行政、销售、财务、专业技术、公共关系等）对人员的要求也不一样。如职务类别的不同、职位级别的不同、招聘的地理位置不同、填补空缺的紧迫性不同。高级经理的招聘成本不可能同普通员工一样；即使级别相同，因招聘的地理位置或工作类型不同，人力资源供求状况不同，其成本自然也不同。而事实上，在同一次招聘中同时招聘地区销售经理与库房管理员，他们分摊的某项平均招聘成本可能是相同的，如下列公式所示：

$$\text{招聘费用单价}=\frac{\text{招聘广告费用及其他相关开支（元）}}{\text{实际招聘录用人数（人）}}$$

但是，招聘录用地区销售经理与库房管理员的安置成本与机会成本则大不相同，因此，花在他们身上的招聘成本是不一样的，招聘地区销售经理的成功率可能比招聘库房管理员要低些。

2. 招聘渠道、招聘工具的多元化对企业招聘成本的影响

显然，对现场招聘会、广告媒体、猎头公司、人才中介机构、校园招聘、员工推荐、网络招聘和内部招聘等招聘渠道或方式的选择，取决于职位候选人资格要求、招聘时限、招聘有效性等基本因素。不同的渠道选择导致的组织招聘成本不同，也导致使用不同的招聘工具。比如，组织内部招聘要比外部招聘节省成本，即使选择了合适的招聘渠道，也因不同招聘工具的使用导致组织招聘成本不一样。例如，对应聘者的背景调查，人力资源管理部门自主进行与委托专业机构进行所花费用是不一样的；又如委托招聘地区销售经理（高级人才）与库房管理员（普通员工），前者一般多由猎头公司猎获推荐，后者到普通职业介绍所便可获得，二者所花费用是不一样的；再如，采用广告招聘，利用报刊广告发布信息与在互联网上设置招聘主页所花费用也是不一样的。

3. 影响组织招聘成本核算模式的人力资源指标

目前，发达国家正在使用如下一些新的人力资源指标，这些指标从动态的、全局性的角度出发，成为组织招聘成本核算模式的重要系数。

某职位的平均流动率——招聘重复率估算

某职位的招聘工作量——招聘难度考察

某职位的未来平均年薪——招聘渠道考察

某职位的平均接受率——招聘有效性考察

某职位的平均填补时间——招聘效率、及时性考察

某职位的安置成本——招聘复杂性考察

这些指标参数加上应聘量、招聘量、招聘投入产出比等传统指标,构成了《财富》杂志 1998 年评选世界前 100 家“最佳工作场所”的公司的考评依据。根据前面的分析,组织招聘、空缺职位的性质决定了招聘渠道和招聘工具的选择,而不同的招聘渠道和招聘工具其成本结构各异。可见,职位性质、招聘渠道(招聘工具)、成本结构是决定企业招聘成本的三大模块,每一模块都是若干变量因素的集合。美国人力资源管理协会提出了一种“标准驱动招聘模式”,认为招聘流程应该由一套标准所驱动,而不该是随意的、不计代价的,任何职位的人力资源取得(购置)成本都应该由这套标准控制。因此,建构组织招聘成本的评价模式,体现了各项招聘方案及其组合的优劣,将有助于人力资源管理部门招聘专员合理分配招聘资金、控制招聘支出、优化招聘方案特别是招聘渠道组合,为招聘决策特别是招聘计划中招聘经费预算提供参考,并使招聘绩效的考核评估工作有章可循。

第三节　员工招聘投资效益分析

投资经济学告诉我们,在经济活动中,使获取的成果超过消耗,以少投入获取多产出,是任何社会形态下人类经济活动的一条基本经济规律。员工招聘是企业人力资本外延式扩张途径,任何组织都希望以最少的投入,招聘到组织最需要的合格员工并使其为组织创造最大化的价值,即获取最大的成果或产出。为评价投资经济活动成效,通常要建构考核、比较和分析项目投入与产出对比关系的投资效益评价指标体系,比如常见的投资效益系数、投资率、投资回收期和投资赢利率等经济效益指标。而对于人力资源的投资而言,量化其投资效益特别是社会效益的工作仍处于不断探索完善的过程。

一、运用会计收益法(不考虑时间价值)计算招聘投资净收益

这是一种常用的分析方法,(不考虑时间价值)预测通过招聘所能为组织带来的总收益与人员招聘总支出的差额。计算公式如下:

$$Q = N \cdot R \cdot \mathrm{Sdy} \cdot Z - \frac{N \cdot C}{SR} \quad (6-1)$$

或

$$Q = N \cdot R \cdot \mathrm{Sdy} \cdot Z - C \cdot D$$

式中:N 为实际招聘录用人数,R 为招聘过程中的有效指标,Sdy 为应聘后实际工作绩效的差别,Z 为被录用者在招聘过程中的平均测试成绩,C 为全部应聘者人均招

聘成本,SR 为录用率,D 为应聘者总人数。

式(6-1)中 R 是指招聘过程中对最佳候选人(应聘者)预测的准确程度,其指标可以通过在人力资本的取得过程中,收集各种工作绩效不同测定方法的平均有效值,取得经验数据。国外研究获得的样本数据表明,智力测验的 R 值为0.53,工作试用的 R 值为0.44,个人简历的 R 值为0.37,面试的 R 值为0.14,受教育程度的 R 值为0.1,而年龄的 R 值为0.01。

【例题1】2010 年 ABC 公司招聘 10 名员工,采用不同招聘方法的经济数据如下①:

在招聘中采用两种方法,方法一为工作试用(其有效性指标参考国外经验数据为0.44),方法二为面试(其有效性指标亦依据国外经验数据为0.14);

不同应聘者实际工作绩效的差别根据工作记录可知为 5 000 元/年;

被录用者在招聘过程中的平均测试成绩为 1.2;

全部应聘者人均招聘成本,在采用方法一时为 400 元,在采用方法二时为 20 元;

录用率为 20%。

根据式(6-1),则"工作试用"的招聘收益为:

$$Q_1 = 10 \times 0.44 \times 5\,000 \times 1.2 - \frac{10 \times 400}{20\%}$$
$$= 6\,400(\text{元})$$

而"面试"的招聘收益为:

$$Q_2 = 10 \times 0.14 \times 5\,000 \times 1.2 - \frac{10 \times 20}{20\%}$$
$$= 7\,400(\text{元})$$

通过计算可知,ABC 公司通过"面试"方式招聘的经济收益最大。

二、完善遴选方法的财务回报匡算

财务回报匡算②基本公式为:

$$\text{年度收益的利润} = (r_v \cdot \overline{Zx} \cdot SD_y \cdot N) - C \qquad (6-2)$$

式中:r_v 指特质测试的有效系数,$\overline{Zx}$指在选择组的测试中,Z 的平均得分,SD_y 指以美元的形式对工作业绩测定方面的年度利润的标准偏差,N 指选择组中数量,C 指测试计划的成本。

---

① 何承金. 人力资本管理[M]. 成都:四川大学出版社,2000:366.

② [英]内维尔·贝恩,比尔·梅佩. 人的优势——通过更好的遴选与业绩改善经营成果[M]. 北京:经济管理出版社,2001:326-327.

【例题2】 假定一个公司从500个申请人(应聘者)中聘用了50名销售人员,对他们的个人特质测试的成本是10美元/人,测试的有效性是0.4(SD_y 被估评为工资的40%),公司对当前销售员的平均测试得分为ISD来招聘候选人,当前的职位工资是25 000美元,则年利润收益 = (0.4 × 1 × 10 000 × 50) − 5 000 = 195 000美元(每年)。

运用式(6−2)需注意:测试的成本小于员工潜力带来的利润;测试越有效,测试中捷径越顺畅,回报就越大;赢利回报与有效系数直接相关;招聘的人越多,潜在赢利回报就越高。

三、与招聘效益相关的评价指标

(一)组织人力资源效率

组织人力资源效率指一个组织中平均每个人力资源每年所产出的产值或创造的利润。用公式表示为:

$$组织人力资源效率 = \frac{年产值或年利润}{年平均人力资源数(存量+增量)} \tag{6-3}$$

该指标值越大,表明组织的人力资源效率越好,其人力资源管理的效能越高。

(二)组织人力资源净流量(一定时期内)

组织人力资源净流量用公式表示为:

$$组织人力资源年净流量 = 年人力资源流入量 - 年人力资源流出量 \tag{6-4}$$

若该指标值大于零,则表明组织的吸引力较大,招聘工作做得好,人力的流动有利于组织的发展;若该指标值等于零,则表明人力的流动保持平衡;若该指标值小于零,则表明组织人力资源有萎缩之势,人力的流动对组织发展不利,应加强招聘工作。

与此相关的公式为:

$$组织人力资源的年增长率 = \frac{人力资源年净流量}{基期人力资源总量} \tag{6-5}$$

这是一个相对指标。

(三)组织人力资源质量指标

1.组织人才比率

组织人才比率指在一定时间、地点和条件下组织人才总量在其人力资源总量中所占的比例。其公式为:

$$组织人才比率 = \frac{人才总量}{人才资源总量} \tag{6-6}$$

2. 组织人均培训经费

这是一个相对强度指标，其公式为：

$$组织人均培训经费 = \frac{人力资源培训总经费}{人力资源总量} \times 100\% \quad (6-7)$$

3. 组织新录用人员的结构指标

结构指标包括新录用人员的文化教育结构、专业技术知识结构、能力结构等。

案例思考　争取离职员工凤还巢

如果老东家招手，你愿不愿意凤还巢？如果旧员工在外磨炼了一身高强武艺，企业也亟须拥有那些有武艺的人，你愿不愿意重新聘用他？

2003 年 11 月初，台积电对已离职员工展开温情喊话，透过邮寄信函，选择性挑选了 1 600 多名绩效优良的离职员工，由人力资源处处长吴志筠具名，邀请这群曾经"志同道合"的伙伴再度回到台积电。

向离职员工招手

尽管台积电向离职资深员工招手的动作并非传统做法，但从过去的一些动作来看，也是其来有自。10 月底的台积电运动会中，就请来已离职或退休的多位高级主管参加，包括曾任资深副总的台湾大哥大执行长张孝威、清大科技法律所荣誉教授陈国慈、已退休的副总经理黄彦群、跳槽联电又再转任汉民科技总经理的前任副总许金荣等，对于这些老同事，台积电给予高规格的款待，董事长张忠谋一一唱名介绍这些旧主管。

对离职员工表达欢迎之意，是台积电为配合未来一年的产能扩充，以及技术发展需求，所启动的大规模人才招募计划的一环，至 2004 年年底，台积电人才缺口为 3 000 名，第一步骤会先招募 500 名有经验的半导体制程及研发工程师，尽管台积电对求职者仍极具吸引力，但近年受 IC 设计产业蓬勃兴起的影响，以晶圆制造为主的公司在招募人才上的确感到困难，要达成预定目标，向离职员工招手已是扩大征才范围的必要策略。

其实，针对绩优离职员工的争取回任策略，台积电早已有再聘雇的规范，对于离职员工再回公司的年资、职级、薪酬等，都有明文规定。这次大规模发出的上千封信函，主要是针对职级三一至三四（相当于副理级以下）的绩优员工，工作内容则广泛涵盖晶圆厂生产线各部门、研发及行政支援体系。

信函发出的短短两周之内，已有五六十名员工表达愿意回任的意思，以目前台积电能够提供给求职者的前景与机会，这个数字应该还会持续增加。别让离职员工成为"被遗忘的财富"。

这是个充满诱惑和变幻的社会，不可否认的，即使企业尝试过所有的办法去留住人才，也还是会有一些精英分子离开公司，无论是对企业还是员工来说，"终生员工”的概念都是不太实际的。

在许多管理者的眼中，这些旧员工在离开公司的同时，也脱离了与原公司的一切联系，他们不再为公司创造财富，公司应该将更多的注意力放在现有和潜在员工的管理和激励上面。这样的想法不能说不对，但与其让离职员工就像“泼出去的水”，还不如用更积极的态度，不要让他们变成“被遗忘的财富”。

近年来，许多跨国公司的人力资源部，出现了一个新的职位——旧员工关系主管，专门负责与离职员工保持联系和交流，包括建立离职员工档案（Communication Records Card of Leaving Employee，CRC）、定时寄送最新的通讯录、邀请他们参加公司的各项活动等，让他们了解公司的长期发展规划、业务方向和内部管理变动情况，征求他们的相关意见，并在尽可能的范围内帮助这些离职员工。

透过交流与沟通，这些离职员工不仅可以为原公司继续传递市场信息，提供合作机会，同时也可以结合现职的实际工作经验和感受，对原公司的内部管理和运作方式提出宝贵的改进意见。事实证明，有相当多的离职员工最终都变成了原公司的拥护者、客户或商业伙伴，继续为公司创造大量的财富。

（资料来源：中国人才信息网）

问题：

1. 从人力资源会计角度，招聘离职员工为企业谋利体现在哪些方面？
2. 你如何看待“好马不吃回头草”？

关键概念 GUANJIANGAINIAN

有效招聘　　人力资源会计　　招聘成本　　招聘收益

复习思考题 FUXISIKAOTI

1. 什么是有效招聘？谈谈现代企业在网络时代如何提高招聘效果？
2. 招聘也属于人力资本投资的内容吗？
3. 运用人力资源会计方法，为你身边熟悉的企业计算、分析其某项招聘活动的成本与收益。

B 补充阅读材料 CHONGYUEDUCAILIAO

IT 企业新员工获得成本研究:模型与实例

陈关聚　冯宗宪

一、新员工获得成本定义

在IT企业,人才流动的比例很高,一般年流动率在15%~30%,特别是在经营网站的企业里,人员的流动更加频繁。试用期内人才因企业文化不适应或者工作环境与期望差距较大等原因终止试用,成为人才流失的主要原因。据对大型电脑企业西安LX公司2000年流失率的调查,62.5%的人才流失发生在试用期。《中华人民共和国劳动法》规定,试用期内劳资双方不需要对方有过错即可以提出辞职或辞退。在传统企业,主动权长期由企业持有和使用,试用期是企业对新员工的考察阶段,新员工处于被选择的地位。对于IT行业,我们必须重新审视试用期的意义。从实际情况来看,IT行业发展速度很快,而IT类技术与管理人才却供给不足,尤其中高级人才匮乏,在企业和人才的选择博弈中人才居于强势地位。试用期成为人才考察、选择企业的阶段,他们可以随时离开公司并受到法律保护,企业对新员工能否成为可以长期使用的人力资源无法做出准确判断,从这个意义上说,试用期实际上是招聘考核的延伸,或者称此阶段为招募后期。招募后期企业对新员工所做的上岗培训和企业文化教育,相当于情景模拟考试和对新员工价值观能否与企业文化相融的检验,新员工在培训后发现自己的价值观与企业文化不能相融,就会终止试用离开公司。本文把试用期的培训费用也看作是员工获得的成本之一。新员工取得成本定义为IT企业为获得新员工而在招聘信息发布、资料甄选、面试考核以及试用期内文化培训等方面投入费用的总和。

新员工获得成本包括两部分:一是财务报表上能够体现的投入到招募工作上的各种费用,一般在财务上设立专门的招募费用科目,企业每年制作费用预算,通过预算来监控费用的支出,因此属于显性费用。二是企业往往忽视的成本,包括参加面试的人员因时间投入而造成的原工作效率的损失和公司支付的工资成本、面试和考试的场地费用、新员工培训产生的成本等,这些费用在招募费用科目中体现,因而属于隐性成本。探讨显性成本与隐性成本之间的关系对企业分析招募费用具有重要意义。

二、新员工获得成本模型

根据前面对新员工获得成本的定义,建立起以下获得成本模型:

$$C = CI + CP + CT + CC \tag{1}$$

式中，C 为新员工获取成本；CI 为信息发布成本；CP 为资料遴选成本；CT 为候选人面试及笔试成本；CC 为试用期文化培训成本。

企业发布职位需求信息的渠道按是否需要资金支持分为费用渠道和自由渠道。费用渠道包括人才网站、新闻媒体、招聘会和猎头公司等。自由渠道指企业内部各种形式的信息传播和员工对企业外部的自发传播，这是对费用渠道的补充。考虑到这些因素后信息发布成本 CI 的计算公式为：

$$CI = \text{人才网站会员费} + \text{广告费用} + (\text{招聘会展位费} + \text{展板制作费} + \text{宣传品费用} + \text{表格资料费} + \sum \text{人员日均工资} \times \text{参会时间} + \text{交通费}) + \text{猎头费用} \tag{2}$$

资料遴选费是人力资源部门对求职资料进行分类、阅读、审查、归档和提出进一步建议等，而必须投入的人员和时间所产生的费用，它不会在财务报表中显示，因而属于隐性成本。据有人对员工工作中创造的价值 V 与所得工资 S 之间关系的研究，得出 $V=3S$ 的结论。故资料遴选费计算公式是：

$$CP = \text{投入的人员数目} \times \text{人均小时工资} \times \text{投入时间} \times 3 \tag{3}$$

候选人面试及笔试成本 CT 包括隐性成本和显性成本两部分，以隐性成本为主。隐性成本包括三部分，一是通知候选人的通信费用；二是参加面试人员的工资支出和因参加面试引起的岗位工作效率的损失；三是面试场地的租金和设备折旧。显性成本是体检费和面试评判表等资料费。

$$CT = \sum \text{参加面试人数} \times \text{人均工资} \times \text{平均面试时间} \times \text{候选人数} \times 3 + \text{场地租金率} \times \text{面试时间} + \text{设备折旧} + \text{通信费} + \text{资料费} + \text{体检费} \tag{4}$$

试用期文化培训成本的构成是：新员工培训期间的工资成本、讲师的报酬、场地租金和培训资料费等。如果需要出差培训的还要加上交通费、住宿费、餐饮补贴等。

$$CC = \text{培训时间} \times (\sum \text{新员工人均工资} + \text{讲师课时费}) + \text{场地租金} + [\text{交通费} + (\text{住宿费} + \text{餐饮标准}) \times \text{出差天数} + \text{资料费}] \times \text{出差人数} \tag{5}$$

根据企业年度内实际发生的费用项目，代入(1)可以计算出年度获得新员工成本 C。设 m 是年度内累计参加试用人数，n 是成为正式员工的数目，则 $(m-n)$ 是试用期人才离职的数量，根据 C，n 可以计算出正式员工的人均获得成本 R，根据 C，m 可以计算出平均招聘成本 r，R 大于 r。

$$R = C/n \tag{6}$$

$$r = C/m \tag{7}$$

因离职因素为企业造成的招募费用损失为 W。

$$W = r \times (m-n) \tag{8}$$

设显性费用与隐性费用占总费用的比例分别为 Rx 和 Ry，显性费用在财务报表中可以直接查取，因此 Rx 和 Ry 很容易通过下式来计算。

$$Rx = 显性费用/C \tag{9}$$

$$Ry = (C - 显性费用)/C \tag{10}$$

三、模型实例检验

西安 LX 计算机销售公司是一家中外合资企业，注册资金 1 000 万元，年销售额约 12 亿元。2000 年会计年度计划增加编制 18 人，正式职员跳槽 5 人，实际招募 23 人。全年用于人才网站、报纸广告、招聘会等的信息发布费及资料费共 9 万元，为显性成本，其余开支为隐性成本。根据统计，全年共参加人才招聘会 3 次，会务费 4 500 元，收集求职资料 510 份，平均每份资料成本 8.9 元；报纸广告 3 次，费用 84 000 元，收集资料 700 份，每份资料成本 120 元；人才网站费用 1 500 元，收集资料 280 份，每份资料成本约5.3 元，累计资料 1 490 份。经过资料筛选，参加面试的情况见表 1。

表 1　西安 LX 公司招聘面试结构时间表

项目	初试	复试	终试
公司参加人员	人事专员、用人部门经理	人事专员、人事经理、副总经理	人事专员、人事经理、总经理
人次	460	120	46
通讯费　每人次(元)	1	1	1
资料费　每人次(元)	1	1	1
资料浏览及准备时间(分钟)	5	5	5
平均面试时间(分钟)	15	20	30
合计时间(小时)	153	50	27

西安 LX 公司先后组织初试 43 次，应试者 460 人，由人事专员和用人部门经理 2 人主持，每个人选用时间约 15 分钟，合计 153 小时；复试由人事专员、人事经理和主管用人部门的副总经理 3 人参加，全年组织复试 29 次，应试者 120 人，每个人选用时间 20 分钟，合计 50 小时；由总经理参加的终试共组织 13 次，候选人 46 名，每人用时 30 分钟，合计 27 小时。经过三轮考查，先后上岗试用的新员工 32 人，试用期内流失 9 人。

公司对求职资料的筛选由人事专员完成，每份资料约 10 分钟，共需要 14 900

分钟,折合248小时,人事专员每小时工资为14元,根据公式(2)计算出资料遴选费:

$$CP = 1 \times 14 \times 248 \times 3 = 10\,416(元)$$

公司参加面试人员的小时工资为:部门经理20元,副总经理55元,总经理80元。西安LX公司专用招聘面试会议室,面积20平方米,租金540元/月,全年6 480元。资料费626元,通讯费626元,设备折旧忽略不计,体检费每人150元。根据公式(4)计算出考核面试费用:

$$CT = [153 \times (14+20) + 50 \times (14+20+55) + 27 \times (14+20+80)] \times 3 + 6\,480 + 626 + 626 + 150 \times 32 = 50\,722(元)$$

西安LX公司对新员工进行严格的上岗前培训,新员工必须参加为期一天的岗前培训和在北京总部举行的为期一周的企业文化培训。培训费用是获得新员工的主要成本之一。新员工试用期小时工资10元,培训讲师工资每小时20元,公司内部培训场地费用忽略不计。住宿费每人每天80元,餐饮费用50元,交通费用600元,资料费约50元。根据公式(5)计算出培训费用:

$$CC = 8 \times (32 \times 10 + 20) + [600 + (80 + 50) \times 7 + 50] \times 32 = 52\,640(元)$$

由以上隐性成本和财务报表中已知的显性成本90 000元计算出新员工获得的总成本为:

$$C_R = (10\,416 + 50\,722 + 52\,640) + 90\,000 = 203\,778(元)$$

根据公式(6)(7)(8)即可得到正式职员获得成本$R = 8\,860$元,平均招聘成本$r = 6\,368$元,全年因试用期内新员工离职因素对公司造成的损失$W = 62\,150$元。从这一结果来看,平均招聘成本超过西安IT业普通职员月薪的3倍,新员工获得成本约为月工资的4倍,达到了中级、高级人才猎头服务的付费标准。可见西安IT业的人才招聘工作已经比较难做,企业必须重视人才流失问题,人才频繁流动不但给业务的可持续性开展带来负面影响,还将增加招募成本,降低企业的赢利能力。

根据公式(9)(10)计算得到显性成本占总成本的比例为44%,隐性成本比例占56%,隐性成本超过了财务报表中体现的招聘预算。这说明,获得新员工的费用支出是多方面的,不仅仅是人力资源费用预算,隐性费用应该得到人们的重视。考虑到西安LX公司新员工需要出差培训是一个特例,纯粹的本地企业并没有这一项费用,我们把差旅费排除后再计算隐性成本,西安LX公司隐性费用为58 362元,占新员工获得总成本的40%,该数字比较符合本地其他IT企业的实际情况,隐性成本仍然是一笔不容忽视的开支。

四、结论

(1)IT企业发展迅速,对人才的需求量很大,人才培养的滞后效应使IT人才处于稀缺状态,企业对现有人才资源的高薪争夺,导致人才流动速度加剧,新员工获得成本增加。

(2)企业对招聘成本的监控不能局限于财务报表的数字,企业为招募新员工的实际支出远大于财务预算数字,隐性成本需要得到企业的重视,并将隐性成本纳入人力资源工作规划。

(3)隐性成本的主要原因之一是人力成本,特别是招聘面试需要投入大量的人力。需要采取合理有效的措施优化面试工作流程,减少对人力的使用,特别是对通过互联网投递的求职资料,要采取资料筛选软件,把人力解放出来,控制人工成本。

(4)试用期新员工跳槽率较高,使企业的一部分招聘费用投入后没有带来相应的产出,造成一定的损失。所以,企业要尽量压缩对试用期新员工的培训,对于新员工只需进行基础的企业文化和制度规范培训,素质培训和技能培训不宜在转正前开展,以控制这一部分的隐性成本。

资料来源:《经济理论与经济管理》,2001 年第 8 期。

第七章

人力资源培训的准备

本章要点

通过了解现代培训的含义，学习有关的培训理论，特别是人力资本投资理论，掌握培训规划、培训流程的设计要领，熟悉各种不同类型的培训方法、技术的优缺点和适用范围，懂得培训体系的结构与运行机制，并理解培训者、学习者的角色扮演。

引入案例

“当人力资本枯竭时,公司就完了。”

惠悦全球首席执行官约翰·J. 海勒(John J. Haley)用通用前首席执行官韦尔奇的名言开始他的演讲。约翰·J. 海勒先生是在北京的一个国际人力资本论坛上说这番话的。从20世纪末期起,惠悦公司就开始跟踪调查北美400家上市公司人力资本投入与股东收益之间的关系,结果发现,人力资本投入指数与股东收益成正比。人力资本投入指数在25%以下的,股东收益很低,有的甚至是负收入;指数在25%~75%,股东收益增加30%的回报;如果指数高于75%,股东最高可以获得150%的收益。惠悦公司又对欧洲和亚太地区的上市公司进行调查,结果与北美一致。

据日本有关资料统计,员工文化水平每提高一个等级,技术革新者的人数就增加6%,员工提出革新建议一般能降低成本10%~15%,而受过良好教育和培训的管理人员,因创造和运用现代管理技术,则有可能降低成本30%。20世纪90年代美国企业调查统计分析认为,对员工培训每投入1美元就能得到50美元的经济收益。摩托罗拉公司1992年在员工培训方面增加经费400万美元,新增培训科目100种,公司由此获利5亿美元。在我国,据苏州市一项调查,经过培训的员工同未经培训的员工相比,完成产量高出10.8%,产品合格率高出6%,工具损耗率低40%,创造净产值高9%。这足以说明人力资本投资回报率是很高的。

面对日新月异的现代科学技术的发展和日益变化不定、竞争激烈的市场环境,产业结构与组织结构的调整,生产经营管理方式、文化理念的新挑战,知识经济时代的新要求等,迫使企业通过培训和继续教育的投入造就合格的人才并使其智力资本增值,而员工个人也需要在其职业生涯中通过不断学习以获取和掌握新知识、新技能,充分开发利用自身潜能,以最终达成组织和员工个人共同发展的目标。

第一节 人力资源培训概述

英国管理学家柯普(K. Keep)认为,开发和培训不是可有可无的选择性事件,而是人力资源管理的重要组成部分,是对人力的投资。作为人力资本内涵式扩张的有效途径,培训与开发已成为现代组织获取竞争优势的有力武器。近十年来,工作和劳动力已经发生了极大的变化。工作性质本身发生剧烈的变化,由单纯生产型向生产服务型持续而长久地转变;工作手段和工具也发生了变化,大量高新技术的运用取代了简单重复的脑力劳动;随着经济全球化的发展,国际商业往来的增多,需要员工具备越来越多的技能,掌握多种语言、国际法律法规和他国风俗人情等。由于教育趋向完善,新生劳动力素质得到不断提高,对已经迈入工作岗位的员工造成巨大的压力,迫使他们急需不断提高自己的学识和能力①。

① 杨蓉. 人力资源管理[M]. 大连:东北财经大学出版社,2013:150.

一、人力资源培训的含义

（一）培训的定义

培训与开发、训练、教育、学习总是联系在一起的。员工的培训，从广义上讲，是指通过一定的措施和手段，比如通过学习和实际操作，补充和提高员工的知识与技能，改善员工的工作态度和胜任特质，激发其潜在的创造力、创新的生产（服务）活动与意识，促进员工努力实现自身价值，增强员工的工作满意度和对组织的归属感与责任感，从而有利于提高组织的工作效率和人力资源的学习能力及生产力，实现组织人力资本增值和预期的社会经济效益的一项有目的、有计划的、有组织的连续不断的人力资源管理活动。从狭义上讲，是指通过教育、培养和训练，提高员工的知识技能并改善员工的价值观、工作态度与行为方式，使他们能在自己现在的或未来的工作岗位上胜任或称职，从而实现组织预期目的和员工个人发展目标的有计划的、有组织的、连续的工作过程或管理手段。

在人力资源管理实践中，培训与开发、培训与教育，是一个系统化的行为改变过程，二者很难截然分开。它们的区别、联系如下：

培训与开发总是被看作相互密切联系的系统，“员工培训的面广，是以广大员工为对象的，而人力资源开发则是主要针对科技、工程等专业人员和管理人员而言的，培训是开发的基础，而开发则是在培训基础上有针对性的提高或知识的再更新”①。二者的目的相同，都是为了提高员工的知识和技能，而区别在于目标达成的时间不同，培训是为了完成近期的工作任务，开发则是为了满足组织发展的需要，实现长远的目标。我们认为，培训与开发的对象可能是普通员工或经理人员，只是培训的阶段性较清晰。

培训也是一种教育，它属于成人继续教育或终身教育范畴。培训的目的是“知其行”，而教育的目的是“知其然”。教育有广义的社会教育和狭义的学校教育之分，培训是系统教育的一部分，是普通学校教育的补充和延续。员工培训是长期的活动，贯穿于员工整个职业生涯时期。通过培训使员工获得其所从事职业或岗位需要的知识、技能和规范、价值，组织已成为员工接受终身教育的一个场所、一所学校。组织的培训教育是依照其经营战略需要，特别是为了达成其近期的发展目标，针对某一特定的职业或岗位，进行知识更新和掌握新的技能，组织员工定期学习，其中包括员工脱产接受正式（学校）教育、群体（组织）学习和自学成才的学习方式。

---

① 郑绍濂，等．人力资源开发与管理[M]．上海：复旦大学出版社，1995：118.

（二）培训的角色与职能

1. 员工培训为实现组织的发展目标服务

员工培训不是可有可无的事情，也不是赶时髦。根据世界银行1995年发展报告的数据，"员工每增加一年受教育经历，其劳动生产率便会提高9%"①，为培训而培训不会收到良好的效果，必须将培训作为组织的功能，围绕组织发展目标开展培训活动，才可能收到成本低、收益大的培训效果。通过有效的员工培训，可以提高员工的综合素质，使他们更胜任工作，更适应现代化生产和改善企业文化的要求；通过培训来提高员工的生产率已被证明是组织最有效的发展手段。

2. 员工培训为实现员工个人的发展目标服务

真正有效的员工培训活动不仅能够促使组织目标的实现，而且能够提高员工的职业能力和拓展职业发展空间，直接或间接地满足员工自身发展的需要。比如，希望掌握新的知识和技能，希望得到适合自己发展的工作岗位，希望获得较高的薪酬福利，希望晋升，希望获得教育训练的学习机会使自身人力价值增加，等等。因此，人力资源培训被喻为员工职业生涯的阶梯和员工职业发展的助推器。

3. 员工培训是重要的人力资本投资方式

现代人力资源管理与传统的人事管理不同之处在于，将员工视为一种资源，对员工的知识、技能和健康等的投资是组织更有潜力、更有收益的投资方式，最终形成知识资产或人力资本，实现组织人力资本内涵式扩张，从而保持和提高了组织的竞争优势地位。"通过教育与培训等方式，对劳动者个人'充电'，开发员工的潜力，提高企业劳动生产率，已经不是组织一种可有可无的选择，而是人力资本管理运作的内在组成部分"②。

4. 员工培训是组织有计划、有目的、有组织的有效的管理手段

从管理变革来说，培训是改变员工对工作和企业组织态度的重要方式。通过培训可塑造员工的合理行为——符合组织发展目标所需要的工作行为及工作态度，通过行为目标和行为方式的改进提高受训员工的工作绩效，最终促进组织目标的实现。培训不仅是组织发展的需要，更重要的是选拔、培养、使用人才与有效管理员工的一条途径。一名合格的管理者，应首先是一名合格的培训者或者学习者。"所有的管理者都应当是人才代理者，他们应当将为人才服务作为自己的职责，应当负责管理雇员的职业发展"③。

---

① 黄维德．现代人力资源开发与管理概论[M]．上海：华东理工大学出版社，1998：138.

② E 麦克纳，N 比奇．人力资源管理[M]．北京：中信出版社，纽约：西蒙与舒斯特国际出版公司，1998：200.

③ 詹姆斯·沃克．人力资源战略[M]．北京：中国人民大学出版社，2001：152.

（三）能力导向的人力资源培训与开发

从历史发展看，人力资源培训的目的，经历了从19世纪以前重视员工技艺，到19世纪重视员工的工作效率，再到20世纪重视员工满足感的转变，再到能本管理的今天，员工能力的开发成为培训与开发的重中之重。以能为本的人力资源培训与开发，紧紧围绕员工的能力状况和企业岗位能力需求，通过制订并实施一系列培训计划，全面提升员工能力水平，优化员工及团队的能力结构，实现员工个体能力、团队组合与企业岗位、阶段任务的匹配，最终构建起企业的核心竞争力。以能为本的人力资源培训与开发的根本目的和直接目的是提高员工的胜任能力和增加发展个人潜能的可能性。以能为本的人力资源培训与开发各有其侧重点。培训的重点是学习特定的行为、活动和阐述技能的程序，而开发的重点则是理解概念和情景，拓展能力。

二、人力资源培训的意义和目的

（一）培训开发是人力资源管理工作中重要的一环

现代企业人力资源部门或人事部门被视为“利润中心”，人力资源投入的增长会提高组织绩效，表现为生产力的改进、工作生活质量的提高、产品服务的改善、促进组织变革和建设企业（组织）文化五个方面。培训开发活动同人力资源管理其他工作环节紧密相连，共同构成人力资源管理体系。“培训可以为雇员在现任岗位、晋升、平级调动、转岗和降级这些人力资源计划中可能担当更大的责任做好准备”①。

1. 培训与人员招聘的关系

一方面，培训的有关要求和标准与员工招聘的有关要求和标准直接相关。比如，培训是使员工更好地适应组织并随着组织的发展不断地改进自己的知识、技能和态度、行为的过程，而招聘就是为了遴选出更多的符合组织及工作岗位要求的合适人才，招聘标准的制订可参考已有的培训计划及其具体要求，以提高招聘到的人员的合适度和招聘的有效性及成功率。另一方面，招聘提供了新的培训资源，每一个新员工都要接受不同层次、不同类别的岗前培训，以建立其服务的组织和工作岗位所要求的工作规范、职业能力和相应的价值理念。在招聘吸引人才的策略中，培训是组织最好的福利，提供培训开发机会更有利于吸引应聘者加盟。

2. 培训与人员配置的关系

人员配置的原则即“适人（适才）适岗”，将员工的素质、能力和态度、行为倾向等与工作岗位甚至组织文化做到最佳的配置。培训正是一种使“人”和“事（职）”

① 雷蒙德·诺伊. 雇员培训与开发［M］. 北京：中国人民大学出版社，2001：26.

相匹配的手段和方法，通过培训开发，促进员工的价值理念、素质能力尽量达到或高于工作职位的要求，从而提高员工的绩效及员工对组织目标的贡献度；同时也能为不同的员工寻求最适合其个人特点和潜能发挥的工作岗位，以实现员工个人职业生涯发展的目标。

3. 培训与选拔任用的关系

通过不同方式的培训，组织便能掌握谁能胜任更高层次的工作岗位。经过培训考核，凡具备任职资格的优秀员工及管理人员，都可以被选拔任用。也就是说，选拔任用的员工是需要培训上岗的。

4. 培训与工作绩效考核的关系

员工绩效不佳的原因可能在于员工的素质能力低于工作要求，这就需要通过培训去提高员工适应组织和工作岗位的素质、能力和态度、行为倾向，以解决绩效问题；通过比较员工培训前后的工作绩效，可以对培训效果进行分析和检验，据此指导以后的培训，努力做到最佳的培训效果，从而增进员工工作绩效的进一步提高。

5. 培训与薪酬奖励的关系

薪酬奖励是与工作绩效挂钩的，培训与工作绩效的关系是显著的。大量实证研究表明，受过良好培训的员工其工作绩效将得到明显改善。美国著名经济学家西奥多·舒尔茨曾估算过，物力投资增加 4.5 倍，利润相应增加 3.5 倍；而人力投资增加3.5 倍，利润将增加 17.5 倍。目前一些国际知名企业都非常重视在员工培训方面的投资，只要组织有效地利用人力资源，并挖掘员工潜力去实现组织目标，则员工个人生产率提高 50% 并不是不可能的。因此，如何让员工树立通过培训改善工作绩效以获取合理的薪酬奖励的观念，如何按照人力资本报酬理论设计薪酬制度，对人力资源管理工作影响极大。

（二）培训开发是现代组织适应科技迅猛发展、环境快速变化和市场激烈竞争的需要

知识经济时代，人力资源培训开发具有紧迫性。现代科学技术发展日新月异，组织时刻处在变化不定的、竞争日益激烈的市场环境之中。把握市场机会，谋求生存与发展，提高竞争能力并确保竞争优势，是每一个组织都必须正视的问题。因此，组织面对内外环境的复杂性、变化性，不仅要考虑其发展战略、产品技术的调整和组织结构、管理方式甚至文化理念的调整，更为重要的是要使普通员工和管理者跟上变化的形势，尽量减少或缩短因环境变化、不适应变化而出现的“磨合期”。通过培训使员工获得新知识、新技能及新价值、新理念，把员工培养成为有更大生产潜力和创新意识的个体，将培训开发变成组织应对挑战的“第一动力”，形成人力资源是组织的“第一资源”、人才资本是增强组织核心竞争力的“第一资本”的现

代经营理念,最终提高组织的综合实力和经营绩效。

培训开发为什么如此重要?美国人力资源管理学家雷蒙德·A.诺伊认为,原因在于现代组织面临四种竞争性挑战:

(1)全球化挑战,指进军世界市场并让雇员做好在国外工作的准备。

(2)质量挑战,指满足客户对服务与产品的需求。

(3)社会化挑战,指关于如何管理多元化员工队伍及如何提高他们的阅读、写作和运算能力。

(4)高绩效工作系统的挑战,指如何将新技术应用于工作设计中。

每一种挑战都代表了一种培训需求。利用培训迎接竞争性挑战,这便是诺伊教授给美国公司的忠告。

虽然古代社会的先哲们早就将培训教育作为社会功能和组织职能的一部分,但认识到培训并不等同于学习却只是近代的事。一些人力资源培训的理论可以在古典经济学名著中寻找到,但直到第二次世界大战以后,西方一些国家才开始正式的工业培训活动。20世纪50年代以来,西方组织的培训费用一直在稳定地增加。目前,虽然仍有一些组织没有开展正式的培训活动或者没有将培训经费预算与营业利润大小相联系,但是,将员工培训作为一项投资而不是一项费用已成为主流的价值观和一种明显的趋势。随着科学技术进步带来的生产经营管理方式的不断发展,组织结构越来越复杂,岗位分工及专业化、协作化要求越来越高,大量新工艺、新工种、新岗位、新职务的不断涌现,必然要求提高劳动者的工作态度、工作行为和价值观念,这也为人力资源的培训开发带来了巨大的发展空间和更高的要求。在以知识经济为代表的信息社会中,关键的战略资源已转变为信息、知识和创造力,对人力资源进行培训已成为生产力发展、市场竞争能力提高和经济效益增长的决定性因素。人才的数量、质量和结构的优化比其他任何因素都显得重要。

(三)培训是实现企业发展与个人职业生涯规划有效结合的最佳投资渠道

1.使员工找到位置

培训可使新员工在组织中找到恰当的位置,使个人职业生涯发展目标与组织发展目标相协同。

(1)培训能使新员工对组织使命、目标任务和文化价值理念有深刻的体会,能培养和增强新员工对组织的认同感、归属感。

(2)培训能使新员工熟悉了解工作岗位的要求,通过提高职业素养、专业技术水平和工作能力,达到人职匹配或胜任职务。

(3)培训能增强新员工与老员工合作的团队意识,获得更加高昂的士气。工作团队的兴起增加了对培训的需求,工作团队内的成员可进行交叉培训(互换工作)。

(4)培训能提高“P－J”“P－O”合适度,既能满足员工的自尊、自我实现的需要,增加员工个人的人力资本价值,又能充分调动新员工的工作积极性、主动性和创造性,通过培训改进员工工作行为和激发员工潜能的发挥,为组织带来实际效益和未来的增值效益。

2. 培训是一种战略性投资

员工培训是组织风险最小、收益最大的战略性投资,能使其人力资本存量不断增加,提高用人成本的使用效益。

美国著名经济学家加里·S. 贝克尔认为:“培训会降低现期收益,并提高现期支出,但是,如果它可以大幅度提高未来的收益,或者大幅度降低未来的支出,企业就将乐于提供这种培训。”①在他看来,工人在生产过程中学习新技术,能增加工人身上人力资本的存量。如果再加上培训,就会使其人力资本存量继续增加,从而提高劳动效率。目前,人力资源管理理论家与实践家一致认为,培训教育是一种投资,高质量的培训是一种投资回报率很高的投资。摩托罗拉培训部一位主管曾说过:“我们有案可查,由于培训员工掌握了统计过程控制法和解决问题的方法,我们节约了资金。我们的(培训)收益大约是所需投资的 30 倍——这就是为什么我们会得到高层经理大力支持的原因”②。

3. 培训可以在一定程度上解决组织人才瓶颈

培训能解决因为教育资源的限制和教育体制的缺陷或外部招聘失败带来的组织人才瓶颈问题,依靠内部培训或者说内部培养也能获得优秀员工。此外,培训能消除“员工的无力”现象。

4. 成功的培训可以减少企业员工的流失率

员工知识技能的提高,可有效地减少工作压力并增加工作乐趣,减少员工的流动率和流失率(跳槽),既有助于强化员工的敬业精神和对组织的忠诚度,也有助于降低劳动管理成本。

5. 培训是极为有效的促进观念更新的手段

在组织准备变革时,通过培训改善员工的态度、知识和技能,有利于营造良好的改革氛围,获得广大员工的理解和支持。而培养员工积极的态度、卓越的技能和广博的知识,更为重要的是他们的开拓创新意识,能使组织与员工一道共同应对社会环境与市场环境的快速变化,在激烈的竞争中立于不败之地,永葆活力。

6. 培训具有激励作用

当员工接受一项合适的培训时,他们就会有一种被承认和受重视的感觉;受训

---

① 加里·贝克尔. 人力资本[M]. 北京:北京大学出版社,1987:8.

② 培训能给企业带来什么[OL]. 中国人才热线(China Job Online. com),2002－05－14.

后的员工会感激组织为他们提供个人成长、发展和在工作中取得更大成就的机会；就会将“要我做”转化为“我要做”，也就会更加主动应用和发挥所学知识并施展其创造力，为组织做出更大的贡献。

7. 有利于企业文化建设和实施

将企业文化和企业形象的建设转化为具体的学习活动，通过培训造就训练有素、德才兼备的员工，能使顾客满意度提高，并让顾客透过员工良好的行为表现去感受优秀的组织文化。可以说，培训的总体效果良好，有利于组织文化建设和塑造更完美的组织形象。

8. 增强竞争力

培训能让员工和组织赢得未来，有利于他们在全球化的市场竞争中胜过竞争对手。

日本松下电器公司的创始人松下幸之助认为，一个不培训的决策，实际上是一个不要效率、不要利润的决策。而他更强调，一个天才的企业家总是不失时机地把对职员的培养和训练摆上重要的议事日程，教育是现代社会大背景下的撒手锏，谁拥有它谁就预示着成功，只有傻瓜或自愿把自己的企业推向悬崖峭壁的人才会对教育置若罔闻。可见，培训是组织获得人才优势的最后手段。培训帮助企业获得竞争优势；增加员工对于国内外竞争对手及其文化的了解；确保员工掌握运用新技术所必须的一些基本知识和技能；帮助员工理解如何在团队中进行有效的工作，从而为产品和服务质量的提高做出贡献；确保组织文化的创新性、创造性和学习性；为员工提供实现“双赢”的新方法，确保他们在所从事的工作发生变化、个人兴趣发生转移或者在技能过时的情况下，也能够稳定地工作。

9. 高层次培训有利于建立学习型组织

自《第五项修炼》一书推出后，人们意识到企业应是一个学习型的组织。“在一个学习型组织中，培训被看成是专门用来创造智力资本的整个系统中的一个组成部分”①。未来唯一持久的优势是有能力比你的竞争对手学习得更快，学习得更好。员工的学习能力可在培训中得到不断提高，经常性地开展培训活动可以培养更多的学习者，营造企业组织共同学习的环境，有利于打造学习型组织。学习型组织中的员工总是不断努力地学习新东西，并且将他们所学到的东西直接运用到产品或者服务质量的改善等方面；学习型组织能使员工的学习能力、适应能力以及变革能力得到不断强化与提高。

（四）人力资源培训的目的

一般认为，培训的目的在于让雇员掌握培训项目中所强调的知识、技能和对工

① 雷蒙德·诺伊，等．人力资源管理：赢得竞争优势[M]．北京：中国人民大学出版社，2001：262.

作绩效起关键作用的行为,进一步地讲,是让雇员提高自我意识水平、转变态度和动机。但雷蒙德·A.诺伊教授则认为,培训不能仅仅局限于对员工的一般或基本技能开发,培训从广义上来看应该是创造智力资本的途径。智力资本包括基本技能(完成本职工作所需要的技能)、高级技能(比如如何运用技术来与其他员工分享信息)、对顾客或者生产系统的理解以及自发的创造性,特别要求员工能够分享知识,综合性、创造性地运用知识来改进某一产品或者向客户提供服务,并且能更好地理解服务或产品开发系统。为了获得竞争优势,组织更应该重视与组织经营的战略目标和宗旨联系在一起的高层次培训以及建立学习型组织。大多数组织的培训侧重于两个目的:一是向员工传授基本技能(专业知识与技术能力、人际关系能力、创新管理能力);二是利用培训来强化雇员的奉献精神。现代组织的人力资源培训开发是一项系统工程,它涉及组织中的两个方面,根据不同层次、不同岗位的雇员需求,即培训对象的不同,其培训的目的便有所差异。因此,新员工培训、普通员工培训、骨干员工(工作表现突出者,如班组长、主管)培训、管理人员培训、全员培训、高层次管理者培训等诸方面的培训重点与培训内容、培训方式等都各不相同。参见图7-1。

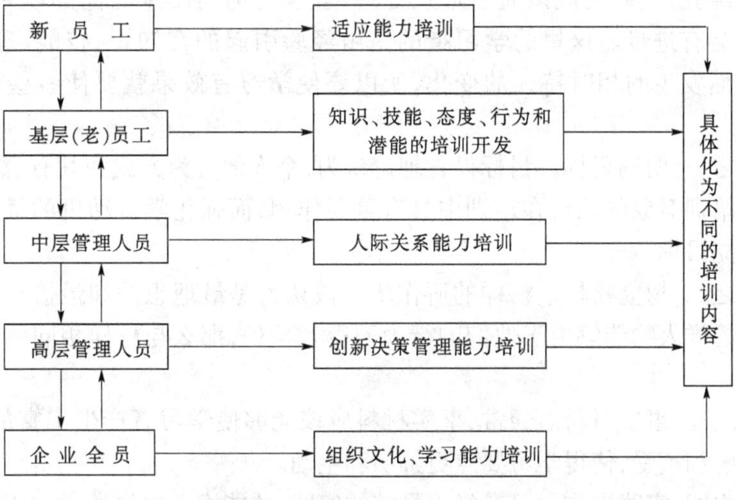

图7-1 不同对象的人力资源培训的侧重点

三、人力资源培训的理论基础

开展培训工作应以一定的理论为指导,在理论上对培训工作认识含糊,则会导致培训工作的盲目性。西方人力资源培训理论十分丰富,美国古典管理学家、科学管理之父泰勒早在1911年就在其《科学管理原理》一书中第一次提出了“培训”的理论,之后各种培训理论相继产生并运用于实践,从最早的科学管理制度培训理论,到人本主义培训理论、管理教育培训理论、行为主义培训理论、人力资本培训理论、分析与评估培训理论、群体学习培训理论、建立学习型组织培训理论、终身教育培训理论等。

（一）社会学习理论

社会学习理论是心理学学习理论的流派之一。具有广泛影响的学习理论还有:巴甫洛夫的经典条件反射学习理论(S—R 论),新行为主义心理学家斯金纳的“刺激—反映”理论,教育心理学家桑代克的“尝试—错误”理论,完型学派代表人物科勒等人的“顿悟”理论,哈佛大学学者布鲁纳的认知学习理论,人本主义心理学家罗杰斯的“群体学习”理论等。美国社会心理学家班杜拉是社会学习理论的著名代表人物,他不同意早期行为主义提出的“强化—惩罚”行为模式,提倡观察模仿学习,强调学习者对变化的环境的反应能力(互动过程)。所谓观察学习有四个过程:注意过程、保持过程、行为再现过程、强化和动机过程。他认为,人们为了达到目的,除了强化作用之外,还会自己奖励自己,对既有成绩的满足与不满足成为人们努力学习的动因。社会学习理论的观点认为,学习不能仅仅依赖于经验,人们更应该通过信息处理、理解行为与结果之间的联系来学习,否则就不会有进步。这里的学习指的是由经验引起的在知识、技能、理念、态度或行为方面发生的相对持久的变化,所以要使学习有效果就要使一些基本的前提成立。

前提之一,明确目标。目标设置理论认为,个人的行为方式为其有意识的目标所规范。培训对象的动机在培训中具有重要作用,而强化学员动机的最有效的途径就是确立目标。

前提之二,树立榜样。榜样的所作所为被认为是最理想的和最恰当的行为模式。如果榜样人物能够由于他们的行为而得到益处,那么与榜样相同的行为就会增加。

前提之三,事实材料。通常,事实材料应该能够使学习者产生丰富的联想,从而便于理解和接受,使得学习要点更鲜明和生动。

前提之四,实践操作。只有经历足够的实践,才能真正掌握所学知识和技能的重要环节,也只有通过充分的实践,学员应用所学的内容才能成为一种自然的反应,而不仅是一种自发反应。

前提之五,评价反馈。一般情况下,人们不知道行为的后果,就很难改进其行为方式。只有在其行为发生后能够及时知道后果,才能使后果和行为紧密地联系起来。

前提之六,效果分析。人们的整个学习过程具有明显的共性,即实践初期,学员进步明显，但在一段时间后，就会出现学习效果停滞不前的现象，之后学习效果还是呈现进步的态势，因此，我们将这一停滞阶段称为学习的平台期。出现学习平台期的原因是多方面的，但通常可归纳为三个方面：第一，学习的过程遵从收益递减规律，使学员的积极性减弱；第二，随着学习的进步，学员经历一个将各种不同的技能结合在一起的比较复杂的整合过程；第三，学员学习的深化需要一种与原来不同的指导方式。

可见，组织培训不同于学校中的学习，它是由组织战略规划，特别是人员配置和人力资源规划所决定的，并为组织经营目标服务的。

（二）认知心理理论

20 世纪 70 年代后期，认知心理学的理论研究渐趋成熟，这个学派提出的认知模式有效地解释了人们的知识和技能的构成与获取的关系。人们认知能力的基础是有益知识的积累，当代的理论研究发现，人们的记忆特点是以“组块”的方式组织和存储信息的，在记忆的网络中，信息以一种有序的方式排列和组合，代表这些信息的关系和内在联系。我们可以把这个模式应用于获取知识和技能的过程。

在学习技能的时候，第一阶段是认知阶段，从全面了解该技能各部分间的联系开始，一般是由已掌握该技能的人用语言把该技能的要点描述清楚，学员尝试着从理念上把这些要点联系起来；第二阶段是操作阶段，在实践中加以演练，可以由熟练的操作员示范，也可以用一些其他的媒介让学员了解到作业在实际中是怎样完成的。在演练中学员不断改进动作，去除无关动作，这是外部强化。另一个过程是内部强化，形成对整个操作的认知系统，等操作可以从外部强化完全转化为内部强化时，这个阶段就转入最后阶段，即自动化阶段。自动化的过程就是程序化的过程，在这个阶段，操作员的认知可以放到其他方面，操作几乎是自动地连接成一个整体。先做什么，再做什么的顺序，遇到什么情况该做出什么反应已经不用过多的考虑①。

（三）终生教育培训理论

1965 年，法国成人教育专家保罗·郎格朗率先提出了持续教育培训和终身教育的创新理念。他在其出版的《终生教育引论》一书中提出了终身教育培训的五项原则：第一，保证教育培训的连续性，以防止知识过时；第二，使教育培训计划和方法适应每个社会组织的具体要求和创新目标；第三，在各个阶段都要努力培育适应时代的新人；第四，大规模地调动和利用各种训练手段和信息；第五，在各种形式的行动（政治的、技术的、工商业的行动等）与教育培训目标之间建立密切联系。美国未来学家约翰·奈斯比特在其《再创公司》一书中也指出，在只

① 裴利芳．人力资源管理[M]．北京：清华大学出版社，2013：332.

有变化是唯一不变的信息社会里,我们再也不能期望某种教育是万无一失的了。今天已经没有能持续一生的教育和技能了。伦纳德·R.赛利斯和乔治·斯特劳斯在他们合著的《人力资源管理》一书中也论及了持续培训问题。他们认为,高效率的管理者应把培训当作是一个不间断的、连续的过程,而不是一个短期行为。因为新问题、新工序、新设备、新知识和新工作都在不断地创造着培训雇员的需要。

事实上,教育应该贯穿于人的一生,这绝不是什么新的观点。早在中世纪和远古时期,先哲们就在书面文字中经常强调成人坚持学习的重要性。例如,中国古代教育家孔子"活到老、学到老"的朴素思想里就已经包含着终身学习观和终生教育观。这一观点在西方社会也早已有之,实现由一次性培训到持续性培训、终身培训的转变,是全体人民在未来得到和谐发展的唯一途径,是更新劳动者知识技能的战略投资。如英国"21世纪新概念"中就包括一个庞大的持续培训、终身培训计划,目的是通过多种方法的持续教育和培训,提高受训人员的知识和能力素质,增强竞争能力。1996年,联合国教科文组织在成立50周年之际发表了一份"教育:财富蕴藏其中"的报告并提出了一个重要观点:终身教育是进入21世纪的一把钥匙。该报告把"学会知识,学会做事,学会共同生活,学会生存"列为教育的四个支柱。这表明,以互联网为基础的知识经济时代,阶段性教育思想将被终身教育思想所取代,学习型社会即将到来。今后的教育应该是根据每个人不同时期的发展需要,以最好的方式提供最需要的或最新的知识和技能。终身教育需要实现教育的纵向一体化和横向一体化,使教育既贯穿于人的一生,又始终与现实生活保持密切联系。在这个意义上说,社会必须提供给那些离开了学校的成年人接受继续教育的足够机会和广阔空间,现有的学校教育体系必须予以重构,使之具有相当的灵活性、多元性和伸展性,为学习化时代的终身教育、继续教育开辟一块崭新的空间,以适应社会的发展和个人的选择。

目前,中国的成人继续教育事业有了较大的发展,但组织的持续性培训工作还很落后,特别是观念陈旧。传统观念仅仅是把教育局限于中小学和大学,教育只不过是作为年轻人或未成年人的成年生活的一种一次性完成的准备,而人的一生首先经历准备和培训阶段,然后才是发挥作用阶段。在相当多的人的心目中,正规的学校教育才是教育,总是习惯于一次性教育,习惯于拿文凭和学历的教育,对职业性教育、技能性教育、培训以及继续教育等不以为然。因此,我们必须重视人才的持续培训工作。首先要转变"一劳永逸"的观念,以终身教育的思想观念改革教育,要改变过分看重学校教育的传统观念和以学历评价人的能力以及将学历与工资、职务直接挂钩的制度和政策;其次就是要根据组织内外环境变化,适应社会、组织和个人需求,实施持续培训、终身培训;最后,在保证组织当前任务顺利完成的情况下，要分析和预测未来环境变化及其引起组织的新需求，从而进行有针对性、预见性和超前性的培训。

（四）学习型组织理论

美国麻省理工学院史隆管理学院以“系统动力学”为核心，开发出最先进的“系统思考、学习型组织”管理科学新技术。其代表人物为麻省理工学院著名的弗雷斯特教授，他深入思考复杂变化背后的本质——整体动态运作的基本机制。弗氏思想源于麻省理工学院数学教授维纳于20世纪30年代创立的控制论。弗雷斯特在1965年还发表了“企业的新设计”一文，准确地预知未来组织必须如何改造并提出了重新改造企业的构想。20世纪80年代后，弗雷斯特的学生彼得·圣吉汇集一群有崇高理想的杰出企业家和麻省理工学院一批学者包括他的老师的一些构想，融合了其他几项出色的理论、方法和工具，从而发展出学习型组织的蓝图。1995年，圣吉博士出版了凝结他10年心血的名著《第五项修炼——学习型组织的艺术和实务》一书。他认为，我们应将学习看作是个人能力（创造和生产成果能力）的拓展，通过“五项修炼”及其工具，不断学习，提高组织的竞争力，并采用电脑模拟系统，使网络时代的企业能立于不败之地。

学习型组织是这样一个组织，“在其中，大家得以不断突破自己的能力上限，创造真心向往的结果，培养全新、前瞻而开阔的思考方式，全力实现共同的抱负，以及不断地一起学习如何共同学习”①。学习型组织，是指通过培养整个组织的学习气氛、充分发挥员工创造性思维能力而建立起来的一种有机的、高度柔性的、扁平化的、符合人性的和能持续发展的组织。这种组织具有持续学习的能力，具有高于个人绩效总和的综合绩效，其具体特征如表7－1所示。在学习型组织里有五项新技术正逐渐汇聚起来，使学习型组织演变成一项创新。这五项学习型组织的技能被圣吉博士称之为“五项修炼”，依次为：自我超越、改善心智模式、建立共同愿景、团体学习和系统思考。

表7－1　学习型组织的关键特征

特征	描述
持续学习	员工们相互分享所学东西并且将工作作为运用和创造知识的基础
知识创造与分享	开发和建立起创造、获取以及分享知识的系统
批判性的系统思考	鼓励雇员用新的方法思考问题、看待关系和反馈回路以及对假设进行检验

① 彼得·圣吉．第五项修炼［M］．上海：上海三联书店，1998：3.

续表

特征	描述
学习文化	学习会得到奖励、晋升,会得到管理人员以及公司目标的支持
雇员的价值评价	建立一种确保每一位员工都能得到开发以及福利改善的制度和环境

资料来源:雷蒙德·诺伊,等. 人力资源管理:赢得竞争优势[M]. 北京:中国人民大学出版社,2001:263.

圣吉博士曾指出,全球组织正在形成一个共同学习的社会,"未来真正出色的企业,将是能够设法使各阶层人员全心投入,并有能力不断学习的组织"①。

不仅如此,诺伊教授认为,高层次培训有助于营造鼓励持续学习的工作环境,高层次培训实践是成为所谓学习型组织的那些公司的特征之一。在学习型组织中,培训的每一个过程都是经过深思熟虑的,并且与组织的目标紧紧联系在一起,培训被看成是专门用来创造智力资本的整个系统中的一个组成部分。学习型组织还非常重视系统级学习:即使公司的雇员(甚至部门)都已经不复存在了,但是他们的知识、技能仍然能够被留在公司之中。

(四)人力资本投资理论

人力资源并不等同于人力资本。人力资源一般是指组织中的所有成员;而人力资本是指存在于人体之中的具有经济价值的知识、技能和体魄(健康状况)等质量因素之和。人力只有经过培训教育,才能真正成为资本。值得注意的是,重视人力资本投资,已成为国际知名跨国公司的共同做法。西方的一些先进企业,继设立首席执行官(CEO)、首席财务官(CFO)、首席技术官(CTO)等职位之后,又有了首席知识官(Chief Knowledge Officer,CKO又译为知识总监)这一重要职位,主要负责将员工的知识变成公司资本的业务。

资本是经济学中一个十分重要的范畴,它随着时代的变迁不断地发展、演变并带着强烈的时代烙印。它不仅指一切能够带来价值增值的生产要素、产品等物质资本的总称,而且包含着人的知识与能力,即人力资本,它是指依附人体体力和智力所具有的劳动(包括体力劳动和脑力劳动)价值的总和。追根溯源,对人的经济价值的研究和分析始自英国的古典经济学创始人之一——威廉·配第。他在其代表作《政治算术》中提出了"土地是财富之母,劳动是财富之父"的著名命题,并充分肯定了人的经济价值。最早把人的能力当作资本的是亚当·斯密,他在其代表作《国民财富的性质和原因的研究》一书中区分了四种固定资本,其中第四种就是

① 彼得·圣吉. 第五项修炼[M]. 上海:上海三联书店,1998:4.

由“一个社会全体居民所具有的有用的能力”所构成。斯密的观点被 19 世纪许多经济学家所接受。1836 年英国经济学家纳索·威廉·西尼尔在《政治经济学大纲》中指出,大不列颠的智力资本和道德资本不仅在重要性上,而且在生产能力上已远远超过了它所拥有的全部物质资本。国家税收的绝大部分来自利润,而这些利润中来自物质资本的可能还不到 1/3,其余均来自个人资本,或者说来自教育。……知识是一种力量,它远不止是财富。马歇尔在《经济学原理》一书中强调,知识和组织是资本的重要组成部分,……知识是我们最有力的生产引擎,它可以使我们征服自然,使之满足我们的需要。

被称为人力资本理论的创立者、人力资本之父的则是美国著名经济学家舒尔茨教授,他在 1960 年美国经济学会年会上发表了题为《论人力资本投资》的演说。他系统、深刻地论述了人力资本理论,开创了人力资本研究的新领域。他在演讲中提出了人的知识、能力和健康等人力资本的提高,对经济增长的贡献,比物质资本、劳动力数量的增加重要得多。其人力资本理论有五个主要观点:

(1)人力资本存在于人的身上,表现为知识、技能、体力(健康状况)价值的总和,一个国家的人力资本可以通过劳动者的数量、质量以及劳动时间来度量。

(2)人力资本是投资形成的。投资渠道有 5 种,包括营养及医疗保健费用、学校教育费用、在职人员培训费用、择业过程中所发生的人事成本和迁徙费用。

(3)人力资本投资是经济增长的主要源泉,人力资本投资的增长无疑已经明显地提高了投入经济奋飞过程中的工作质量,这些质量上的改进也已成为经济增长的一个重要源泉,有能力的人民是现代经济丰裕的关键。

(4)人力资本投资是效益最佳的投资,人力投资的目的是为了获得收益,人力资本本身具有收益递增的重要特征,人力资本会导致其他物力资本生产效率的改善,一国人力资本存量越大,越可能导致人均产出或劳动率的提高。

(5)人力资本投资的消费部分实质是耐用性的,甚至比物质的耐用性消费品更加经久耐用。

如果把舒尔茨对人力资本的研究看作是教育对经济作用的宏观分析的话,微观分析则主要由加里·贝克尔来完成。他认为,人力资本是通过人力资源投资形成的资本。一些活动主要影响未来的福利,另一些活动主要影响现在;一些活动影响货币收入,而另一些活动影响心理收入,即消费。这些影响可以通过物质资源或人力资源发生,用于增加人的资源、影响未来货币收入和消费的投资为人力资本投资。贝克尔主要强调了正规教育和职业培训的支出所形成的人力资本。此外,1995 年,诺贝尔经济学奖获得者卢卡斯提出新经济增长理论,运用更加微观的定量分析方法,将舒尔茨的人力资本与索洛的技术进步概念结合起来,形成每个人的专业的人力资本。他认为,人力资本的积累才是产出增长的真正源泉。美国管理学权威彼得·德鲁克也精辟地指出,在现代经济中,知识正成为真正的资本与首先的财富。20 世纪 80 年代以来,西方学者开始把"人力资源"当作带来利润的"资本",人力资本投资是效益最佳的投资,而人力资本中的智力资本,则是人力资本中的核心。20 世纪 90 年代中期开始,在全球范围迅速兴起的知识经济,更使人们清醒地认识到,处在人力资本最高层次的人才资本,是能够在更高数量级上创造利润的最宝贵的资本。

综合人力资源管理大师们的论述,人力资本的类型有两种:一种是有形的人力资本,包括正规学校教育及在职培训、医疗和保健、人口的迁移。另一种是无形的人力资本,即人们在一个组织中为共同的目的去合作的能力,主要表现为社会文化传统在员工头脑中的渗透。人力资本投资对组织发展有积极的影响,这已成为经济学界的共识。具体来说,其重要作用主要表现为:

(1)大量有熟练工作技能和经验的员工的存在,有利于节约生产成本,提高生产效率,进而提高组织的经济效益。

(2)大量高科技人员的存在,有利于开发适合市场需求的新产品,提高组织的竞争能力。

(3)优秀的管理人才可以为组织的发展制订正确的目标和计划。

(4)各种高素质人才的存在,有利于培养组织的核心竞争力和持久竞争力。

那么,组织如何运用人力资本投资理论指导培训工作呢?

首先,树立符合国际标准的人才观、资本观和投资观。组织从上至下应树立人力资本投资的作用或重要性大于物质资本投资的人力资本意识,确立人力资本培训开发、利用与人才竞争战略。作为组织第一资源的人的价值会受到管理方式不同、岗位职务变动、知识技能陈旧等因素的影响而增长、损耗或保持不变。在实际工作中,员工的劳动能力不是固定不变的且员工相当部分的工作能力是潜在的,组织可以通过恰当的方法和措施加以开发利用。一般而言,通过培训开发,丰富知识、改善技术、积累经验、塑造态度,人力资本就可能升值,产生"滚雪球"效应。此乃人力资本价值的可变性,也即人力资源的可开发性、可塑造性、可再生性。

其次,将培训作为人力资本投资的主渠道和重要渠道。在经济全球化背景下,人力资源配置的国际化、市场化步伐将加快,人力资源的竞争将更加激烈,人力资本将取代物力资本在社会经济运行中日益占据主导地位。而组织又该如何应对呢?直接和有效的方式是结合本企业的优势,借鉴国际上成功企业的用人之道,不断完善和提高本企业的人力资本及其使用绩效。具体来说,一是用全球标准和适应国际经济竞争的要求来衡量人力资源管理,讲究科学性和有效性;二是从增强企业竞争力的角度来加强对员工的教育培训工作,增加人力资本投入,重视教育学习与市场需求相结合；三是注重建立人力资源管理与开发的终身化和手段多样化，充分发挥和调动员工的潜能，使组织真正建立起人才竞争优势。

再次，实施人力资源综合发展战略，既要注重员工的知识、技能方面的学习，又要重视员工职业道德、思想情操与健康向上的人生价值观的培养。最重要的是培育积极向上的企业文化。

最后，建立健全并逐步完善人力资本的投资及其保障保护机制与组织机构。人力资源激励，应将物质激励和精神激励相结合。要建立把员工和组织紧密联结在一起的经营方式，通过合同或契约，把实现组织的生产经营目标和提高员工收入、改善劳动条件、增加福利要求的措施具体化，形成人人关心组织前途命运、共谋组织发展大计的局面。

第二节　培训规划

培训是一门科学，组织培训的对象是成人。培训不仅仅是组织或员工某一阶段、某一方面的事情，它应该贯穿于组织实现长远发展目标的过程中和每一位员工的整个职业生涯中。人力资源培训规划是组织人力资源规划中的重要内容之一，它属于组织发展的整体性与长远性规划战略系统中的子系统。因此，培训规划是在经营发展战略（一项综合了组织目标、政策和行动计划的规划）和人力资源规划指导下，建立在培训需要分析（组织分析、人员分析和任务分析）以及职业生涯设计基础上的一项战略设计和在此指引下的具体工作计划和安排。具体地讲，是指分析培训需求，确立培训目标（时间性、层次性）和原则，确定培训对象和培训内容，选择合适的培训方法、培训技术和培训者，编制培训方案及实施细节（包括教学计划与培训课程的设计、选择合适的培训时间和场所），进行培训投资预算并评价培训方案，以及在动态的培训过程中获得培训效果反馈。日本松下电器公司有一句名言：“出产品之前先出人才”，换言之，一个好的培训架构就是这样一套生产人的程序，能让每一个接受培训教育的员工的人力资本价值增值。

一、培训的目标与原则

（一）培训目标

确立培训目标就是培训定位，它来源于组织与员工个人两个方面。通过培训可以使受训者提升工作绩效，进而促成组织目标的达成，而组织的成功，有利于员工个人发展和社会进步。从总体上讲，组织培训旨在扩大员工的知识、技术和能力并改善员工的工作态度、行为倾向及价值观念,培养团队精神和优秀的企业(组织)文化,提高员工个人的人力资源价值并由此增加组织的人力资本存量,将培训造就合格的、出类拔萃的人才作为组织核心竞争能力的关键因素,以适应不断变化着的经营环境和工作挑战。

培训目标有广义和狭义之分。

总之,确立培训目标既要注重近期实效性,又要考虑长期性的员工潜能开发和组织经营战略目标的实现等问题;既要将其视为一项投资,运用人力资源会计评估其经济效益,又要从人力资源可持续发展和利用以及社会责任角度出发,考虑社会效益和受训员工个人职业生涯发展等问题。开展多层次、多种形式、多样方法以及兼顾组织和员工近、中、远发展目标的培训开发活动,以满足环境变化的要求和不同的培训需求,这是人力资源开发的本质目标。

1. 狭义的培训目标

让员工掌握培训项目中所强调的知识、技能和行为规范,并且要求他们将其应用于日常工作中。诺伊教授为此举了一个例子:售货员的顾客服务培训项目的目标是,受训后雇员能够通过简短的(不超过10个单词)道歉向愤怒的顾客表达自己的关心(绩效:说明雇员应该做什么),而且必须是在顾客停止抱怨后进行(标准:阐明可被接受的绩效质量或水平),同时不管顾客采取什么样的态度和方式(条件:说明受训者完成指定学习成果的条件)。由此可见,良好的培训目标能向受训者清楚地说明他们在培训结束后该做些什么,可以测量或评估的绩效满意标准,受训者达到目标要求采取的某种行动(行为)所需的资源以及实现预期目标的背景条件等。

2. 广义的培训目标

将知识性目标、态度性目标、技术性目标和能力性目标整合起来,将组织目标同员工个人目标结合起来。不仅将培训的重点放在员工基本技能和高级技能如何提高的目标要求上,而且将员工培训目标同组织创造智力资本、获取竞争优势、提高人力资本投资效益的途径结合起来,要求员工努力获取更广博的知识,学会知识共享,学会如何学习,并综合性地、创造性地运用所学知识来改善产品或服务质量,同时还应了解产品或服务的开发系统。

培训目标定位随培训对象和培训内容、外部条件、工作性质、管理方式、绩效考核等多种因素的不同而有所不同。对于普通员工的培训,侧重于操作技能的熟练及与工作岗位匹配或能级对应(人员的能力等级必须与所承担的工作职位的责任、权利等级相对应,从而达到职得其人、人得其职、人职相宜和相得益彰的效果);对于中层管理人员的培训,侧重于人际关系能力的娴熟(如沟通能力、执行能力、理解能力和组织能力等)和接受与传播新知识、新理念等态度转变方面；对于高层管理人员的培训，侧重于思维训练和决策、管理的创新能力提高方面，如表7－2、表7－3、表7－4所示；对于企业全员的培训，则侧重于知识、技能与价值观念的更新以及创新精神、创造力潜能和学习能力等方面的开发。针对某一特定的培训对象和具体的培训内容，如普通员工的基本技能训练，其培训的目标又可以具体化，比如，认知领域目标、情感领域目标、态度领域目标和行为领域目标。就某一项培训项目而言，又可分为项目目标和学科目标或者课程目标。

表7－2　亚洲企业界对青年管理精英的评估与期望

在10项品质与管理技巧中青年精英们需要掌握的5项（%）

序号	品质与技巧	最重要的5种	序号	品质与技巧	最重要的5种
1	创新与革新能力	58	6	群体协作能力	53
2	沟通能力	56	7	对人的管理能力	46
3	领导能力	50	8	道德品质（如诚实等）	31
4	创业精神	40	9	技术性能力	30
5	战略管理能力	46	10	跨文化管理能力	18

资料来源：《亚洲周刊》1995年调查结果。

表7－3　亚洲企业界对青年管理精英的评估与期望

在10项品质与管理技巧中青年精英们目前欠缺的5项（%）

序号	品质与技巧	最重要的5种	序号	品质与技巧	最重要的5种
1	创业精神	48	6	沟通能力	37
2	创新与革新能力	59	7	跨文化管理能力	36
3	道德品质	40	8	群体协作能力	40
4	领导能力	51	9	战略管理能力	38
5	对人的管理能力	52	10	技术性能力	23

资料来源：《亚洲周刊》1995年调查结果。

表 7-4 亚洲企业界对青年管理精英的评估与期望

在 8 项能力中对青年精英们未来发展成败影响最大的 5 项(%)

序号	品质与技巧	最重要的 5 种	序号	品质与技巧	最重要的 5 种
1	对环境应变能力	80	5	帮助全公司学习的能力	65
2	改革组织结构能力	53	6	跨地理边界业务管理能力	42
3	吸引并留住人才能力	60	7	跨文化管理	44
4	引进和管理技术能力	55	8	吸引并保住财务支持能力	29

资料来源:《亚洲周刊》1995 年调查结果。

传统意义上的培训只是作为传授特定知识和技能的途径,但是当管理者和培训者认识到培训对实现组织经营目标的贡献后,培训所扮演的角色就被扩大了,包括知识的创造和共享(属于一项战略性投资)。越来越多的企业愿意投入巨资于研究开发及教育培训,但是还有一些组织仍期望得到立竿见影的培训效果。成功的组织把培训当成一项战略性的工作来做,他们根据经营环境和经营发展战略变化的需要,将组织的培训职能与培训活动同实现经营战略目标结合起来,制定出长期性、全局性、前瞻性和方向性的人力资源发展规划——培训战略,用以指导培训工作顺利进行,以取得最佳的培训效果,形成"多出人才,快出人才,出好人才"的局面,最终实现组织与员工个人的同步发展目标。一些企业已经认识到培训工作的重要性和紧迫性,但还是经常听到这样的怨言:"我们已搞了不少培训,但培训效果并不理想。"原因在于最高管理层存在错误的认识和做法,他们将培训仅仅当成一项事务性工作,未制定出合适的培训战略规划并据此开展有效的培训,即以一定的培训程序和方法、技巧达成预期的培训目标;或者培训工作没有与组织经营发展总体战略、目标任务相结合;也可能只是培训了少数人员等。这些都可能导致培训失败。

(二)培训原则

培训原则也是培训定位一个不可忽视的问题,无论何种对象、何种层次、何种形式与何种内容的培训,都必须同人力资源管理其他工作联系起来,并且要考虑环境变化和市场竞争带来的新情况、新要求,使培训工作与组织的发展目标、经营管理方式及实际情况紧密结合起来,兼顾员工个人的职业发展计划等。分析影响培训工作的因素以及处理好培训与这些相关因素的关系,有利于提升培训定位的准确性并取得卓越的培训绩效。

1. 战略性原则

考虑到培训在企业人力资源管理系统中的重要地位，知识经济时代企业应对全球化等问题的挑战，开展培训工作的紧迫性、重要性，企业及其员工的结构与需求的多样化特征，企业与员工之间建立“伙伴”关系以及实现“双赢”结果等复杂因素、关联关系，我们在设计培训工作时，必须首先树立战略意识。即将培训计划同企业的整体经营发展战略规划和员工个人职业生涯发展计划结合起来考虑，需要制订出并处理好近期培训计划（目标）、中期培训计划（目标）、长期培训计划（目标）之间的关系，防止发生脱节和短视、片面化的做法。培训计划既要立足当前又要前瞻未来；既要有针对性又要保持连续性；既要注重实效性又要兼顾整体性、长远性。战略性的培训是符合本企业特点及其员工个人发展需求，符合经营战略及经营目标要求的以及适应经营环境变化的一项立足现实、谋划未来的培训。

2. 理论联系实际、注重实效的原则

企业培训教育与学校教育的根本区别在于前者更强调针对性、实践性，即需要什么学什么、缺什么补什么、干什么学好什么，讲求理论知识的应用和验证。既注重提高基础理论知识素养，又特别讲求全面提升专业技术和职业技能水平、综合性与创造性地运用理论知识解决实际问题的能力。工作分析、绩效分析和组织同员工的需求分析已成为实施培训工作的基础。培训要适应组织的现实需要，反对“为培训而培训”的形式主义做法。

3. 因材施教与综合性培训兼顾的原则

培训要处理好个性与共性的关系。不同的培训对象应设计不同的培训目标和培训内容及相应的培训方法和技术，不同的培训方式也应设计不同的培训策略和培训方法、技术，但整体性的培训则要求将基本能力的培训开发与高层次能力的培训开发有机地结合起来，达到所谓“品行兼优、德才兼备”。对不同的培训对象，其培训的侧重点也不同，但无论是新员工、老员工，还是普通员工、中高层管理人员，都需要接受特定组织所具有的诸如经营哲学、企业文化与精神、道德伦理、制度规范、价值观念和团队意识等方面的熏陶。任何有针对性的培训方法与技术都不能单独应用于某项培训，培训方法与技术手段甚至课程的合理搭配使用，其效果才可能最佳。

4. 全员培训与重点提高相结合的原则

在科学技术迅猛发展、经济全球化及知识经济时代，客观形势要求企业建立学习型组织以获得竞争优势，全员培训应为现实的选择。在全员培训中应根据组织实际情况分先后主次、轻重缓急，优先培训急需人才，既可调动广大员工参与培训的积极性，又使培训层次分明、重点突出，将会增强培训效果也能增进组织的整体绩效,还能起到激励的作用。此原则涉及如何处理培训的广度和深度、普遍性与典型性之间的关系。

5. 主动参与原则

培训是组织与员工、培训者与受训者互动的学习过程,如果一项培训不能调动受训者积极主动参与,其效果便可想而知了。不仅只是根据组织需求、任务分析确定培训计划,还应根据员工需求编制培训计划。让员工填写"年度培训需求表"这类做法不失为良策,可提高受训者的自主性和主人翁地位。如果受训者形成"我要培训"的强烈要求,其效果自然不言而喻。

6. 讲求人力资本投资效益原则

培训教育属于人力资本投资行为,其投入容易计算,但其产出和回报却难以量化计算。而且人员培训的投入—产出周期一般较长,加之人力资本投资的成本核算与价值测量比较复杂,可能导致一些组织忽略该项投资的效益评估问题。这就要求我们在制订培训计划时,既要考虑培训经费预算问题,又要对该项培训方案所产生的经济效益与社会效益进行预测,在培训过程中和培训结束后还要及时地进行培训效果的评估。

7. 培训管理的统一性和科学性原则

员工培训是组织人力资源管理的内容之一,是实现组织经营目标和管理目标的保证。培训部门应是组织人力资源部的一个下属职能部门或一项职能的执行机构。职能相近原则、有利职能完成原则和低成本原则要求培训的组织管理应由人力资源管理部门负责,需要相关职能部门的配合,共同建立培训体系并科学地划分培训职责,使培训管理的计划、组织、指挥、协调与控制五项活动统一起来,构建合理的培训流程,顺利地完成培训工作并取得良好的培训效果,以满足人力资源的配置需要。

8. 严格考核、合理配置与择优奖励原则

要求将培训工作与其他人力资源管理工作衔接起来,形成一种"招聘—培训—考核—使用—激励"的协调发展、良性运行的机制。提高招聘的有效性将充分保证培训对象的数量、质量与层次结构要求,严格考核是检验培训效果与培训质量的重要手段,择优提拔使用与相应的薪酬福利待遇是调动员工积极主动参与培训的有力杠杆。因此,人力资源管理中各环节的工作都不能偏废,它们构成了一种相互联系、相互制约、相互影响和相互促进的机制。

二、培训的类型与方法

(一)培训的类型

第一,按地点分类,培训可分为内部培训和外部培训(包括出国培训)。

第二,按方式及时间分类,培训可分类如下几种:

(1)在岗(在职)培训。如补充知识技能培训、储备知识技能培训、人际关系能力培训、激发技能培训等。

(2)岗前培训(就业培训、任职前培训),可分为一般性职前培训、专业性职前培训。

(3)岗外(职外)培训,如全脱产培训、半脱产培训、挂职培训等。

(4)转岗培训。

(5)短期培训与长期培训。

(6)自办培训、合作培训、外派培训。

(7)业余自学。

第三,按培训对象分类。按照接受培训的对象在企业中的角色,我们可以把培训分为普通员工培训、班组长(骨干员工)培训、中层管理人员培训(主管人员培训)、高层管理人员培训、专业技术人员培训、培训者(包括培训师)的培训等。

第四,按培训中是否使用新技术传递信息来分类,可分为传统性培训和新技术(使用互联网)培训。

(二)培训的方法与技术

我们将在第八章有关内容中对此问题做详细的讨论。

(三)培训方法与技术的选择

培训应依据培训对象的数量、质量、层次和培训内容、经费预算,选择具有可行性与可操作性,并易于取得较佳效果的方法与技术。

作为一名管理者或培训者,有必要对各种培训方法和技术进行列表评价,比较分析各类方法与技术的优缺点及适用范围。在决定采取何种培训类型及相应的培训方法与技术时应考虑如下问题:

(1)确定希望培训能够产生的学习成果有哪些,比如,语言信息、智力、技能、认知策略、态度行为等。

(2)培训方法和技术对学习成果及培训成果转化的有利程度。

(3)开发和使用这种培训方法和技术的成本、有效性问题。

三、培训的计划与程序

(一)培训计划

1. 培训计划概述

培训计划是根据组织的经营战略和近期、中期、远期的发展目标,在预测分析

培训需求的基础上,制订切实可行的培训活动方案的过程。培训计划的制定应考虑以下几个问题:

(1)系统性。首先,培训计划必须按一定标准设计,在设计过程中要受正式的规则制约,如为什么要进行培训?培训什么?谁接受培训?接受谁的培训?何时何地培训?如何培训?用何种方式培训?要达到什么样的培训结果?采用何种培训标准?下一步如何进行等。合理的规则是标准化(规范化)的关键因素,可减少设计者个人因素对培训的影响。其次,一项培训计划应采用统一的、一致性的培训标准和正式规则,加强培训活动各项目之间的有机联系并使之同培训目标保持一致,保证培训工作有序地进行。再次,仅靠制定规则是不够的,欲使培训计划的实施达到预期效果,只有规则被持续可靠地应用、执行,培训计划才有效。最后,培训计划还要关注培训成果的转化,使培训与培训结果的利用密切结合起来。

(2)普遍性。培训计划的制定必须适应不同的工作(岗位)任务、不同的培训对象和不同的培训需要。换言之,培训设计要明确每一种工作任务的要求,并针对特定的岗位,满足不同受训者的兴趣与需要。此外,也要满足不同的培训类型、不同的培训方式及程序所特有的要求。

(3)有效性。这是指培训计划必须针对组织目标达成、取得工作绩效,同时有助于员工个人职业发展,并立足于客观实际来设计,还要从整体上考虑影响培训效果的相关因素。培训计划要能经受培训实践的检验,产生良好的社会经济效益。

2. 制订培训计划的基础——培训需求分析

(1)基本概念。培训需求分析是指在规划和设计每一项培训目标、培训计划和培训活动之前,由培训部门、经理人员、主管人员和工作人员等采用个案分析法、全面性分析法、绩效差距分析法(缺口分析)等各种方法与技术,对工作层次、组织层次、员工个人层次和战略层次的现有状况与应有状况及存在的问题进行系统地调查分析,以确定是否有培训的需要,以及需要什么样的培训的一种活动或过程。培训需求分析既是开展现代培训活动的第一步,也是进行培训评估的基础。

(2)培训需求分析的地位。通过培训需求分析,可以找到绩效差距;是进行组织变革的前瞻性分析,给员工指出发展之路;它还能保证人力资源培训开发工作的有效性,为培训投资的成本和价值分析提供大量信息并建立起基本的培训评估标准,改变和创新人力资源分析预测方法。同时,经过培训需求分析的培训计划的实施将获得内部和外部各方面的支持,能促进传统人事管理系统向现代人力资源开发管理系统的转换。

(3)培训需求分析的内容。培训需求分析一般包括组织分析、人员分析和任务分析,参见图 7-2 和图 7-3。

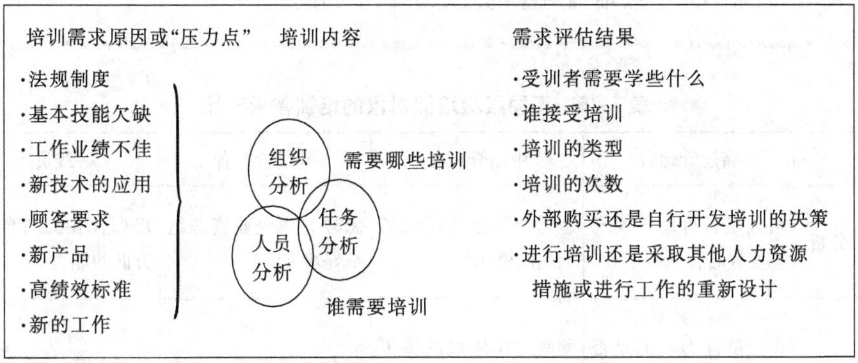

图 7-2 培训需求评估过程

资料来源:雷蒙德·诺伊.雇员培训与开发[M].北京:中国人民大学出版社,2001:43.

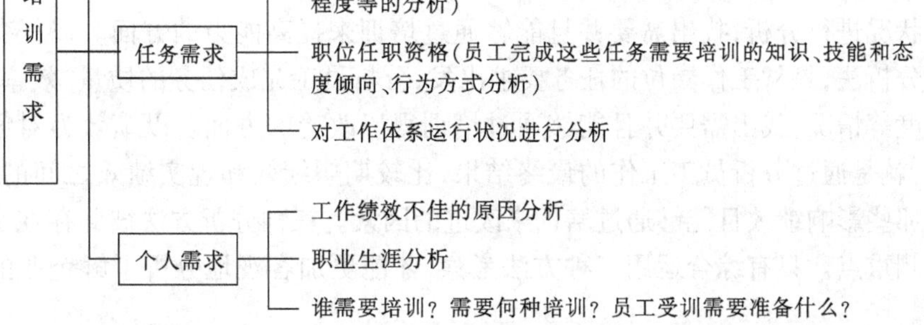

图 7-3 不同层次的培训需求分析示意图

从图 7-3 我们不难看出,培训需求分析具有如下几个特点:①培训需求分析的主体具有多元性;②培训需求分析的客体具有多层次性;③培训需求分析的对象具有广泛性;④培训需求分析的方法和技术具有多样性;⑤培训需求分析的结果对培训工作具有指导性、前瞻性。

表7-5对不同层级培训对象的要求进行了归纳。

表7-5 不同层级培训对象的培训需求对比

	高层管理者	中层管理者	基层管理者	一线员工
组织分析	培训是否有助于实现企业战略目标	怎样分配企业可供培训用的资源	怎样利用企业资源组织好培训	培训旨在提高自己哪方面的能力
工作分析	企业的能力状况是否与企业的发展要求相一致	哪些工作领域的员工能力与工作要求不相一致	每个工作岗位的能力要求是否都得到满足	自己的能力是否能够胜任工作岗位的要求
人员分析	哪些职能部门是企业短板,需要培训	哪些岗位的员工需要培训	具体需要参加培训的人员名单	怎样通过培训提高自身能力

资料来源:唐志红等. 能本管理实用图解手册[M]. 北京:中国工人出版社,2006:112.

进一步的,从现代能本管理角度出发考虑问题,培训需求分析的指导方法包括以能力为对象、以任务为对象以及以绩效为对象的分析方法。

以能力为对象的分析法,就是在测评员工能力的基础上,对员工能力的水平和结构状况进行分析,找出需要并且能够通过培训来提高能力的方面。以任务为对象的分析法,是从工作岗位的任务要求出发,分析员工完成任务的质量、效率、程序和态度等情况,找出需要并且能够通过培训得以改善的方面。以绩效为对象的分析法,就是通过分析员工工作的最终结果,比较期望绩效和现实绩效之间的差异,找出那些影响绩效且能够通过培训来改进的因素。三种分析方法彼此存在交集但各有侧重点。只有综合运用三种方法考察,才能更加客观地分析了解企业的培训需求。

(4)培训需求分析指引培训之道:让组织和员工共同发展。我们在确定培训需求时,不应忽略人的因素。如今越来越多的组织都重视帮助员工具体设计及实现个人合理的职业生涯发展计划或通路(Personal Performance Development File,PPDF)。一般认为,PPDF可使组织与员工形成合力,形成充满活力和战斗力的团队,因为员工个人为了组织的目标去努力奋斗的同时还要争取实现自我价值。

一个人从出生到死亡,会经历生物生命周期、家庭生命周期和职业生命周期,最关键的是其职业生命周期,它是个人生存与发展的重要阶段和主导条件。职业生涯,是指一个人一生中的职业或工作经历,特别是职业、职位的变动及工作理想、自我价值实现的整个过程。职业生涯发展计划,是指将员工个人在整个"职业生涯阶段"①中的职业变动与发展、职业转换、平行调动与晋升、职业教育培训等方面结合起来,设计、制订可行的职业发展和职业援助目标计划。

个人的PPDF有三个方向:一是纵向发展,属于职务变动发展,晋升是成功的标志,对晋升的渴求是一种积极的动机;二是横向发展,即平行调动或横向调整,如通过工作丰富化在"原地成长",属于非职务变动发展,包括工作范围的扩大、改变观念以及方法创新等,这是一种通过发展职务责权利的方式,使其职业生涯得到发展的重要形式;三是向核心方向发展,量才使用,实现最佳能级对应度和人职匹配度。

面对社会经济快速发展对人力资源越来越高的要求,组织必须重视研究、分析员工职业生涯,设计和规划员工职业生涯发展通路,加强员工职业生涯管理和开发。即通过传授知识、转变观念或提高技能等培训手段,改善员工当前或未来的工作绩效,发展与职业生涯目标相应的潜在职业能力。

职业生涯开发的根本目的是为了人的全面发展。美国学者罗斯威尔认为:"职业生涯开发有两重目标:向雇员指明个人职业发展的目标和方向,同时保证组织获得现在和将来所需的人力资源。"②管理学大师彼得·德鲁克所言意义更加深远:"企业的最终目标不应当是利润,利润并不是目标而是生存的必须条件。目标应当是人民的发展。"③

因此,我们在进行培训需求分析时,在制订培训目标和计划时,必须考虑组织中员工个人全面发展这一核心概念。

(5)培训需求分析的方法。培训需求分析的方法较多,我们用表7-6做一个简单的汇总。

---

① 美国社会学家施恩将职业生涯分为内职业生涯与外职业生涯,包括成长探索阶段、进入工作世界阶段、基础培训阶段、获得正式成员资格阶段、职业中期阶段、职业中期危险阶段、职业后期阶段、衰退和离职阶段、离开组织和职业阶段——退休。

② 张再生. 职业生涯管理[M]. 北京:经济管理出版社,2002:149.

③ 张再生. 职业生涯管理[M]. 北京:经济管理出版社,2002:151.

表7－6　不同培训需求分析方法优劣评价

	优　点	缺　点
观察法	1. 最大限度地减少评估工作对日常工作的干预 2. 可以同时考察工作环境与工作条件	1. 对观察者的要求很高 2. 员工的工作行为可能因为观察而有所改变
面谈法	1. 可以直接与员工进行交流，沟通渠道畅通 2. 有利于发现具体问题和细节问题	1. 员工不一定会说出真实的想法 2. 耗费的时间成本较高
问卷法	1. 成本较低，员工可广泛参与 2. 得到的数据易于归纳总结	1. 可能存在填写的随意性 2. 调查内容局限于问卷内，不利于发现问题
测试法	1. 测试结果容易比较和量化 2. 测试的结果比较客观	1. 测试结果不能完全反映员工工作中的表现 2. 容易给员工造成心理压力
讨论法	1. 有利于听取不同的意见和观点 2. 有利于提高员工参与的积极性	1. 得到的信息资料不具规律性，难以系统分析 2. 耗费的时间成本高
自我评价法	1. 员工对自身状况最为了解，因此结果比较符合实际 2. 针对性强，可引起员工的自我促进	1. 对员工自身的能力和素质要求高 2. 不容易判断其评价的客观性

3. 培训计划的内容

培训计划的内容可参见图7－4。

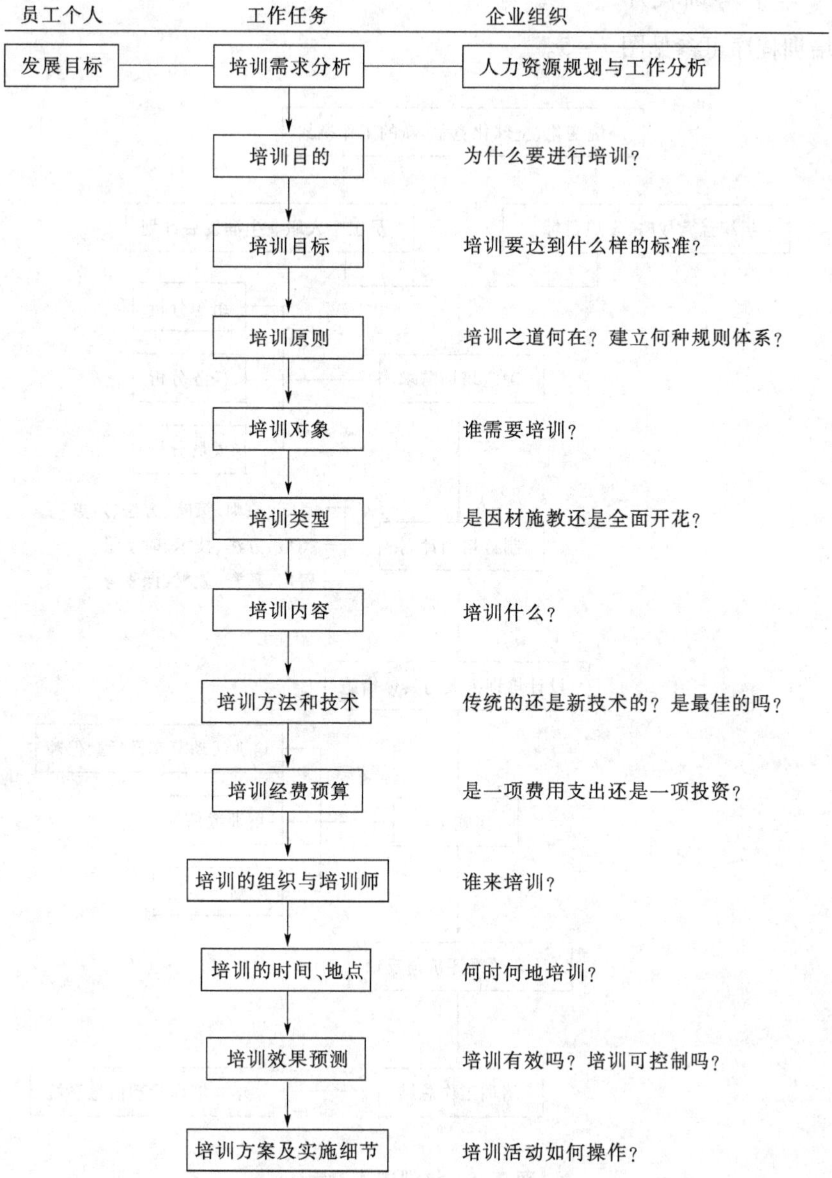
员工个人
工作任务
企业组织
发展目标
培训需求分析
人力资源规划与工作分析
培训目的
为什么要进行培训？
培训目标
培训要达到什么样的标准？
培训原则
培训之道何在？建立何种规则体系？
培训对象
谁需要培训？
培训类型
是因材施教还是全面开花？
培训内容
培训什么？
培训方法和技术
传统的还是新技术的？是最佳的吗？
培训经费预算
是一项费用支出还是一项投资？
培训的组织与培训师
谁来培训？
培训的时间、地点
何时何地培训？
培训效果预测
培训有效吗？培训可控制吗？
培训方案及实施细节
培训活动如何操作？

图 7-4　培训计划图

（二）培训程序

培训程序可参见图7－5。

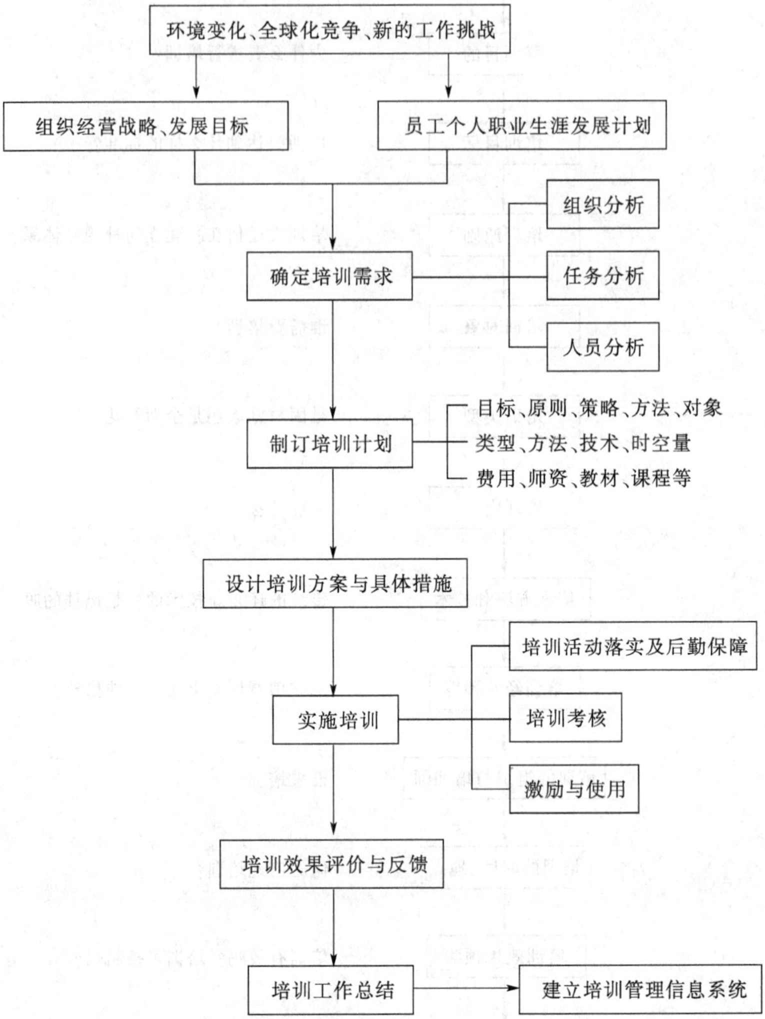

图7－5 培训工作流程图

第三节　培训者与培训工具

控制是管理的基本职能之一。只有科学规范的培训计划和培训程序还不足以保证一项培训工作的顺利开展或成功进行。要使培训成功，还必须选择合适的培训机构、培训人员和使用恰当的培训工具。

一、培训者的培训及要求

（一）培训者的概念

广义地讲，培训者包括培训的组织管理机构和人员、培训教师。培训者是组织进行培训需求分析、制订培训计划、组织和实施培训和培训效果评价与反馈的责任者，他们扮演了特定的角色并要求具备相应的素质和能力。比如，培训行政管理人员或培训需求分析专家、培训项目规划师等角色的责、权、利是不一样的（见表7－7）。

表7－7　培训者的角色

角　色	角色扮演	能　　力
分析/评估角色	研究者 需求分析家 评估者	了解行业知识；计算机应用能力、数据分析能力和研究能力
开发角色	项目设计者 培训教材开发者 评价者	了解成人教育特点；具有信息反馈、写作、应用电子（设备）系统和设定目标的能力
战略角色	管理者 市场营销人员 变革顾问 职业咨询师	精通职业生涯设计与发展理论、培训与开发理论；具有一定的经营理念、经营能力、计算机应用能力
指导教师/辅助者角色		了解成人教育原则；具有一定的讲授、指导、反馈、应用电子设备和组织团队的能力
行政管理者角色		具有应用计算机的能力、选择确定所需设施的能力、进行成本—收益分析的能力、项目管理和档案管理的能力

资料来源：雷蒙德·诺伊．雇员培训与开发［M］．北京：中国人民大学出版社，2001：14．经整理、改编而成。

为帮助员工发展,管理者和培训师必须充当教练和导师、评价人、倾听者,有时又称为“职业管理的伙伴”。管理者和培训师同样也是学习者,也需要接受教练技能和顾问技能方面的特定培训。有些企业内部设立内训师,内训师应持证上岗。

（二）对培训者的要求

此即对培训者的角色定位。组织许多部门的工作人员都承担着培训的责任,他们被赋予一套共同的价值理念、行为规范和责、权、利配置,比如,培训者需要共同遵守的职业道德,都需要获取最新的培训研究成果和培训实践的信息,都应具有较强的组织协调能力、人际关系能力等。但实际上他们各司其职,比如,培训部门经理主要从事管理和战略工作,培训专家主要承担开发和教学工作。任何一项培训都会影响员工的价值观、态度和行为习惯,因此,从这种意义上讲,培训已成为管理者和培训师所控制的与员工沟通的重要手段。

1. 对培训组织管理部门及其人员的要求

要求包括:管理职责、业务管理内容、岗位责任、工作标准、工作程序以及道德品质、心理素质、业务能力等方面。培训组织管理部门及其人员的管理职责如下:①根据本组织的经营战略和发展目标,结合环境变化、组织变革、工作挑战等因素,规划与制订不同时期、针对不同层次需要的培训计划。②编制培训计划的实施方案和操作细则,并上报最高管理层审批、决策。③组织编写或预订各项培训教材和课程资料。④协助并督导相关职能部门制定各级各类员工的考核标准。⑤建设并管理好组织内部的资料信息中心。⑥选送并组织实施外培活动。⑦对各种培训设备、设施进行管理。⑧遵守职业道德规范和组织有关规章制度。

2. 培训师的培训

培训教师的来源有二:企业内部与企业外部。组织内部的专职培训师较少,往往由经验丰富、成绩斐然的各部门管理人员和业务骨干兼任,他们往往理论联系实际,使得培训效果显著且具有激励作用。外聘培训师或专家顾问,他们讲授的专业水平以及教学的艺术均较内部师资要高,但他们很少做培训需求分析并且报酬昂贵,受训者的学习效果差异较大。无论内部还是外部的培训师,他们在培训中都处于关键的地位,其能力、知识结构与水平、态度意愿及教学方法等关系到培训效果和培训质量。因此,对培训师的培训,实际上是指组织应该以反复考察、试讲来比较选择最适合组织实际需要的“良师”。在学习化社会或学习型组织中,培训师与受训者都是学习者、互动的行动者,如何学习、如何共同学习、如何创造知识并共享知识、如何让知识转化为组织的智力资本和竞争能力,这才是培训师最重要的素质能力表现。如图 7－6 所示。

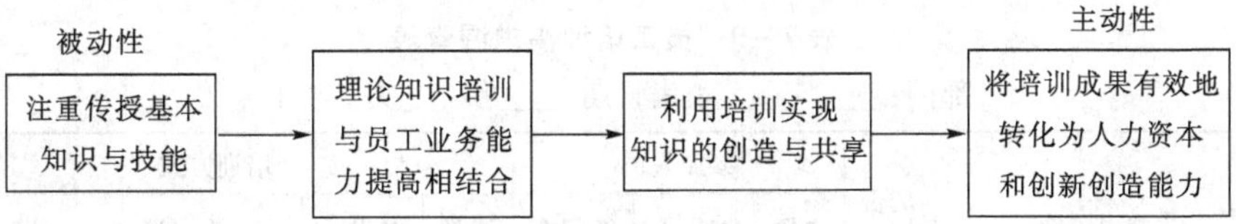

图 7－6　培训师的角色拓展

二、培训工具的设计

（一）各类培训表格

在培训中要使用各种表格，我们在表 7－8 中汇总了相关表格供大家参考。

表 7－8　培训表格汇总

◆从业人员在职培训资历表	◆个人外部培训申请表	◆各级培训机构工作职责
◆年度培训计划上报表	◆团体培训申请表	◆新员工教育培训申请书
◆新员工培训成绩评核表	◆新员工培训计划表	◆员工培训报告表
◆在职员工培训测验成绩表	◆员工培训档案	◆员工培训计划表
◆员工培训需求调查表	◆在职技能培训计划申请表	◆在职员工受培训意见调查表
◆在职培训学员意见调查表	◆在职培训实施结果表	◆在职培训费用申请表
◆培训成效调查表	◆员工培训考核表	◆员工培训报告书
◆个人培训教育记录表	◆新进职员教育成果检测表	◆培训申请表
◆员工培训记录表	◆课程问卷调查表	◆内部培训签到表

1. 培训需求分析类表格

包括员工培训需求调查表、个人外部培训申请表、新员工教育培训申请书、团体培训申请表、培训申请表、在职培训费用申请表、职业生涯评价表、任务分析表、组织诊断调查表、人员分析调查表和绩效自查表等。表7－9和表7－10为设计和制作的格式。

表7－9　员工培训需求调查表

部门:________　填表日期:______年____月____日

<table>
<tr><td rowspan="2">培训类别</td><td rowspan="2">培训内容</td><td rowspan="2">是否同意</td><td colspan="3">参加人员</td><td colspan="5">培训方式</td></tr>
<tr><td>自愿参加</td><td>指定人参加</td><td>部门全体员工</td><td>课堂授课</td><td>在实践中演示</td><td>标杆</td><td>座谈提问</td><td>其他</td></tr>
<tr><td rowspan="3">公共教育</td><td>1. 公司发展史、组织结构、主要业务</td><td></td><td></td><td></td><td></td><td></td><td></td><td></td><td></td><td></td></tr>
<tr><td>2. 公司规章制度及福利待遇</td><td></td><td></td><td></td><td></td><td></td><td></td><td></td><td></td><td></td></tr>
<tr><td>3. 其他</td><td colspan="9">请说明</td></tr>
<tr><td rowspan="12">业务知识</td><td rowspan="2">各部门员工根据各自的岗位特点提出需求</td><td rowspan="2">是否同意</td><td colspan="3">参加人员</td><td colspan="5">培训方式</td></tr>
<tr><td>自愿参加</td><td>指定人参加</td><td>部门全体员工</td><td>课堂授课</td><td>在实践中演示</td><td>标杆</td><td>座谈提问</td><td>其他</td></tr>
<tr><td>1. 计算机/IT行业动态</td><td></td><td></td><td></td><td></td><td></td><td></td><td></td><td></td><td></td></tr>
<tr><td>2. 互联网方面</td><td></td><td></td><td></td><td></td><td></td><td></td><td></td><td></td><td></td></tr>
<tr><td>3. 交际、谈判</td><td></td><td></td><td></td><td></td><td></td><td></td><td></td><td></td><td></td></tr>
<tr><td>4. 广告创意</td><td></td><td></td><td></td><td></td><td></td><td></td><td></td><td></td><td></td></tr>
<tr><td>5. 写作</td><td></td><td></td><td></td><td></td><td></td><td></td><td></td><td></td><td></td></tr>
<tr><td>6. 网页制作</td><td></td><td></td><td></td><td></td><td></td><td></td><td></td><td></td><td></td></tr>
<tr><td>7. 通讯</td><td></td><td></td><td></td><td></td><td></td><td></td><td></td><td></td><td></td></tr>
<tr><td>8. 市场调查</td><td></td><td></td><td></td><td></td><td></td><td></td><td></td><td></td><td></td></tr>
<tr><td>9. 其他</td><td colspan="9">请说明</td></tr>
<tr><td colspan="10"></td></tr>
<tr><td>其他知识</td><td colspan="10">请说明</td></tr>
</table>

填表说明:

(1)所列内容仅供参考,在同意的项目栏打√,还可列出自己需要的内容;

(2)请您根据您所在部门员工的需求填写此表;

(3)如篇幅有限,必要时可另附说明,谢谢您的合作。

资料来源:中国人力资源网,http://www.hr.com.cn。

表 7－10　A 公司员工培训教育申请表

姓　　名		部　　门	
现任职务		在公司工作时间	
申请培训教育理由			
费用额度			
我同意按《A 公司员工培训与教育管理办法》规定的服务年限服务，如中途调离或辞职，愿意补偿规定的费用。 签名： 年　月　日			
本部门负责人意见			
人力资源部负责人意见			
财务部负责人意见			
分管领导意见			

2. 培训计划类表格

包括年度培训计划书、员工培训计划表、培训流程图、新员工培训计划表、职业生涯发展计划书、培训课程设置与学时分配表和各类人员培训教育内容（设置）计划表等。表 7－11、表 7－12 为设计和制作的格式。

表 7－11　员工培训计划表（一）

单位：　　　　　　　　　　　　　　　　　　　　　　编号：

工号	培训类别																备考
	培训名称																
	姓名	工作类别															

批准：________　审核：________　拟订：________

表 7－12　员工培训计划表(二)

培训编号：　　　　　　　　　培训部门：

培训名称		培训时间	自　　至				
培训课程时数及负责人							
课 程	培训时间	负责人	起讫时间	课 程	培训时间	负责人	起讫时间

参加人员：共　　人　　名单如下：											
单位	职务	姓名	单位	职务	姓名	单位	职务	姓名	单位	职务	姓名
费用预算：					每人分摊费用						

资料来源：登龙门人力资源网，http://www.dengolngmen.com。

3. 培训管理类表格

包括员工培训档案、从业人员在职培训资历表、内部培训签到表、员工培训记录表、学员入学登记表、学习合同表、培训考试测验分类表和层级培训细节等。表 7－13 为设计和制作的格式。

表 7－13　员工培训记录表

部门：＿＿＿＿＿＿　　　　　　　　　　年度：＿＿＿＿＿＿

姓名	1			2			3			费用合计
	培训名称	期间	费用	培训名称	期间	费用	培训名称	期间	费用	

4. 培训考核评估类表格

包括员工培训考核表、员工培训评价报告书、在职培训实施结果表、在职员工培训测验成绩表、新员工培训成绩评定表、培训成效调查表、在职培训学员意见调查表、新员工教育成果检测表、受训者评价问卷表和课程与教师评价问卷表等。表

7-14 和表 7-15 为设计和制作的格式。

表 7-14　员工培训报告书

<table>
<tr><td colspan="2">培训名称及编号</td><td></td><td>参加人员姓名</td><td></td></tr>
<tr><td colspan="2">培 训 时 间</td><td></td><td>培 训 地 点</td><td></td></tr>
<tr><td colspan="2">培 训 方 式</td><td></td><td>使 用 资 料</td><td></td></tr>
<tr><td colspan="2">导师姓名及简介</td><td></td><td>主 办 单 位</td><td></td></tr>
<tr><td rowspan="5">培训后的检讨</td><td rowspan="4">培训人员意见</td><td colspan="3">受训心得（值得应用于本公司的建议）</td></tr>
<tr><td colspan="3"></td></tr>
<tr><td colspan="3">对下次派员参加本培训课程的建议</td></tr>
<tr><td colspan="3"></td></tr>
<tr><td>主办单位意见</td><td colspan="3"></td></tr>
</table>

总 经 理：　　　　（副）经理：　　　　主办单位：
副总经理：　　　　（副）厂长：

表 7-15　培训意见反馈表

学员：

感谢你参与本次培训，为了更好地为大家服务，为今后进一步提升培训效率提供决策建议，特进行培训意见的收集，希望得到各位的支持。

人力资源部

（1）本次培训课程设计你觉得如何？

A. 具有较强针对性　　B. 具有一定针对性　　C. 与现实的工作联系不密切

（2）培训教学方法如何？

A. 优　　B. 好　　C. 尚可　　D. 劣

（3）培训时间是否适当？

A. 优　　B. 好　　C. 尚可　　D. 劣

（4）参加此次培训感到有哪些收益？

A. 获得适用的专业知识

B. 可用在工作上的一些有效的研究技巧及技术

C. 将帮助我改变工作态度

D. 给我一个客观观察自己工作的机会

续表

(5)培训设备安排如何?

A.优　B.好　C.尚可　D.劣

(6)将来如有类似的班次,你还愿意参加吗?

A.是　B.否　C.不确定

(7)对培训师授课的评价:

讲课条理性如何?

王强老师	A.优	B.好	C.尚可	D.劣
张刚老师	A.优	B.好	C.尚可	D.劣
李冰老师	A.优	B.好	C.尚可	D.劣
万容老师	A.优	B.好	C.尚可	D.劣

内容重点是否突出?

王强老师	A.优	B.好	C.尚可	D.劣
张刚老师	A.优	B.好	C.尚可	D.劣
李冰老师	A.优	B.好	C.尚可	D.劣
万容老师	A.优	B.好	C.尚可	D.劣

解答学员疑问耐心程度?

王强老师	A.优	B.好	C.尚可	D.劣
张刚老师	A.优	B.好	C.尚可	D.劣
李冰老师	A.优	B.好	C.尚可	D.劣
万容老师	A.优	B.好	C.尚可	D.劣

(8)本次培训是否达到你的期望值?

A.远超过　B.与预期值相当　C.未达到　D.远未达到

(9)你认为哪种授课方式比较适合你?

A.课程讲解　B.案例分析　C.互动研讨　D.实战模拟

E.其他方式

(10)通过培训你最想提高自己下面哪方面的能力?

A.熟悉工作领域　B.改善工作流程　C.改变职业态度　D.掌握新方法、新技术

(11)其他建议事项:

谢谢你的合作!

(二)培训的各项制度

培训的各项制度包括:培训管理制度、培训部门管理工作职责细则、培训考核与培训奖励制度、员工在职培训制度、培训档案管理与培训跟踪制度、图书报刊管理办法和培训考试与发证制度等。这些制度的设计和制定,需要依据不同组织的实际情况。表7-16列示的是一个企业的培训管理制度。

表7-16　A中心员工培训管理制度

1.总则
为促进中心的业务发展,提升人力绩效,提高员工素质,并规范中心员工培训教育管理,特制定本办法。
2.范围和原则
2.1　中心全体员工均享有受培训和教育的权利和义务
2.2　员工培训和教育以不影响本职工作为前提,讲求实效,遵循学习与工作需要相结合,坚持以短期为主、业余为主、自学为主的原则。
3.内容和形式
3.1　培训教育形式
3.1.1新员工入职培训
(1)培训对象:所有新进人员。
(2)培训目的:协助新进人员尽快适应新的工作环境,顺利进入工作状态。
(3)培训形式:相关负责人以内部授课方式进行。
(4)培训内容:①中心的历史、现状、特色和奋斗目标;②中心的业务范围及组织机构设置,各部门人员;③中心办公流程,各项规章制度;④员工道德、情操和礼仪要求;⑤工作环境和工作条件,辅导使用办公设备;⑥新员工实际工作操作实行"一带一"或"一带二"的导师固定责任制培训形式,具体"导师"由各部门/公司负责人指定,新员工的培训考核结果作为指定"导师"的半年考核内容。
3.1.2　内部培训
(1)培训对象:全员。
(2)培训目的:依靠中心内部讲师力量,最大效度地利用公司内部资源,加强内部的沟通与交流,在公司内形成互帮互助的学习氛围,并丰富员工的业余学习生活。
(3)培训形式:在公司内部以讲座或研讨会、交流会的形式进行或请外部讲师在中心内部授课。
(4)培训内容:涉及公司技术类、市场类、管理类的多个方面,及员工感兴趣的业余知识、信息等。
3.1.3　外部培训
(1)培训对象:全员。
(2)培训目的:依靠外部师资力量,提升从业人员在本职工作上所应具备的专业知识、管理知识、技能技巧,以增进各项工作的完成质量,提高工作效率。
(3)培训形式:参加外部公开课、交流研讨会、参观考察等。
(4)培训内容:①常规实用性培训——涉及专业技术知识、销售技巧、管理方法、领导技能、经营理念等;②适合高层领导的培训——含企业战略性、发展性等内容。
3.1.4　学历教育
(1)教育对象:全员。

续表

(2)教育目的:通过参加长期的在校教育,以提升员工自身知识、能力、素质水平,从而更好地服务于本职工作。 (3)教育形式:通过参加国家组织的统一考试,参加长期的在校教育并获得学历证书。 (4)教育内容:为中心工作所需的教育内容。 4.培训教育管理 4.1 培训教育规划制定 (1)中心各公司高管人员和直属部门员工教育培训计划由中心人力资源部制定;下属公司员工(除高管外)教育培训计划由各下属公司办公室制定。 (2)结合中心/公司整体战略目标及发展计划,由中心人力资源部/公司办公室依据对内部员工培训需求调查的结果,以及中心/公司相关培训的政策、财务预算等,统筹各部门的需求,于每年年初拟订年度培训计划,并呈报审核。 (3)中心各下属公司和成员企业的培训教育计划报中心人力资源部备案。 4.2 审批原则 4.2.1 申请的培训教育应同时满足以下几个方面 (1)该培训是中心(公司)部门开展工作所急需的; (2)该培训可解决中心(公司)部门新增业务的理论需要; (3)该培训提供的知识或技能不是申请人员职位说明书要求的入职时的必备技能。(若是入职必备技能,则说明该人员达不到入职要求,须自行进行学习补上)。 4.3 培训教育的组织实施 4.3.1 集体学习 (1)类型:新员工入职培训、内部培训、外部培训。 (2)组织部门:人力资源部/各下属公司办公室组织实施。 (3)审批程序:由组织部门报相关领导审核并经中心主任同意 (4)组织实施:①新员工入职培训应在上岗前或上岗后最长不超过十个工作日之内(除特殊情况外)进行,相应部门的负责人或中心/公司领导担任主讲。②内部培训和外部培训根据每年的教育培训计划实施。 (5)培训费用:新员工入职培训和由中心/公司组织的内部培训所发生的费用由中心/公司承担,员工参加外部培训所发生的费用,中心/公司视具体情况进行部分或全额报销。 4.3.2 个人学习 (1)类型:学历教育、业余自学等。 (2)审批程序:个人学习如果影响工作,员工应以书面形式提出申请,并按《人力资源管理权限》规定报批,并遵循上述第4.2条规定。 (3)培训费用:员工自理或中心/公司部分或全额报销。 4.4 学历资格、证书审定 4.4.1 员工在培训和教育后所取得的合格证书或学历证书,均由人力资源部/下属公司办公室根据国家有关规定认定,未经认可的不予承认。下属公司员工取得培训教育合格证书或学历证书后须在人力资源部备案。 4.5 考核 4.5.1 员工参加各类培训教育后,由人力资源部/公司办公室和相关领导对员工的培训教育结果进行考核,填写考核评语。

续表

4.5.2　员工培训教育考核结果纳入员工整体考核指标体系，对培训考核不合格或参加学历教育未取得毕业证书的员工采取延长试用期、降薪、调整岗位、降职、辞退等措施。

5. 培训费用报销和补偿

5.1　报销费用主要指员工参加外部培训和个人学习所产生的费用，中心/公司可酌情报销。

5.2　申请手续

5.2.1　培训教育结业或毕业后，凭学校（培训机构）证明、证书、学费收据，在30天内申请费用报销。

5.2.2　员工报销培训教育费用时，须注明各项费用额度。

5.2.3　经部门负责人同意，人力资源部（公司办公室）和财务部审核后，报相关领导批准。审批权限参照相关领导的财务审批权。

5.2.4　学习费用较大，个人难以承受的，经中心/公司领导批准后可预支使用。审批权限参照相关领导的财务审批权。

5.3　学习成绩不合格者费用自理，费用属于预支使用的则在培训教育结束1个星期以内全额退还。

5.4　培训教育费用限额

每年以中心/公司前一年营业收入的1%计提培训教育专项基金，且遵循以下原则：

（1）高层管理人员全年的培训费每人不超过2万元。

（2）中层管理人员全年的培训费每人不超过1万元。

（3）普通员工全年的培训费每人不超过5 000元。

以上情况不包括学历教育，在中心工作2年以上的员工所申请报销的培训费可适当增加，具体的金额报经中心/公司负责人批准。

5.5　服务年限

5.5.1　员工参加由中心/公司出资的外部培训和个人学习教育须签订培训协议，承诺在中心的服务年限，培训费用与服务年限的挂钩情况如下：

5.5.2　服务年限起始日

（1）服务年限的计算采取累加方式，即第一份培训协议签订的服务年限是在原劳动合同约定的服务年限基础上增加，而第二份协议签订的服务年限又在之前累积的服务年限基础上累加，依次类推。

（2）学历教育（在此是指全脱产的学历教育或在规定工作时间内参加的学历教育）服务年限的起始日自学习结束后回单位工作之日起计算。

5.6　提前终止培训协议，培训申请人（不包括转岗再就业、领导决定调职、未被聘任落选后调离、中心由于调整组织架构而被精减人员的情况）应向中心/公司支付补偿费用。

5.6.1　补偿费用额的计算

（1）补偿费用基数 =（培训费用 + 工时费）÷ 应服务年限 × 剩余服务年限 + 中心支付的培训费用 ×15%

工时费 = 培训期间月工资 ÷ 21.75 天 × 培训天数

15%指中心因员工培训后离职的间接人力成本费用系数；服务年限折算到月，不足一月的按一月计算。

（2）若有多个培训协议，则每个培训协议分别按上述公式计算，所得补偿基数总和为该人员最终需补偿的基数。

（3）中心工龄2年以下（指最后一次培训协议签约时）的自愿解除劳动关系的离职人员按补偿基数的100%补偿；中心工龄2～4年的人员按基数的80%补偿；中心工龄5年以上的人员按基数的50%补偿；因纳入外部公开课管理的参观考察活动所签的培训协议，终止协议时按上述方法计算后的补偿金额的50%进行补偿。

（4）签订学历教育培训协议的，在提前终止协议时须按补偿基数的100%补偿方能终止。

续表

(5)因违反国家法律或严重违反公司制度(如盗窃、斗殴、赌博),或因过错给公司造成经济损失的被开除人员按补偿基数的100%补偿。 (6)其他被开除人员按补偿基数的80%补偿。 5.6.2　补偿费用由调出(辞职)人员自离开中心前一周工作日内付清。 6.其他 6.1　培训期间实行严格的考勤制度,并将员工考勤结果作为培训考核内容。 6.2　凡经中心/公司批准的各类培训教育,成绩合格者,薪酬全额发放,享受社会保险福利待遇;不合格者,扣除全部薪酬。 6.3　中心/公司本着对口培训的原则,选派员工参加培训后,一般不调换岗位;确因需要调岗者,按中心/公司相关制度处理。 6.4　下列情况由中心/公司提供学习机会,并视情况支付部分或全部培训费用,且员工不需要与单位签订培训协议: (1)因中心/公司原因,对员工部门职责、岗位职责进行调整,要求员工所具备的知识、技能发生变化,员工为了适应变化要求所参加的培训。 (2)因中心/公司原因,员工岗位发生变动,并且有相关国家政策法规规定员工新任职岗位必须持"资格证书"和"职业认证"上岗的,员工为取得上岗证书所参加的培训。 7.附则 7.1　本办法由中心人力资源部制定、修改并解释。 8.附件 (1)《培训协议》。 (2)《培训需求调查表》。 (3)《人员培训审批表》。 (4)《培训意见反馈表》。

案例思考　　赔本生意

J公司是一家中外合资日化企业,年初曾投资3万美元送6名中方经理到其欧洲公司总部接受近六个月的培训,回到中国后,这6名经理负责公司的管理工作,他们的月薪高达4 000美元。

可是,"他们在同一天同时请了病假,然后再也没回来。"该公司人力资源部经理说,"一家在中国华南新建立的中资日化企业以每人每月8 000美元挖走了他们。"

这家合资公司花了巨额培训费,却损失了中国目前接受过最佳专业训练的管理队伍。不仅如此,企业订单和销售渠道也跟着流失,由骨干出走而造成的职位空缺,因一时难以补充合适人才而使生产销售陷于瘫痪状态。该公司不禁感叹:企业培训,原来是一笔“花钱买流失”的赔本生意。

问题:

1. 培训是赔本生意吗?
2. 培训的风险包括哪些?

G 关键概念 JIANGAINIAN

培训与开发　培训需求分析　培训体系　学习型组织　继续教育与终身教育　传统性与新技术培训法　人力资源与人力资本

F 复习思考题 XISIKAOTI

1. 为什么说培训是一项投资呢?
2. 培训与开发有什么区别?
3. 培训规划与人力资源规划有什么关系?

B 补充阅读材料 CHONGYUEDUCAILIAO

培训是最大的福利

在一份京、沪、穗、深职业经理人的总体情况调查报告中,涉及了薪酬、福利、企业认可度、个人满意度、生存状况等情况的对比。其中在福利的调查项中,85.7%的经理人普遍反映,与医疗、住房等其他方面的福利相比,他们更看重培训进修,那是最大的福利。

培训是最大的福利。这是一种全新的观念,这充分说明,历经市场经济的洗礼,广大企业经营管理人员切身体会到,自身素质的提升对创业的极端重要性。知识改变个人及企业命运的观念已深入人心。

学习、培训,可以从根本上提升企业的市场竞争力。但是,时下中国的一些企业,特别是一些中小企业,对经理人员和员工的培训还没有摆到应有的位置。据统计,中国逾千万家的企业经营管理人员,每年培训量不足1%。国外企业包括中小企业每年投入再学习的支出最低为公司薪资总额的3%，而中国大中企业此项的支出平均不足0.5%。一些企业犯了“急功近利”症，他们只看到眼前的利益，而看不到企业的长远发展后劲。心疼员工培训经费的投入，对员工重使用，轻培训提高。有的企业虽然有心投资对员工进行培训，但是又苦于没有管理和约束手段，担心员工具备了较强的专业技术水平，又反过来向企业提出过高的薪酬要求，如不达目标，就会“跳槽”到其他企业，所以权衡利弊，还是下不了决心让企业员工参加培训。

在这个“知识+资本”的时代，在残酷竞争的市场中，不论是对一个企业，还是对一名员工来说，不进步就意味着退步，就面临着被淘汰的命运。培训是众多著名外资企业赖以生存的资本。它们正是凭着规范、科学的培训机制，在世界各地演绎其企业文化，攻城略地，占领国内外市场。有了培训，它们才能有效地保证员工素质的一致性，保证员工与企业运作的充分吻合。一些驰骋商界的精英之所以能够“更聪明地工作”，高人一筹，就是因为能够不断地学习新知识，从而不断提高自己的应变能力和创造能力，为企业的发展创造出辉煌的业绩。

为了应付一个不断变化的世界，所有的人和组织都必须培养应变能力和创新能力；而学习培训恰恰是适应环境和不断成长壮大的战略。作为企业来说，培训固然需要花费相当部分的人力、财力资源，然而它回报给企业的，又岂止是这小小的培训费用的几十倍；要改变学习培训费用的成本传统观念，将培训视为一种投资，把培训学习制度化，并从人、财、物、时、空等方面予以投资和帮助，实现人力资源向人力资本转化；就企业员工而言，要摒弃“安分守己”、一岗定终身、一张文凭打天下的观念，把握学习机会，主动学习，不断地提高自己，只有这样，才能在竞争日益激烈的劳动力市场上站稳脚跟。

（资料来源：中国人才热线。）

第八章

人力资源培训的实施

本章要点

熟悉并掌握各种培训方法和技术、技巧，特别注意了解运用新技术（互联网）的培训方法及技术，有效地开展岗前培训、在岗培训和岗外培训。

引入案例

某市A企业是一家非常有实力的企业,在大约两个月前,一培训机构收到他们要做法律方面培训的委托。很快该机构就寻找到了一位知名律师,该律师各方面的背景得到了企业的认同,于是这次培训工作就开始了。为了让这次培训做得更好,培训机构专门做了员工需求调查,并且把调查结果向专家做了反馈。离培训还有1周左右,该企业负责培训的Y经理打来电话,询问为什么现在还没有培训的讲义资料。培训机构赶紧询问讲义事宜,专家解释,由于这次培训实战性很强,主要是针对人员具体问题进行现场的解答与处理。在培训机构的一再坚持下,专家说,这段时间非常忙,讲义可能准备不足,作为补救措施,现在市场上正好有这方面的书籍出版,可以给培训学员人手一册。培训机构把这些情况向Y经理反馈,他自然是非常不乐意,凭着多年的培训经验,他感觉这样很不保险,没有讲义,将不能保证培训效果。他希望能重新换个专家,但由于临近培训,很难找到合适的专家。

培训是组织有计划地帮助员工学习与工作有关的综合知识、技能而采取的努力,培训的目的在于让员工掌握培训计划所强调的知识、技能和成功完成工作任务的至关重要的行为,并且将它们应用到员工的日常工作之中。就组织而言,培训可以激发员工潜能,发挥员工作用,为组织目标的实现服务;就员工个体而言,培训可以使员工适应新环境,掌握新知识、新技术,了解不断更新的组织任务,应付要求更高的挑战性工作,从而变一次性教育为继续教育、终身教育。因此,培训是提高组织和员工人力资本存量、实施人力资源开发战略的有效途径。人力资源的培训一般分为岗前培训、在岗培训及外派培训三种,针对普通员工和管理人员两个层次,其实施过程也各不相同。要成功组织实施培训,必须有效考虑培训规划、现场组织和培训评估三个要素。

第一节　培训实施的相关问题

一、培训的组织系统

(一)培训系统的构成

一个完整的培训系统,其运作过程通常分为五个阶段:分析培训需求、设置培训目标、拟订培训计划、实施培训方案和评估培训效果。

1. 分析培训需求

组织的培训工作应密切结合其经营战略规划和经营管理实践,这是决定培训工作成败的关键。

进一步的,从能本管理角度看,培训的内容直接或间接地与被培训对象的能力(智力、知识、技能和创新能力)密切联系,培训的核心内容是对员工知识和技能的训练与提高。表8-1是某公司对销售人员的培训内容。

表8-1 某公司针对销售人员的培训内容

分类	内容
知识	1. 公司发展战略、经营状况、销售目标、规章制度 2. 市场状况、行业状况、竞争对手、客户群体 3. 产品的特性、功能、质量、价格、销售渠道、促销方法 4. 市场营销学、客户心理学
技能	1. 计算机销售系统操作 2. 商务英语 3. 销售计划、销售报告的编写与分析 4. 客户关系处理方法 5. 推销技巧、谈判技巧
特殊能力	倾听能力、说服能力、沟通能力

2. 设置培训目标

设置培训目标将为培训计划提供明确的方向和遵循的构架。有了目标，才能有针对性地确定培训对象、培训内容、培训时间与地点、培训教师、培训方法和技术等具体内容，并在培训完成之后，对照此目标进行培训效果评估。培训目标必须与组织的宗旨相容，要现实可行，要用书面明确陈述，且培训结果应是可以测评的。

培训目标源于组织和员工个人两个层面。培训目标能否实现取决于组织的管理风格、工作性质和外部条件等，以及员工自身的因素。

培训目标与企业培训战略密切相关。培训战略是企业对较长时期培训工作所做的全局性、根本性、方向性的谋划与安排。它有助于企业在较长时期内排除多种变动因素给培训带来的影响，使培训工作有条不紊地顺利开展。归纳起来，企业的培训战略应包括以下内容：①员工培训的总体方向、指导思想；②对各种变动因素的评估；③培训的基本方法；④临时性灵活措施的安排；⑤对培训效果进行评估，必要时对培训方案进行修改。

3. 拟订培训计划

拟订培训计划是培训目标的具体化与操作化，即根据既定目标，具体确定培训项目的形式、学制、课程设置方案、课程大纲、教科书与参考教材、培训教师、培训方法、考核方式等一系列细节问题。要想制订正确的培训计划，必须兼顾具体的情景因素，如行业类型、企业规模与效益、培训对象的现有水平、国家的政策法规等，而最关键的因素是组织领导的管理价值观与对培训重要性的认识。

培训计划是对培训工作的具体安排，也可以视为培训战略在培训中的具体体现。制订培训计划要以组织的经营计划、人力规划、培训任务等为依据。组织在培训计划中要列明:培训项目、培训目标、培训对象、培训负责人、培训内容、培训进度、培训费用预算和培训的后勤保障等内容,据以指导培训。

4. 实施培训计划

培训活动的具体组织者与企业的规模和结构关系很大。大型组织往往设置专门的教育与培训职能机构及人员,有的还建立了专门的培训中心或学校乃至职工大学,配有整套专职教师与教学行政管理干部;有的经常邀请本公司主管兼课,有的还经常邀请有经验的优秀员工现身说法。现在,越来越多的组织通过校企挂钩进行培训合作。

5. 培训评估

培训评估主要分为五个步骤:确定标准、学员测试、培训控制、针对标准评价培训结果和培训结果的转移。

(1)确定标准。标准和目标是息息相关的,只有确立了培训目标才能确立培训标准。标准又是为目标服务的,有了标准才能使目标具体化。确定培训标准的原则是要以培训目标为基础,同时要与培训计划相匹配,更要有可操作性。

(2)学员测试。学员测试是指让学员在培训之前先进行一次相关的测试,了解学员原有水平,包括知识、技能和态度。

(3)培训控制。在培训过程中,不断根据目标、标准和学员特点,矫正培训方法、进程的种种努力。它是与培训实施紧密联系在一起的。

(4)针对标准评价培训结果。通常是在培训结束后由培训对象填写培训评价表,所以,一份好的培训评价表是相当关键的。

(5)评价结果的转移。一次好的培训,就是要将培训中所学到的东西真正转移到工作实践中去。即工作效率的提高是和培训目标息息相关的。因此,正确评价结果的转移是衡量一次培训是否有效的最重要的因素之一。

培训的过程应该是连续不断的或周而复始的。培训评估只能在培训目标达到一定程度的基础上进行。同样,培训评估也能改变培训目标和程序,因为它能进一步为以后的培训活动提供一些有借鉴意义的教训与经验,从而为以后更有效地开展培训创造条件。

(二)培训的组织及分工

培训工作绝非培训体系中某个部分的单独责任,它需要各方面的配合、协调和支持。

1. 培训者

培训者的水平直接关系到培训的效果。组织的培训工作是按组织不同的岗位规范要求所进行的一种特殊教育,要求培训者必须具备一定水平的专业理论知识和实际操作能力。首先,培训者必须能够胜任培训工作,这就要求培训者必须投入一定的时间、精力来提高他们的培训知识和技能;其次,任何一种专业的培训及效果转换都必须与岗位、与组织管理风格、与组织发展阶段及任务要求相结合,培训者要对组织的基本要素有相当的了解,即任何培训者都必须了解被培训对象的一般管理框架,如对财务管理、信息系统、人事政策、组织计划等有一定的了解。尽管这些可能不是培训者的专业领域知识,但忽视这些领域的基本知识将会使其综合开发能力降低。

2. 企业员工

将要成为学员的员工,在培训过程中是一个重要的参与者,获得他们的理解、配合和支持是非常重要的。在选择受训员工时必须考虑学员掌握培训内容的能力,以及他们回到岗位后应用所学知识为本职工作服务的能力。这不仅是一个重要的员工激励问题,同时也是一个重要的效率问题。如果员工在培训过程中没有得到应有的收获或者他们回到工作岗位无法应用所学知识,那么这不仅会使员工个人心理产生强烈的挫折感,而且浪费了组织宝贵的资源投入。

3. 主管人员

在培训过程中,与主管人员加强联系,取得主管人员的支持也是非常重要的。要使一部分主管人员参与到培训规划设计过程中来,主管人员的态度与行为对培训能否成功进行有一定的影响。

4. 经理

通常情况下经理们应该参与培训,尽管他们并不总是做出关于特殊工作人员的培训决定,但他们决定培训政策及培训基调。

5. 决策者

决策者是参与培训过程的既不重要、又重要的一个团体。他们很少直接参与培训,也很少接受培训,然而他们又是强有力的决策人角色,他们的激励对培训的影响是巨大的。

培训系统的思想中枢包括有组织的培训政策、培训战略,而培训机构及其成员要在培训中落实这些政策与战略。组织应该有明确的培训政策及组织自上而下的理解与支持。培训政策不仅要表明组织政策是为最大限度地培育和发挥员工的能力,而且要使员工对各种培训方案非常清楚,让员工感到培训是一个提高自己知识和能力的宝贵机会,并且还要创造出一种气氛,让员工感到培训机会来之不易,要尽量珍惜。

二、传统培训与运用新技术进行培训

(一)传统的培训方法

在传统的培训中,培训的方式主要以教师讲授为主,受训者在培训中的大量时间里被动地接受知识。这种培训方式的优点在于受众面广、传递的信息量大以及成本低、节省时间，但缺点也是显而易见的，如学习的沟通主要是单向的——从培训者到受训者，缺少受训者的参与和反馈等。

按照美国密歇根州立大学雷·A.诺伊教授的划分，一般来讲，传统的培训方法有如下几种：

1. 演示法

演示法即将受训者作为信息（包括事实、过程及解决问题的方法）的被动接受者的培训方法。

（1）讲座法。培训者用语言表达他想传授给受训者的内容。又分为标准讲座、团体讲座、客座发言、座谈小组和学员发言等几种方式。该方法是现实中最普遍使用的传统方法，对于向大批受训者提供单一的大量信息，讲座法是成本低、时间节省的一种培训方法。其不足之处主要在于互动性不够，从而使得信息传递单向，培训者难以迅速有效地把握学习者的理解程度。

（2）视听教学法。使用投影胶片、幻灯片和录像等设施进行讲授。本方法可以用来提高学员的沟通技能、谈话技能和顾客服务技能，在信息技术迅速发展的今天，很多企业采购了众多视听培训材料，利用业务时间组织学员学习。该方法成本低，可以反复使用，培训时间也比较灵活。当然这种方法同样存在缺乏互动沟通等缺陷。

2. 传递法

传递法指受训者积极参与学习的培训方法。本方法有利于开发特定技能，理解技能和行为如何应用于工作当中，可使学员亲身经历一次任务完成的全过程，学会处理工作中发生的人际关系问题。现场培训是其中一种重要的方法。

现场培训是指新雇员或没有经验的雇员通过在工作现场观察并效仿同事或管理者工作时的行为来学习，特别适用于新员工的培训、新技术培训以及岗位发生变化员工的培训。该方法确保了培训效果的实效性，问题在于培训者在传递科学方法的同时也可能将一些操作中的偏差无意识传递出去。

现场培训有多种形式。

（1）自我指导学习。指由雇员自己全权负责自身的学习，按自己的进度学习预定的培训内容。培训者以辅助者的身份介入其中。在学习型组织建设的背景下，企业更多地主张员工能自主学习、能动学习而不是被动学习，自我指导学习也就成为一种普遍应用的培训方式。本方法的主要不足在于要求受训者必须愿意自学，且有较强的学习动力。

（2）师带徒。这是一种既有在职培训又有课堂培训并且兼顾工作和学习的一种传统的培训方法。本方法主要适用于传统的技能性培训内容。其优点在于学习者在学习的同时获得收入,不但能学到一些技能,还可以学到一些技巧,能在实战中不断学习和完善。师带徒的方法在欧洲以及中国一些传统的机械制造业大量存在。其主要不足在于师傅的水平在很大程度上决定了徒弟的水平,且有些师傅害怕"教会徒弟饿死师傅",从而有意将自身的绝活予以隐藏。

(3)仿真模拟法。这是一种代表现实中真实工作与生活情况的培训方法。本方法是体现真实生活场景的培训方法,受训者的决策结果能反映出如果他在某个岗位上工作会发生的真实情况。模拟可以让受训者在一个人造的、无风险的环境下看清他们所做决策的影响,常被用来传授生产和加工技能及管理和人际关系技能。

(4)案例研究。对受训者如何处理棘手事件的培训。本方法得到了企业的高度重视。在针对管理层进行培训时本方法比较有效。一些商学院在教学中也引入了本方法。使用本方法的关键是案例本身要具有代表性、信息相对完整性,组织者能有效引导讨论,参与培训的人具备相对应的决策能力。

(5)商业游戏。要求受训者收集信息并对其进行分析,然后做出决策。主要用于管理技能的开发。市场上可以买到很多培训游戏大全之类的书籍。沙盘模拟也作为一种新颖的商业培训游戏得到了企业培训者的追捧。

(6)角色扮演。给受训者提供有关方面的背景信息,让其扮演分配给他们的角色。关键是训练被培训对象担任不同角色的行为能力和决策能力。

(7)行为示范。指向受训者提供一个演示关键行为的模型,然后给他们提供实践这些关键行为的机会。

3.团体建设法

用以提高团队或群体绩效的培训方法。旨在提高受训者的技能和团队的有效性。

(1)冒险性学习,又叫野外培训或户外培训。注重于利用有组织的户外活动来开发团队协作和领导技能,如自我意识、问题解决、冲突管理和风险承担等。

(2)团队培训。通过协调工作团队中个人的绩效从而实现共同目标。它可采取交叉培训和协作培训的形式。

(3)行动学习,即培训一个团队或工作群体中的成员如何制订并实施一个行动计划以合作解决其实际面临的问题。

4.其他传统培训方法

(1)示范。指受训者先观摩示范者的工作示范,然后自己动手并逐渐熟悉,进行行为模拟。这种方法的优点是学习的内容与工作直接相关,缺点是有经验的示范者(也许并不是一位培训专家)可能不太擅长解释事物,并给受训者以明确的提示。受训者的失误很可能代价昂贵。此外,这种方法不能提供有效的反馈,说明什么是改善有效业绩所必需的。

(2)辅导。这可以算作是示范方法的一种改进形式。优点是受训者与培训者之间存在互动关系,具有示范方法所不具备的多种要素,如构架、反馈和激励。

(3)指导。这是一种在职培训方法,特别适合高级经理的培训,越来越受到重视。受训者观察指导者演示的技能(指导者通常不是受训者的顶头上司),然后受训者模仿指导者行为。指导者在学员完成一系列作业练习的过程中提供支持和帮助,使之对组织的方针与文化能有透彻的了解。如果指导者在组织中有一定的地位,则通过受训者与指导者持续不断的对话,后者能为前者争取到许多有意思的工作,发现更多机会并施加其影响,从而使受训者受训成果提高。指导体系虽然有如上所述的引人注目的特性,但还是有其不足:①没有得到受训资格的雇员会提出"杰出人物统治论"的意见;②指导者和受训者之间会有不和谐声音;③受训者也许对指导者过分依赖;④指导者在有效地处理与受训者的关系方面能力欠缺。

一般而言,部门经理对此种方式表示怀疑,并表现出抵触情绪和缺乏合作诚意。因为它打乱了自己建立的上下级关系。

5. 岗位轮换

这是一种有系统的换岗安排,目的是丰富雇员的经历。它的优点是不同部门之间可以建立更紧密的关系;雇员则可以通过参与各类活动而发展自身的灵活性。但其缺点是不能使雇员有完整地运用某些技能的机会,因为每种工作轮到的时间都很有限。同时,由于雇员操作不熟练而容易失误,当经理将业绩不佳者安排进轮岗计划时,都会诱发相关的问题。

除了岗位轮换外,岗位扩展也会拓展雇员的在岗经历。与岗位轮换不同,岗位扩展是在横向上而不是在纵向上扩展岗位职能。它是通过增加雇员的任务种类使岗位任务多样化。

岗位轮换可以作为后备管理干部的一种培训方法,有助于被培训对象熟悉相关岗位的工作。

6. 正规培训

这种培训所用的方法有讲座、讨论、案例研究、角色模拟以及有计划的学习。案例研究使用预先设计的情景,使受训雇员既有机会进行相应的数据分析,并提出解决方案,又避免了决策失误的风险。角色模拟使受训者在仿真的环境中操作,如飞行员的模拟训练。有计划的学习是在计算机辅助条件下,检测基础知识和能力,并逐步了解到比较有难度的工作。

7. 自学与自我发展

自我发展的控制与导向完全掌握在个人手中,主要是从经验中学习。这种方法不必强调完全避免过去的失误,不必把以往零星的经验组合成一个有得有失的过程，在有关自己利益的基础上使自我发展体系最大限度地运作起来。

8. 外部培训

外部培训项目多用于提高独创性、解决问题的能力和团队合作等方面。若组织有意于开发管理人员团队建设和领导才能，可以使用这一方法。其中拓展训练就是最引人注目的一种外部培训方式。

（二）运用新技术的培训方法

在网络时代，知识陈旧的周期正在缩短，知识以“爆炸”的方式增长，几乎每3～5年便增加1倍，知识成为中心资源，生产和创造知识成为国家、企业竞争力的基础。而传统培训方法已不能完全满足于新时代的要求，必须在雇员培训中融入新技术，为雇员提供更为有利的学习环境及开展学习和进行培训成果转换。随着人们生活的信息化，网络的作用正以爆炸性的速度扩展，人类社会已经完全融入网络之中。互联网的普及、计算机技术的成熟与完善都为利用网络技术进行雇员培训提供了技术支持。

1. 网络培训技术对培训所产生的影响

首先，随着网络技术的出现，可以在24小时内对分布在各地的雇员同时进行培训。其次，通过网络培训，还可以简化培训管理，降低培训费用并使培训管理更为简捷。最后，网络技术还能为培训提供支持服务，通过电子绩效支持系统和电子会议系统，雇员可以按照自己的需要随时从培训专家那里获取有关信息。可以在任何时间、任何地方、任何方式提供培训，这是网络时代雇员培训的重要特征。

利用网络技术培训可以使愿望一下变为现实：雇员能完全控制培训时间和培训地点；雇员和经理可以按照自己的要求随时获得有关的知识、技能及专家的建议；雇员可以自行选择培训媒体；实现电子化培训管理（课程登记、检测、记录等）；取消对培训进度的监控。

2. 网络时代的雇员培训方式

（1）多媒体培训。多媒体培训是把视听培训和计算机培训结合在一起的培训方法。这种培训综合了文本、图表、动画及录像等视听手段。由于多媒体培训以计算机为基础，受训者可以用互动的方式来学习培训内容。在培训中可以采用交互式录像、国际互联网和公司内部网等多种培训方式。多媒体培训可以促进雇员学习，提供及时的信息反馈和指导（通过在线服务），测试雇员的掌握程度，并可以让雇员按照自己的进度来学习。

多媒体培训的一个最大的问题在于培训费用。根据所用材料和媒体的复杂程度，计算机化版本的开发费用可能十分昂贵。如果培训内容不需要经常更新，那么计算机培训所带来的交通费用和指导费用的降低可以使培训自行收回成本。另外，多媒体培训也不太适用于对人际交往技能的培训，尤其是当学习者需要了解或给出微妙的行为暗示或认知过程时更是如此。

(2)计算机培训方式。用计算机开展的培训(CBT)是指首先由计算机给出学习的要求,受训者做出回答,再由计算机分析这些答案并向受训者提供反馈的一种互动性培训方式。它包括互动性录像、光驱和其他一些计算机驱动系统。CBT是最先应用于培训的网络技术之一,最普遍的计算机培训项目是通过个人电脑的软盘来运行软件。随着教学软件的发展和网络的日益广泛使用,计算机培训也更趋于先进。与单纯的运用计算机相比,通过这些技术可以更好地运用视听手段。

第一,CD-ROM和激光光盘通过个人电脑,可以在培训中融入动画、录像和图表。而且,通过使用操纵标或可触摸式屏幕,使用者还可以互动地使用培训教材。CD-ROM通过激光从光盘上读取文本、图表、声音和录像。光盘则通过激光来提供清晰的图像和声音,它既可以单独使用也可以作为计算机指导系统的组成部分。

第二,互动性录像(Interactive Video)综合了计算机指导和录像的优点。通过与主键盘相连的监控器,受训者可以单独接受指导,并通过键盘或监控器进行互动学习。互动性录像可以用来指导技术程序和人际交往技能。此外,还可以用录像盘或高密盘(只读光盘)来存储培训程序。

第三,网络培训分为互联网培训和内部网培训。网络培训综合采用了声音、图像和录像等几种方式,可以为虚拟现实、动感画面、人际互动、雇员之间的沟通以及实时视听提供支持。此外,受训者还可以利用网络资源,与其他受训者一起分享信息,并将自身的知识和对培训的感悟储存到数据库里,从而为其他公司的雇员提供帮助。网络培训的优势在于使培训不受时间和空间的限制,节约成本,能提高培训管理的效率,能实现自我导向和自定进度的培训指导,能监控受训者的绩效,并能使培训易于控制。网络培训还可以让受训者完全控制培训传递,与其他资源结合,并与其他受训者和培训者彼此共享信息,进行有效沟通。此外,受训者还可以根据自身情况进行个性化的培训。它的缺点在于计算机网络无法解决广泛的视听问题(网带的宽度问题),难以制订或修正采用线性学习方式的培训课程。

第四,虚拟现实(Virtual Reality)指可为受训者提供三维学习方式的计算机技术。通过使用专业设备和观看计算机屏幕上的虚拟模型,受训者可以感受模拟的环境并同各种虚拟的要素进行沟通。同时,还可以利用技术手段刺激受训者的多重知觉。虚拟现实的优点在于它可以使雇员在没有危险的情况下进行危险性操作。研究表明,当工作任务较为复杂或需要广泛运用视觉提示时,虚拟现实培训最有成效。虚拟现实的环境与真实的工作环境并无差别。它的另一个潜在优势是可以让受训者进行连续性学习,还可以增强记忆。以前可以通过记忆来把一维或二维的培训转变成三维的形式,而现在可利用其对信息进行加工处理。发展虚拟现实培训的障碍在于劣质的设备会影响人们身临其境的真实感。由于受训者的感觉被歪曲,因此有时他们可能会感到恶心、眩晕甚至头疼(模拟病)。

(3)智能指导系统(ITS)。智能指导系统是指运用人工智能进行指导的系统。智能指导系统有三种类型:指导、训练和授权。个别指导旨在提高受训者对某项内容的理解力。训练则可以让受训者在人造环境中灵活运用技能。授权指学员能自行开发培训项目的内容。

(4)远程学习。远程学习可为分散在不同地域的组织提供关于新产品、政策、程序的信息以及技术培训和专业讲座。远程学习通常采用两种技术实现培训者和受训者之间双向沟通:一种是受训者的同时性学习,即通过培训设备,受训者可以与培训者(位于其他地方)、其他使用个人电脑的受训者进行沟通;另一种方式是通过个人电脑进行的个人培训。远程学习的最大优点在于能为组织节约交通费用。通过这种方式可以使处于不同地区的雇员都能获得专家的培训。而其缺点在于缺乏培训教师和受训者的沟通。要使学习能产生良好的成效,必须在培训者和受训者之间形成良好的互动。

3. 网络培训中应该注意的问题

(1)网络培训并非只是简单地将课程内容一字不差地堆砌在网上。有研究表明,当学员阅读一份内容复杂的书面材料时可理解70%的内容,但当雇员从计算机屏幕上阅读同样一份材料时,仅仅可以理解25%的内容。这便要求网上培训的设计者结合网络的特点展开丰富的想象力,创造性地设计课程,使之看起来引人入胜;同时,课程的文字要简洁明了,以便雇员记忆。

(2)不要指望雇员在其私人时间内学习。美国著名的网上培训专家克鲁斯(Kruse)有一次给来自财富500强企业的1 000名雇员进行网上培训,他要求这些雇员在其私人时间内阅读完成一份30分钟的培训资料,但事后他发现,3/4的雇员是在其工作时间内完成的。

(3)确保网络通畅。美国著名的网上培训专家哈罗(Hall)发现,如果学员在两秒钟内还等不到界面的出现,就会感到厌烦。但不幸的是,大多数网上培训都超过了这一极限,有些网上培训的课程中有大量的声音、图片和影音文件,这类文字的字节远大于文本文件,如果要下载的话,时间会更长。其原因就在于网络的带宽不够。

(4)确信每个雇员掌握了关于网络的基本操作知识。虽然网络的使用日益广泛,但还是有一些雇员对网络知识一无所知。所以在进行网络培训时,首先要测试雇员的计算机知识。

(5)网上培训不能完全取代课堂培训。虽然网上培训的成本比课堂培训的成本要低,但是这并不意味着网上培训可以完全取代课堂培训。事实上,许多大公司的做法是将二者结合在一起。雇员首先在网上学习课程的基本内容,然后到教室里根据所学内容通过小组讨论、角色扮演等活动来巩固所学的知识与技能。尤其当所学内容是关于团队合作、领导技能时,面对面的学习方式效果显著。

(6)不能忽视人际交流。SUN公司的培训经理发现,当要求雇员独立完成网上培训的课程时,仅有25%的雇员完成了任务;但如果辅之以教师指导,如通过E-mail、电话或小组讨论等方式,则有75%的雇员能够完成任务。

总之,21世纪是网络时代,是知识经济时代,信息和知识是绝大多数组织前进的推动力量,而培训则是提供信息、知识及相关技能的重要途径,有时候甚至是唯一途径。在高手如林的市场上,立于不败之地的必定是那些帮助雇员充分发挥自己全部潜能的组织。科学技术的迅速更新,要求应用技术的人必须不断更新知识,才能跟上科技的发展。这是网络时代组织里每个雇员所面临的最大挑战之一。雇员必须将接受培训作为延长其工作生命周期的一种手段。在团队工作方式日益普遍的背景下,同一工作小组的成员必须进行交叉培训,以便能承担其他人的工作。

三、培训实施过程中存在的问题及对策

(一)培训的问题分析

1.培训功利性色彩太强

有关调查表明,91%的培训计划是临时敲定的,培训的随意性很大。且这91%的培训主要是由于公司在管理上有了较大的问题、经营业绩不好的情况下临时安排的。培训势同救火,无暇考虑规范操作。有的人甚至认为,组织的目的就是赚钱,花钱培训完全没有必要;还有的人认为,现在高校每年都有很多毕业生,人才市场供过于求,用人完全可以到人才市场招聘,投资培训实属不必要的浪费,即使搞培训也不愿意多投入资金,尽可能地削减培训费用。

2.高层人士对培训的认识有误区

在一些深度访谈中发现,相当多的高层管理者对本企业中层管理人员不是很满意,并抱怨"好的想法得不到贯彻""不少人把我的经念歪了"。其中70%的高层人士认为这个问题是因为"没有招好人"或"只有通过人员调整来解决"。只有30%的被访高层人士认为可以通过培训来解决。这说明企业高层人士对培训的认识还有相当大的误区。

现在还有些企业的培训是赶形式、走过场,以应付为主,由于缺乏明显的效果,培训渐渐被视为无用。在培训中没有严格的考评制度,培训对象往往以各种借口逃避培训而不会受到任何处罚;培训内容脱离实际、培训形式简单化,导致学员厌恶培训。再加上培训部门缺乏控制培训过程的权力和缺乏对培训的营销努力,使

培训在组织和雇员心目中处于可有可无的状态。

3. 培训效果难以评估

从目前大多数企业的培训体系来看,尚无法保证有限的培训投入产生理想的培训效果,因此,尽快建立和完善培训体系,在制度、机构、人员、经费、课程、教材、设施和运作机制等方面规范化、制度化是组织的当务之急。

4. 将企业培训与学校(学历)教育混为一谈

企业培训,有着与学校教育不同的规则和方法,企业培训的目的是通过培训改变行为进而改变业绩。企业培训必须经过严格的需求分析,有针对性地设计培训课程,及时地评估、反馈,有效地辅导,才能取得良好的培训效果。

5. 培训不规范,在实际操作中碰到诸多问题

(1)无培训计划。培训时间的安排随意性很大,没有专门的培训管理制度,缺乏相应的培训规范和培训指导教材,甚至连培训讲师也是临时选择的。一旦遇到组织的其他活动,首先让路的就是培训。

(2)培训项目和内容脱离实际。培训什么?这是培训计划中必须明确的问题。很多组织在确定培训项目和内容的时候不是依据组织的实际需要和雇员需要,而是凭感觉,照搬其他组织的培训项目。对培训讲师的授课内容也缺乏必要的检查,很多企业在外请培训师之前都没有与培训师进行基本的沟通,盲目追求社会性培训热点。

(3)培训方法单一。组织培训还是采用最简单的课堂式教学,搞单纯的理论灌输。究其原因是培训组织者缺乏对培训的专业知识,对培训的内容也知之甚少,认为培训就是学校教育。同时很多培训师习惯于单纯的理论讲授,还没有熟练掌握现代教学手段和教学方法,培训与实际相脱节,培训效率低下。

(4)培训制度不完善。培训工作要点及新雇员指导方法、培训训练方法、培训过程管理制度、培训手册和教材以及培训考核方法和跟踪评价等制度往往被忽视,没有规范的制度就没有规范的培训。

鉴于培训成本比较高,组织的培训活动必须经过精心的设计与组织实施,并将其视为一项系统工程,也就是采用一种系统的方法,使培训符合组织目标,让其中的每个环节都能实现员工个人、工作及组织本身三方面的优化和共赢。

(二)对策建议

培训固然重要,但培训工作不好搞。是什么因素左右了组织培训?从外部因素看,主要有政府政策因素、法规因素、经济水平(与培训次数和质量成正比)、科技水平(与培训的次数和质量成正比)、劳动力市场(劳动力市场的人力资源质量与组织培训的次数成反比)。

从内部因素看,组织战略与发展前景越远大,组织越重视培训;随着组织的生

命周期(创业期、成长期、成熟期与衰退期)的变化,培训的内容和数量都会有不同的特征。不同行业的组织对培训也有一定的影响,一般来讲,第三产业和高新技术的组织进行的培训较多,因为人力资源的好坏对其发展影响重大;员工素质越高,对组织培训的需求也越大,反之,则少;通常管理人员的发展水平与重视员工培训的程度成正比;组织的文化特征对于培训的影响也极其关键,它直接关系到组织与个人对培训能否认同并接受。

相当多的组织所面临的问题是如何将树上的桃子放到嘴里。而组织往往只能种树却没有吃到果实,或者只吃到一些食之乏味、弃之可惜的果实。这也许使许多组织对培训丧失了信心。那么,如何才能让培训更有效呢?

1. 要得到组织的支持

获得组织的支持是保证培训取得成功的关键。获得支持的程度会因组织实际情况和培训项目的不同而有所不同,但就组织培训的有关事项取得决策者的同意,这是最基本的。对于决策者,人力资源管理部门应当明确表述培训需要,从而确保决策者采取以下五种措施以支持培训的开展:①确定一个明确的培训目标;②必要时亲自参加培训;③确保重要人物的参与;④学员培训内容的实际操作;⑤为培训提供必要的财力、物力、人力与智力支持。

2. 要鼓励任何进一步学习的行为

如果要使培训对提高组织员工的能力有长期稳定的影响,培训者必须确保他们对组织发展趋势及面临的挑战了然于胸,并与之同步前进。与此同时,必须尽力形成培训的参与意识,鼓励思想交流、资源共享,从而进一步鼓励员工参与培训。任何一次培训的结束都是新一轮培训的开始,通过培训激发员工学习的欲望,有助于提升员工学习的能动性和自觉性,从而提升企业培训的效益。

3. 切勿忽视结果的导向

组织往往重视培训的过程,而对要达到培训的预期目标所需要的条件考虑不周。应该用更多的时间去检验培训项目结果是否与预期目标一致。如果在培训的计划阶段就有对培训最终效果的预测分析,以培训结果导向考察组织中的相关问题,就可以使人们早早看清培训过程中潜在的阻力或影响因素。

4. 要贴近组织实际运作情况

大多数组织都不太可能让员工参加太多的与工作无关的培训。而且在培训中多一些现实的色彩也可以提高培训的效果。

培训项目的设计要充分考虑企业现实的需要和发展的需要。针对现实的需要往往是针对问题的培训,要明确企业存在的问题,培训项目的设计针对问题,培训效果的评估就是看问题是否得到了有效的解决,或者有助于问题的解决。针对发展的需要,考虑培训项目与战略、与职业生涯规划、管理梯队建设等管理项目怎样有效结合。

5. 树立学习榜样

通过培训，让员工有一个良好的学习目标和榜样，有助于在培训以外的工作中不断提高自己，共同进步。

6. 积极创造培训成果转化的环境

培训—运用—再培训是培训的良性循环，众多企业重视培训而忽略培训成果的运用，忽略培训和应用之间的紧密关联。某行政人员得到公司许可和费用支持攻读在职会计学硕士研究生，可毕业一年后该员工交了补偿金离开了企业，原因就在于其毕业之后依然从事原来的行政工作。

四、21 世纪培训的发展

（一）培训的国际化

随着经济全球化与科学技术的迅猛发展，时间和空间上的距离正在缩短，不断增强的流动性、现代化的交通与通信技术都促使人们认识到跨文化沟通的重要性。于是，国际化培训也获得了很大发展。在过去的 10 年中，越来越多的人认识到企业必须跟上世界先进水平才能生存并获得发展。培训业作为世界经济中一个蓬勃发展的行业同样也需要市场化、国际化，培训业的产品和服务项目具有大量的市场机会。高质量的培训体系和课程设计、培训技术等方面的发展，都使我们看到了极具市场开发价值的培训前景。

如今在美、日、德等国家培训观念正在革新，其员工要求得到战略性的并且能在前沿领域超过竞争对手的培训，包括多媒体技术、高效学习和提高素质等方面的培训。培训的国际化趋势反映了培训观念的新变化：

(1)在培训的内容上，强调了解世界、了解他人的重要性。培训面临双重的使命：了解自己，表现自己的差异，追求自己的变化，加强同社会或群体的团结；同时要致力于克服闭关自守，在尊重多样性的基础上了解他人，最终使得团结更为自然。

(2)在人力资源教育与培训中开展国际合作，在国家之间公正地分享知识，从而造就更多的培训合作项目。

（二）培训新趋势

21 世纪是知识经济时代，也是组织不断发展和创新的时代，培训作为组织中不可缺少的一部分也在不断地发展和完善。

1. 学习方式更为分散

在刚刚过去的几十年，世界经济的变革中产生了更小、更灵活的组织，与此同时培训对象也更为复杂。为适应这一切，员工必须注重现场学习和技能的强化，他们不仅自己要学习而且要促进整个团队的学习。随着培训的权利和职责从集中管理向分散的工作场所转换，过去处于中心位置的培训者将成为学习顾问，帮助、指导并支持所在岗位的工作，不断推进革新，提高绩效。

2. 学习终身化

在当今世界，知识、技能、价值观变化的速度越来越快，学习已经不是人生某个阶段的行为。在处于不断变化的信息社会中，我们已不能期望受到一次教育就一劳永逸了，现在没有一种知识或技能可以终身受用。培训第一次真正成为以各种方式贯穿于人的一生，并尽力使其满足人们在不同阶段发展需要的一种管理手段。未来的培训将倾向于一些能培养终生学习习惯的内容：①善于总结经验，并将其视为一个学习的途径；②抛弃单调乏味的传统学习方式；③善于学习他人的长处；④勇于尝试新方法；⑤能够主动求教；⑥破除一切阻碍主动学习的思想；⑦对自己认识更清楚，明确职业生涯发展方向；⑧善于突破学员身份的束缚，尝试着向培训者的身份转变。

3. 培训形式的多样化

培训方式、方法本着学用一致，按需施教，讲求实效的原则，并呈多元化的发展趋势。其主要体现在如下几个方面：

(1)在体制上，趋向于集中化的控制、分散性的管理。

(2)培训方式多元化，有委托培训、自修、职业指导、业务培训、现场培训和岗位轮换等诸多形式。

(3)组织与教育界的联合。企业界和教育界对人力资源的培训开发进行合作，供需双方协调；教育界和企业界相互补充，相互促进，对培训有较大促进。

4. 培训的科技化趋势

随着科学技术的发展，科学技术对培训的影响越来越大，特别是现代信息处理技术在教育培训中得到广泛的应用，促使培训技术更加先进。高新技术使人们与数据、信息和先进的教育体系空前密切相关。随着技术水平的提高，交流的潜力也随之提高，而不再受距离的束缚。需着重指出的是，没有哪一项技术具有特殊的优越性。重要的是该技术应能达到组织和学员的要求，而且应当得到适当的支持，必须有足够的时间、资金和人员支撑这一体系，否则技术将成为大而无当的摆设。

5. 学习型组织的潮流

学习型组织是一种具有以下特征的组织：接受新观念的开放性；具有鼓励并提供学习与创新机会的文化；具有整体目标；学习意愿强；强烈的效力于新知识传播；敏于学习组织环境外的新知识。学习型组织反映了当今组织与知识和技术变化的适应。总之，学习型组织的观念强调知识、科学、技术对组织的重要性，并倡导组织作为知识创造中心的作用。在这样一种组织里，每个人都是学习者；每个人彼此相互学习，学习可以促进组织的变迁；同时强调学习的持续性。实际上，学习型组织已经成为一种发展的现实，而非仅仅是理念。在许多发达国家，企业组织的培训和教育规划如此广泛与深入，实际上代表着学校以外的另一个学习体系。

6. 知识经济时代的培训

世界正在步入一个崭新的知识经济时代，新的理念、思想冲击着一切旧有的事物，培训亦不例外。

(1)信息技术为培训带来的前景。随着现代信息技术的飞速发展，培训手段不断更新。①再现型传播媒体的应用使培训实现"经验替代功能"。如幻灯、投影、电影和电视等设备的使用，将人们的直接经验和知识，进行从真实到再现、抽象到形象、枯燥到趣味、复杂到简化的转化。②电子多媒体扩展了培训的"系统学习功能"。通过将数字、符号、声、像等多种信息储存和再现的多媒体技术，人们可以高效实现集理论学习、技能训练、问题解决为一体的完整的、系统的学习过程。③现代多媒体巨大的存储和选择功能，极大地扩充了知识储存的空间。④全球互联网和信息高速公路使培训具有超越时空的功能。人们的学习冲破了场地、时间和教师的限制，可以随时随地请来世界上最好的教师，学到最需要的课程。

(2)学习者将要面临的问题。与网络的快速、多变和无穷选择功能相比，人的生理和心理特点决定其需要相对的平稳、有序和有所选择。因此，在网络的"人机交融"中，不可避免地存在着矛盾与冲突，网络中的学习者将面临诸多的挑战。①信息丰富与"知识贫乏"。与巨大的信息和知识量相比，学习者将会发现自己越来越显得"知识贫乏"。这是由于学习的有限性和滞后性与知识增长的无限性和快速性产生的极大反差所造就的。人类的学习能力将受到极大的挑战。②学习的阻力——旧的思维模式。根据心理学知识，人类认识事物的过程在时间顺序上一般是:感觉—知觉—思维—顿悟(灵感)。思维活动是人类对外界事物认识的理性过程，是认知的高级阶段，处于相对滞后的状态。当人们感觉到外界变化时，由于理性思维认识尚需要一定的时间，因此，人们常常沿用旧的思维方式看待已经变化的世界，从而妨碍和减慢了对新事物的认识过程。如果外部变化加快，若不树立思变观念，理性思维的滞后性将愈加明显，旧的思维模式对学习新的知识的阻碍作用也会更加突出。③人的适应能力将面临考验。在环境变化时，人们为了维持心理状态的平衡，通常以两种方式进行调节:一种是"正向激励型"，另一种是"负向逃避型"。这就使人们面临一定的考验。④创新能力是未来的核心竞争力。知识经济时代并不是成功者的乐园，是否取得成功，不仅在于能否掌握知识、技能，关键在于是否具有创新能力。创新是新的经济增长和价值倍增的关键所在，只有不断地创新才能保持领先，创新能力是未来成功者的核心能力。

第二节　岗前培训

岗前培训是指新员工报到后进行一定时间的集中教育和培训,主要是帮助新员工熟悉了解组织的规章制度、文化理念和组织的目标、业务流程等。就其本质来讲,岗前培训只是组织培训的开始或初级的培训,目的是使被录用的新员工具备合格员工的基本条件,因此,岗前培训又称为上岗导向活动。

一、岗前培训的内容

一般来说,新员工到一个新的单位工作,由于对工作环境、工作职能、人事关系等不了解,无法直接建立起应有的组织归属感和凝聚力,有的甚至产生疑虑和胆怯,这就需要实施一定的导向活动,即岗前教育培训。"导向"意为指引方向,导向活动就是通过开展一系列的教育和培训,使新员工尽快顺利地安下心来,尽快地融合到组织之中并投身到工作之中,尽快地进入职位角色,并创造优良绩效。

(一)企业文化教育

企业文化教育,首先,要立足于宣传企业的历史传统、企业的目标和宗旨,了解企业哲学、企业精神、企业作风、企业道德等,让新员工清楚地了解到企业的过去、现状及发展前景和企业的文化价值理念,使其知道以怎样的精神风貌投入工作,以怎样的态度待人接物,怎样看待荣辱得失,怎样做一名优秀员工。其次,要组织新员工认真学习企业的一系列规章制度,如考勤制度、奖惩制度、财务制度、考评制度、岗位责任制度等,教育和引导新员工自觉遵守组织的各项制度和行为规范。再次,要为新员工介绍企业的内外环境、厂容厂貌、产品和服务及其市场占有情况,要让新员工了解企业现实状况和发展目标,以及融入其中的企业文化价值。

通过企业文化培训,使新员工形成一种与企业文化相一致的心理素质,使员工个人尽快地适应企业,以便在工作中较快地与共同价值观相协调。由于新员工进入单位后都有一些期望,如期望获得应有的尊重、认可、接受和重视;期望获得对新环境和新职务的快速了解;期望能迅速找到自己在新的企业中的位置并进而获得成功与发展的机会等。因此,作为导向适应的岗前培训,应特别加入一些表示热情与主动的感情色彩成分,使新员工能感受到自己被重视、受欢迎,在心理上产生亲近感和归属感,在行动上和心理上更迅速地与新企业接轨,提升新员工的稳定性,进而提升新员工的工作绩效。

(二)岗位业务培训

岗位业务培训要做到三点:一是要组织新员工参观组织生产的全过程,从总体上了解组织生产的性质和作用，有利于对自己所从事的工作职位的把握；二是要对新员工进行业务知识、工作技能及管理实务的传授与培训，使他们尽快熟悉和掌握与本职工作有关的理论知识、操作流程、制度规范、办事技巧及工作方法，尽快地进入角色；三是要鼓励新员工对相关业务知识、新思想、新观念及现代化的工具使用（如电脑技术）的学习和掌握，促进“复合型人才”的培养，也便于对新员工的转岗和调配。

通过业务培训，新员工就可以正式任职上岗了，进一步的是将自己的职业生涯与组织的发展连为一体。

二、岗前培训的程序和方法

（一）岗前培训的程序

岗前培训的程序一般分为培训准备、实施培训、考试考核、定员定岗几个阶段。培训的准备主要是确定培训的时间、地点和培训教师，一般安排统一的培训时间进行集中培训，特别是对企业文化、企业规章制度的介绍和培训；培训教师一般由有关业务部门的负责人或业务骨干担任；培训的实施可根据内容的不同采取集中授课、自学、实地培训等方式，并对新员工的知识、技能的掌握情况进行考核；最后，可颁发上岗证定员上岗。有的岗前培训还包括一段时间的见习期或实习期，每一轮培训均加以考核，不合格者予以淘汰。如IBM公司的岗前培训。新员工进入IBM，首先要进行为期4个月的集中培训，培训内容包括IBM的历史背景、规章制度、技术和产品以及基本的工作规范和工作技巧。培训采用课堂授课和实地练习两种形式。培训结束后进行考核，合格者获得结业证明，不合格者将被淘汰。在IBM看来，经过4个月的培训，只是使受训者有了一个IBM员工的基本概念，要成为IBM的正式员工，还要经过一年的实习。实习期间，要定期向人力资源部和新员工所在部门反馈实习情况。实习结束后，才根据员工的个人发展计划和现有的素质能力进行定员上岗，否则继续进行培训或予以淘汰。

岗前培训一般是分阶段进行的，即全公司培训、分支机构或部门培训、工作现场培训三个阶段。全公司培训，又称集中培训，主要是针对新员工应该掌握的共同知识而进行的，如公司概况、行为规范、生产过程等，方法主要有集中授课、现场参观等；分支机构或部门培训是指管理层次较多的企业中业务独立的分支机构或部门对新员工统一进行的关于生产过程、劳动保护等方面的培训，一些小的企业一般不需要分支机构或部门培训；工作现场培训是指新员工到具体的工作岗位上进行学习和锻炼，也可称作实习，这种培训主要采用实践法、教练法等。

（二）岗前培训的方法

1. 教导型与经验型

按教学方式的不同，岗前培训可分为教导型与经验型。

(1)教导型,即课堂授课培训方法。课堂授课是指受训员工在特定的时间和地点集中接受有关企业概况、规章制度、生产过程等知识的灌输和讲解,所有信息完全由教师一方传播,不要求学员参与。因为授课内容都是既定的事实或要求,不要求学员发现问题、分析问题、解决问题,因此,容易操作,且经济高效,学员能在很短的时间内掌握应知的信息。但这种培训缺乏实际的直观体验,针对性不强,学员对具体的培训内容难以产生共鸣并且缺乏参与,因此,要适当地辅之以视听手段进行讲解或直接带领受训员工实地参观,从感性上加深对企业文化、企业状况的了解和认知。

(2)经验型,又称工作指导法,或师带徒法。是指由一位有经验的老员工在工作岗位上对新员工进行业务指导、技能传授的培训方法。负责指导的教练应教给新员工应有的业务知识、工作技巧和管理经验,应帮助和培养新员工独立分析问题和解决问题,并不断地激励和鼓舞新员工增强信心。教练法适合于各类工作岗位的培训,从基层生产工人到各级管理人员。新员工在实习期间若能受到教练的悉心指导,其业务能力会快速增强并很快胜任本职工作。教练法(师带徒法)往往还延续到员工各个阶段的培训之中,如 IBM 公司在新员工实习期间给每一位新员工派一位师傅,一对一地进行帮带,并且师傅和徒弟要共同制订一个学习计划,明确教授内容;实习期满,受训员工还可以要求继续有一个师傅带自己。西欧的学徒计划则可持续好几年,其运用范围非常广泛,并已成为员工培训的重要组成部分。

2. 通用型和专门型

按培训的性质与目的的不同,岗前培训可分为通用型与专门型。

(1)通用型,又称为一般性岗前培训。其主要目的是向新录用的人员介绍一般情况(如组织结构、各部门职能、企业历史、主要的政策规则、发展方向及员工的权利义务与责任等),以增进新进人员对本企业的了解与信心。

(2)专门型,即专业性岗前培训。其主要目的在于使新员工切实了解处理业务的原则、技术、程序与方法,以期在培训结束后,适应并胜任所分配的工作。

第三节 在岗培训和外派培训

一、在岗培训

(一)在岗培训的内涵

在岗培训又称为在职培训,是为了提高员工的工作技能、工作绩效,或出于员工转岗、晋升,取得岗位资格等需要而进行的培训。即指组织员工在生产场所以及在完成生产任务过程中所接受的培训。在岗培训也是企业内部培训的方式之一,其特点在于受训员工不离开工作岗位，或以目前担任的工作为媒介而接受训练。培训方式有多种，例如，接受主管经理、督导员、领班或同事的业务指导与工作轮换等均属在岗培训。

对员工的在岗培训是岗前培训的继续和发展，是从低水平或培训的初级阶段迈向中级阶段的重要方法与步骤。岗前培训是为组织新员工做好就业的准备，是每个员工加入组织的必经之路；而在岗培训则是岗前培训的深化过程，持续的时间比岗前培训要长。对一个注重培训的组织来讲，在岗培训会始终贯穿于每一个员工职业生涯发展的全过程。在岗培训既要考虑组织目标、工作要求等因素，又要考虑个人发展规划和职业发展需要，因此，必须制订严格的培训计划书，并注意分层次、多方位地对员工进行全面培训，以帮助员工获得进一步发展和提高的条件。在岗培训一般采用全公司培训和下属机构（部门）培训二级体制，这样有利于培训过程的实施管理，并能增强培训的有效性。

（二）在岗培训的内容

在岗培训是人力资源培训的重要组成部分，对培养一支稳定且高素质的员工队伍，提高组织的竞争力，以及对组织的长远发展都起着重要作用。一般来说，高素质的员工培训应在五个方面取得成效：知识更新、技能开发、观念转变、思维技巧、心态调整与潜能开发。具体的培训内容应该包括：

1. 一般员工培训

一般员工是指从事具体操作实务，不参与企业管理与技术创新等活动的在岗工人。对这类员工的培训主要是针对其从事工作的工艺技术变化和企业经营战略与外部形势变化的需要等进行的业务知识传授和价值观念的重建。

2. 管理人员培训

管理人员培训除了在上述五个方面达到要求外，还应增加领导行为方面的培训内容，因为管理人员应善于激励和团结下属，以使组织形成内部团结、上下协作、奋发向上的局面。这除了要求他们具备较强的能力和人格魅力外，与组织的内部环境相适应的领导行为模式也是重要因素。另外，由于管理人员来自不同的层次，其培训内容也有所不同。

（1）高层管理人员的培训。高层管理人员是企业经营管理的决策者、领导者，他们在“德、才、智、勤、能”方面应具有相当高的水平，因此，应在提高其决策能力、树立创新精神、善于吸收高新技术和科学管理方法等方面加强培训。

（2）中层管理人员的培训。中层管理人员是组织的中坚力量，他们往往担负着某一独立部门或机构的管理任务，起着承上启下的枢纽作用，因此，要加强他们在掌握特定的知识和技能，了解相关知识和技能等方面的培训，注重提高其人际关系能力并树立全局观念。

(3)后备管理人员的培训。后备管理人员是承续企业管理工作,为企业发展蓄能添力的重要来源。后备管理人员的培训应在一年以上,是加强他们在专业知识、管理知识、思想素质和领导才能等方面的培训。

3. 专业技术人员培训

相对于管理人员来说,专业技术人员的培训主要是业务方面,而且是深层次的、前沿的,特别是要紧跟科学技术的发展步伐,不断学习和掌握新技术、新方法。专业技术人员的培训应定期举行,并注意提高其科技研发和运用的实际能力以及工作技巧和人际关系能力。

此外,现代企业员工培训还应包括员工退休前的培训,要帮助他们做好退休前的工作交接,特别是为年轻的员工总结并传授其宝贵的工作经验,还要帮助他们了解退休政策与制度、老年健康知识和开展休闲活动等,以确保他们站好最后一班岗,并能以愉快健康的心态结束其职业生涯,创造完满感。

在当今时代,组织的发展日新月异,对员工的要求越来越高,培训内容还可以包括:

团队培训:团队已经成为组织的一种常见的结构,组织由许多被授权的员工团队的作业单位组成。团队结构可能是有效率的,但是团队层面的一些问题,诸如沟通和信任,可能会成为一些障碍,阻碍团队充分实现它们的潜力。因此,就像个人一样,团队也需要培训。根据团队的两种基本的运作方式,团队培训可以分成两类:内容任务和集体流程。内容任务直接与团队的目标,例如,成本控制与解决问题相联系。集体流程涉及团队成员作为一个团队发挥作用的方式,例如,团队成员相互之间如何相处,他们如何解决冲突,以及他们如何广泛的参与。

危机培训:事故、灾难和暴力是人类生活的一部分。诸如,化学品泄漏、工作场所的暴力事件可能给组织带来浩劫。然而许多组织对于处理这些灾难及其后果缺乏准备。除了事后的危机管理,危机培训可以集中注意力于防范。防范性的培训通常包括关于压力管理的研讨会、冲突的解决和团队建设。

伦理道德培训:安然、世通以及泰科等违反商业道德的事件被公之于众后,臭名远扬,商业道德的重要性已被人们所重视。伦理道德的培训可以帮助员工将企业的准则和政策应用到他们的日常工作中,转化为员工的实际的职业行为①。

(三)在岗培训的实施方法

在岗培训一般为边学习、边工作,达到学以致用,不断改进和完善业务技能和管理经验的目的。在岗培训可分为直接传授式培训方法、参与式培训方法、自我指导学习和特殊训练等,在岗培训应体现出与工作的高相关性和强实

① 路易斯·R 戈麦斯-梅希亚,等. 人力资源管理(第6版)[M]. 上海:上海人民出版社,2015.

践性的特点。

1. 直接传授式培训方法

如前所述,直接传授式方法又称演示法,是指将员工作为信息的被动接受者而采用的一种培训方法。这些信息包括事实、过程及解决问题的方法。这种培训方法的主要特征是信息交流的单向性和培训对象的被动性,但它能同时向众多的培训对象介绍同一个专题知识,比较省时省事,同时也需要一定的技巧。直接传授式方法包括讲座法和视听法两种。

讲座法指培训者用语言表达他想传授给受训者的内容。这种学习的沟通主要是单向的,因此简单易行,便于操作,且能在较短的时间内向大批的员工提供大量的信息,受到组织普遍欢迎和运用。讲座法按几种不同的标准又可分为以下几种:

(1)标准讲座,即培训者讲,受训者听,并汲取知识。

(2)团体教学,指两个或两个以上的培训者讲不同的专题或对同一专题的不同讲解,这可以带来更多的专业技术和不同的观点与方法,但要求与他人的协调。

(3)客座发言,指发言人按事先约定的时间出席并讲解主要内容,这样便于激发员工的学习动机。

(4)座谈小组,指几个受训者讨论交流所学的知识并提问,有利于他们充分表达自己的立场、观点。

(5)学生发言,指各受训者小组在班上轮流发言,发言可以提高培训内容的价值和受训者的注意力。

由于讲座法主要靠语言传授信息,受训者由于自身水平的不同有时会对授课的内容难以理解或表达不清,因此讲座法常常会附加问答、讨论和案例研究,甚至包括视听法。

视听法是运用幻灯、电影、录像和电脑等视听设备来加以演示的培训方法。它可以用来提高学员的沟通技能、谈话技能、顾客服务技能,并能详细阐述某一道程序的要领。视听法有利于学员直观生动地理解和掌握培训内容,并且可以根据实际情况灵活调整培训内容和培训进度,从而收到较好的培训效果。

2. 参与式培训方法

参与式培训方法是指每个培训对象都积极主动地参与培训活动,从亲身体验中获得知识技能和正确的行为方式。参与式培训方法非常多,通常采用的有实习法、模拟法、游戏法、案例研究和工作轮换等。在前面我们已经进行了相关介绍,这里就不再说明。需要说明的是,参与式培训方法还包括各种形式的研讨、在职进修、行为示范,且各种培训方法一般都不会单独使用,常常交叉在一起发挥作用。

3. 自我指导学习

自我指导学习即自学,是指由学员自己全权负责的学习,不需要任何指导者,只需按自己的进度和需求学习预定的培训内容。培训者只是作为一名辅助者,负责对培训内容进行组织、计划,对员工的学习情况进行评估,而不能控制或指导学习过程。自学适用于知识、技能的学习,一般由培训者(人事部门)指定学习资源或在网上学习以及电视教学。自学要求员工有较高的阅读理解能力与学习自主性。它的优点是费用低,不影响工作;缺点是学习内容受限制,一般只限于对知识的学习,个性差异大,难以相互交流和及时解答问题等。

4. 特殊训练法

特殊训练法是针对一些特别技能(如制造能力、人际沟通能力、团队合作精神的开发和行为心理的调整训练)而采用的培训方法,最常用的有头脑风暴法、拓展训练等。

(1)头脑风暴法,又称智力激荡法,是由美国创造学家 A. F. 奥斯本提出的,用于激发创造性思维的方法,能最大限度地发挥参加者的创造能力,提供解决问题的更多更好的方案。运用头脑风暴法,需要规定一个主题,明确要解决的问题,把参加者组织在一起以会议讲座的形式无拘无束地提出解决问题的建议或方案,组织者和参加者都不能评价他人的建议和方案,事后再收集各参加者的意见,交给全体参加者,然后排除明显不合理的方案,重新表达内容含糊的方案,组织全体参加者对各可行方案逐一评价,选出最优方案。头脑风暴法的关键是要排除思维障碍,消除心理压力,让参加者轻松自由,各抒己见。在头脑风暴法中,越新奇越疯狂的想法越受欢迎,也越能激发他人的灵感,从而产生更新的创造。这种方法适用于决策人员、管理人员、监督人员和技术人员等,尤其适用于组织开发新产品、产品广告创意、新产品命名、新产品推广等。

(2)拓展训练,又称外展训练,起源于第二次世界大战中的海员学校,原意为一艘小船驶离平静的港湾,义无反顾地投向未知的旅程,去迎接一次次挑战,战胜一个个困难。旨在训练海员的意志和生存能力,后被应用于管理训练和心理训练等方面,通常利用崇山峻岭、翰海大川等自然环境或在专业设计的训练基地,通过精心设计的活动达到"磨炼意志、陶冶情操、完善人格、熔炼团队"的培训目的。这种训练以外化型体能训练为主,学员在艰难的情境中克服困难、解决问题,从而使人的心理素质得到改善。拓展训练可采取三个步骤进行:①拓展体验,主要由晨练、场地训练和相关的室内课程组成,以帮助学员消化、体验室外训练;②挑战自我课程,包括晨练、水上活动和器械活动,侧重于个人项目;③回归自然,由攀岩、远足、登山、滑翔等野外活动组成。

一般说来,拓展训练包括"体验—分享—交流—整合—应用(循环往复)"五个环节，强调的是一种体验，是一种由内至外的自我教育。相对于别的培训更重视知识的给予和技能的训练，拓展训练更加强调自我的激发、自我的认识，更加强调精神层面，从而能使受训练者得到不一样的体验，成为当前企业追捧的一种培训方式。问题在于如何把训练的结果常态化。很多参与了拓展训练的人，一开始就表现出很积极的一面，可就在培训结束一个月甚至有的只有一周，受训者就回到原来的状态，以至于现在很多拓展训练大家觉得是去玩一下，一些公司干脆还以此组织了旅游线路为支撑的拓展训练项目。

特殊训练法还包括以提高团队或群体绩效为目的的团队建设法；以企业经营方式与目标为依据、以提高管理人员沟通及心理承受力为目的的特别培训等。如惠普公司角色扮演培训节，海尔的“海豚式升迁”培训等。

5. 其他类型的在岗培训

（1）补充技能培训：指企业针对员工现任工作所需要的知识技能中的欠缺部分，经过训练予以补足，使其能胜任现职工作和提高效率。参加此种训练的人都是现职员工，按其主要训练课程的不同，又可分为技术培训、知识技能培训、行政管理培训等。

（2）储备技能培训：针对工作成绩优异以及具有发展潜能的员工，对其将来可能担当更繁重工作所需的知识技能，先进行培训、储备，以便遇到职位空缺时可随时调升并能立即胜任新职。

（3）激发技能训练：指企业为解决有关问题，召集部分员工，激励他们高度运用智慧思考，提出处理问题的策略、程序与方法，以协助组织领导解决问题。这种训练根据运用智慧与思考方式的不同，又可分为解决问题训练、创造力训练、启发智力训练、模拟训练、激发意愿和发挥潜能训练等。

（4）人际关系培训：指各组织为增进员工对人际关系的了解，以加强员工相互间的合作、团结以及协调的训练。根据主要课程的不同，又可分为公共关系训练、信息沟通训练、领导系统训练等。

（四）在岗培训小结

任何一种培训方法都不是完美无缺的，在培训的实施过程中也不可能单独使用某一种方法，但由于培训的内容、目的和费用预算的不同，培训者经常需要做出选择。一般来讲，选择一种或几种培训方法，必须首先确定培训能预期产生哪些成果，这些成果包括言语信息、智力技能、认知策略、态度和行为操作技能，所选的培训方法应能对其中一种或几种学习成果产生影响。下一步就是要考虑这种方法对学习和培训成果转化的有利程度，开发和使用这种方法的成本，以及方法自身的有效性问题。此外，培训方法的选择还应注意以下四个问题：

1. 注重员工的学习愿望

终身学习不是一种特权或权力，而是一种需要。员工的学习愿望一是来源于自身的心理需求，二是来自上级的训导。这种学习愿望是员工学习的动力所在，良好的愿望往往是成功的开端。

2. 注意与员工的现有知识水平相联系

员工的素质各有不同，知识和技能水平也不一样，在岗培训的目的在于进一步提高员工素质，因此，应考虑在已有知识基础上学习新知识，培训方法也应因人而异。

3. 注意学习内容的强化与运用

培训内容应是与实际工作相关的，因此，知识、技能在工作中得以运用将有利于员工对培训内容的掌握，同时应建立适当的信息反馈制度，及时地对学习情况做阶段性总结，并能在实际运用中加以修正和完善。

4. 注意增强员工的积极性、主动性和参与性

员工应主动参与到学习过程中，才能收到良好的培训效果，有时还应给予一定的报酬、奖赏，激发员工进一步学习和深造的热情，同时要鼓励自我培训和发展。

二、外派培训

外派培训或职外培训，是指暂时离开工作岗位而进行的脱产培训，如到高等院校攻读学位、出国进修以及参加短训班、研讨会或去国外学习考察等。这种培训是因企业业务发展或员工由于工种变更、职位提升等需要进行的某种专业训练。这种培训要求受训员工暂时脱离岗位或部分时间脱离岗位参加学习或进修，因此又称为离岗培训。根据受训时间安排、受训员工脱产时间的长短，离岗培训可分为全日式、间日式与兼时式培训。

离岗培训的目的有两个：一是取得学历证、资格证，如攻读 MBA，参加资格证考前短训班；二是补充或更新知识、掌握新技能，一般是到高等院校或专门培训机构进行培训。此外，组织出于培养有前途的管理者、业务骨干以及提拔任职的需要，往往会选派一部分人员外出参加培训或出国进修。一般来说，员工外派培训要经过严格的审批，并与单位签订培训合同，以防止人才的流失。培训的时间从几个月到几年不等，这样有利于学员更加专门化、系统化地从事知识和技能的学习，并能与不同背景来源的学员进行交流，还可以开阔眼界、拓宽思路，全方位提高受训学员的素质和能力。

案例思考　苏宁的人才工程

连锁行业最重要的资源是人才。苏宁,在中国家电零售连锁行业取得令人瞩目的成就,而其人才工程就是其快速成长的重要支撑。“中层管理梯队工程”就是苏宁为确保其持续发展后劲实施的重要人才工程。根据梯队建设整体计划,梯队项目紧紧围绕苏宁连锁发展规划,分期分批从公司内部和社会集中选拔具有一定的工作经验和培养潜力的优秀人员,从军事训练、体能、公共课程、各体系专业课程和实践学习等方面进行系统培训。2004 年 3 月 30 日,苏宁总部、各大区、各子公司连锁店体系管理人员通过全国视频会议系统召开了“百名店长工程”启动仪式暨动员大会。在全国十大城市启动的“百名店长工程”,专门针对苏宁连锁快速发展对店面管理人员的缺口进行了人员的招聘和培训,通过外部招聘和内部选拔的方式,从全国上千名高素质的商界精英中挑选出 160 名优秀人才。随后于 2004 年 8 月 1 ~25 日举办的店长工程一期集训约 200 个课时,主要从军事训练、企业公共知识、连锁店专业知识和管理人员综合素质提高四个方面进行了系统培训。至 2004 年年底储备了 100 名优秀的连锁店店长,从 2005 年开始,每年培养储备 100 ~200 名优秀的连锁店店长。此外,2005 年 11 月,苏宁启动了“子公司总经理在职一期培训”,采取理论授课、主题沟通、高管座谈等培训方式,帮助子公司总经理加深对苏宁文化、公司组织框架以及经营管理思路的理解。

问题:

1. 苏宁的人才工程具有什么特色?
2. 管理人员的综合素质应该包括哪些内容?

关键概念
GJIANGAINIAN

培训体系　网络培训　岗前培训　在岗培训　岗外培训　学习与训练

复习思考题
FXISIKAOTI

1. 比较分析传统的培训方法与运用新技术的培训方法的优点、缺点和适用范围。

2. 试论现代组织实施有效培训的原则和操作艺术。

3. 对普通员工和管理人员的培训在内容、形式和实施运作上有什么不同?

B 补充阅读材料 CHONGYUEDUCAILIAO

互联网+时代的新员工培训

互联网+时代,用移动学习辅助培训的三大想象

员工培训,能否涵盖到工作生活的每一天?

试想一下,这样的培训场景是否更具个性化呢?每天早上上班之前,学员能够打开智能移动终端,实时掌握公司各大新闻。九点半准时收到公司推送的员工培训计划,掌握一天的学习节奏。在课程结束之后,还能将知识成果共享到学习平台上,也能够进行知识互动答疑。在碎片化时间,学员能够根据自身需求,在海量微课里自由学习。工作结束后,有针对性地对一天工作进行总结,还能够在互动圈子里,约上同事进行跑步健身等。

培训管理,能否实现在线闭环式管理?

试想一下,这样的封闭式管理是否更省时省力?在发起培训项目之前,管理者通过学习平台的调研功能收集员工的需求,然后有针对性地制订培训计划,安排培训内容。在培训项目实施中,根据圈子互动的反馈数据,及时掌控员工的学习情况,从而明确培训重点,进而有针对性地增加或缩短培训周期。培训项目结束后,管理者根据在线学习效果评估,掌握学习进度,从而为下一步培训计划做好铺垫。

培训效果,能否通过大数据显性化呈现?

学习步调自主化:企业招聘过来的应届毕业生,虽然是站在同一起点上,但学习接受度是完全不同的,个人素质也是参差不齐。如何做到既满足企业用人需求,又能满足员工个性化的学习需求呢?利用移动学习平台辅助学习,能够将学习路径图前置,从而自定义学习步调。

学习内容微课化:对应届毕业生来说,岗位学习内容是千差万别的,有管理类、技能类、知识类等,很分散。如果将这些知识全部在集中培训里分享,势必会浪费不必要的时间。利用移动学习平台之后,我们能够将这些内容做成微课,在平台上共享,让新员工自主碎片化学习。对于通用类的知识,则重点安排集中培训。

交互反馈社区化:在传统培训模式下,学员的成长步调无法及时有效监控。我们需要一种社群交流的方式,鼓励员工自由讨论,及时反馈问题,相互学习交流。

过程管理显性化:传统的培训方式,割裂了培训管理与业务管理的关系,而采用移动学习平台之后,这一信息壁垒将会被打破,多层级人员能及时参与到过程管

理中来。通过这种层层递进的管控体系，培训体系得以有效建立。

在这样的特色定位下，问鼎资讯根据新员工成长周期制定了全周期的O2O培养项目。

第一阶段：缩短员工入职不适期，将新员工培训前置。

入职前，问鼎新员工通过移动学习平台提前掌握公司制度，学习企业文化知识，了解职场礼仪规范等。具体做法如下：

塑造文化氛围：提前给学员开通学习账号，让其提前了解入职报到流程及相关事项，塑造企业一家人的文化氛围 。

掌握工作基础知识：鼓励员工自主学习公司知识及产品知识。

提前进入职场人角色：提前熟悉培养计划，了解培训内容及公司导向。

第二阶段：依据计划，结合心理动态，控制学习节奏，实现第一次转型。

当员工正式进入职场生活之后，培训管理者需要控制学习节奏、监控学员心理波动情况。具体做法如下：

成长路径：提前嵌入新员工成长路径图和学习课程体系，鼓励学员随时随地学习。

沟通机制：把握新员工心理动态，通过自提问、学员问答、课件、导师辅导等方式随时进行调整、解答。

第三阶段：注重工作标准，借助氛围塑造，实现员工自我转变。

通过打造圈子，塑造社区化学习氛围，实现员工学习自动自发 。具体做法如下：

职业定位：进一步细化职业发展路径，培养更精准化 。

自发学习氛围塑造：在线问答，群组交流，课程点评，社区化学习氛围，永远不孤单。

改进计划：实现下一个华丽转身，行动改进 。

第四阶段：搭建完整的成长路径，实现知识、培养、成长的沉淀与拓展。

通过知识分享、成长路径等功能，让学习成为可持续、丰富化的事情。具体做法如下：

成长路径：实现对新员工培养的跟踪、持续及分析。

知识沉淀：名师讲堂、精品案例、成长词库、所有核心知识都微课化沉淀，让每一次的学习都有收获 。

岗位匹配：培养重点侧重在岗位标准、流程及工作扩大化。

全阶段：将知识沉淀、文化塑造等隐性内容贯穿到整个培训体系之中。

知识沉淀平台：心得分享沉淀、成长档案管理 。

文化塑造：风采展示、培训伴侣、美食圈子、驴友联盟等。

最后,需要强调的是,移动学习平台只是一种工具,最关键的还是如何有效利用,从而满足企业、业务部门、学员等多方面需求。

(资料来源:移动学习前沿网,http://mt.sohu.com/20150605/n414516339.shtml)

第九章

人力资源培训的评估

本章要点

广泛阅读学习西奥多·舒尔茨、加里·贝克尔、哈罗德·克拉克、雅各·明瑟、林奇等经济学家的人力资本投资理论与定量分析方法，并运用其方法尝试进行在职培训的成本与收益测算，掌握培训效果的评估程序和评估技术，了解影响有效培训的因素及增强培训效果的有效途径。

引入案例

席卷全球的金融危机使包括中国在内的众多国家的企业面临艰难的市场环境，为顺利度过危机，众多企业开始裁员并节衣缩食，减少费用预算。人力资源部门当然也不能幸免。某公司的人力资源总监原本申请的高管培训预算被裁减到不到原来的30%，普通员工的培训甚至直接被全部砍掉。对此她感到很难理解，于是找到上司问清理由，据理力争。上司说：除非你能告诉我这个培训项目能够带来实际的经济效益。进一步地，上司明确告诉她，在金融危机期间，与其培训员工不如直接招员工。

对于培训经费砍还是不砍见仁见智。不少人认为，金融危机正是人才培养的好时机。平日,工作忙碌,没有时间给自己充电;现在正好可以利用闲暇时间参加培训,提升各方面素质。当然也有人质疑,培训也是需要经费支持的,面对危机,与其把有限的资源花在不知道有没有效果的培训上面,还不如想方设法做好销售工作比较实际。对企业来说每一项的投入都要考虑最终的效益。培训也不例外,倘若不能带来业绩的提升,那么实施培训是没有必要的。

第一节 培训评估概述

培训作为人力资源开发的主要手段,是组织和员工竞争能力提升的重要途径,也是员工接受正式的学校教育之后的"继续教育"、侧重于职业技能提高的"专门教育"的主要形式。尽管大多数组织都认识到培训的重要性,但是因为培训效果难以用直观手段测定并量化出来,因而很容易挫伤培训者对培训投资的积极性,造成一些组织宁愿付高代价去"挖墙脚"求人才而不愿意花大价钱用在员工培训上——内部培养选拔人才。虽然说培训评估的难度很大,但它却是取得良好培训效果的最具说服力的验证手段,也是培训活动体系中较为重要的环节。"必须有一种全面的衡量与评估程序来证明人力资源开发所做出的成绩。作为组织机构中的一项日常管理职能,该程序必须全面,必须实用和可行"①。当前,对培训的投入产出分析正成为理论界与企业界的研究热点。

一、基本概念

(一)培训效果与培训评估

1. 培训效果

每当一个培训项目结束后,人们不禁会问:该培训项目是否达到了预期的目标?该培训项目对于提高组织的效率和工作绩效是否起到了作用?受训员工的知识技能和态度行为是否有了提高和改善?培训的内容、方法、日程安排是否合适有效?培训的费用支出是否合理?培训的产出效益是否明显?培训中出现了哪些问题需要改进?培训的师资及教学质量如何等。培训工作不是一件容易的事情,那些只注重培训的形式和内容、培训的方法和技术,而不重视流程设计、培训效果评估与培训结果考核的所谓培训,只能是一种费用支出,其实质就是浪费。诚如AT&T公司的一位培训经理所言,"学习是一件好事,但这还不够。不能改变经营

① [美]杰克·菲利普斯. 培训评估与衡量方法手册[M]. 天津:南开大学出版社,2001:3-4.

业绩的学习是毫无用处的。”①

培训效果是指组织和受训员工双方从培训当中获得的收益。高质量的培训可以帮助员工获得建立在不断变化和更具挑战性的新环境下所需要的新的知识与技能,而组织则更关心由培训带来的绩效提高和人力资本投资的价值增值。自20世纪70年代以来,培训研究主要集中在三个方面:培训形式、方法的归纳和总结;培训效果的评价,核心是培训转移以及影响培训转移的因素;影响培训效果的因素。

2. 培训评估

培训评估实质上是对培训效果的评估,包括对有关培训信息的收集、处理和应用的过程与决定用以度量培训项目收益的特定成果或标准,即培训者用来评价培训项目的尺度。培训评估指的是收集培训成果或运用一定的方法或测量标准以检验培训是否有效的过程。主要是调查收集受训者对培训项目的看法,其学习后态度行为的变化以及是否达到了培训的预期目标,以及培训对组织的整体绩效的提高和培训需求的满足是否真正发挥了作用。对培训效果进行评估是培训管理中的一项重要工作。评估既是对前一阶段培训的效果与利弊进行考核评价,为培训成果的运用提供标准和依据,也是改进和改善下一阶段培训工作的重要步骤。

培训是一个动态的过程。因此,培训评估既要注重培训的“过程检查”,也要注重培训的“结果反馈”。从培训的定义中我们不难看出培训评估的重点是:个人的知识技能与素质结构同团队素质、绩效的改善状况,将培训结果同培训计划对比,总结经验以提出对培训的改进意见和建议。

(二)培训成果及测量标准

为评估某培训项目,要求确立培训成果与标准。培训成果亦即培训的结果,与之相关有一个培训转化概念,它包括将培训内容推广(应用)到工作当中,并能维持、转化所学的内容。转化力指的是受训者将所学知识技能准确地运用于工作上的能力。可见,培训转化就是指培训成果的转化。在培训中学习是一个重要方面,但另外一个同等重要的问题是使受训者能在工作中应用所学的知识、技能,促进工作绩效和人力价值的增长。

D. L. 柯克帕特里克建构了培训评估标准模型,参见表9-1。

表9-1 柯克帕特里克的四层次评估标准框架

层次	标准	重点
1	反应	受训者满意程度

① 陈晓剑等. 企业管理创新图解[M]. 合肥:中国科学技术大学出版社,2001:300.

续表

层次	标准	重　点
2	学习	知识、技能、态度、行为方式方面的收获
3	行为	工作中行为的改进
4	结果	受训者获得的经营业绩

资料来源：[美]雷蒙德·诺伊．雇员培训与开发[M]．北京：中国人民大学出版社，2001：108.

国外有的学者亦将培训成果分成五大类：认知成果、技能成果、情感成果、绩效成果和投资回报率(参见图9－1)。

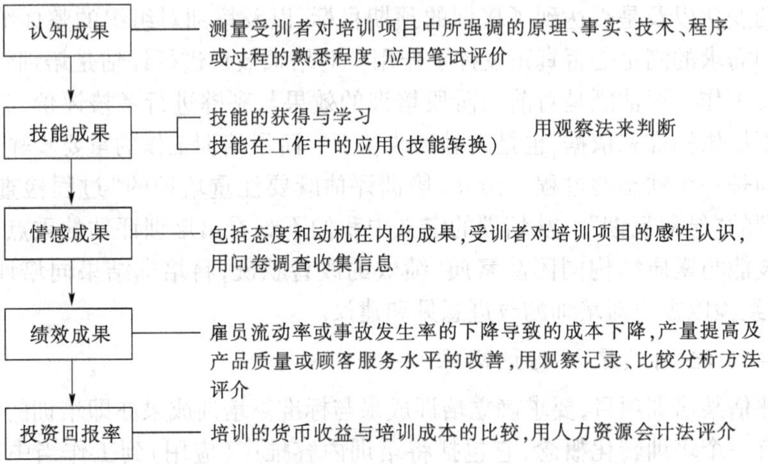

图9-1　培训项目评估使用的成果

现实中，企业通过设计一系列的培训评估表格，从反应、学习等层面展开评估。表9－2、表9－3和表9－4是一些表格的范本。

表9－2　学员满意度调查问卷

(培训效果反应层评估)

非常感谢您能在繁忙的工作中抽出时间填写这份问卷。您对这些问题的判断与回答都将有助于我们了解此次培训项目的效果，从而为改进公司的培训活动提供依据。 问卷采用无记名方式。所有的问题都没有对错和好坏之分，只是表达您个人对此次培训的意见和看法，不必有什么顾虑。 您的支持和配合对公司培训的开展非常重要。我们对您的回答和有关数据将严格保密。

谢谢您的参与!

请在 ABCDE 中选择最合适的答案,填写在问题左侧的横线上。

一、个人基本信息:

_______1. 年龄:

A. 25 岁及以下　B. 25~30 岁　C. 31~40 岁　D. 41~50 岁

E. 51 岁以上

_______2. 工龄:

A. 3 年以下(含)　B. 3~5 年(含 5 年)　C. 6~10 年　D. 11~15 年

E. 16~20 年　F. 20 年以上

_______3. 本岗位工作年限:

A. 1 年以下(含 1)　B. 1~2 年(含 2 年)　C. 2~5 年　D. 5 年以上

_______4. 最终学历:

A. 高中、中专及以下　B. 大专　C. 本科　D. 硕士及以上

_______5. 职位:

A. 集团公司部门正、副经理;省级公司正、副总经理

B. 集团公司三级正、副经理;省级公司部门正、副经理;地市级公司正、副总经理

C. 管理人员

D. 技术业务人员

E. 其他

_______6. 你认为此次培训的目的明确吗?

A. 非常模糊　B. 比较模糊　C. 一般　D. 比较明确

E. 非常明确

_______7. 你认为培训师的授课水平如何?

A. 很差　B. 比较差　C. 一般　D. 比较好

E. 很好

_______8. 你认为培训师讲课时认真负责吗?

A. 不负责　B. 不太负责　C. 一般　D. 比较负责

E. 非常负责

_______9. 你认为培训师能否将所讲授的内容与公司的实际情况结合?

A. 不能　B. 比较差　C. 一般　D. 结合得较好

E. 结合得非常好

_______10. 你认为培训内容与培训目的是否一致?

A. 不一致　B. 有些不一致　C. 基本一致　D. 比较一致

E. 非常一致

_______11. 你认为培训内容对你的工作有帮助吗?

A. 没有帮助　B. 帮助不大　C. 一般　D. 比较有帮助

E. 很有帮助

_______12. 你认为培训教材(资料)是否容易理解掌握?

A. 非常难　B. 比较难　C. 一般　D. 比较容易

E. 很容易

续表

______13. 你认为培训形式是否适合于你学习此次培训的内容？

A. 不合适　B. 有点不合适　C. 一般　D. 比较合适

E. 很合适

______14. 你认为通过此次培训，你的理念、知识、管理技能和技术业务技能方面是否有收获？

A. 收获很小　B. 收获较小　C. 一般　D. 有些收获

E. 收获很大

______15. 你是否愿意将此次培训所学到的理念、知识、技能运用到实际工作当中去？

A. 不愿意　B. 有些不愿意　C. 一般　D. 比较愿意

E. 非常愿意

16. 你认为通过此次培训你有哪些收获？

17. 你对此类培训还有哪些改进建议？

表9-3　学员自我报告调查问卷
（知识类培训：学习层评估）

培训项目名称：______________

培训内容：______________________

培训时间：______年______月______日至______年______月______日

姓名：__________　部门：__________

说明：本问卷由学员本人填写。

感谢您百忙中抽出时间填写问卷。本次调查是为了解您在工作中运用此次培训所学知识、技能的情况。您的支持和配合对公司培训的开展非常重要，我们对您的回答和有关数据将严格保密。谢谢您的参与！

1~5题是单选题，请在ABCDE中选择最合适的答案，填写在问题左侧的横线上。6,7题是主观题。

续表

_______1. 与培训前相比你在培训介绍的新知识方面有明显进步吗？ A. 无进步　　B. 无明显的进步　　C. 有一定程度的进步 D. 有比较明显的进步　　E. 有非常明显的进步 _______2. 此次培训介绍的新知识与你的实际工作有联系吗？ A. 没联系　　B. 有一些联系　　C. 一般 D. 有较多的联系　　E. 有很大的联系 _______3. 你在工作中愿意使用新的知识吗？ A. 不愿意　　B. 不太愿意　　C. 一般 D 比较愿意　　E. 非常愿意 _______4. 在实际运用新知识时是否很困难？ A. 非常困难　　B. 比较困难　　C. 一般 D. 比较顺利　　E. 非常顺利 _______5. 管理层对你使用新知识是否有促进作用？ A. 没有作用　　B. 作用不大　　C. 一般 D. 作用比较大　　E. 作用非常大 6. 您在这次培训中有什么心得体会？ 经验： 不足： 7. 您对这次培训还有什么意见与建议？

表 9－4　学员自我报告调查问卷

（技术业务技能类培训：行为层评估）

培训项目名称：____________ 培训内容：________________________ 培训目标：__________ 培训时间：______年______月______日至______年______月______日 （备注：以上内容由培训组织者填写）

续表

姓名:__________　　　　部门:__________

说明:本问卷由学员本人填写。

感谢您百忙中抽出时间填写问卷。本次调查是为了解您在工作中运用培训所学技能的情况。您的支持和配合对公司培训的开展非常重要,我们对您的回答和有关数据将严格保密。

1 ~5 题是单选题,请在 ABCDE 中选择最合适的答案,填写在问题左侧的横线上。6,7 题是主观题。

_______1. 您在工作中使用本次培训的技能的频率有多高?

A. 低　B. 较低　C. 一般　D. 比较高　E. 高

_______2. 这种技能为您解决工作中的问题提供的实际帮助有多大?

A. 小　B. 比较小　C. 一般　D. 比较大　E. 非常大

_______3. 在物质条件上,您使用这种技能是否方便?

A. 不方便　B. 不太方便　C. 一般　D. 比较方便　E. 方便

_______4. 领导在多大程度上支持您使用这种技能?

A. 不支持　B. 不太支持　C. 一般　D. 比较支持　E. 支持

_______5. 使用这项技能使您的工作效率有多大提高?

A. 没有提高　B. 提高幅度较小　C. 有一定提高　D. 有较大提高　E. 提高很大

6. 为有效提高行为改进程度,您认为在培训和工作环境方面还需要哪些改善?

7. 您对这次培训还有什么意见与建议?

(三)培训评估的目的、内容与方式

1. 评估目的

进行培训评估,就是要回答如下问题:

培训是否起作用了?——降低培训成本,提高培训收益。

什么是不合格的培训?——改进培训质量,增强培训效果。

谁在培训中受益？——来自组织与受训员工的培训效果反馈，培训成果的有效转化及应用程度。

培训的价值何在？——培训对组织目标与员工个人职业发展目标实现的贡献度。

通过事前与事后的评估描述，便可清楚地认识到培训评估的目的：

(1)明确培训项目的优势与不足，判断培训项目是否符合培训目标的要求、学习环境状况，培训成果在工作中是否得到运用。

(2)评价培训项目的内容、培训的方法与技术、日程与场地安排、培训师及教材的选择等是否有利于培训成果的转化；培训能促进组织生产力提高吗？

(3)调查了解哪些受训者从培训中获益最多？哪些人获益较少？受训者学到了什么？所学知识技能在他们的工作中有用吗？

(4)弄清楚受训人员为什么参加培训？他们对培训的哪些内容感兴趣？对培训项目的满意度如何？

(5)比较进行培训与不进行培训的成本与收益。

(6)对不同的培训项目的投入产出做一比较，从而择优使用。

2. 评估内容

(1)培训需求评估、培训计划与方案评估、形成性(过程)评估、终结性(效果)评估。

(2)受训者的反应、知识技能的增长、工作表现、组织效益的评估。

(3)对培训目标与内容、培训过程进行评估，培训结束后的考核评估，运用人力资源会计计算培训的绩效，跟踪评估。

图 9－2 为评估内容大纲。

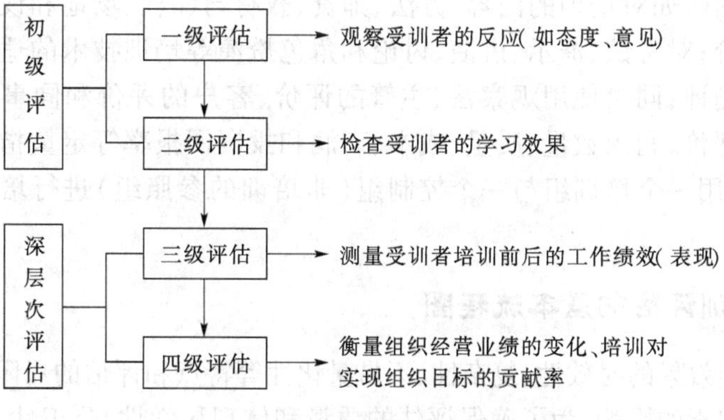

图 9-2　培训的全面评估

3. 评估方式

例如,在具体的评估阶段可采用过程与结果评估法、纵向与横向评估法、单项与综合评估法、定性与定量评估法;在评估资料信息收集阶段可采用调查法(问卷法、访问法、观察法、抽样法)、测验法、比较法、统计分析与计算机运用等。培训的全面评估分为三级(参见图9-3)。

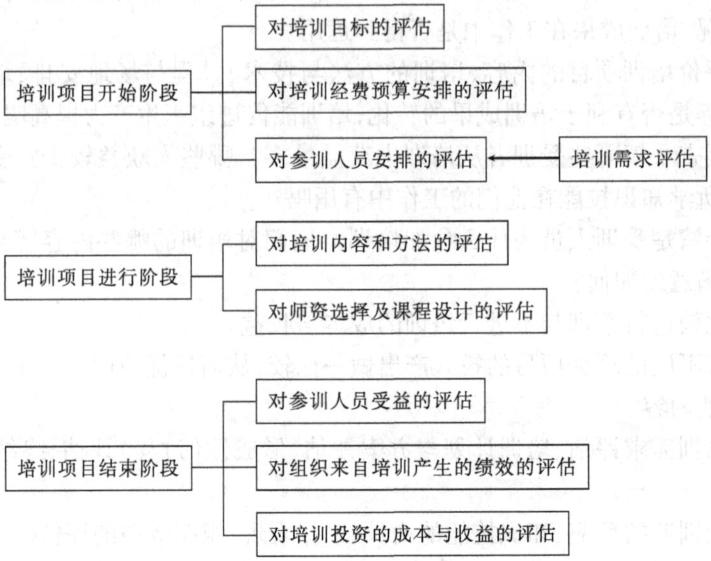

图9-3 培训的动态评估

培训效果的评估,还可以从反应层面、学习层面、行为层面、结果层面对培训项目进行评估。如对培训的内容、方法、师资、教材与课程、场地和设施等进行满意度调查评价;对考试、演示、讲演、讨论和角色扮演等培训技术的适用范围和实际效果进行测评;同时使用观察法、主管的评价、客户的评价和同事的评价等方式进行综合评价;利用数量、质量、成本、利润和投资回报率等定量指标对培训前后进行测评;用一个培训组与一个控制组(非培训的参照组)进行培训效果前后测试等。

二、培训评估的基本流程图

由于培训效果的时效性、复杂性、不易量化性等特点和评估的局限性、主观性、不规范性等因素的影响,为了确保评估的质量和体现科学性、公正性、客观性和可靠性,我们必须按照一定的程序对培训进行评估(如图9-4所示)。

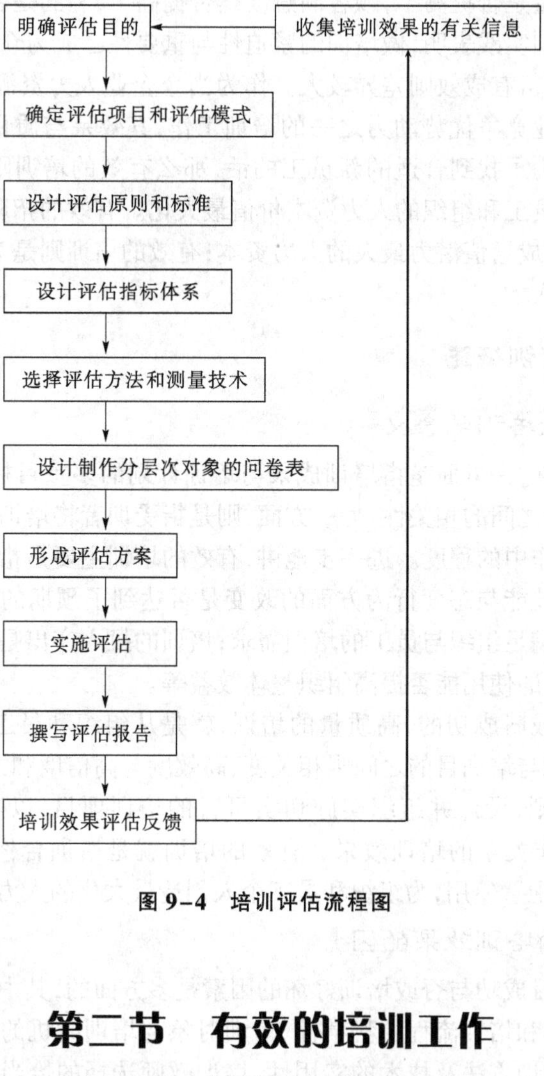

图 9-4 培训评估流程图

第二节 有效的培训工作

有效的培训,涉及培训效果好坏及其质量高低问题。前述四个层次的培训评估,实际上就是检验某培训项目是否达到了参训员工和组织的预期培训目的。了解受训者培训后的感受,就是为了调查他们对培训的看法以及通过培训有哪些收获或经验;对受训者进行考试,目的在于客观地检查他们的学习效果,即他们对知识技能的掌握程度;对培训成果的转化(应用)方面的评估,主要是验证受训后管理者的行为转变与普通员工工作绩效改善的实际效果如何;对培训给企业带来的影响和回报这方面的评价属于综合评估或高层次评估,包括培训费用支出是否合理、节省,产品质量是否提高了,顾客满意度是否提高了,利润是否增长了等。大量的理论研究和培训实践表明,做培训的紧迫性与重要性已成为众多企业的共识,但如何做、怎样做更富有成效则差异较大。作为当今企业人力资源(资本)投资的重要途径和培育企业竞争优势动力之一的培训工作,其效果与质量关系重大。如果说有效的招聘是为了找到合适的新员工的话,那么有效的培训则是为了提高员工的合适度并促使员工和组织的人力资本价值最大化。有效的招聘是为组织补充和储备人才资源,形成增值潜力最大的人力资本;有效的培训则是为组织培训和造就大批合格的有用人才。

一、有效培训概述

(一)有效培训的含义

培训的有效性,一方面是指培训成果与培训计划的多重目标所强调的应该学习到的知识、技能之间的相关性;另一方面,则是指受训者将培训中获取的知识、技能运用到实际工作中的程度。进一步地讲,有效的培训主要是指培训的质量,特别是受训者的知识技能与态度行为方面的改变是否达到了预期的培训目的;该培训项目的结果能否满足组织与员工的培训需求;培训的投入产出是否合理;受训者的合格率、受训人员的使用能否提高组织整体效益等。

有效的培训或曰成功的、高质量的培训,就是从组织和员工个人两个角度出发,依据培训成果与培训目的之间强相关度、高效度与高信度和人力资本投资成本与价值最优化原则,设计并组织实施切实可行的培训项目,以达到理想的“人对物”“人对人”工作关系的培训效果。有效的培训就是培训合格的、优秀的“组织人”,经过最佳的配置使用,为组织和员工个人创造最大化的人力资本价值。

(二)影响培训效果的因素

决定培训项目成功与否或培训好坏的因素是多方面的,其中包括:培训目标的准确性、培训计划和培训流程的科学性、培训对象与培训时机的合适性、培训内容设置的合理性、培训方法及技术的实用性、培训教师选择的恰当性、培训组织管理的可控性等。培训效果的产生有赖于各种积极影响因素之间相互作用的整合效应,也有赖于人力资源管理与其他工作的相互支持与配合,如图9-5所示。

一般认为,培训的经费预算与使用、培训的内容与类型、培训的方法与技巧(技术)、高质量的培训师是获得理想培训效果的关键因素。在人力资源管理系统中,培训是“生产人”,而重要的是“使用人”,并通过考核、评估、选拔和任用,建立起有效的激励制度,最终达到人职匹配或胜任,从而提高工作绩效和人力资本增值目标。良好的培训,目的是改变员工的知识、技能和素质,改变他们工作的态度与行

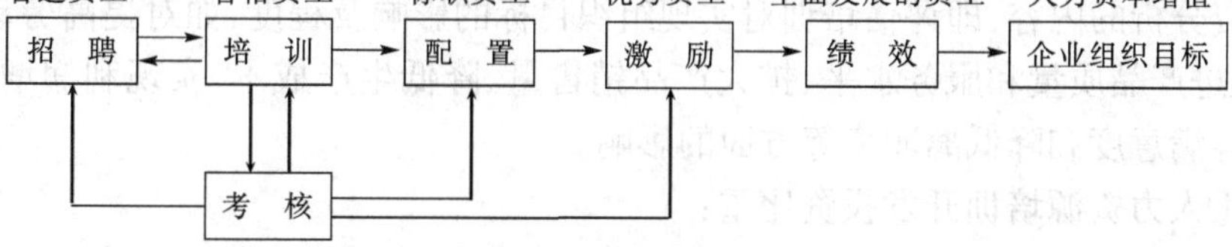

图 9-5 良好的人力资源管理系统与培训效果的互动性

为,并促使其将学习到的东西运用到实际工作中,为组织的整体发展目标和其自身职业发展目标的实现创造最大化的人力资源价值。

我们认为,在分析影响培训效果的因素时,既要考虑培训的外部环境因素,又要考虑影响培训的内部因素;既要考虑培训者方面的因素,又要考虑受训者方面的因素;既要考虑培训环节各因素的作用,又要考虑其他与人力资源管理工作相关因素的支持作用;既要分析有利的(积极的)因素,又要考虑不利的(消极的)因素;既要考虑单个因素的主次作用,又要考虑各种因素相互影响形成的整合作用。

(三)有效培训的评估指标

对培训效果的定性分析来自于收集整理不同层次的人员对培训的意见反馈。比如,外部的客户或顾客和内部的管理者、人力资源经理或主管、参训员工等,他们对培训项目的看法怎样、评价如何。采用定量分析方法,则是依据问卷调查、统计分析和各种指标测定结果来评价、判断培训的实际成效如何。具体的培训项目评价指标如下:

(1)受训者的考试成绩——了解受训者的学习效果,即了解受训者在培训前后掌握知识与技能的程度。

(2)受训者的感受、态度和意见反馈——了解各类受训人员对培训的反应以及差异性。

(3)受训者的态度、行为变化程度——了解受训者的学习成果向工作能力的转化情况,也即受训者将培训中获得的知识和技能应用于实际工作的转化水平。

(4)受训人员合格率:

$$受训人员合格率 = \frac{合格人员数量}{培训总人数} \times 100\%$$

上式中的合格人数是指达到培训目标要求的受训员工人数或者指学习成绩达到培训标准的受训员工人数。

(5)受训人员使用合格率:

$$受训人员使用合格率 = \frac{培训后胜任工作人数}{受训人员总数} \times 100\%$$

(6)培训工作的投入产出分析——评估培训费用的使用效果。这也是人力资本投资分析的内容,即评估培训对实现组织目标的影响及程度,如对提高劳动生产率、改进产品质量和服务水平、扩大产品销售量、降低生产成本、实现利润增长、提高顾客满意度和降低离职率等方面的影响。

①人力资源培训开发投资比重:

$$人力资源培训开发投资比重=\frac{一定时期的人力资源培训总经费}{同期内企业组织的总产值}\times 100\%$$

②人均培训经费:

$$人均培训经费=\frac{人力资源培训总经费}{企业组织人力资源总量}\times 100\%$$

③人才比率:

$$人才比率=\frac{合格的或有用的受训员工数量}{人力资源总量}\times 100\%$$

④人力资源效率:

$$人力资源效率=\frac{年产值}{年平均人力资源数}$$

⑤年新产品销售率:

$$年新产品销售率=\frac{年新产品销售额}{年产品销售总额}\times 100\%$$

⑥培训投入回报率:

$$培训投入回报率=\frac{培训收益-培训成本}{培训成本}\times 100\%$$

⑦培训投资收益率:

$$培训投资收益率=\frac{培训收益}{培训成本}\times 100\%$$

(7)培训效果的前测与后测——收集培训前后的成果测量数据,分析受训者参与培训后其知识、技能、态度与行为的改变程度。

(8)利用受训组与对照组或控制组的比较分析对培训成果进行评估。

二、有效培训工作的开展

培训是一项系统工程。我们必须精心设计与组织管理,整合各种资源和要素,认真权衡影响有效培训的各种资源或因素,使培训效果符合培训目标和培训需求,让培训中的每个环节都能实现员工个人、工作及组织本身三方面的优化并产生整合效应。

(一)树立正确的培训观

想得到不一定做得到,做得到不一定做得好。要想达到理想的、成功的、有效的和高质量的培训效果,首先要走出认识误区,树立全新的培训理念。

(1)企业竞争的实质是人才竞争,而培训出人才。

(2)培训绝非可有可无之事,它是一项重要的人力资源管理工作,是企业应对知识经济时代的挑战,以取得竞争优势、培育和提升竞争能力的重要途径。所谓"成功战略培训领先",即成功的培训与企业的经营战略和目标密切相关。

(3)培训不仅是培训者的事,也是受训者的事。由"要我培训"转向"我要培训",由"受动"转向"主动""互动",培训者要特别注重开发、利用员工的人力资源价值。

(4)培训是一套"生产人"的程序及设备,其运作应符合科学化、规范化及市场化的要求,要讲求经济效益和社会效益最大化原则以及可持续增长原则。

(5)培训费用并非是一项纯粹的成本费用,它更是一项战略性投资,即对未来的人力资本投资。

(6)培训也是一项福利,对组织员工的招聘和配置使用提供了支持,良好的培训机会和条件是组织吸引人才、留住人才的策略。

(7)"学习"已经成为知识经济时代学习型组织不可或缺的"必需品",高层次的、有深度的和系统的培训有利于增强组织的"学习能力"。

(8)组织的培训不同于学校(学历)教育,前者的目的是通过培训改变员工的知识技能、态度行为,进而改变绩效,重在将学习成果转化为实际的工作能力、创新能力。

(9)要想培训别人,先得培训自己。

(10)结合组织的实际及其发展目标,有针对性地做好培训。

(二)紧密围绕企业组织的发展目标开展培训

培训服务于企业经营战略及发展目标,同时也有助于员工个人职业生涯发展目标的实现;培训规划应依据组织的发展规划来拟定,一方面使企业取得培训投资的最佳效果,另一方面也要让参训员工获得最大的收益;培训要贴近组织的实际情况、适应工作任务分析的要求和员工个人的特点有针对性地开展。

(三)获得组织及其员工的支持

确立一个明确的培训目标后,决策者、经理人员适时参与培训的督导工作,为培训提供必要的财力、物力、人力和智力支持是保证培训取得成功的前提。如果要使培训对提高员工的能力有长期稳定的影响,培训者就必须确保员工对组织发展目标及其面临的挑战了然于胸,必须尽力营造气氛,形成受训员工积极的参与意识和受训意愿;管理者还要不断鼓励员工深入开展学习活动,鼓励他们创新、释放创造力潜能;此外,还要高度重视对培训工作的管理和协调。

(四)建立和完善组织的培训体系

在培训的制度、机构、人员、经费、课程、教材、设施和运作机制等方面做到规范化、制度化,形成组织自身有特色、有竞争力的培训体系。要特别重视培训前的准备工作和培训后对培训效果的评估、检验,进而在考评基础上使用合格员工。

（五）将培训与组织的人力资源管理其他工作相结合

在人力资源管理系统中,高质量的招聘、科学的考核与激励和合理的人员配置使用等,均对有效的培训起到积极的促进作用。如何获得其他人力资源工作对培训的支持、如何发挥培训对其他人力资源工作的作用,这种相互配合显得尤为重要。

（六）增强培训效果的具体举措

1. 讲求培训时机

时机的把握是建立在对社会的发展、同业竞争对手的发展、组织自身的发展、部门和岗位工作的需要以及员工行为的分析上,何时主动开展培训,何时超前开展培训,均需要统筹安排。

2. 优选培训地点

培训地点有组织内外之分、国内国外之分,国内又有远近之分、集中与分散培训之分。根据组织的实际需要和受训员工的特点,确定培训地点(场所)和培训类型是非常必要的。

3. 确定培训范围、优选受训人员

虽然全员培训是组织的责任,接受培训是每个员工的权利,但有效的培训讲究针对性、实用性,即对受训人员而言,受训时间有先后,培养层次有区别,培训效果有差异,提拔晋升有竞争。

4. 挑选最好的培训师

培训师的知识与经验、培训技能和人格魅力的高低直接影响受训者的学习效果,组织要根据培训需要及培训计划配置最合适的培训师(无论是内部推荐的,还是外部聘请的),并且是最棒的培训师。培训师不仅要具备较强的专业知识,还需要对企业情况有相当的了解以便有针对性地展开培训。

5. 培训内容(课程、教材及讲授内容)具有实用性

必须坚持因人而异、因材施教的原则。培训的学科知识既要考虑先进性、发展性,又要考虑针对性、实用性;要有利于受训员工掌握合适的知识、技能并将所学所思应用到(转化为)实际工作中,学以致用,以学促效,最终增加其人力资本的价值。

6. 确定合适的培训方法

根据培训需求分析、培训类型、培训对象和培训内容来确立相应的培训方法和技术。无论是脱产、半脱产、在职培训;无论是短期、长期培训;还是面授、函授、自修、远程教育培训等,适于我者为最佳。

7. 树立共同愿景目标和榜样

通过培训,为组织员工树立一个共同的愿景目标和榜样群体,有助于他们在培

训之外的工作中学习先进、比照目标不断地提高自己,与组织共同发展、与时俱进。

8. 经费的预算和使用

重视对培训经费的预算和使用,重视对培训效果的测评和反馈,即要求量化人力资源培训投资的成本核算和价值分析。

第三节　人力资源培训的投入产出分析

招聘和培训开发是人力资源在数量上增加和质量上提高的过程,伴随着这一过程,会相应产生费用支出,这些费用支出实际上就是人力资本投资。人力资本投资所带来的未来收益除去人力资本投资成本(耗费),便是人力资本投资的效益。

一、人力资本投资概述

尽管西奥多·舒尔茨于1960年最早提出“人力资本”这个概念,但他当时并没有给出一个明确的定义。1964年,加里·贝克尔才认为:所有用于增加人的资源并影响其未来货币收入和消费的投资为人力资本投资。舒尔茨于1975年进一步指出,人类具有五类有经济价值的能力:学习能力、完成有意义工作的能力、进行各种文娱活动的能力、创造能力和应付非均衡的能力。人力资本投资包括人类在教育、保健、为取得良好的就业机会而进行的国内迁移所花费的支出,以及接受教育的成年人、接受培训的工人所放弃的收入和其他提高人力质量的投入的总和。由此可见,按照这两位经济学家的观点,人力资本投资的内容,从广义上讲,包括教育(培训)投资、健康(保健)投资和迁移投资(用于劳动力国内流动与移民入境的支出)。与其他物质资本的投资相比,人力资本投资具有产出特殊性(无形的、潜在的知识技能)、缺乏流动性(无法在资本市场上买卖和变现)、形式特殊性(以并行于直接生产过程的社会活动形式表现出来)、超前增长性(如教育经费的增长一般超过国民生产总值的增长)、效益滞后性(时间价值)、个人意愿性(选择接受意愿)、阶段性和连续性(终生教育体系)、风险性(人体遭受意外伤害或人力资本过时贬值)等。人力资本投资分为三大主体:政府、组织、家庭与个人。各类人力资本投资主体有着不同的价值取向和不同的投资依据,各类主体都追求收入—效用最大化。

理论界和实践界已达成共识:人力资源是第一资源并可计量价值,人力资源投资被视为资本而不是费用,因此,可以计量其成本与收益,这也是人力资源会计的基本思路。罗伯特·索洛在其《资本理论和收益率》中指出:资本理论的核心概念应该是投资的收益率。许多人力资源专家都从成本收益角度对人力资本投资活动进行了分析。比如,西奥多·舒尔茨的《人力资本投资——教育和研究的作用》、雅各·明瑟的《在职培训:成本、收益及其含义》、加里·贝克尔的《人力资本——特别是关于教育的理论与经验分析》等。他们对人力资本的形成,对于正规学校教育和在职培训的支出与收入,以及劳动力流动与迁移的成本收益等问题展开了理论探讨和实证分析。

正规学校教育是最典型的人力资本投资,而在职培训(成人教育或继续教育)也是人力资本投资的重要组成部分。实际上,最初的人力资本研究就始于对在职培训的研究。人们在学校教育之后仍将通过选择提供培训机会的职业,继续对自身投资,而组织和社会(主要是政府大规模参与)也都将大量资源用于对劳动者的在职培训。因此,对在职培训的投资主体及其投资行为的经济影响进行研究已成为人力资本理论不断发展的重要课题。不过我们也应该看到,与在职培训相关的投资决策比学校教育决策更为复杂,其涉及的主体、投资成本的支付方式和影响因素都更趋复杂;对在职培训进行成本收益的实证研究,因数据资料及研究方法上的种种局限而变得十分困难。

在职培训是劳动者在进入劳动力市场后继续学习所获得的知识与技能的发展,标志是企业雇员的劳动熟练程度、技术等级等人力资本的技能存量及对组织劳动生产率提高的正向作用。在现实生活中,很少有人在完成了正规教育后学习就突然结束了,他必须根据所从事工作的具体要求和职业发展的需要,学习相关的职业知识。在职培训有很多种形式,"正式的企业定期在职培训是最典型的例子;学徒计划也是通过让未受过训练的工人在技术工人的指导下工作以提高其生产率;甚至在不存在培训的情况下,劳动者仍能通过'干中学''从经验中学习''观察学习',甚至通过不同劳动技能和熟练水平的劳动者之间的信息和技能的传递来学习"①。在职培训也可分为工作环境适应性培训、完善和提高技能的培训、个人素质与团队素质培训等。在职培训的成本因培训的性质、种类的不同而变化。在职培训投资成本分为直接成本与机会成本、有形投资成本与无形投资成本。直接成本包括雇员接受培训期间的工资、提供培训物质条件的费用支出、教师教学酬劳等。机会成本包括在培训期间受训人员放弃所得(减少的收入)、时间消耗及对产量的影响和组织减少的生产成果等。在职培训的收益主要表现为经过培训投资所提高的劳动生产率和具体可见的良好培训效果。

二、在职培训投资成本与收益分析的计算方法

(一)直接计算方法

直接计算方法是对员工接受培训后的效果直接观察并加以评价的方法。它又

① 朱舟. 人力资本投资的成本收益分析[M]. 上海:上海财经大学出版社,1999:136.

分为两种操作方法：一是把相同岗位上的员工分为培训组和对照组，将接受培训的员工的生产效率与没有接受培训的对照组进行比较；二是将员工接受培训前后的生产效率进行比较。通过简单对比，直接估算出培训的经济效果。这种计算方法不考虑货币的时间价值，也不考虑投资的回收期。

（二）间接计算方法

1. 一般模型

在职培训的理论分析框架与教育投资的理论分析框架在本质上是相同的，但也存在一定的差别，因为在职培训的成本既可以由厂商，也可以由劳动者自己支付，使得在职培训的成本与收益分析显得较为复杂。

如果正规学校教育是人力资本投资的唯一形式，则劳动力对组织的价值取决于学校教育。进一步地讲，如果不考虑人口老化、知识老化等情况所带来的人力资本贬值，则劳动力的边际产值在其就业生涯中将是一个常量，这仅是一种抽象的状态。在现实的组织中，劳动者的边际产值随着从事同一劳动时间的增加和经验的丰富而增加，随着年龄的老化而减少。因此，即使没有在职培训，劳动力的边际产值也不是常数。此外，组织在发展的过程中，对劳动力质的要求的增加使得培训成为必然。劳动力的在职培训将使人力资本价值得到提升，表现为组织劳动生产率得到提高和劳动力收益的增加，组织和劳动力的培训投资意愿也就取决于投资的成本与收益之比。

设定劳动力在培训前的边际产品价值为 VMP_A，培训后的边际产品价值为 VMP_B，那么 $VMP_B - VMP_A$ 的差额部分就是培训投资的收益。需要注意的是，培训的收益不是一次的。对于组织而言，培训的收益是该劳动力自培训结束后留在企业工作的时间内企业劳动生产率的提高。对于劳动力自身而言，培训的收益是其培训后直至退休，由于技能增加所带来的收益。培训投资收益是培训结束后才产生的。进行成本与收益分析就需要对培训成本与收益折现，在现值的基础上比较和选择各种培训方案。

假设企业用一年的时间完成培训，总培训成本为 C，企业期望劳动力留在企业内服务的年限为 n，r 为企业期望的最低投资收益率，则如下公式成立：

$$\sum_{k=i}^{n}\left[\frac{VMP_{Bi} - VMP_{Ai}}{(1+r)^{i}}\right] > C \quad (i=1,2,\cdots,n) \tag{9-1}$$

培训投资收益的现值大于培训成本，企业将会选择对劳动力进行培训投资。但要注意这里在研究总培训成本 C 时，没有分析其成本的支出者。一次培训的总成本是由企业的支出和劳动力自己的开支所共同构成的。我们在利用上述公式分析企业的培训投资行为时，主要考虑企业的培训支出，包括直接成本和间接成本。

2. 净现值法

所谓现值是指未来收入和支出的现在价值。其计算公式如下：

$$PV_0(Y_t)=\frac{Y_t}{(1+r)^t} \tag{9-2}$$

式中：PV_0——现值；

Y_t——t 年的收入值；

r——年利息率；

t——时间；

$PV_0(Y_t)$——在 t 年收入 Y_t 的现在价值。

现值在现代财务管理中使用非常广泛，其理论基础就是货币具有时间价值，即今天的一元钱与明天的一元钱是不等价的。我们要考核一个投资项目的效益，重要的就是看其投资收益的现值是否大于投资支出的现值，而不是看总收入是否大于总支出。传统的不考虑现值的计算方法，一方面夸大了未来的收益，另一方面又缩小了开支的成本。在现值的计算中，利息率(r)的大小对于现值大小的影响很大，二者成反比。利用现值对投资项目进行考察，主要方法有净现值法、现值指数法和内含报酬率法等。

(1)净现值法。净现值法使用净现值作为评价方案优劣的指标。所谓净现值，是指某一特定的投资方案中未来现金流入的现值和未来现金流出的现值之间的差额。按照这种方法，所有未来现金流入和流出都按预定贴现率折算为它们的现值，然后再计算其差额。如果净现值为正数，表明偿还投资本息后该项目仍有盈余；若净现值为零，即偿还本息后一无所获；若净现值为负数，则项目不足以偿还本息。净现值计算公式如下：

$$Q=\sum_{k=i}^{n}\frac{I_k}{(1+i)^k}-\sum_{k=i}^{n}\frac{O_k}{(1+i)^k} \tag{9-3}$$

式中：Q——净现值；

n——投资涉及的年限；

I_k——第 K 年的现金流入量；

O_k——第 K 年的现金流出量；

i——预定的贴现率。

该公式提示了人力资本投资的净现值应大于或等于零的基本原则。净现值法的适用性很广，主要适用于单个投资方案的评估。其应用的主要限制条件是贴现率的确定。一种办法是根据资金成本来确定，主要以银行同期存款或贷款利率为依据；另一种办法是根据企业要求的最低投资报酬来确定，即根据资金的机会成本来确定。相对而言，第二种方法更为合理。

(2)现值指数法。对于若干个投资年限、投资金额不同的方案，需要引入现值指数法。该方法是净现值法的演变。现值指数法是通过现值指数（未来现金流入现值与现金流出现值的比率）的计算来评价方案的指标，其计算公式如下：

$$Q=\frac{\sum_{k=i}^{n}\frac{I_k}{(1+i)^k}}{\sum_{k=i}^{n}\frac{O_k}{(1+i)^k}} \tag{9-4}$$

式中：Q 代表现值指数；其他符号同式（9－3）。

利用现值指数法可以进行独立投资机会获得能力的比较。

（3）内含报酬率法。内含报酬率法也是一种可以用来进行多个投资年限和金额不同的方案评估测算、比较的方法。内含报酬率 r 也是指投资方案净现值为零的贴现率，即：

$$\sum_{k=i}^{n}\frac{I_k}{(1+i)^k}=\sum_{k=i}^{n}\frac{O_k}{(1+i)^k} \tag{9-5}$$

利用内含报酬率可以排定独立投资的优先次序。

不过，这里 I_k 是指经过培训后的工作效率量，即培训者在培训后和培训前工作成果（现金流入量）的差值。其计算方法是：

$$I_k=(I_e-I_c)\cdot N \tag{9-6}$$

式中：I_e——已培训者或培训后的平均工作效率（现金流入量）；

I_c——未接受培训者或培训前的平均工作效率（现金流入量）；

N——受训人数。

Q_k 是正确计量培训投资的关键。若职工的在职培训是短期培训，则职工经过培训后不会影响工资变动。在这种情况下，现金流出量就是职工的培训费用，包括受训人员的工资、教师的工资、占用设备费用、教室的租金、对生产的损失和投资的机会成本等。如果培训将导致职工工资增加，则此时的现金流出量还应该加上工资的增加部分。

3. 经验公式法

这种方法在国外很流行，其总思路是：首先找出影响在职培训收益的因素，然后根据这些因素的相互关系计算投资收益。其计算公式如下：

$$\Delta u=T\cdot N\cdot d_tSD_y-N_e \tag{9-7}$$

式中：Δu——培训的净收益；

T——培训者将受益的时间（年）；

N——受训者数量；

d_t——效用尺度，即接受培训者与未接受培训者工作成果的平均差值；

SD_y——未接受培训者工作成绩的差别（据国外学者研究，约为年工资的40%）；

N_e——人均培训成本(包括直接成本和误工造成的间接成本)。

其中:

$$d_t = \frac{\bar{X}_e - \bar{X}_c}{SD \cdot \sqrt{R_{yy}}} \tag{9-8}$$

式中:$\bar{X}_e$——已培训者平均工作效率;

$\bar{X}_c$——未培训者平均工作效率;

SD——未接受培训者平均工作效率标准差;

$\sqrt{R_{yy}}$——工作效率评价过程的可行性(如不同评价者评定结果的相关程度)。

三、一般培训和特殊培训的成本与收益分析

根据组织培训所形成的人力资本是否具有普遍的适用性,将在职培训分为一般培训与特殊培训,这是加里·贝克尔于1962年首创的。一般培训是指劳动力通过培训获得的业务知识、技能,这种培训结果不但对培训提供者(本企业)有用,而且对其他企业具有同样的适用性。如由甲公司培训的IT工程师,其技术在其他计算机设备生产厂家也会有用。一般培训可以提高受训者的未来边际生产力,即培训后的劳动者在与相同要素相结合后会产出更多的边际产品。特殊培训(专门培训)与一般培训相反,是指通过培训劳动力所获得的业务知识、技能只对提供培训的企业具有适用性,或者提供培训的企业的劳动生产率比其他企业提高得更多。这类培训的价值只对培训企业有益,对于提供培训的企业之外的其他企业的生产率没有多大影响或根本没有影响。通常认为,在存在外部竞争的劳动力市场及劳动力可自由流动的情况下,一般培训和特殊培训的费用支付主体不同:接受一般培训的雇员自己支付培训费用,而组织则支付特殊培训费用。

一般培训与特殊培训的区别主要是概念上的区分,极端的情形较少,因为多数培训两方面都是兼而有之,只是培训内容有所侧重而已。对这两种培训的分析主要是集中在如下问题上:谁享受培训的利益?谁对培训进行投资?它们对劳动力市场会产生什么影响?认识这些问题将有助于我们分析两类培训的成本与收益。

(一)一般培训的成本与收益

组织在劳动力需求水平的决定中,坚持劳动力的边际产品价值(VMP)等于工资率(W)的原则。假设在一般培训之前,一个劳动力的边际产品价值为VMP_A,其工资率为W_a。经过一定时期的培训,该劳动力的劳动边际产品价值提高到VMP_B,与之相应的是有一个较高的工资率W_b。因为是一般培训,培训的价值不仅对提高培训的企业有益,而且对其他企业亦有价值。如果在培训期间,企业支付的工资率为W_a,培训后企业将至少支付W_b水平的工资(甚至支付高于该水平的工资以留下

该劳动力)，否则其他的企业将非常愿意支付 W_b 水平的工资，因为它们没有承担相应的培训费用而且符合工资支付原则。显然，一个追求利润最大化的企业一般不会投资于一般培训，这也是大量的职业学校产生的重要原因。在这些学校学习期间，学生承担培训成本的大部分甚至全部。因此，一般培训成本的表现是外在的付费方式。

在某些情况下，追求利润最大化的企业也许会对其使用的劳动力进行一般培训的投资，因为良好的培训制度可以使企业的员工流失率降低。也就是说，企业会在员工流失成本与一般培训成本之间做选择。此外，如果企业在培训之前支付较低起点的工资水平，则企业也将支付一般培训成本。如果企业在投资一般培训的同时提高劳动力更换职业的货币和心理成本，企业的培训收益也将是明显的。

（二）特殊培训的成本与收益

特殊培训只对培训企业有价值，对其他企业则没有什么意义或意义明显低于培训企业。在这种情况下，如果员工的工资率是 W_a，那么在培训期间和其后的雇用时间内都可以按照 W_a 来支付工资，特殊培训的成本与收益都归企业所拥有。这仅是一种理想状态。

员工在接受企业的特殊培训后的一段时间内，有可能到别的企业以 W_a 的工资率就业，这样的流动使员工的损失较小，甚至可以因为获得高于 W_a 的工资率而获益。企业的培训成本将得不到补偿。解决这一问题的方法有两个：其一是劳资双方事先签订一份合约对员工的工作时间加以限定，如果员工提前离开将支付一笔较高的违约费，这笔违约费将补偿企业的有关培训投资；其二是调整员工经过培训后的收益，增加的收益可以体现员工经过培训后的价值，由于员工的流动总是会发生一定的相关成本，因此培训后的收益可介于 W_a 和 W_b 之间，从而扩大企业的培训收益。在现行的法律体系和劳动力市场竞争态势下，采用第一种方法的效果较差，采用第二种方法更具有可操作性。

案例思考　效果好不好客户来评价

4 月 23 日，在 X 市 HL 客户服务部参加新入网客户培训会的零售客户，分别领到一张“培训效果评价表”。据了解，这是 X 市 HL 公司今年在新客户培训工作中引入的新机制，旨在通过零售客户对培训效果的评价，促进客户培训服务工作的进一步发展。

从 2005 年 X 市 HL 公司开展新入网客户培训服务工作以来，各客户服务部已累计培训客户 2 000 人次。新客户培训工作的持续开展，使得 X 市 HL 公司的零售客户满意度不断提升。但每次培训参加的客户不同、授课的客户经理不同，必然会有授课质量、授课水平上的差异。因此,为保证零售客户得到更完善、更生动和更具有实际操作意义的销售知识,X市HL公司推出了新入网客户培训评估机制,由接受培训的零售客户对授课内容、授课人员水平和课程可操作性进行评价,并提出意见。通过这种方式,收集客户对培训效果的看法,进而促进客户经理在日后的走访服务工作中和新一轮的培训工作中,发现之前的不足和遗漏,从而更好地服务零售客户。

不少零售客户在领到培训效果评价表后,对此种做法表示了赞赏,认为这样可以使他们得到更有针对性的培训。此次的培训效果评价代表X市HL公司客户培训评估机制的初步建立,X市HL公司还将在此后的各类培训工作中建立长效的评估制度和跟踪反馈制度,使公司客户服务水平向更高层次发展。

问题:

1. 客户评价的价值在哪里?
2. 培训效果评估的难点有哪些?

G 关键概念 GUANJIANGAINIAN

人力资本投资　　有效培训　　培训评估　　现值

F 复习思考题 FUXISIKAOTI

1. 什么是有效的培训?增强培训效果的关键因素是什么?
2. 区分一般培训和特殊培训的意义是什么?
3. 在职培训投资的成本与收益如何核算?
4. 运用规范化的培训评估程序和方法对你身边熟悉的公司做一次培训投资分析。

B 补充阅读材料 BUCHONGYUEDUCAILIAO

京东如何用互联网思维培训6万员工

刘强东

传统企业的培训效果是"高大上,听不懂",而互联网企业追求"接地气、讲干货、说人话”。

移动互联网时代，该如何利用互联网思维开创人才培养新模式？

有两组数据可以印证京东的变化：过去我们用60%或更多的时间为管理者服务，开发他们喜欢的课程；如今，我们对管理者的服务可能只需要20%的精力，而把更多的时间、精力、力量放到员工上。

这就要求我们对员工的服务必须接地气，否则员工不买账，我们的工作就没有价值。京东目前有6万多名员工，有上千名的中高层，仅培训800名经理层就用了4个月的时间，费时费力，有时大家还没空参加，而这个定式现在要被颠覆，我们需要重新思考：第一，是不是一定要培养人？第二，一定要开发课程吗？第三，一定要上课培训吗？第四，如何让学习变得简单、快乐？

互联网思维其实就是一种工具，能让我们用新的思维方式来反思和工作。传统企业的培训效果是“高大上，听不懂”，而互联网企业追求“接地气、讲干货、说人话”。互联网思维催生了种种堪称简单粗暴的方式，却往往能直击用户内心深处。

京东培训的三种思维能力

谈到互联网思维，实际上就是要解决“三个点”和“三大能力”的问题。互联网思维的三个点，其实就是痛点、尖叫点、引爆点。痛点指的是用户思维能力，你对用户有没有读懂；尖叫点指的是产品思维能力，你能不能做出令人尖叫的产品，像微信就是这样的产品；引爆点需要有市场思维能力，也就是你的产品和服务能不能让粉丝誓死追随。

那么，如何将这三种思维模式应用到人力资源培训中？过去，培训的三大能力是讲课的能力、开发课程的能力和班级运营的能力。如今有新三样，首先就是社群运营能力，你会不会让粉丝玩起来；其次是多媒体制作能力，让你想培训的内容成为可听、可视化的声光电合一的产品；最后是爆点营销，你会不会引爆一个问题，比如，“爆款”就能招人气，让客流量上来，之后让人不自觉地去传播。现在有一句话叫“饭前不拍照，臣妾做不到”。不是只有来吃饭的才叫用户，真正的用户是还没吃呢，就先把照片传出去了。圈里一百个人觉得这个店挺好，下回也要去，一个带一百，这种用户才是真正的用户。

如果你能够创造出这种引爆点，让大家帮着你传播，并且他还不觉得是在替你干活，这背后就是功夫。

做“有用”的培训

互联网培训的特点是什么？我的总结是做产品。什么叫产品？如果这门课程只能这个老师讲，不叫产品。产品是任何一个人去讲，质量都不会下降太大，它的传播范围更广泛。

而互联网思维，给培训带来了无限的想象空间：我们是不是能用一半的费用，一半的时间，得到的效果却不减？对此，我们有四个做法：第一个是有用，第二个是少花钱，第三个是少花时间，第四个是心甘情愿。

先说说有用。最关键是你的客户（学员）和客户的领导觉得有用没有用。如何评判他们的满意度，比如感谢信，包括具体哪里好、对自己及部门有哪些帮助以及是否有后续的行动计划等。

我们在内部调研时发现，公司很多专业级人才中，有50%的人职业梦想是成为管理者。但作为要靠技术驱动未来的京东，需要更多安心做技术的人才。

问到为什么要成为管理者，回答通常是："成为管理者，才有更多的话语权。"再问：你们愿意做审批吗？愿意开各种会议吗？"不愿意，我就想让别人听我的。"这就太简单了，这就是痛点。于是，我们的培训可以围绕他们做一些尖叫的产品，其实就两点：给他们更大的舞台和更多展现的机会；让领导和员工都认识他，让他说话有人听。

我们围绕这块做了两个产品，一个叫京东 TALK，一个叫京东 TV。京东 TALK 就是模仿美国的演讲秀模式，一个铺着红地毯的舞台和两块显示屏，一块显示倒计时（共 18 分钟），还有一个用来放 PPT。而这个舞台只允许专业人士上来，管理者一律免来。我们第一次请了一个曾经是研究无人机的博士程序员，他讲了自己的工作，叫"虚拟试衣"。讲完这个程序之后，他立刻就火了，很短时间内就成了公司的名人。

做让人尖叫的培训产品

在设计领导力培训时，我发现公司缺干部，管理者又抽不出时间上课。怎么使产品令人尖叫——不花时间又能达到效果？我发现有一个一对一的情景测试很有用。以往是小组测试，很多人都可以滥竽充数。而这个要一对一面试、考试，谁都逃不过去的"以考代培"的培训方式，的确很具挑战性。而怎么让大家接受这个方式，引爆他们的热情？考试谁都不喜欢，但我们在培训中灌输了一个观点：管理者是磨出来的。而能够过关，说明你是一个好的管理者。

对于京东内部近 5 万的蓝领员工（配送员近两万名，其余是仓储、分拣、客服等），这些一线员工的痛点到底在哪儿？

我们调研后发现了四大痛点。第一个痛点是学历低，大部分人都是高中学历，流失率高；第二是没有空调，他们的工作环境、学习环境较差；第三个是没有时间，工作压力大；第四个是没有茶歇，基层员工看到总部培训中有茶歇，有服装，而自己啥都没有。

据此，我们怎么做尖叫的产品？我们尝试××开放大学的模式，让他们变成大专和本科学历，有机会鲤鱼跳龙门；进行硬件设施改善，现在在每个仓库配一个教室，改善学习环境；开发微信产品，让他们在手机上随时能进行碎片化的学习；统一标配，总部和一线员工同样标准，每天课程配备人均 8 元的茶歇。

引爆点只给大家讲两个：第一个产品叫“我和东哥做校友”，第二个产品叫“我在京东上大学”。“我在京东上大学”是一个平台性的产品，我们跟北航等几所大学合作，开设了电商本科和大专的学历教育，鼓励学员自费来学。我在动员会上特意说：很多人借钱结婚，借钱买房，甚至借钱生娃，能不能借钱读一个本科，让自己鲤鱼跳龙门？现在，已有400 多员工报名。而我们的激励方式，与校方谈好了折扣价，员工两年半后拿到了学历，会给他奖励，如果学习期间晋升了一级，减免 1/3 学费，晋升两级减免 1/2 学费，晋升三级整个课程免费。用这样的产品，去激励大家靠自我的动力来学习。

“少花钱”也能做培训

培训一定要大投入吗？少花钱，并不等于质量不好，最关键在于你相不相信内部的资源比外部资源更有价值。我们曾在 618 店庆大促销时做过一次知识分享活动。

活动为时 1 小时。

第一步：员工间交换题目，形成联盟。我们共有 35 个题目，随机发给大家；与其他人交换主题，寻找自己擅长的主题；找到能够相互支撑的朋友，形成 7～8 人的联盟。

第二步：活动开始安静的创作，也叫迪士尼转盘。版主在问题旁写上自己的名字，认真填写第一帖；将自己的问题卡传递给左边的同事；阅读前面同事的回复，写上自己认为更有价值的信息；不断传递，补充进去最有价值的信息。

第三步：能量集市。所有人起立，拿着自己的主题，选择一张白板纸，将自己的问题和已经收集到的回复张贴到白板纸上；分享自己的成功经验和处理方法，而每人回帖不少于 8 个；版主最后选出 3 个最佳回帖，贴上红点，任务就算完成了。

活动结束后，还有一项工作，是编辑把贴红点的答案往前放，其他参考答案往后放，这就形成了解决关键问题的小册子。这对于对 618 了解不多的员工，是一个非常好的项目式培训。

所以说，少花钱背后最关键的逻辑叫推手，在于你能不能推动公司内部专家帮你干活。我的梦想就是让这些专家们白天给公司干活，晚上给京东大学干活。而且，他们是心甘情愿帮你干。

“心甘情愿”的攻心术

我们有一个产品叫“专业脱口秀”。我在内部找了个能言善道的 85 后员工，让他围绕业务条线，以脱口秀的形式每周推出一档节目，介绍种种业务的发展趋势和公司内部的变化，要讲得有趣。就像现在的相声，几乎是几十秒钟就一个抖包袱，因为客户已经越来越重口味。因此，他可以找编辑，也可以自编自演，我们每月给他一定的课程开发费。我们用这样的方式,更快速地推动公司内部知识的传递。

再比如京东TV,是一个内部视频传播的培训方式。源起自“老刘有话说”,我们将刘强东的演讲视频,按主题切分成10分钟左右的若干个片段播出,反响很好。随后我就想,这些内容能不能由全员来创造?于是尝试做一个项目叫“快手酷拍”。我们发现许多配送员不喜欢培训,他们都是按单计酬,培训会占用时间。于是我鼓励配送员用闲暇时间,用手机把他们工作中的重点记录下来,自编自传,通过海报邮件造势,再加之超值大奖激励,通过拉票赚人气和围观投票,最终有58个视频脱颖而出,有5 000多张选票,数千条评论。最后,我问这些人要什么奖品,原本打算奖励iPhone三件套,结果员工说:“不要小的,要50寸以上的大彩电,并且京东直接配送到我的老家去。”这就是引爆点。

培训就是要改变A(态度)和S(技能),但我认为这个逻辑要有新的调整,现在关注knowledge则更加符合互联网的模式。

现在的假设都已经改变了,人才的储备率远高于10年前,同时80后、90后的知识学习转化能力明显强于70后,学习是一种开启后自发延续并完成的过程,大量的知识会推动每个人自我成长。

比如说满血复活的项目,它非常难做。很多课程都是让大家痛哭流涕,自我更新,更新完之后继续折磨自己和折磨别人。我们想,能不能用简单的办法用两三个小时来解决实际问题。最近,我看到一篇文章,说快餐时代的人不需要用很复杂的方式去满血,你能不能尝试5分钟吃一个葡萄干,闻一闻,看一看,捏一捏,嚼一口,感觉它在你身体里吸收的过程。5分钟吃一个葡萄干,我相信,你如果能体验好,其实能达到旅游一个月的目的。

培训终极目的是绩效

最后,谈一下为什么个体和组织都能心甘情愿地投入培训。通过建立一种学习生态系统,让学员自动自发地学习,以知识习得为方法,而目的是为了提升能力。我们设计了“京东年级”这样的能力等级项目,用一种显性且易操控的方式,鉴别员工的成长与价值。京东年级能体现出员工的学习任务、知识贡献等。同时,用各个年龄层都喜欢的语言表达和宣传形式,引爆员工的热情。

京东尝试搭建了一个灯笼模型的方式,底座叫小的E—Learning,我们把它做成每个岗位、每个层级必修课程的平台,且考试都包含在这里;中间灯笼身是大的动态知识库,包括京东TV、京东论坛,还包括各部门的知识库,把它变成共享平台;灯笼帽是挖掘,往往是京东大学内或者行业专家,基于业务部门需要,从灯笼身里列出知识列表,当知识列表出来之后,其实就形成了课程开发的蓝本。如果没有这个素材库,很多课程开发就都是原创,有了这些积累就是二次开发,更简单,时间更快,这样就变成搜集、挖掘和应用的循环过程。

现在的智能终端设备越来越多，会推动培训越来越快地从学习领域到绩效领域。培训能不能帮到绩效，有没有像顾问一样去帮助它，你能不能做到用智能系统去做推送，使人更轻松的工作，将决定人力资源工作的价值。

（资料来源：《中国企业家》，2014－08－26）

第十章

人力资源绩效考核的基本理论

本章要点

本章在介绍人力资源绩效考核及绩效管理含义、地位的基础上，对人力资源绩效考核在企业人力资源管理中的地位以及原则进行了分析，讨论了人力资源绩效考核的要素，并介绍了日本、美国人力资源考核的一些经验，要求掌握人力资源绩效考核的程序以及主要内容。

引入案例

B公司的一个被辞退的员工把企业告到了劳动仲裁部门，在仲裁申请中，该员工称自己工作如何之努力，表现如何之优秀，而企业如何之无情，自己被辞退又如何之冤枉，说了自己一大堆好话，企业一大堆的不是。对于这样一份仲裁申请，劳动部门本着维护弱者利益的原则，马上立案，并进入企业做了调查。

但调查结果却大出仲裁人员之所料，实际上被辞退的员工口碑非常坏，迟到早退，旷工打架，坏事做了不少，工作成绩却一塌糊涂。但是，为了顺利地把这个员工推出门去，又不想开罪于他，很多经理都在该员工的业绩考核表上填上“优秀”的字样,就这样,这个员工带着优秀的光环跑遍了公司的所有部门,直到最后无处可去。

创造高绩效,持续保持高绩效始终是企业管理面临的最现实也是最重大的问题。绩效考核作为实现企业效益的有效手段,一直都是人力资源管理的核心。

第一节 人力资源绩效考核概述

绩效考核的创始人是苏格兰企业家罗伯特·欧文(Robert Owen)。19世纪初,为了检查他手下雇员的“坏表现”,欧文在机器上安装了一块四周分别用白、黄、蓝、黑四种颜色涂成的木板。每天将对应于工作表现的颜色转向通道,以此反映工人前一天的生产情况。其中,黑色表示差,蓝色意味着一般(平均),黄色表示良好,而白色代表优秀。这种办法非常成功①。后来,组织普遍接受了这种方法,在一定时期结束的时候,都要对工作进行总结、评估和表彰,进而绩效考核发展成为人力资源管理的一项重要职能。

一、绩效的内涵

(一)绩效的定义

绩效是一个常常挂在嘴边的词,如何评价绩效是现代人力资源管理中一个可以称为世界级的难题。到底什么是绩效,学术界至今都存在着争议,就如贝茨和霍尔顿(Bates 和 Holton)所指出的:“绩效是一个多维建构,观察和测量的角度不同,其结果也会不同。”从现实研究看,主要存在三个大的角度,一个是看结果,一个是重行为,还有一个是以员工素质所体现的绩效潜能为考核对象。

绩效是结果,意味着绩效是被考核对象在某一特定的考核周期内所完成的任务。凯恩(Kane)认为,绩效是“一个人留下的东西,这种东西与目的相对独立存在”②。进一步的,人们发现结果产生的过程往往是我们无法控制和评定的,某一个人无法对其行为的最终结果承担完全的责任,因此,人们提出“绩效是行为”的观点,认为绩效不是行为的结果或后果,而是行为本身。随着知识经济的到来,人们日益认识到对知识型员工的绩效进行评价和管理的重要性,人们开始将以素质为基础的员工潜能列入绩效考核的范围。

---

① 罗锐韧,曾繁正.人力资源管理[M].北京:红旗出版社,1998:5.

② 付亚,许玉林.绩效管理[M].上海:复旦大学出版社,2003:5.

实际上,绩效的含义是相当广泛的,不同的时期,不同的考核对象,不同的考核目的,绩效就有其不同的含义。我们这里给出一个从管理角度而不是从考核角度定义的绩效。所谓的绩效,是指基于被考评者的素质潜力经过考评的工作行为、表现、结果及其组合。对于组织而言,绩效就是任务在数量、质量及效率等方面完成的情况;对职工而言,则是上级和同事对自己工作状况的评价。当然,不管从哪一个角度定义,绩效都应该是可以理解、可以衡量和可以控制的,否则研究绩效就失去了意义。我们用表 10－1 对绩效评价内容的适用性进行说明。

表 10－1　绩效定义适用情况对照表

绩效含义	优点	缺点	适应的对象	适应的组织及发展阶段
完成了工作任务	·具有鼓舞性 ·没有争议 ·引导被考核者更多地关注自己的结果	·在未形成结果之前难以发现不正当的行为 ·当出现责任人不能控制的外界因素时,评价失效 ·无法获得个人活动的信息,不能进行指导和帮助 ·易导致短期效益	·体力劳动者 ·事务性或例行性工作人员 ·具体业务部门 ·有可量化产出的工作	·任务简单,结果易考核的公司
结果或产出	·能获得个人有效信息 ·有助于进行指导和帮助	·管理难度增大 ·成功的创新者难以容身 ·过分地强调工作方法和步骤而忽视实际工作成果	·高层管理者 ·销售、售后服务等工作可量化的人员	·高速发展的成长型组织 ·强调快速反应,注重灵活、创新的组织 ·强调结果的组织
行为	·有助于进行指导和帮助 ·有助于及时改进	·易导致注重行为本身而忽略行为的结果 ·难以量化	基层员工	·发展相对缓慢的成熟型组织 ·强调流程、规范,注重规则的组织
结果＋过程(行为/素质)	·有助于提升管理的预期可获得性	·管理难度大 ·工作量大	普遍适用于各类人员	各类组织
做了什么(实际收益)＋能做什么(预期收益)	·有助于目标管理 ·有助于制定规划	·难以具体化 ·日常考核难以进行	知识工作者	各类组织

企业通过对其职工工作绩效的考评,获得反馈信息,便可据此制定相应的人事决策与措施,调整和改进其效能,而职工可以通过绩效的考评,确认自己的劳动付出及价值(对企业和自身两个层面),对下一步的工作提供指导意见。

组织的绩效来源于各团队的整合,而团队绩效来源于各个个体员工的创造合力,员工的绩效来自于个人能力和条件、环境的结合。

(二)绩效的特征

1. 客观性

绩效是人们行为的客观结果,是目标的完成程度,而不是观念上、纸上的东西,其存在不能否认。以行为为对象的绩效,行为本身也是一种发生过的行为。也就是说,无论是以结果、行为还是过程作为考核的对象,绩效本身是客观发生的事实,即不管是考核结果,还是考核导致结果的行为,绩效本身都是一种客观发生和存在,是可以进行评估的且具有不可逆性,否则绩效就失去了管理学意义。

2. 实效性

绩效必须具有实际的效果,无效劳动的结果不能称为业绩。这里的关键在于什么是无效劳动。对于一个企业而言,其劳动的有效性表现为其产品被市场所接受,但是对于企业内部的服务部门(为其他部门提供支持而并不直接面对市场的部门)其劳动有效性的考核就是依靠企业事先制定的客观标准来进行。对于员工个人而言,劳动的有效性就是在其岗位责任范围和可控范围内,工作行为结果达到事先规定的标准。科学且实用的绩效考评标准,会进一步推动绩效评价和管理产生实效。

3. 多因性

绩效的多因性是指绩效的优劣不取决于单一的因素,而要受制于主、客观的多种因素影响。图 10-1 所示的工作绩效模型,列出了影响工作绩效的四种主要因素,即职工的激励、技能、环境与机会,其中前两者是属于职工自身的、主观性影响因素,后两者则是客观性影响因素。

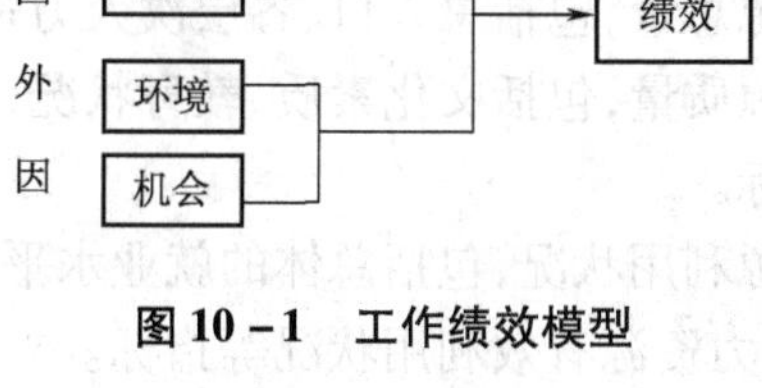

图 10-1　工作绩效模型

这个模型也可以用公式表示：

$$P = f(S, O, M, E)$$

式中：P 为绩效，S 是技能，O 是机会，M 是激励，E 是环境。

绩效的多因性要求我们在评价被考核对象时，思考什么是被考核对象自身能控制的绩效因素，从而寻找到改进或提升绩效的方法。从现代绩效考核的发展看，基于绩效的多因性，众多企业越来越多地倾向于在高层重视结果导向的考核，而针对基层则采用针对行为和过程的考核，因为其行为本身并不完全受自己约束。

4. 多维性

即需沿着多种维度或方面去分析与考评，例如，一名工人的绩效，除了产量指标完成情况外，质量、原材料消耗率、能耗、出勤，甚至团结、服从、纪律等硬、软方面，都需要综合考虑，逐一评估，尽管各维度可能权重不等，测评重点会有所不同。此外，某一个岗位上员工的绩效往往表现在多个方面，单纯地只看某个方面将有失公允。

5. 时效性

绩效总是表现在一定时点上的，是对被考核周期内考核对象绩效的评价。

随着时间变化，职工的绩效会发生变化，这种变化既可以是因为环境的变化，也可能是因为职工自身的原因。管理者不能凭一时之印象，以僵化的观点看待员工的绩效。

二、绩效考核和绩效管理

（一）绩效考核和绩效管理的内涵

1. 绩效考核

(1)广义的绩效考核。广义的人力资源考核是指对一个国家、一个地区或一个行业的人力资源现状经过统计、调查和分析所进行的综合性评价，目的是为宏观的人力资源管理提供依据。这种考核需要充分体现层次性、综合性和指导性的宏观特点，坚持科学性、可比性、实用性和全面性的考核原则，并需要制定一套人力资源考核的指标体系。

中国社会科学院数量经济与技术经济研究所人力资源开发课题组曾提出了一套比较完整的指标体系，它包括六个部分，28 个指标。具体如下：

第一部分为人力资源总量，包括总人口、各层次人力资源的数量。

第二部分为人力资源质量，包括文化素质、教育状况、身体素质、营养状况以及占有科技人员状况等指标。

第三部分为人力资源利用状况，包括总体的就业水平，科技人员、妇女、残疾人利用状况，以及整体的人力资源有效利用状况等指标。

第四部分为人力资源素质提高，包括教育培训、医疗保健和体育锻炼等指标。

第五部分为人力资源潜能开发，包括工业企业全员劳动生产率、工作环境、物质生活状况、科研投入、文化生活、社会环境和政治生活参与等指标。

第六部分为人力资源合理配置，包括职业流动、农村剩余劳动力转移、专业技术人员的合理配置等指标。

（2）狭义的绩效考核。狭义的人力资源考核是指对具体的组织内部的人力资源状况进行考察和评价，是在微观层面上进行的，也是本书研究的重点。对此人们从不同的管理角度提出了多种观点。

第一，重视员工贡献的描述。R. C. 史密斯认为，人员的考核就是对成员的绩效进行排序。这种提法显然是以企业目标为出发点，对企业内人员的能力以及人员工作的岗位对其能力发挥的影响等因素研究较少。

第二，将员工的能力与贡献结合起来进行描述。E. B. 佛里坡认为，人员的考核是指"对职工现任职务状况的出色程度，以及担任高一级职务的潜力，进行有组织的、定期的和尽可能客观的评判"[①]。这种提法已把能力考评纳入人员考核之中，但只限于对人员预备晋升的潜力进行评估。A. 隆格斯鲁认为，人员考核是"为了客观制定职工的能力、工作状况和适应性，对职工的个性、资质、习惯和态度，以及对组织的相对价值进行有组织的、实事求是的评价，包括评价的程序、规范和方法的总和"[②]。这种提法认为，应对员工能力进行系统的考核，使考核一方面可以对员工现有能力的发挥情况以及工作绩效有清楚的了解，还有助于从组织发展的角度认识员工的能力。

第三，重过程和目的的描述。这是一种普遍的观点。松田宪二认为，人员考核是人事管理系统的组成部分，由考核者（上司）对被考核者（部下）的日常职务行为进行观察、记录，并在事实的基础上，按照一定的目的进行评价，达到培养、开发和利用组织成员能力的目的。还有人认为，人力资源考核就是收集、分析、评价和传递有关某一个人在其工作岗位上的工作行为表现和工作结果方面的信息情况的过程。

我们认为，人力资源考核是促进企业人力资源管理效率提升，员工能力充分发挥，促进企业发展战略实现的一种重要手段，而不是目的，因此，人力资源考核首先是一个过程，是一种手段；其次，考核是对员工在现有职务上的工作能力及工作绩效的反映，通过分析我们可以找出进一步提升工作绩效的方法，或提出重新配置该员工的建议，使得其工作能力及潜力能够进一步得到发挥；最后，我们要将考核的结果及时向被考核者进行反馈和沟通，以实现考核促进管理的目的。因此，所谓的绩效考核是通过对照工作的目标或绩效的标准，采用科学的方法，评定员工个人和

① 转引自廖泉文．人力资源考评系统[M]．济南：山东人民出版社，2000：25.

② 廖泉文．人力资源考评系统[M]．济南：山东人民出版社，2000：26.

组织的工作目标完成情况、员工和组织的工作职责履行程度、员工个人的发展情况和组织的运转效率等,并将评定结果反馈给员工与组织,提出相应的改进措施,促进企业经营绩效提高,实现人与事最佳配置的一种管理活动及其过程。考核主要涉及企业员工的思想品德(现代管理更为强调的是职业道德)、工作能力、工作态度和工作成绩等方面,简称德、能、勤、绩,这个过程可以起到检查及控制的作用。

从这个概念上我们可以看出,人力资源考核的内涵和外延随企业经营管理的需要而变化。从内涵上看,人力资源考核就是对人和事的评价,它包括三层含义:一是对工作岗位的评价;二是对工作中人的素质能力及态度进行评价;三是对员工的工作绩效进行考察,这种考察要置于企业的绩效中来认定,即要对员工对企业的贡献大小做出评价。从外延上看,人力资源考核就是有目的、有组织地对日常工作中的人进行观察、记录、分析和评价。它包括三层含义:一是从企业经营目标出发进行评价,并使评价和评价之后的人力资源管理活动有助于企业经营目标的实现;二是作为人力资源活动系统的组成部分,运用一套系统的、一贯的制度性规范、程序和方法进行评价;三是对组织成员在日常工作中显示出来的工作能力、工作态度、工作成绩及工作岗位,进行以事实为依据的评价。

此外,我们还可以从概念上将人力资源考核分为两类:一类是素质考核,如对人员的工作能力、工作态度、思维状况以及身体状况的考核都属于这类考核;另一类是绩效考核,即主要是对工作成绩和工作效果的考核。两类考核的目的都是为了更好地配置人力资源,调动人的积极性,前者强调能力和态度,而后者强调客观的结果,两个层次不可分割。

绩效考核是现代企业人力资源管理的中心环节。因为所有的人力资源管理工作都以识人为基础,而绩效考核是识人的主要手段。图 10 – 2 说明了绩效考核系统在人力资源管理中的作用。

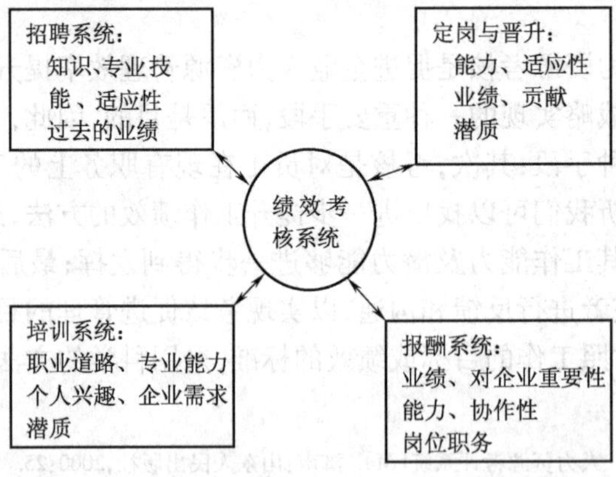

图 10 – 2　考核系统在人力资源管理中的核心作用

2. 绩效管理

绩效管理是20世纪70年代后期人们在总结绩效考核不足的基础上提出的一个概念,是指管理者与员工双方就目标及如何实现目标而达成共识,并协助员工成功达成目标的管理方法。绩效管理是一个绩效过程的管理,是各级管理者和员工为了达到组织目标共同参与的绩效计划制定、绩效辅导沟通、绩效考核评价、绩效结果应用和绩效目标提升的持续循环过程(参见图10-3)。绩效管理的目的是持续提升个人、部门和组织的绩效。

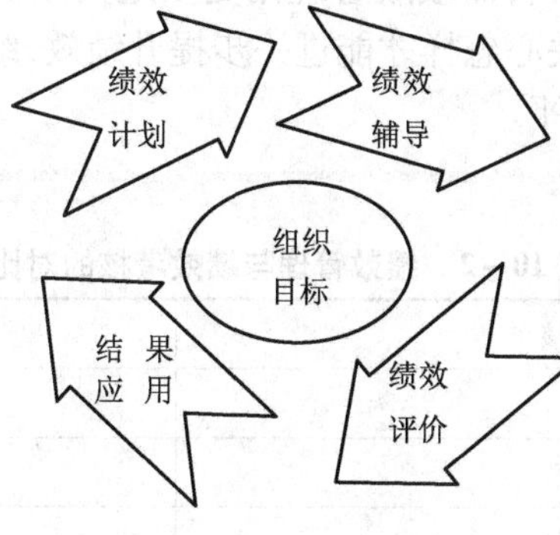

图10-3 绩效管理循环

绩效计划制定是绩效管理的基础环节,依据公司的战略目标拟订阶段性的组织目标,围绕目标的实现就需要制订科学合理具有操作性的绩效计划。进而通过绩效辅导沟通,使每一个被考核对象或者各个岗位的员工明确自身的职责和工作目标以及行为方式,将绩效管理落到实处。绩效评价是绩效管理的核心环节,这个环节的工作出现问题会给绩效管理带来严重的负面影响。绩效评价包括两个阶段,一个是绩效考核周期之中的阶段性评价;一个是绩效考核周期期末的评价。绩效结果应用是绩效管理取得成效的关键,如果对员工的激励与约束机制存在问题,绩效管理不可能取得成效。当然绩效结果应用还包括用于组织改进和员工的培训。绩效管理强调组织目标和个人目标的一致性,强调组织和个人同步成长,形成"多赢"局面。绩效管理体现着"以人为本"的思想,在绩效管理的各个环节中都需要管理者和员工的共同参与。

绩效管理的过程就是一个不断沟通的过程,是一个目标导向的行为及行为修正的过程。绩效管理不是简单的任务管理,它特别强调沟通、辅导及员工能力的提高。绩效管理不仅强调结果导向,而且重视达成目标,促进员工实现工作目标和个人和谐发展的过程。

（二）绩效考核和绩效管理的区别

绩效管理与绩效考核存在明显的区别，如表10－2所示。绩效考核仅是绩效管理的关键环节，绩效管理则是人力资源管理体系中的核心内容。绩效考核的成功与否不仅取决于绩效考核本身，而且很大程度上还取决于绩效管理中系统运行的有效性。绩效考核是事后考核工作的结果，而绩效管理是事前计划、事中管理和事后考核所形成的三位一体的系统。从概念考察，绩效考核重在检查及控制，而绩效管理重在绩效的改进。对于被考核对象而言，绩效考核更具有威胁性，如果达不到要求就会受到相应的惩罚，而绩效管理则更多地关注从被考核对象现在所表现出的绩效与未来的关系，关心怎样才能进一步提升绩效，绩效管理的核心在于不断提升组织和员工的绩效水平。

表10－2　绩效管理与绩效考核的对比

绩效考核	绩效管理
判断式	计划式
评价表	过程
寻找错处	结果导向、问题解决
得一失	双赢
结果	结果与行为
人力资源程序	管理程序
威胁性	推动性
关注过去的绩效	关注未来绩效

在传统的绩效考核中，员工处于被动状态，其不了解工作要求、不清楚绩效的衡量标准，也没有机会理解自身工作成果的好坏及意义，也不了解上级对其工作的期望，且考核直接与奖惩挂钩，给员工带来巨大的心理压力，考核被当作是秋后算账。在今天的企业管理中，推动企业管理从绩效考核发展为绩效管理是必然的趋势和现实的表现。

综上所述，现代组织需要的是绩效管理而不仅仅是绩效考核，绩效管理以绩效考核为基准，关注通过管理达到预期的绩效或实现更高的绩效，绩效考核是对考核周期的业绩进行评估和判断。

（三）绩效管理的要素

对世界500强及那些优秀企业的研究显示，这些全球最优秀的公司，它们的绩效管理都具有相同的五个基本要素:明确一致且令人鼓舞的战略;进取性强而可衡量的目标;与目标相适应的高效组织结构;透明而有效的绩效沟通、绩效评价与反馈;迅速而广泛的绩效成绩应用。这些绩效管理的要素对任何组织都具有参考价值。

战略是围绕目标的,没有发展战略就没有发展的方向,目标本身是绩效行为的牵引力,使行为人找到自身行为的方向,明确的方向感带来行为的高绩效。如果目标不能量化,不可考量,就无法使人明晰自身行为的好坏。清晰的战略目标,能使每一个员工深感自身的责任和努力的方向,从而提升自身主动工作,充分发挥自身潜能的积极性,这是高绩效的基础。组织结构的合理架构是高绩效的流程保障,要提升企业的绩效,就必须从基于战略的组织结构设计开始,20 世纪 90 年代流行的组织再造和流程再造就关注组织结构、业务流程与企业绩效之间的关系。需要员工做什么,就考核什么。良好的沟通机制是任何组织高绩效的基础,沟通可以使行为人明确行为的方向、目标,是激发行动的动力,从而使期望行为发生。绩效评价使每一个被考核对象对自身绩效水平有清楚的认识,这本身也是价值的承认,如果没有及时的绩效反馈,则绩效改进失去时机。绩效成绩的迅速而广泛的应用是绩效管理的重要因素,依据考核的结果进行激励或奖惩,进行岗位调换,能极大地调动考核人员的工作积极性,主动适应绩效考核。

(四)绩效管理的功能

1. 评价功能

评价功能是组织绩效管理的基础功能。

一个良好的绩效管理系统,首先要实现的就是对照绩效指标,对员工的业绩进行科学、客观和公正的评价。绩效评价关注的是员工的工作业绩与期望目标之间的差距。绩效的评价功能使得绩效管理成为现代人力资源管理的基础,因为用人的关键首先是识别人,而识别人的关键是考察其关键绩效,而不是传统意义上的体能和一般意义上的技能。

2. 沟通功能

沟通功能是组织绩效管理的关键功能。

沟通是提升管理效率、达到管理目标的关键举措。通过沟通,达成共识,通过沟通建立期望,通过沟通实现理解。从整个绩效管理过程看,给每个岗位制定明确、切实可行的绩效目标离不开沟通;对业绩的考核、绩效成绩的反馈离不开沟通;帮助员工分析业绩不佳的原因,找出改进和提高的方法更离不开沟通。沟通,尤其是绩效沟通,必须贯穿于绩效管理的整个过程之中。有效的绩效沟通也是绩效管理能否成功推行的关键。如果缺少沟通,员工没有参与感,心里就会有抵触,甚至根本不认同单独由管理者所设定的目标和计划,绩效提升很难达成。需要提醒的是,众多组织相关人员在进行沟通的时候,将沟通变成了说教,沟通必须是平等的交流。

组织绩效管理不同阶段,其沟通的内容是不同的。

3. 激励功能

激励功能是绩效管理的核心功能。

绩效管理的核心目的就是要明确目标,进而调动员工的工作积极性并发挥员工的能力和价值,给优秀的员工提供最多的成长机会,不断提升组织的绩效。我们知道,现代人力资源管理的一个重要内容就是实现人力资源的自我开发和自我激励。通过绩效管理,使每一个被考核对象明确自身在组织中的地位、作用和价值,知道自己是一个有用的人,从而提升其工作的使命感和责任感,并进一步激励其工作的动力和能动性。

4. 导向功能

绩效考核的导向作用很重要,企业的绩效导向决定了员工的行为方式,如果企业认为绩效考核是惩罚员工的工具,那么员工的行为就是避免犯错,而忽视创造性,就不能给企业带来战略性增长,那么企业的目标就不能达成。

---

18 世纪末期,英国政府决定把犯了罪的英国人统统发配到澳洲去。

一些私人船主承包从英国往澳洲大规模地运送犯人的工作。英国政府实行的办法是以上船的犯人数支付船主费用。当时那些运送犯人的船只大多是一些很破旧的货船改装的,船上设备简陋,没有什么医疗及药品,更没有医生,船主为了牟取暴利,尽可能地多装人,使船上条件十分恶劣。一旦船只离了岸,船主按人数拿到政府的钱,对于这些人能否远涉重洋活着到达澳洲就不管不问了。有些船主为了降低费用,甚至故意断水断食。3 年以后,英国政府发现:运往澳洲的犯人在船上的死亡率达 12%,其中最严重的一艘船上 424 个犯人死了 158 个,死亡率高达 37%。英国政府费了大笔资金,却没能达到大批移民的目的。

英国政府想了很多办法。每一艘船上都派一名政府官员监督,再派一名医生负责犯人的医疗卫生,同时对犯人在船上的生活标准做了硬性的规定。但是,死亡率不仅没有降下来,有的船上的监督官员和医生竟然也不明不白地死了。原来一些船主为了贪图暴利,贿赂官员,如果官员不同流合污就被扔到大海里喂鱼了。政府支出了监督费用,却照常死人。

政府又采取新办法,把船主都召集起来进行教育培训,教育他们要珍惜生命,要理解去澳洲开发是为了英国的长远大计,不要把金钱看得比生命还重要,但是情况依然没有好转,死亡率仍然居高不下。

一位英国议员认为是那些私人船主钻了制度的空子。而制度的缺陷在于政府给予船主报酬是以上船人数来计算的。他提出从改变制度开始:政府以到澳洲上岸的人数为准计算报酬,不论你在英国装了多少人,到了澳洲上岸的时候再清点人数支付报酬。

问题迎刃而解。船主主动请医生跟船，在船上准备药品，改善生活，尽可能地让每一个上船的人都健康地到达澳洲。一个人就意味着一份收入。

自从实行上岸计数的办法以后，船上的死亡率降到了1%以下。有些运载几百人的船只经过几个月的航行竟然没有一个人死亡。

三、绩效考核的基本原则

（一）目的性原则

我们要明确绩效考核仅是一种手段，而不是为考核而进行考核，因此，绩效考核应该与企业其他的人力资源管理活动结合起来进行。如：考核与人力资源招聘、使用和晋升相结合，为其提供基本依据；考核应与培训、进修相结合，以考察其效果；考核与工资调整相结合，与奖惩相结合，提高激励的及时性和有效性。

（二）定期化和制度化相结合的原则

绩效考核是一种连续性的人力资源管理活动，因此必须定期化、制度化。绩效考核是在岗位评价的基础上，对员工的能力、绩效做出评价，是对过去和现在的考察，还可以用于对将来员工的积极性及可能的绩效进行有效的预测。只有开展系统的、制度化的绩效考核，才能全面了解员工的潜能，发现组织中的问题，从而有利于组织的有效管理。

（三）实事求是和可行性相结合的原则

无论考核指标的制定和实施，还是考核方法的选择和运用，都必须实事求是。也就是说，绩效考核既要能够全面、准确和真实地反映考核对象的实际情况，又能最大限度地调动被考核对象的积极性、主动性和创造性，达到考核的基本目的。在实事求是的基础上，我们还必须考虑可行性的影响。可行性是指任何一次考核所需时间、人力、物力和财力要为使用者的客观环境条件所允许。因此，我们在制订绩效考核方案时，应根据考核目标合理设计考核方案，而其前提是目标的合理性，并在此基础上进行方案的可行性分析，分析时我们应充分考虑实事求是原则、限制性因素、目标与效益因素、现实因素和潜在因素对考核方案的影响。

（四）公开与开放的原则

开放式的人员考核制度首先是评价上的公开和绝对性，借此取得企业上下的一致认同，从而推动人员考核。其次是考核的标准必须是明确的、开放的，被所有被考核的人知晓，而且上下级之间可以通过直接对话、面对面沟通等方式进行考核工作。

1. 员工考核与工作分析、岗位评价相结合

通过二者的结合,使考核标准的制定符合客观情况,便于操作,而且还可以通过制定职能资格标准及考核标准的方法,将企业对其成员的期望和要求,公开地表示和规定下来。这样,企业的人力资源考核就有了总体性、全局性的特点。

2. 引入自我评价和自我申报机制

通过自我评价,可以在满足个人需求的基础上增进组织目标的实现。进一步说,如果这种相对评价能侧重于能力评价,并在职能资格等级制度的范围内进行的话,至少能发现员工自身能力的差距,通过其能动性的发挥,自觉地弥补自身的不足。

3. 考核活动公开化

将人力资源考核活动公开化,可以提高管理的透明度,从而提高管理的效率。

把考核的标准、程序、原则和方法公开,可以让员工了解考核的意图和目的,把考核工作变成人们的自觉行动。同时,将考核的结果向全体员工公开,便于员工对考核工作进行监督,提高考核质量,也便于被考核者把握自己的思想状况,做到知己知彼。防止考核工作简单化、神秘化。当然,我们在将考核结果公布的时候,应注意保护个人隐私,避免"枪打出头鸟"和"破罐子破摔"的现象出现。

(五)促进、激励的原则

人力资源考核的目的之一就是为了促进人力资源的合理有效配置,激励员工努力进取,做好工作。从这个意义上看,坚持促进、激励的原则,就是要把对人力资源的检查、考核、评价与促进和激励有机地结合起来,融考核与激励于一体,充分发挥考核的手段作用。

(六)定性考核与定量考核相结合的原则

定性考核是指采用经验判断和观察的方法,侧重于从行为的性质方面对人员进行考核;定量考核是指采用量化的方法,侧重于从行为的数量特点对人员进行考核。

我们知道,任何事物都有质与量的方面。单独的定性或定量考核都不足以对员工的工作情况做出全面的评价,所以我们必须坚持这二者的结合。

四、绩效考核的基础

各个企业的绩效考核系统不尽相同,但都有三个基础,即实现目标的决心、绩效分析和绩效测量。

(一)实现目标的决心

一个有效的绩效考核系统是建立在整个组织,尤其是建立在上层管理者为实现目标坚定的决心基础上的。管理者实施绩效管理,就必须首先明确希望达到的

目标以及渴求的程度，只有这样，管理者才能确保和支持绩效评估工作的进行，被评估者通过对管理者实现目标决心的知晓，可以推动自身工作绩效的提高，增强工作的动力和压力。

（二）绩效分析

绩效分析是系统地收集具体工作信息，用于发展绩效考核系统以及制订工作岗位职责。绩效分析为组织提供综合、准确的工作岗位职责，如果一个人的工作得到了公正的评估，这个人的工作岗位职责就一定是具体而清楚的。

进行绩效分析时，我们必须注意信息的种类、信息的来源、收集信息的方法、收集信息的时间以及经费等问题对于信息的影响。一般说来，绩效分析所需的信息可从不同的对象，用不同的方法收集上来，但是由于绩效评估的目的不同，要从中获得具体且符合要求的信息，运用的具体方法也就不同。

（三）绩效测量

测量是用作决定调资、升迁和培训等其他人力资源管理活动的信息来源，所以一个好的绩效考核系统必然有好的绩效测量考核方法，绩效考核的结果也就能客观而公正。

一般说来，用于绩效考核的测量系统必须是有效度、信度和没有偏见的。

1. 效度

所谓效度是指评估测量的准确程度。评估测量的效度越高，表示它所测量的结果反映工作绩效的程度越高。行为科学家们的研究及实验表明，为了使绩效评估的测量有效度，必须考虑绩效标准的三个因素，即拟评估的绩效因素、抽象概念的层次以及时间。

绩效因素的效度就是指适当的确定拟评估的工作行为和绩效的许多不同因素。而绩效测量的效度还依靠适当的组织分析层次，即组织、群体或个人层次上的效能概念不同。如工作行为可以视为绩效的直接标准，群体人的成就作为中间标准，成效的最后标准大体可包括利润、市场占有率以及生产力这类组织的结果度量。群体绩效的成功视个别成员的工作行为而定，而整个组织目标的实现就必然依靠群体的任务绩效而确定。时间是影响绩效评估效度的第三个重要因素，因为绩效是人们在一定时间内行为的结果。特定的直接标准，如工作行为，都以短期，即在工作完成时加以测量评估；较不直接的结果，如群体任务绩效、某些组织成果（利润、市场占有率以及效率等）等可能需要几个月或几年才能测量评估，过早或过晚的评估都将影响绩效评估的效度。

2. 信度

信度是指所得分数的稳定性或可靠性，主要表现为一个测量过程中各项目的得分是否基本相符和两次测量评估的分数是否前后基本一致。

信度实际上与绩效资料收集方法的两个特点有关,即一致性和稳定性。一致性要求收集同一资料的两种可交替方法,在其结果方面应当一致。稳定性要求同一测量设计在连续几次运用中产生相同的结果。

3. 没有偏见

偏见是指社会某一特定的群体和被认为属于这一群体的个人特有的一种成见,表现为过早的判断和消极态度,常常发生在对种族、年龄、性别、其他社会群体及成员的认识和态度问题上。

美国心理学家凯利以麻省理工学院的两个班级的学生分别做了一个试验。上课之前,实验者向学生宣布,临时请一位研究生来代课。接着告知学生有关这位研究生的一些情况。其中,向一个班学生介绍这位研究生具有热情、勤奋、务实、果断等品质,向另一班学生介绍的信息除了将"热情"换成了"冷漠"之外,其余各项都相同。下课之后,前一班的学生与研究生一见如故,亲密攀谈;另一个班的学生对他却敬而远之,冷淡回避。可见,仅介绍中的一词之别,竟会影响到整体的印象。学生们戴着这种有色镜去观察代课者,而这位研究生就被罩上了不同色彩的晕轮。

心理学家戴恩做过一个实验。他让被试者看一些照片,照片上的人有的很有魅力,有的无魅力,有的中等。然后让被试者在与魅力无关的特点方面评价这些人。结果表明,被试者对有魅力的人比对无魅力的人赋予更多理想的人格特征,如和蔼、沉着,好交际等。晕轮效应不但常表现在以貌取人上,而且还常表现在以服装定地位、性格,以初次言谈定人的才能与品德等方面。在对不太熟悉的人进行评价时,这种效应体现得尤其明显。

如果认知对象被标明是"好"的,他就会被"好"的光圈笼罩着,并被赋予一切好的品质;如果认知对象被标明是"坏"的,他就会被"坏"的光环笼罩着,他所有的品质都会被认为是坏的。晕轮效应是在人际相互作用过程中形成的一种夸大的社会现象,常表现为一个人对另一个人的最初印象决定了他的总体看法,而看不准对方的真实品质。有时候晕轮效应会对人际关系产生积极作用,比如你对人诚恳,那么即便你能力较差,别人对你也会非常信任,因为对方只看见你的诚恳。晕轮效应的最大弊端就在于以偏概全。

五、绩效考核的意义

人力资源考核的意义体现在两个方面:一方面它是企业人力资源管理诸活动开展的基础,另一方面它是企业提升管理水平,促进绩效改进的重要路径。

（一）绩效考核是人力资源管理中的基础活动

1. 绩效考核为招聘和甄选提供反馈信息

对在岗人员的实际业绩加以考核，可以为企业人力资源招聘活动提供参考的能力素质标准，并间接反映企业人力资源招聘工作的效率，以及在人力资源甄选过程中使用的各种测试方法或工具的有效性，从而为进一步改善这些工作提供依据，保证各岗位替补人员或新进入人员的质量。

2. 绩效考核是企业员工提薪、晋升的重要参照标准

人力资源考核往往被作为人员晋升的重要依据。由于人力资源考核是员工工作表现的客观反映和全面总结，综合的员工考核还能反映出被考核员工的潜力，因此，在此基础上所做的提薪、晋升决定，也就较为科学、公平和合理。当然，人力资源考核并不是决定人员提薪、晋升的唯一标准，还要结合考查其具体工作经验、思想品质以及企业发展的需要等因素。

3. 绩效考核是员工岗位调配的依据

在人力资源配置过程中，由于各方面因素的影响，很可能会出现某些员工与工作岗位不相适应的情况，而绩效考核有助于人力资源管理部门及时发现这些情况，从而结合人力资源自身的情况以及企业岗位设计对人力资源的要求，通过对这些员工的评估，做出对其岗位是否进行调配的决策。

4. 绩效考核为确定企业的人力资源开发对象和内容提供重要指标

通过人力资源考核，我们可以及时对员工的工作情况有所了解，掌握员工在现有岗位上的优缺点、长处和劣势，进而根据企业岗位职责的需要和员工工作的薄弱环节，有针对性地进行培训。此外，人力资源考核对于分析研讨培训工作的成效，改进培训工作，提高培训质量具有重要作用。

5. 绩效考核是确定组织合理劳动报酬的基础

首先，员工的考核是确定岗位工资水平的依据；其次，在许多企业的工资结构中，效益工资所占的比重较高，而效益工资的衡量标准应以员工考核的结果为基础。

6. 绩效考核可以减少劳动纠纷的发生

一方面，制度化、规范化的员工考核加强了上下级的沟通，对各种职位人员的分工和工作要求更加明确；另一方面，考核使被考核人员对自身的成果有所了解，即使存在异议，也可以通过合理的渠道予以反映，因此，减少劳动纠纷产生的可能性，而且可以削弱纠纷的负面作用。

我们用表 10－3 说明人力资源考核与其他人力资源管理活动之间的关系。

表10－3　人力资源考核在人力资源管理中的作用

人力资源管理活动	人力资源考核的意义
招聘甄选	为人员招聘提供能力素质标准，并对既往的招聘效果提供反馈
提薪晋升	人员晋升公正合理的依据
工作调配	判定员工的工作适应性和优势与不足
培训开发	决定培训开发的内容和方向，对培训效果提供反馈
薪酬管理	确定岗位工资和效益工资的基础
劳动关系	预防劳动纠纷发生，考核方法和业绩水平经协商确定

（二）提升企业管理水平，促进绩效改进的重要路径

1. 促进竞争向上的企业文化的形成

企业文化建设是提升企业凝聚力，并最终提升企业核心竞争力的重要手段，这一点已经成为现代企业的共识。绩效考核的实施在一定程度上有助于竞争向上的企业文化的培育。

首先，绩效考核可以促进企业内部的沟通。考核是上下级之间讨论有关工作问题的方式之一，也是增进双方沟通的方式之一。考核的实施可以让员工知道组织希望他们做什么，而且希望他们达到什么样的结果；考核可以使员工知道自己工作的绩效，并且通过考核后的及时反馈，可以使员工的努力得到承认和回报，从而在以后的工作中更加尽力，并与管理者之间保持合理的协调。同时管理者通过人力资源考核，可以及时把握员工的工作状况，分析员工工作中出现的各种问题，给员工一个恰当的承认和理解，而不是简单地以成败论英雄。

其次，绩效考核有助于形成竞争向上的组织风尚。绩效考核结果的及时反馈可以使员工得到激励和鞭策，减少员工偷懒现象，并使绩效好的员工得到激励和奖赏，从而普遍调动员工的工作积极性。因此，制度性的有效考核使员工能正确对待他人，形成奋发向上的组织风尚，而且有助于员工之间彼此学习，促进学习型组织的建设。

最后，通过人力资源考核，可以使员工清楚地知晓自己的工作绩效，明确自己在企业发展中的位置，增加员工的成就感，增加员工的组织向心力。

2. 促进企业管理水平的提升

绩效考核既是对员工的评价，也是对企业管理本身的控制和评价，通过对全体员工的绩效考核，可以发现管理中的合理与不足之处，从而推动管理有目的地改

进。另一方面，管理者经过对下属工作的考核，可以正确了解本部门的人力资源状况，做到管理心中有数，有利于提高管理的针对性，最终提升管理的效率。

3. 推进企业目标的实现

对组织而言，通过对个人或部门业绩的考核，确认其对更高层次目标的贡献程度，经过对目标和实际成绩间差异的分析，查找影响达到目标的内外部因素，进而通过管理的各项职能、管理环境的调整以及企业所有员工的共同努力，推进企业目标的实现。同时，将个人目标和组织的整体目标加以协调或相互联系，增强员工的成就感，提高组织成员的士气，促进业绩水平的提高，并最终推进企业目标的实现。

第二节　绩效考核的基本要素

企业在开展绩效考核工作之前，要明确绩效考核的基本要素，以便为有效地开展人力资源绩效考核工作做准备。绩效考核的基本要素主要包括考核者、考核内容和考核标准。

一、考核者

考核者是指进行人力资源考核的人。人力资源考核究竟应该由谁来进行有不同的看法。从考核的方式看，考核者可以是上级主管、同事、自我、下级和专家。以何种方式进行或为主要方式要根据考核的目的与确定的考核标准来选择。

（一）上级主管考核

上级主管考核是最常见的一种考核方式，这种由上而行的考核，最大的优点在于被考核者没有心理上的压力。因为传统的观念中，上级主管本来就有权力和责任考核其下属，这种考核方式有利于上级主管提高其管理的针对性。

上级主管的考核通常要经过初评和复核两个阶段。初评通常是由被考评者的直接上级完成。这在人力资源考核中居于特别重要的地位。因为员工直接向其上级报告，上级对员工情况了解较多，上级最了解组织对员工的期望，即了解考核的标准，便于对下属进行比较；上级直接指挥员工，因而对员工的工作态度感受最深。但是由于直接的上级主管与被考核者接触较多，或为了本部门的利益（因为本部门的员工在工作中体现的绩效直接关系到其管理水平），在考核中容易夹杂情感、偏见等因素，可能造成人事处理上的不公平、不合理，或与其他单位的考核不平衡等问题。因此，不少企业在初评以后，由被考核者的更高一级进行复核，以求得公平合理与平衡一致。

（二）同事考核

同事考核一般指企业内同级同事之间的相互考核。尽管同事考核受晋升等竞争心理的影响，或担心影响以后的合作，或期待同事对自己给出好的评价，考核的结果除了协作精神外所提供的意见价值十分有限，但同事考核作为一种民主参与方式，其意义往往超过考核本身。

1. 优点

(1)具有较强的时效性。在时间有限而人事变动迅速时，同事的考核可以确保考核的时效性。

(2)推动企业管理的民主化。员工亲自参与考核，可以提高员工参与管理的积极性，提升企业管理的民主水平，并提升被考核者和考核者在日常工作中的绩效。

(3)推动考核的客观性。同事之间在日常工作中交流频繁，对彼此的工作态度以及工作能力和责任都有比较清楚的认识，对影响工作绩效的客观因素和主观因素有直接的体会，这些都有助于在考核的时候做出科学、客观的结论。

2. 不足

同事之间进行相互考核，在实施的时候也存在一定的不足。比如，人缘好的人常能得到好评，但是人缘好并不说明工作能力强。在我们的企业中长期存在一些所谓的"好好"先生，其工作能力不强而人缘好，使其经常在考核中得到好评价，而一些人有比较强的实际工作能力，却可能因为人缘不好而在同事考核时得分较低。在许多企业的同事考核中，我们发现众多的人都是说空话、套话，考核走过场。此外，这种方式还可能导致同事之间彼此猜疑，或领导担心自己的权力丧失而不愿意合作，对同事考核的结果不予承认。

因此，同事考核方式的具体运用要根据企业的实际情况而定，一般情况下要慎重采用，所得结论只能供主管参考，并且需要配合其他考核方式才能有效。

（三）自我考核

人具有能动性，刺激员工能动性的发挥可以使员工充分发挥其潜力，提高工作绩效，自我考核就是提升员工能动性的一种重要方法。一般认为，自我考核比传统的主管考核更具建设性，能够让被考核者感到满意，减少他们对考核的排斥，通过考核推动工作的改进。此外，在知识经济时代，人的个性化需求日益强烈，我们强调学习型组织的建设，强调企业的团队建设，而团队建设并不排斥员工个性的充分发挥，在这种背景下，通过自我考核一方面可以促进员工个性的更好发挥，还可以在一定程度上推动团队建设，促进企业凝聚力的增加。

当然，自我考核也存在一些问题，比如，员工一般情况下会隐藏自己的缺点而夸大自己的优点，或者对人力资源考核的指标及其权重的理解不够充分，结果导致膨胀性的评分。实际调查表明，由于主管不重视和员工本人嫌麻烦，目前企业实施自我考核的成效并不大，甚至会流于形式。我们应将正确的自我考核观念向全体员工宣教，增强员工的自主意识，让员工真实地对自己的工作表现进行反省，则它所产生的激励效果与绩效改善作用要比主管考核更大。此外，为了弥补员工自我考核的一些弊端，特别是对于一些人员素质不高的企业，管理部门可将员工的自我评价作为一种补充评价加以参考。

（四）下级考核

对于主管人员的工作作风和领导能力，下属是很有发言权的，下级考核可以使上级主管增加工作压力，注意工作方式，促进与下级的沟通，最终体现为整个部门工作效率的提高。但是，在具体的实施过程中，有些下属害怕得罪上级而不敢直言，有些则出于个人恩怨而使考核缺乏客观性。因此，在利用下级考核方式进行考核时，一方面可以采用无记名的方式来消除下级的疑虑，使之能够直言上级的优劣；另一方面对下级的意见要注意分析，尤其是要强调事实依据，并从统领全局的角度认真剖析。

（五）专家考核

考核是一项技术性很强的工作，专家或顾问有专业的人力资源考核技术与经验，而且他们在企业中无个人利益，比较容易做到公正，也容易受到被考核者的欢迎，而且还有可能在考核的过程中收集到其他有关企业经营管理的信息。

专家考核的缺点在于成本太高，而且专家可能对被考核者的专业技能不了解。因此，专家考核往往只用于一些比较复杂的考核项目。比如，我们对一些高级部门经理的提拔等。

二、考核的内容

绩效考核的内容，体现了企业对员工的基本要求。考核内容是否科学、合理，直接影响到人力资源考核的质量。考察各国的企业人力资源考核，我们可以看到完整的企业人力资源考核应该包括业绩考核、能力考核、态度考核、潜力考核和适应性考核等。一般把它概括为德、能、勤、绩、个性和适应性六个方面，分为素质考核（能力和潜力）和绩效（业绩）考核两大块。

（一）德

德指人的政治思想素质和道德素质。德是一个人的灵魂，是用以统帅才能的。德从三个方面对员工可能的贡献有重要影响：第一，它决定了一个人行为的方向——为什么目的而奋斗；第二，它决定了一个人行为的强弱——为达到目的所做的努力程度；第三，它决定了一个人行为的方式——采取什么手段达到目的。在中国,对人进行考核时非常重视德的考核,在考察中我们认定一个人的优劣时,其德的情况极为重要。

当年复旦大学学生投毒案之后,人民日报曾经评论:培养人才有知识更要有德行;大学教育,重学术更要重人格。让学生懂得去爱,去尊重,去包容,才能避免悲剧重演。

近些年来,西方一些曾经知名的企业如安然、安达信等公司因领导的道德问题而倒闭或严重衰落,引起西方学者对企业领导道德因素的关注,著名的管理大师德鲁克曾经说过这样一句话:如果领导缺乏正直的道德,那么,无论他是多么有知识、有才华、有成就,也会造成重大的损失,因为他破坏了企业中最宝贵的资源——人,破坏了组织的精神。

而作为员工,许多著名的企业家都旗帜鲜明地把人才观中的道德排在了第一位。员工在道德方面所犯的错误是他们最不能容忍的。

应该说,德的标准不是抽象的,而是随着不同的时代、不同的行业、不同阶级而有所变化的。人的道德品质,古代总结为仁、义、忠、信、勇、谋:富而不越礼是仁;显而不露是义;肩负重任而尽力是忠;办事诚实不诿是信;险而不惧并能取胜是勇;随机应变掌握主动是谋。如今,“德”的标准概括为以下内容:雷厉风行;尊重别人、善于与人合作;尊重科学、知错必改;遵纪守法、维护公共利益;保守商业秘密;公正对待下属等。

此外,在一个企业内部,管理人员和一般员工对企业的生存和发展起着不同的作用,因此,对他们德的要求也就存在一些差异(参见表10-4)。

表10-4　企业管理人员和一般员工德的要求

管理人员	一般员工
以公司为重、献身工作的精神	努力工作,不讨价还价的精神
诚实、自信、果断、勤奋的精神	开拓创新,处处考虑成本的精神
开拓精神、不争权夺利的心态	团结互助,协调共处共进的精神
公平、公正处理问题的精神	服从管理,勇于提出建议的精神
关心员工、帮助下属发展的精神	热爱企业,以企业为家的精神

从管理者在企业生产经营管理中的地位出发,我们认为,德对管理者的意义更为突出。全球服务业的领导企业——为您服务公司的董事长波拉德先生认为,“道德”决定领导力。提升领导力必须关注三个层面:人的尊严、人的价值和人的潜力。“作为商人,应该非常熟悉管理的一些基本原则,比如财务管理。但是我认为最重

要的管理原则不是这些，一个领导者需要具有公仆心”。公仆心的实质就是为他人服务的精神①。

特别提醒的是，这里所指的德，更多指职业道德而不是一般意义上的伦理道德。我们是从工作的职责角度考虑其德，而不是泛泛地从生活行为方面去考察。

（二）能

能即能力，是指顺利实现某种活动的心理条件，它在个人的活动中表现出来，同时又在所从事的活动中得到发展。一般情况下，我们认为能力由四个部分组成：一是常识、专业知识和相关知识；二是技能、技术和技巧；三是工作经验；四是体力。能力的考核与能力测评不同，重点在于考核员工在工作中发挥出来的能力，考核员工在工作上的相关能力，诸如某员工在工作中的判断是否正确、迅速，协调关系如何等，而能力测评是从人的本身属性对员工的能力进行的评价，强调人的共性，不一定要和员工的现任工作相联系。如表 10－5。

表 10－5　能要素的分解

能的要素		考核定性标准
业务知识水平		能系统、全面掌握本职工作的业务知识，对现代管理知识和自然、社会科学知识有较多地了解
工作技能		能够熟练地进行业务操作，具备工作所要求的基本技能
能管理能力	综合分析能力	思维敏捷，接受新事物快，考虑问题周全细致，善于全面分析问题，逻辑性强，准确性高
	自学能力	自学能力强，能广泛而迅速地获取新知识
	口头表达能力	口头表达能力强，重点突出，条理清晰，说理透彻，语言生动简练，有较强的演讲和鼓动号召能力
	文字表达能力	文章结构严谨，文字简洁，生动流畅，质量高、速度快，能起草本职业务工作文件
	组织协调能力	工作计划性强，能知人善任，调动各方面的积极性，有节奏地协调工作
	创新能力	创新能力强，锐意求新，开拓进取，有首创独特的思路，能提出质量较高的改革建议，效果显著
	决策能力	有战略眼光，能正确地确定目标，选出最佳方案，对重大而复杂的问题，能做出正确的决策，能听取各方面的正确意见
	协调人际关系能力	严于律己，宽以待人，善于与同志一道合作共事，特别是能团结与自己意见不同的人一起工作
	工作经验	工作经验丰富，能运用经验指导工作

① 波拉德阐述“道德”决定领导力[N]. 中国经营报，2002－06－03：11.

影响一个人能力水平的因素通常有三个:先天素质(遗传)、社会影响(历史的遗产和现实的教育)、个人的努力。

能力考核的原因有三:一是仅凭借绩效结果的考核不足以反映一个员工的实际能力,对于同一能力水平的员工,由于处在不同能力要求的岗位上,其绩效的满意程度是不同的,低能力要求岗位上的任职者,如果其工作态度认真,也可获得较好的评价,对于高能力要求岗位上的任职者,即使工作态度良好,也可能只获得一般甚至很差的评价结果;二是仅凭绩效考核不能确定员工是否有胜任其他岗位或更高一级岗位的能力,无法指导员工的岗位轮换和晋升;三是仅凭绩效考核无法知道员工在不胜任本职工作的情况下,能力差在何处,差距有多大,无法确定培训需求,无法确定是否必须降职或辞退。因此,对员工能力的考核应以素质为依据,结合他在工作中的具体表现来判断。

不同的职务对能的要求有不同的侧重,而且企业对管理人员和一般员工能的要求也不一样,如表 10-6 所示。

表 10-6 企业对管理人员和一般员工能的要求

管理人员	一般的员工
远见的预测能力	理解意图,完成任务的能力
出谋划策和决策的能力	独立工作,解决处理问题的能力
判断分析和解决问题的能力	实干肯干,主动和巧干的能力
有效进行沟通和理解的能力	吃苦耐劳,连续作战的能力
开发下属和激发潜能的能力	主动进取,研究分析问题的能力

(三)勤

勤即勤勉、敬业的精神,主要是指员工的出勤、纪律性、责任心、主动性和干劲等。勤的考核也就是对员工工作态度的考核。

工作态度是工作能力向工作业绩转换的"中介",直接影响着员工的工作绩效。在同样的制度、管理方式和激励条件下,由于员工个体的差异,有些员工的工作态度良好,有些则较差,因此,可以导致同样技能的员工在同样的岗位上却有不同的工作绩效。

在对勤的考核中,我们要注意两个问题:第一,不能简单地把勤理解为出勤率,出勤率高仅是勤的一种表现,但并非内在的东西。出勤率高有可能是出工不出力,动手不动脑。真正的勤,不仅是出勤率高,更重要的是以强烈的责任感和事业心,在工作中投入全部的体力和智力,并且投入全部的感情。因此,人力资源管理中勤的考核应该将形式上的(表面的)考勤与实质的(内在的)出勤结合起来,重点考核其敬业精神。第二,员工的工作态度不仅是其内在品德的表现,还受到工作环境等外部条件的影响。因此,在员工的考核中我们要注意综合地看问题。在中国某国有企业曾经发生过一个事件,是关于工作态度问题的最好例证。该国有企业宣布与外商订立了合作协议,即将组建合资公司。在此消息宣布后的第二天,外方的资金和人员根本就没有到位,企业环境一切照旧,可是员工却自发地没有一人迟到早退,都能积极地按照公司的有关规定高质量地完成本职工作,绩效大为改善,问其理由,员工回答:身份变了。这就是工作态度改变所带来的。正是出于对工作态度重要性的认识,有人提出"态度决定一切",将态度问题对企业绩效的影响放在很高的位置上。

我们用表 10－7 和 10－8 分别说明勤分解的要素以及管理人员和一般员工关于勤的不同要求。

表 10－7　勤的分解要素图

勤分解要素	考核标准
工作积极性	积极学习业务工作中所需要的知识,肯钻研,并为提高公司绩效献计献策
工作责任心	工作认真负责,一丝不苟;勇于承担责任,并负责到底
工作协作性	工作中能从大局出发,注意合作,并乐意协助他人
工作纪律性	按时上下班,从不旷工,严格遵守考勤制度;遵守工作规则和标准

表 10－8　管理人员和一般员工勤的要求

管理人员	普通员工
勤于动脑筋思考问题、出主意、想办法	勤于工作饱满,工作有序,守时守纪
勤于学习和了解信息,为单位和自己发展所用	勤于用效率和效益要求自己的工作
勤于探讨工作和听取各方面的意见和建议	勤于钻研业务、产品、生产问题
勤于深入现场,了解市场、产品和顾客	勤于动脑,帮助上级出主意,想办法
勤于遵纪守时,提高工作效率	勤于参与组织的活动,与其他员工沟通

（四）个性

个性是指个人的性格、气质、嗜好和兴趣等特征，属于心理特质范畴，心理特质不同，往往导致不同的工作效率和结果。因此，个性是企业人力资源素质测评中的重要内容。我们在第五章中对人力资源招聘中的个性测评进行过介绍，该测评的重点是考察拟招聘员工个性与企业待聘岗位的匹配度。而对现有员工个性的测评是确认其个性与职业的适应程度。此外，个性测评有助于管理者把不同性格（如性格内向、外向）的人进行重组，以便提高工作效率。

（五）绩

绩指个人的工作效率及效果。工作绩效，主要包括工作的数量、质量、成本费用以及为组织做出的其他贡献。

绩效是企业的最终期望，是以上四项内容的客观表现。因此，在一些人力资源管理教科书中，讲到人员考核评估的时候，一般都只讲人力资源绩效评估或业绩评估。

绩的表现形式是多种多样的，一般来说，主要体现在工作效率、工作任务完成的质与量和工作效益三个方面（如表 10－9）。从管理学角度，有人称现代企业绩效管理实质上是"三效"管理，即笑容、效果和效率。通过管理，使员工愉悦进而释放员工活力，如此做事情才有好的效果，而我们还需要考虑达到预期效果所付出的代价，也就是效率问题。

表 10－9　绩效的分解要素

绩分解要素	考核标准
工作数量	以工作说明书规定的标准为依据
工作质量	以工作说明书规定的标准为依据
工作效率	以单位时间内最终有效劳动超过的数量或同样有效劳动成果所耗用时间衡量，其内涵包括组织效率、管理效率和机械效率三个方面
工作效益	以对企业的贡献衡量，包括经济效益、社会效益和时间效益

表 10－10 为管理人员和一般员工绩效的不同要求。

表10－10 管理人员和普通员工绩效的要求

管理人员	普通员工
不断努力增加利润、降低成本的成绩	完成已定任务和超额完成任务的业绩
圆满、提前或按时完成任务的成绩	为组织创造成本效益的成绩
带领员工攻克难点、开源节流的成绩	单位积累工作量和年递进的业绩
适时设立新目标,使组织不断发展的成绩	完成上级临时指派的任务
	创新、开发新领域的业绩

1. 工作效率

工作效率是指员工单位时间内所完成的有效劳动成果的数量或同一劳动成果所耗用的劳动时间,其内涵包括员工在工作中体现的组织效率、管理效率和机械效率。

(1)组织效率体现为员工在工作中,对规范性和非规范性的问题表现出的判断能力、决策能力和领导能力。我们可以将员工的工作分为三大类,即管理类、技术类和事务类。而无论处在工作当中的哪一类别,员工若想获得较高的工作效率,分析、判断、决策和领导实施都是不可或缺的。组织效率与员工的工作时间、工作内容、工作阅历和工作经验成正比。换言之,具有丰富工作阅历的员工要在"具备较高的组织效率"方面具有较强的优势。当然,我们可以认定由于管理人员和普通员工在企业中的分工和承担责任的不同,其效率的要求会存在差异。

(2)管理效率体现为员工的工作方法、工作作风以及正确处理人际关系的能力。提高管理效率,主要靠员工彼此间协调水平的提升,与员工的个性和管理能力直接相关,与员工对工作内容、组织状况、同事状况和部门职责的熟悉和掌握程度成正比。

(3)机械效率是由员工所掌握的工作技术能力和专业知识决定的,这一点是对员工基本功的要求,是员工完成本职工作的前提,直接影响着员工的工作效率。技术能力和专业知识的获得有四种渠道:正规院校学习、"师傅"的"传帮带"、培训(社会职业技术培训或企业内的培训)和"干中学,学中干"的自学形式。机械效率的实现是动态的,而不是静止的,勤于琢磨可以不断改进。

2. 工作任务

包括工作的数量和质量两个部分。

(1)工作数量是指员工在一定时间内所完成的工作单位。工作数量在很多企业都是业绩考核的基本标准,尤其是对于基层的操作工作而言。如在制造企业中,一线工人工资中计件工资占很大比重,而对于销售工作而言,推销员的月销售额就是销售人员该月收入多少的重要依据,而几个月的销售额则是该员工能否得到"转正"或"升职"的决定因素。工作数量的核心是说明员工能干"多少"的问题。

(2)工作质量是指员工在完成工作任务的过程中,在一定成本水准下,产出的产品达到标准或高于标准的状况。当然在企业生产经营的过程中,每一个工作环节的质量都与前一个工作环节的质量密切相关。比如,采购部门采购原材料的质量状况将直接影响到生产质量和生产过程中废品率的高低。因此,我们在对一个员工的工作质量进行考核时,重要的是根据工作说明书的要求,确认其能够把握的质量水准。

3. 工作效益

包括经济效益、社会效益和时间效益。

(1)经济效益体现为在本阶段成本付出的前提下,获得最大的产出;或者在获得既定产出的前提下,所支付的成本最小。经济效益的获得是一个系统过程,仅仅依靠员工的贡献是远远不够的,也不是一个岗位的员工所能决定的。但我们必须看到,如果没有员工的积极参与,我们的"挖潜"和"增效"也是很难实现的。所以把经济效益作为工作业绩中重要的一项,不仅合情合理,而且极其必要。

(2)社会效益是指最大限度地利用有限的资源满足社会上人们日益增长的物质文化需要。事实上,我们企业提供的每一件产品或每一种服务都具有相当的"外部性"。换言之,我们的产品和服务不仅对消费它的消费者产生影响,同时也对此外的不确定的社会成员产生这样或那样的影响。

(3)时间效益是指做一件事取得的收益与所耗时间的比例关系。在瞬息万变的市场竞争环境下,时间就是效益,良好的绩效管理可以有效提升内部各个部门协调的效率,提升管理的时间效益。

绩效考核在企业人力资源管理考核中还有其他特殊作用,我们将在后面专门讨论。

(六)适应性

适应性考核是对员工就任的某一职位是否与其人品和能力相适应做出评价。从内容上看,适应性考核涉及两个层次的内容:一是人与工作,即人的能力与工作要求是否对称;二是人与人,即合作者的人际关系是否协调。从操作上看,其基本思路是:首先,自我申报对现任职位适应与否;其次,考核者进行观察、分析和判断,并适时做必要的记录;再次,对员工的个性方面如性格、兴趣、爱好和志向等做出评价。

管理人员与普通员工的适应性不同,参见表 10 - 11。

表 10－11　管理人员与普通员工的适应性

管理人员	普通员工
对现有工作的满意度	对现有岗位的满意度
工作状态	工作态度
过去经验及学历与现有工作要求之间的关系	过去技能与现有岗位要求之间的关系
与管理人员及社会有关部门和人员的关系	与同级同事及主管的关系

人力资源考核以能力为重心，通过日常的人力资源考核，对员工的工作绩效以及与现有岗位的适应性做出客观的评价。我们用图 10－5 对人力资源考核体系所涉及的问题进行综合表述。

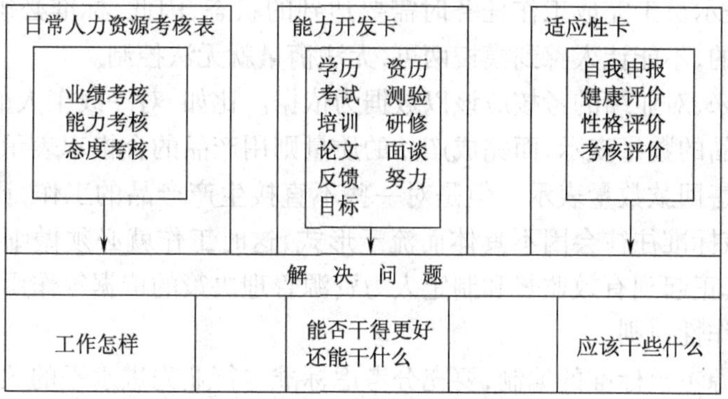

图 10－5　人力资源考核体系

三、考核标准

绩效考核标准的编制是人力资源考核的重要环节。绩效考核结果的准确与否和考核标准的科学、合理与否有着密切的联系。如果绩效考核没有标准或者标准杂乱不清，就难以保证考核的客观公正性。

（一）考核标准的含义

所谓标准就是衡量事物的准则。在企业人力资源考核中，考核标准是对员工工作的数量和质量进行考核的准则。换句话说，企业人力资源考核标准是预先确定的对员工工作的数量和质量进行考核的规范准则，是根据其职位、职责和规定的工作目标，对照衡量被考核者的工作业绩、工作能力和工作态度等情况进而确定其考核档次。

（二）考核标准编制的原则

考核标准是对员工既定的工作表现，尤其是工作业绩加以定量和定性判断、衡量的一种标尺。编制标准的目的是为了保证考核的客观性，从而有效地评价员工。因此，与其他任何尺度一样，要衡量别的事物，首先要保证自身的正确。企业人力资源考核标准的科学、合理与否，直接关系到考核结果的客观公正性。

1. 客观严谨的原则

企业员工所对应的每一职位都有其客观的工作标准，因此，编制考核标准时要以该职位的工作标准为依据，符合职位对工作职责和人员的客观要求。而考核标准作为人力资源管理决策的依据，必须是严谨的，对标准的内容、分级和措辞都应认真对待，反复推敲、反复提炼，决不能草率从事，粗心大意。

2. 具体性原则

考核标准要具有可操作性，就必须具体明确。标准是在考核中用来衡量员工的尺度，它表示员工完成工作任务时需要达到的状态，因此，标准必须是具体明确且可以衡量的，不能让人感到模棱两可，无法衡量就无法控制。

一般说来，对业绩的考核应该以数据为依据。比如，对一线工人的考核标准可以用完成产品的数量表示，而完成产品的质量则用产品的合格率表示；对销售人员的考核用销售回款数量表示。但是对一些不直接生产产品的工作，比如服务和管理工作，考核标准往往会因不具体而流于形式，这时工作就必须做细，将标准具体化，使考核真正起到有效监督和制定人力资源管理决策的依据等作用。

3. 可操作性原则

人力资源考核标准的编制，要充分考虑标准与行业先进水平的关系，通过考核推动本企业管理水平的提高，但我们还必须使标准与本企业的实际情况相吻合，具有相当的可操作性。标准过高，本企业员工无论如何努力也难以达到时，考核标准就失去了存在的意义；标准过低，员工不需要多大的努力就可以完成工作，将起不到激励作用。因此，在编制企业人力资源考核标准时，标准水平应该是大多数员工通过努力基本能够达到的水平。

美国加利福尼亚大学的学者做了这样一个实验：把6只猴子分别关在3间空房子里，每间2只，房子里分别放着一定数量的食物，但是放的位置高度不一样。第一间房子的食物放在地上，第二间房子的食物分别从易到难悬挂在不同高度的适当位置上，第三间房子的食物悬挂在房顶。数日后，他们发现第一间房子的猴子一死一伤，伤的缺了耳朵断了腿，奄奄一息。第三间房子的猴子也死了。只有第二间房子的猴子活得好好的。

究其原因，第一间房子的两只猴子一进房间就看到了地上的食物，于是，为了争夺唾手可得的食物而大动干戈，结果伤的伤，死的死。第三间房子的猴子虽然做了努力，但因食物太高，难度过大，够不着，被活活饿死了。只有第二间房子的两只猴子先是各自凭着自己的本能蹦跳取食，最后，随着悬挂食物高度的增加，难度增大，两只猴子只有协作才能取得食物，于是，一只猴子托起另一只猴子取食。这样，每天都能取得够吃的食物，很好地活了下来。

从这三组猴子的实验结果中你明白了什么？

4. 系统性原则

人力资源考核是一项复杂的系统工作，其标准要具有系统性，既要涵盖所有的考核要点，也要让各个指标之间避免相互涵盖。特别要注意的是，人力资源考核的各个指标不要出现矛盾的地方。

5. 相对稳定的原则

企业的人力资源考核标准制定后，要保持相对稳定，切不可朝令夕改，只能在工作情况变化达到相当程度或不可逆转时，才可进行相应的调整和修改。这样才能让广大员工适应，在一定的工作时间内有稳定的标准可参照，才能确保考核标准运用具有客观性。这提示我们，在人力资源考核的时候，我们要善于区分各种偶然情况或必然情况对工作绩效的影响，既不“死”抱标准不放，也不能频繁波动。

6. 一定的弹性原则

考核标准要具有相对的稳定性，并不排斥标准的波动性，我们应该使标准具有相对的弹性。所谓的弹性，指标准应随着市场环境、生产技术条件和人员条件等决策环境的改变而改变。

组织行为学中有这样一个公式：

$$员工动机 = 员工态度 \times 情境$$

$$员工潜在工作绩效 = 员工能力 \times 员工动机$$

$$员工实际绩效 = 员工潜在工作绩效 \times 组织资源 \times 机会$$

从上面的公式可以看出，一个企业的经营绩效取决于员工的绩效水平，而员工的绩效水平是员工的实际工作能力、工作欲望、企业经营的内部条件和外部环境联合作用的结果。因此，当人员素质经过培训开发得到提高或新招聘的员工素质提高，而使企业整体的员工潜在工作绩效提高后，考核的标准就应该提高。当企业的管理水平通过制度改进或引进新的技术而提高后，或者市场环境发生了某些不可逆转的变化，员工绩效考核的标准应随之修订，使其在符合稳定性原则的基础上具有相当的弹性。

7.文本性原则

考核标准应落实到纸面上,成为可供稽查的依据。

标准要形成文字。主管与部属都应各有一份彼此同意并写好的工作标准。如此,他们才不至于靠记忆行事而且能够随时提醒他们,并使考核工作的实施具有客观公认的依据。

（三）制定考核标准的流程

1.建立标准编制小组,提出工作计划

制定考核标准应在企业领导下进行,由具有一定现代科学知识和丰富实际经验的人事干部、管理人员、人事专家以及有关部门负责人组成标准编制小组。

编制的工作计划应包括以下内容:①编制标准的目的和要点;②编制标准的人员及机构;③国内外同类人力资源考核标准的现有水平;④工作步骤、计划进度和分阶段目标;⑤编制标准可能出现的问题和相应措施;⑥编制标准的效果预测。

2.编制标准草案

(1)调查研究,试点验证。首先通过工作分析、理论推演和专家咨询设计考核指标及指标体系。然后,在上级标准指导下,收集国内外同类人力资源考核的文献及水准,初步形成人力资源考核标准试行草案后,物色企业中有代表性的科室或部门进行试点。试点的单位应由相关部门领导挂帅、专人配合。

(2)起草征求意见稿,广泛听取意见。在调研和试点的基础上,编制小组应该进行统计分析和综合研究,起草征求意见稿,分送各个部门,在一定范围内召集座谈会,讲解编制的原则,听取各种意见并加以修改,最终形成标准草案意见稿。标准草案意见稿要根据本行业的具体情况,使标准详细、准确,便于实施。此外,在本阶段还应该编制《人力资源考核标准编制说明书》。

(3)形成草案送审稿。标准编制小组要及时把各种反馈意见进行汇总,反复修改草案,直至形成草案送审稿。

3.标准草案的审定

考核标准的审定,可以先由人力资源部门进行初审,然后请有关领域及人力资源管理专家进行鉴定,最后结合专家的意见进行修改,并将鉴定的意见附于确定的人力资源考核标准之后一起呈报上级批准生效。

四、考核的周期

绩效考核周期也可以叫作绩效考核期限,是指多长时间对员工进行一次绩效考核。

由于绩效考核需要耗费一定的人力、物力,因此考核周期过短,会增加企业管理成本;绩效考核周期过长,又会降低绩效考核的准确性,不利于员工工作绩效的改进,从而影响绩效管理的效果。

一般来讲,影响考核周期的关键因素如下:

(1)所在行业产品生产周期长短不同,对考核周期会产生影响。例如,生产和销售周期短的行业,一般一个月内就有好几批成品生产出来或销售出去,这样可以以月度为周期进行考核;而某些生产大型设备的行业,或者以提供项目服务为产品的企业,服务周期一般都比较长,其生产周期往往是跨月度、跨季度,甚至是跨年度的。因此,对于此类企业的评价周期,如果为月度显然是不合理的,其考核周期应该加长。

(2)职务职能类型对中高层管理人员的考核周期,实际上就是对整个企业或部门经营与管理状况全面评估的过程。这种战略实施和改进计划的过程,短期内很难取得成果,其评价周期应适当放长,一般为半年或一年。

(3)对于销售人员的考核最容易量化,因为其考核指标通常以销售额、回款率、市场占有率、客户满意度等硬指标衡量。因此对销售人员的评价,应根据实际情况尽可能缩短,一般为月度或季度。

(4)对于生产系统的基层员工,出于强调质量和交货期的重要性,强调的是短期的激励,因此一般应采用短的考核周期,同时加强薪酬管理,缩短发放的时间,以此来强化激励的效果;对于生产周期比较长的企业的员工,则可以延长考核周期,按照生产批次周期来进行考核。

(5)对研发人员,一般以任务完成率和项目效果进行评估。因此一般采用考核周期迁就研发指标周期的做法,即以研发的各个关键节点作为考核的周期。年底再根据各个关键节点和项目完成情况进行综合考评。另外对研发人员的评价最忌讳急功近利,因为研发人员需要的是一个宽松、稳定的环境,而不应增加太多的管制。

(6)对于项目型的工作,由于其工作周期不是按自然月/季/年计算的,而是按照整个项目的周期计算,所以可以将项目的总周期作为一个大的考核周期,然后在整个项目期间内设置若干个小的节点(里程碑),将跨度过大的项目周期分解成有若干个里程碑意义的小节点,以强化过程控制效果。

(7)行政与职能人员是考核工作的难点。针对行政人员工作的特点,重点应该评价工作过程中的行为而非工作的结果,评价周期应该适当缩短,并采用随时监控的方式,记录业绩状况,该类人员的考核以月度考核为主。

对于业绩,一般采用关键业绩指标进行评价,能力和态度指标是支撑关键业绩指标得以实现的保证。一般企业进行绩效考核的内容主要分为三大类:业绩指标、能力指标和态度指标。工作业绩是工作产生的结果,如数量指标、质量指标、完成率、控制率等。因此,业绩类指标评价应该适当放短,以使其将注意力集中于短期业绩指标。工作能力包括领导能力、沟通能力、客户服务能力等。工作能力评估着眼于未来,但这些指标往往不是短期内可以提高的。因此,对于能力指标的评估周期应该加长,一般以年度或半年度作为评价的周期。态度指标的评价周期应该缩短,因为工作态度往往直接影响到工作的产出,也就是业绩指标。因此,将态度指标评价周期缩短,有利于引导员工关注工作的态度与作风问题,从而确保业绩指标的实现。

绩效考核周期设置不宜过长也不宜过短。如果评价周期过长,一方面会带来严重的"近因效应",从而给评价带来误差;另一方面会使员工失去对绩效考核的关注,最终影响考核的效果。如果考核周期太短,又会导致考核成本的加大,最直接的影响是各部门的工作量加大,同时由于工作内容可能跨越考核周期,导致许多工作表现无法进行评估。首先,不同企业有着不同类型的工作方式,在同一个企业里,不同部门之间也有着不同的工作方式。有两种划分方式:一种是流程型工作,一种是项目型工作。流程型工作是指按部就班、有工作依据和输出标准的工作类型,绝大多数企业、绝大多数岗位的工作都属于流程型工作;项目型工作是指不同阶段的工作内容不同,且工作依据和输入标准不同的工作类型,例如,房地产开发企业的项目公司/项目部、大型基建/公用事业,都属于项目型的组织、项目型的工作,包括管理咨询公司也是如此,企业里的研发部门从事的也都是项目型的工作。

第三节　中外人力资源考核简介

人始终是社会经济活动中的一个最为活跃的因素,人的业绩考核也始终是世界各国人力资源使用和管理中的一项重要内容。我们在这里对中外人力资源考核情况进行简单的介绍。

一、中国古代的人力资源考核[①]

中国古代的人力资源考核思想,可以追溯到传说中的上古时期。相传尧通过28 年的考察决定将帝位禅让给舜,舜同样经过多年的考察才最终将帝位让给禹。我们在这里对中国古代的人力资源考核思想和方法进行简单介绍,目的是古为今用。

中国古代的人力资源考核思想是以庞大的官僚机构为基础,与严格而缜密的

① 本部分的内容参考了廖泉文主编的《人力资源考评系统》,山东人民出版社,2000 年版。

选拔人才制度和官吏考核制度紧密交织在一起，并随着历史的进程不断地深化和发展的。

（一）中国古代的人才选拔制度

中国古代的人才选拔制度主要经历了世袭制、推荐制和科举制阶段。

1. 世袭制

从夏朝到春秋时期，官吏的选拔制度采取“爵位世袭制”，即按照血统，世代承袭前辈的官职。君王偶尔也采用民间“访贤”的方式任命官员。

2. 推荐制

春秋战国时期，各诸侯国相互兼并，人才流动极为频繁，诸侯国为追求自身的发展，开始建立适合本阶级需要的人才推荐制度。诸子百家纷纷提出了各自的人才选拔观点和主张，人力资源考核思想异常活跃。以孔子为代表的儒家认为，人才应具有极高的精神境界、严格的个人道德修养、为当时当地的人民谋利、通过政治实践实现自己的主张的四个特征，对人的考核做到“视其所以，观其所由，察其所写”。墨子提出“官无常贵而民无常贱，有能则举之，无能则下之”，任人唯贤的思想从此得以光大；老子则认为，“圣人恒无心，以百姓之心为心”，“为之于其未有”，“功能身退”，“贵必以贱为本，高必以干为基”；法家的代表人物之一商鞅则着重强调人才的创造性，“论至德者不和于俗，成大功者不谋于众”。

到了汉代，人才的推荐逐步制度化。积极推荐人才，经过考核，任以官职，谓之“察举”；中央官吏或地方官吏征聘，然后向朝廷推荐人才，谓之“征群”；个人向地方或朝廷报告自荐，谓之“上书”。应荐举之人由皇帝进行有关政治、经义的策向或公开出题进行考试，或由主考人提出问题，应试者抽签作答，谓之“策试”。选才的标准多以德为重，同时考察能。如汉高祖刘邦提出“爵以功为先后，官以能为次序”，而汉元帝下诏“举质朴、敦厚、逊让、有位者”，立“学通行修”“明晓法令”“刚毅多略”等选才尺度。

南北朝时期出现“九品中正制”，即推举各州、郡有名望的人出任“大中正”和“中正”，由他们评判当地人的功、德、才、行，依评定的结果将人分为九等，称为“九品”，需要人才时就由上而下选拔任用。

3. 科举制度

隋文帝统一天下之后，命令废除九品中正制，实行州县地方官荐举人才的方法。同时设立“志行修谨”与“清平干济”二科，推行科举制度，把读书、应考和任免官职紧密结合起来。科举制是中国人力资源任用制度上的一大革命，它采用层层考试选拔人才的方法，考试的层次分为乡试、县试、府试、院试、会试和殿试等若干等级，科举的内容包括经、书、算、乐、医、艺等多种门类，考试合格者分别授予秀才、举人、进士等不同称谓。应试者每得一职位，不仅有权参加高一级考试，而且还能成为获得授予相应职务的依据。

（二）人力资源考核的标准

中国古代的人力资源考核标准主要表现在帝王起用人才的标准上。

帝王起用人才的标准，大抵不离“德与才”两个方面，或具体为“忠”“孝”“仁”“智”“能”等，求得“德才兼并”者是帝王的心愿，而在德、才不可求全时，就有重德和重才的分歧。

1. 重“德”的人才标准

儒家思想在中国古代得到帝王的尊崇，其重“德”的人才观也就得到了大多数帝王的重视。

孔子在《论语·宪问篇》中说道：“若能同时兼备鲁国大夫臧武仲的才智、孟公绰的寡欲清廉，鲁国下邑大夫卞庄子的勇气，还有冉求的多才多艺，再以礼的节度、乐的和顺来调理之，也就可以称之为成人了。然而，当今之世，哪能找得到此等理想人物呢？所以，只要见利思义而不爱钱，临危授命而不怕死；践约亦不忘平日所言而不负约，大节不亏，也可以视做成人。”这里所谓的成人，并不是指年龄达到法定标准的人，而是指人格达到道德标准的人。孔子强调人必须具有道德的素养，否定只需具备一些技能就可简称为人才的看法。

刘备一向推行“以仁义治天下”，受重用的谋士、武将的品行均为人称道。如魏延杀长沙太守韩玄迎刘备，有勇有功，才能自不待说，而刘备在听诸葛亮分析后，认为魏延不忠不义，德行不够，用其人时加以限制。唐太宗李世民提出“为政之要，惟在得人，用非其才，必难致治。今所任用，必须以德行、学识为本”。康熙从自身多年用人之道中得出一条经验，“用人之道，诚不可不慎于始”。他提出的用人标准是，“国家用人，当以德器为本，才艺为末”，“立品为主，学问次之”，甚至还说：“论才则必以德为本，故德胜才谓之小人。”如在一次面试武进士时，汉官赵申乔竟在康熙面前睡觉，康熙斥道：“朕前尚且如此，在衙门办事时可知矣”，遂不论其才能，弃之不用。

帝王们重视德与封建社会的统治制度密切相关，皇帝害怕有人夺其位，把“忠”放在第一位，讲究“德”，而古人将“忠孝”放在德的首位。

2. 重“才”的人才标准

封建社会的动荡给许多人创造了称王称帝的机会，在打江山的时候，急需一批有才之人，于是在重“德”的大背景下，也有一些人将“才”放在首位。

刘邦将“才”放在决定一个人是否可用的首位，其手下的人才不仅出身低下，品行低下者亦比比皆是。三军统帅韩信打胜仗后，就持军功强要封王，且有不臣之心，刘邦没有弃用；陈平刚成为刘邦的谋士便有贪污受贿的行为，居家时还因偷嫂而名臭一方，刘邦在确信陈平如推荐者魏无知所言“智谋过人”后，照用陈平不误。

曹操在总结前朝用人标准的基础上,更强调“才”而轻视“德”,要求各级官员要不拘品行推荐人才,然后用之才,量才为官。建安十五年春发布的《求贤令》中指出:“若必廉士而后可用,则齐桓公何以霸士……唯才是举吾得而用之。”其后发布的《敕有司取士毋废偏短令》中进一步申明:“夫有行之士未必能进取,进取之士,未必有行也陈平岂笃行,苏秦岂守信邪? 而陈平定汉业,苏秦济弱燕。由此言之,士有瑕短,庸可废乎!”曹操曾专门下令,对那些“不仁不孝而治国用兵之术”的人,“各举所知,勿有所遗”。

雍正皇帝主张运用官吏一定要使他的才能和职务相当,有才而不孝,贤而无才,取其前者而舍弃后者。

3. 能功分而取之

任人唯贤和任人唯亲是选拔人才的两条对立路线,韩非子在用人的标准上强调任人唯贤,但在实施中区别人的作用而要求的贤不一样。韩非子在《八经》篇中指出:“明主之道,取于任,贤于官。”任是指能力的意思。这句话的意思是高明的领导者的用人之道,应该是录用有才能之人,让有德有才之人去担任各种管理职务。韩非子还进一步指出,任官和受爵的对象虽都是“贤者”,但任官之贤,主要表现在“能”上,而受爵之贤,主要表现在“功”上,其道理为:“官”,作为管理者,他的任务是处理各种管理矛盾,无能不能胜任;而“爵”是地位,是荣誉,它与能力无关,它是一种奖赏,因此,对象必须是立功者。由此,贤而有能者,任官,提拔重用;贤而有功者,受爵,重赏。

4. 不以贵贱、亲疏论人才

中国古代在人才的标准上,曾出现了以出身、贵贱、亲疏作为用人的标准,但许多仁人志士提出了在人的使用和考核中应该不以贵贱、亲疏论人才,而应以才、以德或德才兼备作为人力资源考核的标准。

战国时期的墨子提出了“察能予官,以德就列”的原则、“官无常贵,而民无常贱,有能则举之,无能则下之”。庄子把德才的标准具体化为忠诚、谨慎、才能、智力、信用、廉洁、守节、仪态和行为等指标。南北朝时的周郎把德、才、能、识作为选才的标准。他提出“当使德厚者位尊,位尊者禄重”,要求“凡吏皆宜每详其能”,做到“能薄者官贱,官贱者秩轻”。这就是根据本人“德”“能”来决定官位的大小和俸禄的多少。他还提出根据“识”来判断可用之人,如果“王侯识未堪务”,也“不应强仕”,必须做到“合冠而启封,能该而议爵”,不能按其身份定官受爵。

(三)考核方法

1. 用工具测评智力

春秋以前,古人发明了七巧板、九连环等智力测验工具。这些工具与我们现在玩的一些拼图游戏类似。受心理学和自然科学发展的限制,这种考核方法未能在后世发扬光大,变成了儿童的益智游戏。

2. 用自然观察法以判断人才

《逸周书·官人解》中,就社会地位观察人,“富贵者,观其有礼施;贫贱者,观其有德守;嬖宠者,观其不骄奢;隐约者,观其不摄惧”。就年龄观察人,“其少者,观其恭敬好学而能悌;其壮者,观其廉洁务行而胜和;其老者,观其思慎而益强”。

孔子在《为政篇》中说:“视其所以,观其所由,察其所安。”即考察一个人所交的朋友,观察他为达到目的所采用的手段,了解他的心情,看他安于什么,不安什么。而《吕氏春秋》的《论人》提出了人力资源考核的“八观”方法,“凡论人,通则观其所礼,贵则观其所进,富则观其所养,听则观其所行,止则观其所好,习则观其所言,穷则观其所不受,贱则观其所不为”。

3. 用旁敲侧击法以判断人才

考核者通过设置一定的题目,让被考核者做出相应的反应,以此来考察被考核者,与现代西方的“模拟考核”有异曲同工之妙。

《官人解》中提出用“设之以谋,以观其智;示之以难,以观其勇;烦之以事,以观其治;临之以利,以观其不贪;滥之以乐,以观其不荒”来考察人的行为品质。又云:“喜之以观其轻;怒之以观其重;醉之酒以观其恭;纵之色以观其常,远之以观其不二;昵之以观其不狎。”吕不韦也提出过类似的考核方法,被称之为“六研”:喜之以验其守;乐之以验其僻;怒之以验其节;惧之以验其恃;哀之以验其人;苦之以验其志。

三国时期的诸葛亮足智多谋,提出许多人才考核方法。诸葛亮认识到人表里常不如一,温善可能虚伪,恭敬可能藏奸,外勇内怯,关键时刻变节,很难明察。他提出了解一个人应从七个方面入手:第一,拿一些大是大非的问题让他去辨别,考察他的志向、理想与信念;第二,用一些疑难问题与之辩论,使他难以回答,以了解他应付自如的能力;第三,询问他一些处理问题的办法,观察对方学识的深度和广度;第四,把祸患和危难告诉他,考察他的勇气;第五,劝他喝酒使他醉倒,观察他的本性;第六,让他面对物质利益,观察他是否廉洁;第七,用一事和他相约来考察他的信用。

4. 用实践考察法以判断人才

本办法的实质与现代人力资源考察中的试用类似。韩非子认为,鉴定剑的优劣,光看剑的色泽连铸剑名家区冶子均也不敢下结论,如果在水中能砍死雁,在陆上能杀死马,奴婢之辈都不会怀疑这是锋利之剑,因此,韩非子主张“试之以官职,课其功成,则庸人不疑愚智”。

二、当代中国企业人力资源绩效考核的现状

(一)以干部为中心的考核

我国企业的人力资源一般被分为工人和干部两大类。对干部进行考核,就是

让评估者在自身岗位的工作条件下及岗位之外的特定标准处境中，对其品德、才能、素质、潜力、长处、短处、个性、激励动力和抱负等各个方面进行全面而客观的考察与测评，从而得出被评估者对某一既定职位的胜任力和需要培养的结论。干部的考核在人力资源管理中具有十分重要的意义。

新中国成立之后，我国在很长时期实施的是高度集中的计划经济体制，按产品经济的方式组织社会再生产，企业坚持政治挂帅，实行党委领导下的厂长负责制，企业只是行政权力系统的一级基层组织，一切生产要素都纳入计划和分配的渠道，人员的管理沿用战争年代的方式和做法，从中央组织部、劳动人事部直至企业的组织部、劳动人事科，自上而下分两个系统管理干部和普通职工，从组织上保障政治路线的贯彻执行。为了满足这种特殊需求，人员考核基本与政治路线合拍，以干部为重点对象，考核的实质是“组织（干部）”考核。在市场经济建设的过程中，我们推行国有企业所有者和经营者的分离，但无论是国有股份有限公司，还是国有独资公司，只要国有股东占相对控股的地位，上级组织任命企业管理者，特别是“一把手”仍然是普遍现象，个别地方甚至出现了国资局任命有关人员担任集体企业法人代表的情况。相对于以前，在中层干部的任命上企业有了相对的自主权，但仍然在一定程度上受到上级的约束。

近年来，在许多地方推行企业经营管理者的市场化、职业化改革，进行国有企业人事管理的改革，但企业经营管理者的考核仍然是国有资产经营部门日常工作的一个重要内容，只是随着国有企业改革的深入，考核的内容、指标体系有了一些变化。

干部又可以分为两种，即管理干部和专业技术干部。专业技术干部的工作是技术性的，所需的知识与技能范围较窄，而且随着他们级别的提高，会变得越来越窄越专，其工作要处理的主要是服从理性规律的“物”。管理干部的工作对象却不仅有“物”，还有受心理因素支配的有感情的“人”，对其知识与技能的要求也就比较高。由于中国国有企业领导干部实施上级组织部门任命，加之对管理干部对于企业的生存和发展具有相当的影响力，因此，管理干部的考核是干部考核的重要组成部分。

随着中国市场经济建设的深入进行，企业的人力资源考核也得到更大范围的应用，企业内部各种人员的考核成为制定其薪酬或激励政策的基础，人力资源考核与人力资源的招聘、培训、提升等人力资源管理活动密切相关。

（二）以“政治”为考核重心

由于中国企业的特殊背景，我们将干部置于人力资源考核的中心，而干部的“政治”素质也就成为其考核的重心。

德才兼备，以德为先的用人标准自古以来就是中国政府或企业的用人原则。

中国共产党的干部路线历来也强调这一原则，而德首先是指对干部的政治要求。此外，德还包括干部的原则性和是非观念，实事求是与踏实苦干、巧干的精神，谦虚民主，能团结和听取不同意见，诚实坦率的作风与修养等方面的品质。围绕干部的培养和选拔所做的考评有以下几方面的特点：①按照上级的指令，由组织人事部门依靠档案来物色对象；②按照德才兼备、以政治思想素质为主的标准，对内定对象进行考察，逐渐公开；③结合领导推荐、群众评议以及由组织部门出面的个别谈话，进行综合评价；④最终由主管领导或上级负责人审定并报上级机关任命。

对于非干部的考核则仅限于"考勤"和"等级考试"。前者为扣发工资提供依据，后者为等级工资制的提薪提供依据。

在前面人力资源考核内容的分析中，我们已经指出，对人的考核实际上是德、能、勤、绩等方面的综合，只是对不同的人员要求的侧重点存在一定程度的差异。以"政治"为德的考核中心如果变成以"政治"为人力资源考核的唯一内容，将给我们的经济建设造成损失。

（三）逐渐现代化的考核手段

在长期的人力资源考核中，我们只注重定性了解，如查阅有关档案材料，结合领导所写的鉴定，并辅之以对被考核者的下级、左右同事和下属以及他本人的调查了解，也就是说，对干部考核的实质是有关他人对被考核者的认识和评价。这种方法体现了党的干部工作走群众路线的重要原则，但人为因素过重。

随着社会主义市场经济改革的深入进行和现代企业制度建设的推进，企业的人力资源考核方法也产生了相应的变化，包括关键业绩指标法、360 度考评、平衡计分卡等一系列现代绩效考核方法大量应用，目标导向的绩效考核、全面预算管理与全员绩效管理相结合、成本导向的绩效管理，中国企业开始探索不同形式、不同发展阶段的绩效考核手段。

三、国外企业的人力资源考核实践

（一）日本企业的人力资源考核

日本创造了第二次世界大战以后的经济奇迹，其经济的持续高速发展与人力资源考核制度的科学性和适应性密切相关。

1. 全方位的能力考核

日本的人力资源专家认为，人的能力是多种能力的结合，这些能力可以被大致地分解为狭义的能力和广义的能力。

狭义的能力又叫保有能力。保有能力包括基本能力和思想成熟度，是指人们本身原有的、潜在的能力，可以通过技能水平和熟悉程度的形式来掌握，是人的脑细胞中实际保有的能力。其中，基本能力是指由知识、技能和体力三个方面所构成的能力组合，而思想成熟度考核是考察人在从事具体工作时具备的实际工作能力，并在实践中提高其工作的熟悉程度，这主要由人的思维能力和人事工作能力所决定，这也就是思想成熟度所要考核的主要内容（参见图10－6）。

- 思想成熟度
  - 思维能力
    - 逻辑性思维（了解能力、判断能力、决策能力）
    - 创造性思维（创造能力、筹划能力、开发能力）
  - 人事工作能力
    - 交际能力（表达能力、谈判能力、涉外能力）
    - 领导能力（领导能力、管理能力、统率能力）

图10－6　思想成熟度

日本人认为，从广义上理解的“能力”除了上面所分析的保有能力外，还包括发挥能力。发挥能力主要包括业绩和敬业精神。所谓的发挥能力是指在接触现实中，同现实相互关联而发挥出来的能力，在日本，“成绩效果（成效）是发挥能力”得到了广泛的认同。敬业精神的考核包括纪律性、协调性、主动性、积极性和奉献精神，而业绩的考核一般从工作的数量和质量两个方面进行，重要的是质量。

2. 三位一体的人力资源考核结构

根据广义的能力构成，日本企业的人力资源考核由业绩考核、敬业精神考核和能力（狭义）考核三部分组成。

业绩考核是根据职务标准，检查工作的实际效果。考核的关键是以过去式看待作为考核期间内的结果。也就是说，不考察过程而重结果。

敬业精神的考核是检查曾以多大的干劲从事本职工作。考核的关键是以过去式看待通过考核期间内的行动表现出来的事实，也就是说，不管结果如何，只问“干劲和工作态度曾经是怎样的”。

能力考核是根据职能的必要条件，判断现在的保有能力水平如何，考核的关键是当时能力的保有程度。

由此看来，三种考核是完全不同的，所以在具体的考核中必须明确区分业绩考核、敬业精神考核和能力考核。

旧式的日本人力资源考核将敬业精神放在考核的首位，认为它具有现实的决定意义，而对能力考核予以忽视，认为在学历、性别和工龄项目中，已对能力进行测定。在日本经济增长缓慢的今天，日本企业认识到能力的考核具有十分重要的意义，因此，将能力考核置于人力资源考核的中心地位。

3. 多样的考核方法

日本企业在人力资源考核的实施中依据被考核人员的不同而采用不同的方法。

考核对象主要分为蓝领型（现场操作型）、白领型（管理人员型）和客观型（管理人员型)。蓝领型人员不大擅长于逐一地分析和判断事物,但会根据具体的事实,切实地掌握情况,工长、班长、组长和推销主任多属于此类。白领型是比较善于逐一地分析和判断事物的人员,科长、股长和参谋部门的主任等学历比较高的人一般属于此类。客观型人员能够很好地运用经验和观察力,敏捷地决定该怎么办。他们多半是年长的高级职员、年长的部长或年龄不拘大小的独立经营者。他们能根据经验和观察力很好地处理日常业务,但常常是缺乏系统管理知识的人。这一类考核人员评定能力方面的优劣之差很大。其优秀者具有丰富的经验和敏锐的洞察力,善于"观测人",能够进行准确的评定和选拔;其拙笨者经验狭隘,观察力差,以偏概全而做出不正确的决定,进行稀里糊涂的人事考核的情况较多。

日本的人力资源考核中有很多独特的考核方法,比如三次连环考核法、克服自我防护本能考核法等。在这里我们对三次连环考核法进行简单的介绍。"横看成岭侧成峰",不同的事物从不同的方面进行观察,得到的结果是不同的,关于人事考核也是如此。因此,日本企业将被考核人员分为三类,即:第一次考核人员(一般是股长或工长等第一线监督人员)同部下最接近,能够细致认真地对日常业务进行指导和监督,所以对细微小事了如指掌;第二次考核人员(一般是科长级干部)同部下保持适当的距离,因此能够不拘泥于细枝末节而客观地观察情况,进行分析和评定;第三次考核人员,虽然观察不到被考核人员的日常小事,但能够充分了解全面情况。不论是"只见树木,不见森林"还是"只见森林,不见树木"都是强调看问题要全面。但也有另外一种情况,即只有看了细枝和一片片树叶之后,才能很好地对树下判断。的确,要想对树木加以判断,必须不断地做以下三个方面的努力,一是"努力一根一根地检查细枝小叶";二是"努力从正面认真细致地研究树木本身";三是"努力在大片的森林中,从很高的角度观察树木"。

(二)美国企业的人力资源考核

1. 以业绩为中心的考核

美国企业界认为,业绩鉴定是组织评估员工工作业绩的过程,当这项工作做得准确时,雇员、主管人员、人事部门和组织都会从中获益。雇员会把他们的业绩反馈作为他们未来行动的指导,这种引导的需求对于那些欲理解工作的新来者和不准备安排工作的人而言尤为明显。人力资源管理部门通过业绩界定取得的信息,可以帮助该部门运用不同的模式对新员工进行招聘、选择定向、定位、训练和其他人事活动的过程进行反馈。因此,业绩考核是美国企业人力资源考核的中心。

业绩鉴定必须有明确的与业绩相关的衡量标准,根据这些衡量标准对雇员进行业绩鉴定,并将结果反馈给雇员和人力资源部门。如果业绩衡量与工作不相关,或与最终的报酬没有联系,则评估将导向偏差、错误或失去价值。

2. 与业绩时间相一致的考核方法

业绩评估的重要性导致学者和实际工作者创造出许多鉴定过去业绩或未来业绩的方法，针对过去业绩的鉴定方法叫定向过去鉴定法，针对未来业绩的鉴定方法叫定向未来鉴定法。

定向过去鉴定法在处理已发生过的业绩上有优势，明显的不足是过去的业绩表现已不可能改变。通过对过去业绩的评估，雇员能得到关于他们工作绩效的反馈，他们将据此改进行为，重新努力。

定向未来鉴定法通过评估雇员潜能或确定将来业绩目标，对准雇员的未来表现。对于一个企业的发展或人力资源再配置而言，这种方法的优势十分明显。具体说来，定向未来鉴定法主要有自我鉴定法、目标管理、心理素质鉴定以及评估中心鉴定等。

3. 重视企业经营管理者的考核

美国企业人力资源管理的一个重要特征就是非常重视对公司高层领导的考核，对其激励是美国企业人力资源管理制度的中心任务之一。对企业经营管理者的考核重视的是其经营业绩，尤其是当期的股东回报，市场上公司股票价格的高低就是对企业经营管理者工作绩效考核的标尺。

案例思考

某电子公司总经理说："公司虽然没有正式的考核组织和程序，但实际上已经实行了绩效考核，每一个员工的绩效我都心中有数，他的考核结果会表现在年终的红包中，绩效高，红包则多，相反，绩效低，则红包少甚至无红包。"某电池销售公司在年初制定了每一下属销售机构和销售人员的销售目标，但没有要求销售机构和销售人员制订相应的销售计划，销售公司总经理说："我不管计划，我只管结果。最终谁的绩效大，我看他的销售额。"

问题：

1. 上述两个公司经理对绩效考核的认识有哪些偏差？
2. 过程管理在现代绩效评价中有什么样的价值？

关键概念

GUANJIANGAINIAN

人力资源考核　　考核标准　　适应性　　工作效益

F 复习思考题 XISIKAOTI

1. 人力资源考核在人力资源管理中的中心位置是如何体现的?

2. 人力资源考核应该遵循的基本原则有哪些?

3. 人力资源考核的内容主要有哪些,这些内容对管理者和普通员工的要求有什么样的差异?

4. 人力资源考核的标准如何制定?

5. 中外人力资源考核的差异主要有哪些?

B 补充阅读材料 CHONGYUEDUCAILIAO

绩效考核不能说的秘密

只要是在公司里工作的人,都会面对一个问题:如何了解自己在过去这段时间里的表现到底好不好?如果你身为公司的主管,又该怎么分辨谁是优秀的员工而谁是表现不佳的员工,作为赏善罚恶的基础?一般来说,那些规模大一点,或是制度化一点的公司,每年至少会进行一次或二次"绩效考核"。

我问过很多人绩效考核作业的目的为何。最常听到的答案是"让员工了解他在过去这段时间里的表现到底好不好"或是"分别谁是优秀的员工而谁是表现不佳的员工,作为赏善罚恶的基础"。或者我们可以更进一步地说,绩效考核的功能在于,判断员工在哪些工作项目中表现杰出、又有哪些工作项目的表现是有待改善的。

我自己待过许多不同的公司,但只要一谈到绩效考核,几乎所有的公司都采用非常类似的考核方式,其方法通常都包括了两个部分:目标管理和行为评估,然后用不同比例去组合成绩效考核。用比较简单的方法来说明,这样的绩效考核方式可以同时兼顾"员工完成了什么目标"及"员工如何完成这些工作"两个范畴,很简单地平衡了员工绩效的"量"和"质",而这也是大部分公司采用这种考核方式来衡量员工绩效的主要原因。

讲了这么多理论,绩效考核到底在考核什么?大部分上班族的心中还是有很多的疑问,甚至我们很容易听到员工认为"不管实际的工作表现如何,到头来还是主管说了算"。嗯,在我们开始以前,先来做一个作业好了。

假设你今天是一支男子 1 600 米接力(径赛的一种,由四位选手接力,每人跑 400 米)的教练,你有四位选手:

Alan:设定目标为55秒,实际成绩为55秒,当气候正常时。另外,他在练习时的出席率为100%。他是一个重视纪律但缺乏自信心,而且喜欢在团队中抱怨的人。

Bob:设定目标为53秒,实际成绩为53.5秒,当时已经开始下起小雨。另外,他在练习时的出席率为95%。他是一个非常努力,常常自己花时间练习,而且还在持续进步中的选手。

Chris:设定目标为55秒,实际成绩为54.8秒,当时跑道因为下雨的关系而有一点湿滑。另外,他在练习时的出席率为90%。他是一个人缘很好的选手,常常带饮料或零食请大家吃,而且当团队的士气低落的时候,他也会适时地想办法激励大家。

David:设定目标为52秒,实际成绩为53秒,当时跑道相当湿滑以至于他跌了一跤。另外,他在练习时的出席率为90%。他是一个有经验而且成绩优异的选手,常常针对技术要领给予其他人指导,只不过他的个性比较严肃。

最后,你的队伍赢得了银牌,并且拿到5万元的奖金。请你依据这四个人的表现,对这四位选手的成绩加以排序,并且分配奖金给这四个人。

这是很多年以前我参加一个和绩效管理有关的课程时,上课的老师带我们讨论的题目。不管你最后的决定是什么,你都可以很轻易地发现,绩效考核要考虑的因素很多,比方说每一个人表现的绝对值、目标的达标率、外在环境对绩效表现的影响、对目标的投入或努力的程度,或是组织公民行为等。

当我们谈到“绩效”,这两个字其实是一个很复杂的概念。前面的案例如果发生在企业里,David的业绩绝对值比较高、Alan的业绩绝对值比较差,但这是不是代表了David应该得到比较好的成绩呢?答案当然不是,因为David原本的薪资或职等说不定已经高于Alan,所以人力资源管理者会教你,绩效考核所评定的是目标的达成程度,也就是说David的目标达标率是四个人当中最差的一个。但再怎么说,他负责的是一个难度很高的区域,况且如果不谈目标达标率,他也是团队中最优秀的一员,公司大概也禁不起David发现自己得到较差的考绩而后离职。

我们还没有考虑到外在环境。当我们在和主管讨论绩效管理的时候,常常会听到一个问题:“我对某某员工的期望比较高,所以我替他定了难度比较高的目标。也因此,他的达标率比较低和另外一个员工的达标率比较高,可能是无法相提并论的……”我自己担任主管,当然也会做类似的事情,也就是我会希望员工定一个挑战版的目标,去负责一个就他的职等或能力也许还不足以顺利完成的目标,作为发展目标。

然后是其他和员工行为有关的问题,比方说有一些人对于公司的政策或制度有很高的配合度,但有一些人则不。我的经验是,公司永远都会有一种员工,绩效没有太大的问题，但问题出在他的行为，比方说他几乎每天都迟到、不会对其他同仁伸出援手、从来不参加工作以外的各种活动（聚餐、运动会、家庭日……）、总是奇装异服来上班等，这些行为往往和客观的绩效数字不见得有关系，这时该把这些行为纳入绩效考核当中吗？我知道我常说，应该回归员工的绩效本身，但如果比这更严重的时候呢？如果有同仁有外遇，或是某一位同仁决定去进行变性手术（这是哈佛个案研究里一个有趣的讨论）的时候，公司还是坚持只有业绩数字才是唯一的绩效指标吗？

我倒不是说公司一定要在考绩的时候把上述问题纳入评分，但如果公司从来都不考虑这些事情，有一些后遗症恐怕是无法避免的。

首先，员工其实都会看"公司如何做出调薪、升迁、奖惩等一类的人事决策"，以判断到底什么样的行为是老板期待的。这其实是很危险的一件事情，因为员工的观察往往和事实有一段落差，比方说某一位员工向来和他的老板关系很好，而他的工作表现也相当出色，最后他果然也因为老板的肯定而得到升迁，然而其他同仁可能会忽略他的工作绩效，而把这件事情解读为"和老板维持好的关系才是升迁的不二法门"。

但从另外一方面来看，如果公司传达给员工的信息是，只有拿得出业绩数字来的员工才会受重视，以后肯定会出现很多为了业绩而不择手段的行为，到时候要收拾都来不及了。

另外的问题会跟升迁有关。总有一天，公司需要从几位同仁当中晋升其中一位担任主管，而主管的行为对部门的影响更大。如果公司有一位表现优异的专业人员，但他的某一些行为从来没有被正式地"关切"过，将来公司要如何告诉他"你在专业以外的其他行为不足以让你升任更高的职务"？

我的建议是什么？如果问我的话，只要可以落实执行，无论是哪一种绩效考核方式都可以有效地达到最初的目的。身为主管的人，重点应该放在有效沟通，让每一个员工都清楚知道工作目标是什么，以及哪些行为会被鼓励。有一句话是这样说的："企业大概永远做不到公平客观，但公开透明却是可以追求的目标。"当所有员工都知道游戏规则是什么的时候，我觉得争议就会大幅减少。至于身为部属的人，则应该透过向上管理，先弄清楚自己的主管究竟喜欢些什么。总不能你的主管喜欢员工独当一面、扛起大小事情，而你却事事向他请教，还要他做决定；或是你的主管喜欢部门里和乐融融的氛围，但你偏偏独来独往，认为自己把工作做好就得了。

毕竟，不管绩效考核制度如何设计，似乎最后还是摆脱不了人性。

第十一章

人力资源绩效考核的实施

本章要点

本章从绩效指标选择的原则入手，明确设定绩效指标从确定工作产出入手，建立对应的评估指标，进而对指标进行审核。要求掌握关键业绩法和平衡记分卡的相关思想。

引入案例

随着杰克·韦尔奇和GE的成功,“强制分布法”得到了国内外越来越多企业的青睐。许多大企业纷纷采用此方法,按照不同的绩效等级,对员工进行奖惩。在实践中,一些企业也如GE一样取得了成效,但同时,也有为数不少的企业,尝到了失败的苦涩。

珠三角有一家音响器材厂,老板禀性敦厚,原本生意不错。为了使公司管理走向正轨,开始了轰轰烈烈的考核。他们采用“强制分布法”,将考核结果分为四级,分别是:优异10%;优秀10%;一般75%;较差5%。对考核“优异”的员工,工资上调20%;考核“优秀”的员工,工资上调5%;对考核“一般”的员工,不涨工资,根据当月效益,给予一定的奖金(优异和优秀的员工也可同样获得);对考核“较差”的员工,无任何奖励,并且限期改善绩效,否则只能淘汰。没有想到,考核开始了,该老板的烦恼也开始了。

第一节 绩效考核的方法

一、关键绩效指标法

(一)关键绩效指标法的内涵

关键绩效指标(KPI)是管理中“计划—执行—评价”不可分割的一部分,是通过组织内部流程的输入端、产出端的关键参数或者基于组织战略目标分解下的阶段目标和流程岗位目标进行设置、取样、计算和分析,将企业的战略目标分解为可量化、可操作的工作目标,衡量企业绩效实现程度的一种目标式量化管理指标,是企业绩效管理的基础。通过 KPI 明确各个部门、部门内各个岗位阶段任务及达成的标准,是管理原理——“二八”原理的典型运用。在一个企业价值创造过程中,在一个岗位职责实现中,始终存在“20/80”规律,也就是 20% 的骨干员工创造企业 80% 的价值,20% 的关键行为完成企业 80% 的关键工作任务,进而创造 80% 的绩效。因此,利用关键绩效指标就是抓住管理重点,将管理落在关键岗位、关键行为和关键事件的追踪上。有一些企业还实施 KPI 中的 KPI,将关键绩效指标进一步精简至 3 ~ 5 个,使得考核和管理的重心更加明确。

关键绩效指标法就是通过提炼岗位基于战略及流程的关键绩效指标的一种绩效考核方法。关键绩效指标法一方面能比较科学地对特定岗位员工工作绩效进行考核,还会进一步驱动企业目标的实现,因此,关键绩效指标法作为一种管理方法得到了广大企业的重视。

与 KPI 相关的概念是关键过程领域和企业关键结果领域。关键过程领域(Key Process Area,KPA),是企业需要集中力量解决问题的过程,这些关键过程明确地列出目标,指明一组相关联的关键实践以实现关键过程。企业关键结果领域(Key Performance Action,KRA),它是实现企业整体目标不可或缺的、必须取得满意结果的领域,是企业关键成功要素的聚集地。

从关键过程领域到企业关键结果领域,再到关键绩效指标,企业管理的重点脉络就十分清晰了。

(二)关键绩效指标的类型

通常来说,关键绩效指标主要有 4 种类型,即数量、质量、成本和时限(见表

11－1）。

表 11－1　绩效指标的类型

指标类型	典型举例	资料来源
数量指标	产量、销售额、利润增长率、客户拜访次数、招聘人数	业绩记录、财务数据、招聘计划
质量指标	破损率、合格率、计划准确率、培训满意度、良品率、故障率	生产记录、上级考核、客户考核培训评估表
成本指标	单位产品的成本、投资回报率、人均招聘费用	财务数据、招聘计划
时限指标	送达及时性、到市场时间、供货周期、计划提交准时性	同级考核、客户考核

在建立绩效指标时，我们可以试图回答下列问题：①在评估产出时，我们主要关注什么？②我们怎么来衡量这些工作产出的数量、质量、成本和时限？③是否存在我们可以追踪的数量或百分比？如果存在这样的数量指标，就将其列出来；④如果没有数量化的指标来评估工作产出，那么谁可以评估工作结果完成得好不好呢？能否描述一下工作成果完成得好是什么样的状态？有哪些关键的衡量因素？

（三）关键绩效指标选择的原则

1．绩效指标设计的原则

（1）内涵明确。每一个指标的设计都有明确的含义，不同的考核者对评价指标的内容都有相同的认识——减少误差的产生。内涵明确就要在指标的设计上考虑用词的词意清晰，不能从词意上给考核者以模棱两可的感觉。

（2）针对性。评价指标的设计要充分考虑工作目标、岗位职责的要求，我们必须根据岗位的责任以及企业达到目标的各项工作内容以及标准来设定绩效指标。

（3）系统性。能够系统地评价一件事或一个人的行为。系统性的另一个要求就是指标要有一定的全面性，评价指标既可以是正面的，也可以是负面的，只有全面才能真正起到目标引导作用，避免工作成果偏离目标的方向。

（4）独立性。每一个评价指标相互作用或相互影响、相互交叉，但都要有独立的内容、独立的含义和界定。

（5）SMART 原则。SMART 是 5 个英文单词的第一个字母的缩写，即具体的（specific）；可度量的（measurable）；可实现的（attainable）；现实的（realistic）；有时限的（time－bound）（见表 11－2）。

表11－2　SMART绩效指标原则

原则	正确做法	错误做法
具体的	切中目标	抽象的
(Specific)	适度细化	未经细化
	随情境变化	复制其他情境中的指标
可度量的	数量化的	主观判断
(Measurable)	行为化的	非行为化描述
	数据或信息具有可得性	数据或信息无从获得
可实现的	在付出努力的情况下可以实现	过高或过低的目标
(Attainable)	在适度的时限内实现	期间过长
现实的	可证明的	假设的
(Realistic)	可观察的	不可观察或证明的
有时限的	使用时间单位	不考虑时效性
(Time－bound)	关注效率	模糊的时间概念

2. 选择绩效指标的原则

(1)少而精原则。只要指标能够反映目标的概况即可，也就是说，一切不必要的复杂化都应该避免。结构简单可以使考核信息处理和评估过程缩短，提高考评的工作效率。同时，考评人员能够比较容易地掌握考评系统的方法和技术，工作过程中的沟通也容易实现。少而精的原则要求我们所设定的绩效指标应该集中在对某一项工作来说最关键的一系列指标上。

(2)界限清楚原则。在我们选定设计指标时，应该考虑指标之间不能重复，每一个指标都是考核不同的内容，避免指标交叉。

(3)全面性原则。在指标的设计时我们就已经指出，应该考虑指标的全面、系统，在选择具体的绩效考核指标时，我们就应该充分考虑被选择指标的全面性，使得我们可以对被考核者的行为过程及结果做出客观的反映。

(4)定量与定性相结合原则。绩效评估不能简单只用定量指标，还应该考虑用定性的标准予以测定。但是在实施的过程中应尽可能以定量为主，对于定性指标运用一些数字工具进行恰当处理，从而使得定性指标得以量化。

（四）关键绩效指标的标准和权重

1. 标准

关键绩效指标由指标名称和指标数值组成，也就涉及考核指标和考核指标标准两个密不可分的部分。绩效考核指标涉及“考核什么”的问题，而绩效考核标准则涉及“考核到什么程度”的问题。

绩效标准的设立需要充分考虑挑战性和激励性。很多企业在绩效考核中存在的问题都在于绩效标准的设定。一个员工绩效的好坏首先与绩效指标标准的高低有关。挑战性明确了绩效标准是员工必须经过努力才能实现，具有一定的难度，而激励性表现为通过组织与员工的沟通，员工认为在组织的配合和自身的努力下，该绩效指标及标准有相当的实现程度，可以因之而证明自身的能力和获得绩效奖励。

关键绩效指标的标准有基本标准和卓越标准两种。基本标准用于判断被考核者的绩效是否能满足基本要求，保证组织基本目标的实现。考核的结果主要用于一些非激励性的人事待遇，如基本的绩效工资、基本年终奖等。卓越标准是对被考核者未做要求，但是可能达到的绩效水平。达到卓越水平则可以获得一些激励性的人事待遇，如额外奖金、职位晋升等。

2. 权重

每项工作为最终价值实现所做的贡献是不一样的，为每项工作产出划分权重，一方面可以正确衡量员工对组织目标实现的贡献，另一方面可以指导员工将重心放在哪些事情上，以更好地帮助组织实现目标。权重明确了阶段性工作重点的指向，是对岗位职责和绩效指标的进一步比较。

（五）关键绩效指标的分析

可以运用成功关键分析法来寻找企业绩效考核中的关键绩效指标。

1. 鱼骨图法

通过鱼骨图分析企业成功的关键因素（见图 11－1），提炼出导致成功的关键业绩模块（KPI 维度）。

（1）过去成功靠什么，过去成功因素是哪些？

（2）其中哪些是持续的，哪些是阻碍的？

（3）未来成功的关键是什么？

2. 分解法

将关键业绩模块层层分解为关键要素，并细化为可量化考核的各项指标。

（1）每个维度的内容是什么？

（2）如何保证这些维度的目标能够实现？

（3）每个维度目标实现的关键措施和手段是什么？

（4）维度目标实现的标准是什么？

KPI 确定后,应审核 KPI 指标的合理性。

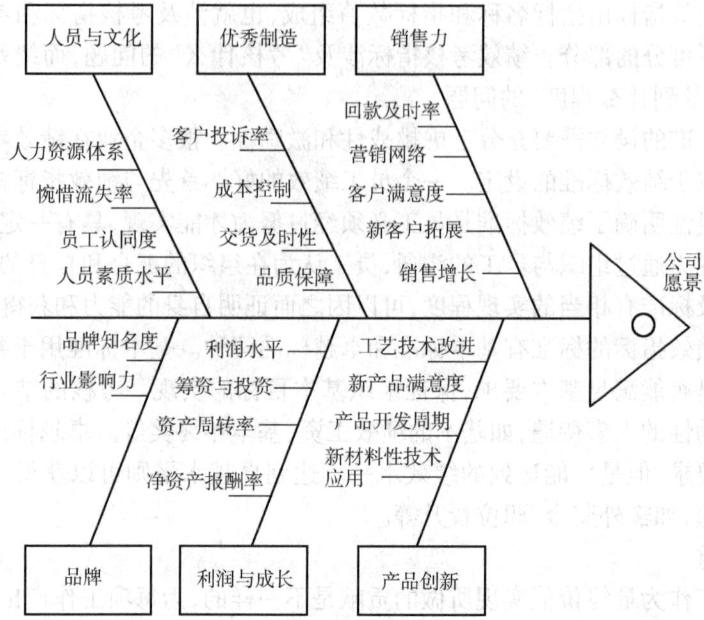

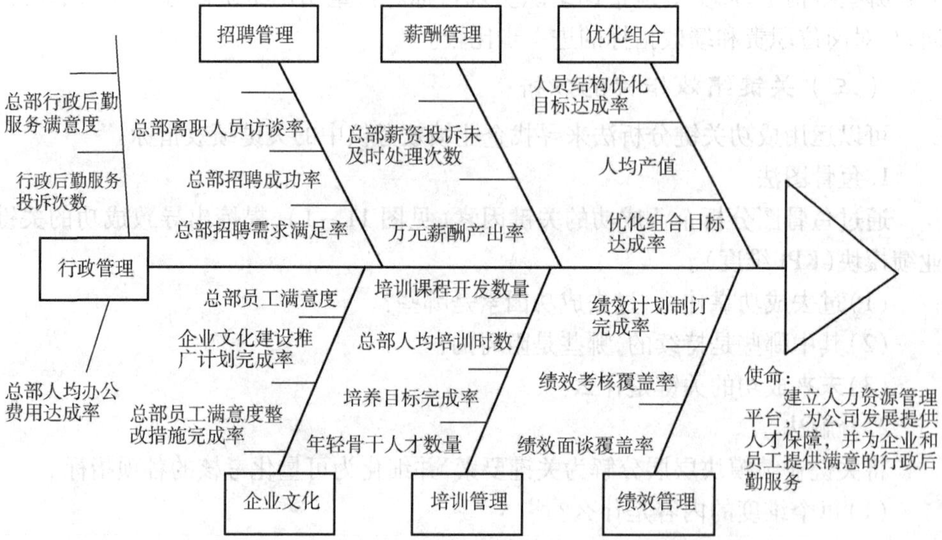

图鱼骨图示意

二、平衡计分卡

（一）平衡计分卡的渊源

平衡计分卡,源自于哈佛大学教授卡普兰(Robert Kaplan)与诺朗顿研究院的执行长诺顿(David Norton)于1990年所从事的“未来组织绩效衡量方法”研究。在此基础上他们总结提炼出平衡计分卡。该研究的结论“平衡计分卡:驱动绩效的量度”发表在1992年哈佛《企管评论》1月与2月号。平衡计分卡强调传统的财务会计模式只能衡量过去发生的事项(落后的结果因素),但无法评估企业前瞻性的投资(领先的驱动因素)。因此,必须改用一个将组织的愿景转变为一组由四项指标组成的绩效指标架构来评价组织的绩效。此四项指标分别是:财务、顾客、企业内部流程、学习与成长。借这四项指标的衡量,组织得以明确和严谨的手法来诠释其策略,一方面保留传统上衡量过去绩效的财务指标,并且兼顾了促成财务目标的绩效因素;在支持组织追求业绩之余,也监督组织的行为,并且透过一连串的互动因果关系,组织得以把产出和绩效驱动因素串联起来,以衡量指标与其量度作为语言,把组织的使命和策略转变为一套前后连贯的系统绩效评核量度,把复杂而笼统的概念转化为精确的目标,借以寻求财务与非财务的衡量之间、短期与长期的目标之间,落后的与领先的指标之间,以及外部与内部绩效之间的平衡。1993年,他们将平衡计分卡延伸到企业的战略管理之中,指出企业应该根据企业战略实施的关键成功要素来选择绩效考核的指标。此乃平衡计分卡里程碑式的事件。在此之后,全球企业界开始积极利用平衡计分卡推动组织绩效考核工作,一些非营利组织也开始积极探索运用的路径。1993年,美国政府通过了《政府绩效与结果法案》。到1997年,美国财富500强企业已有60%左右实施了绩效管理。1998年,他们发表了新的研究成果,解释了平衡计分卡作为战略与绩效管理工具的框架,该框架包括设定目标、编制行动计划、分配预算资金、绩效的指导与反馈及连接薪酬激励机制等内容。2001年随着平衡计分卡在全球的风靡,他们在总结众多企业实践成功经验的基础上,又出版了第二部关于平衡计分卡的专著《战略中心组织》。该著作指出,企业可以通过平衡计分卡,依据公司的战略建立企业内部的组织管理模式,要让企业的核心流程聚焦于企业的战略实践。该著作的出版标志着平衡计分卡开始成为组织管理的重要工具。从进一步的研究看,学者们和实践操作者关注的是如何利用平衡计分卡推动组织战略目标的实现,关注如何将战略转化为组织各个部门、各个岗位的行动计划。

（二）平衡计分卡与绩效考核

1. 平衡计分卡的整体框架

平衡计分卡是作为新绩效考核模式的研究结果出现的,说明平衡计分卡本身就是一种绩效考核的方法。通过图 11－1 我们可以看到,平衡计分卡以组织的愿景与战略为核心,力图通过财务、客户、内部流程及学习与发展四个方面的指标之间的相互驱动的因果关系展现组织的战略轨迹,实现绩效考核—绩效改进以及战略实施—战略修正的战略目标过程。平衡计分卡把绩效考核的地位上升到组织的战略层面,使之成为组织战略的实施工具。

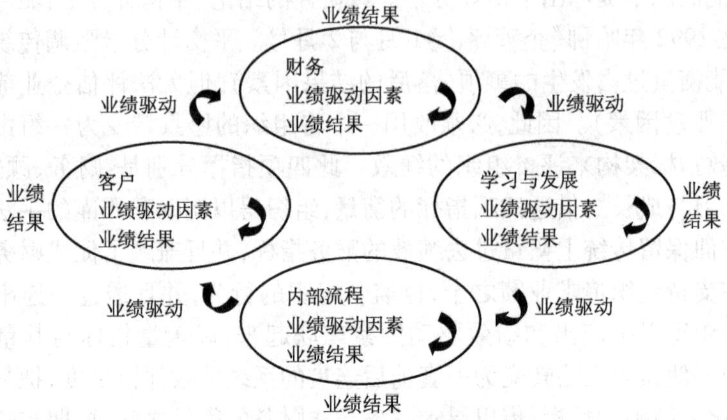

图 11－1　平衡计分卡的指标驱动关系

2. 平衡计分卡的"平衡"

"平衡"是本方法的核心,包括四个方面,即:短期目标与长期目标的平衡、财务指标与非财务指标的平衡、滞后指标与领先指标的平衡、外部人员与内部人员的平衡,所要求的成果和成果的执行动因之间的平衡,定量衡量和定性衡量的平衡(定量——利润、员工流失率;定性——客户满意度、时效性),短期目标和长期目标的平衡(短期——利润;长期——客户满意度、员工培训成本和次数)。之所以称之为"平衡计分卡",主要因为它是通过财务指标与非财务指标考核方法的相互补充"平衡",同时也是在客观评价与主观评价之间、组织的各部门之间寻求"平衡"的基础上完成的绩效考核与战略实施过程。

财务类指标是传统绩效考核的主导指标,考察的是企业经营如何满足股东的要求,包括毛利率、利润额、销售收入和开发成本等。

客户类指标关注的是在客户眼中我们的表现,客户的满意是企业利润的源泉,是企业竞争力的核心要素,包括:客户满意度、市场占有率等。

内部业务流程类指标关注的是我们必须擅长什么?我们企业是否建立起合适的组织、流程、管理机制,在这些方面存在哪些优势和不足,包括技术管理、质量管理等指标。

学习与发展类的指标关注的是组织为了未来发展的储备，是否具有进一步可持续发展的潜力，包括绩效管理推动、人员培训、技术队伍建设和新产品开发等指标。

为了有效提升财务类指标，企业可以减少对客户类指标的投入，而这种减少会使客户满意度等指标面临挑战，为了企业的发展，短期之内组织可能加大新产品研发方面的投入，而这些投入使组织短期财务指标面临挑战。从短期看，内部业务流程面向组织内部的合理分工和控制可能导致客户类绩效指标面临下降威胁。从图11－2可以看到，平衡计分卡在绩效管理方面的特别贡献就在于平衡了企业各方利益的追求，各个部门各个岗位基于平衡计分卡相关绩效指标予以分解，使得组织绩效、部门绩效和员工个人岗位绩效三位一体，而将组织的战略演变为各个部门的行动路径。

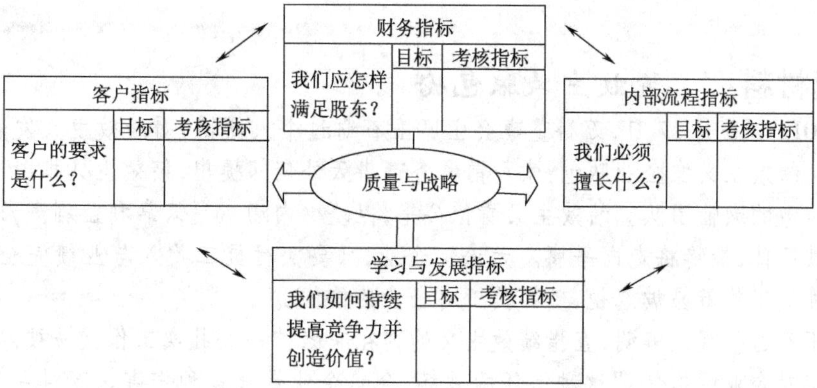

图11－2　平衡计分卡提供的将战略转化为行动的框架

3. 平衡计分卡在中国的应用

平衡计分卡作为一种流行的战略性绩效考核方法，得到了包括中国企业乃至一些地方政府部门的重视和积极实践。

中国政府和专家学者已经注意到平衡计分卡理论的优点，从2001年开始引进平衡计分卡，一些著名企业已经开始尝试应用平衡计分卡，比如，联想、中国移动、平安保险和顺驰集团等就是其中较为成功的案例，而一些地方政府公共部门也探索了平衡计分卡在个人绩效指标设计中的作用。如深圳市国家税务局从2004年下半年开始，依托“一个平台”——信息技术平台，突出“两个方法”——平衡计分卡、关键绩效指标法，实行“三个结合”——绩效考核与税收执法责任制、质量管理、公务员年度考核，在全系统全面推行绩效考核。深圳市国家税务局结合税务工作的特点，运用平衡计分卡理论，实行“分类分项、加权量化”分解描述性指标，实现对非客观性内容的细化考核。从财务、纳税人、内部流程和学习与成长四个维度将“德、能、勤、绩、廉”五方面内容细化为多项指标，实现对非客观性内容的细化考核，取得了良好的效果。此外，2006 年，中组部在黑龙江省海林市委开展了“中澳合作平衡计分卡中国化模式完善与推广项目”试点。现有的实践证明了平衡计分卡理论在我国公共部门绩效考核中运用的有效性和可行性。

虽然平衡计分卡以其全新的理念在美国和世界 500 强企业中流行，在中国也被许多企业所推崇，但它也遭到了诸多质疑。例如，有人提出，差异多元化集团找不出一个既能将各个子公司业务兼收并蓄，又能清晰表述集团战略的平衡方案；又如，通过平衡计分卡方法得出的诸多考核指标未必是股东所追求的，等等。再者，中国市场环境存在众多变数，很多企业事实上没有明确的发展战略，而平衡计分卡本身是以战略及组织愿景为核心的，这也就导致平衡计分卡在我国许多企业实施之后并没有取得预期的效果。

阅读材料：　绩效主义肿包论

2012 年 5 月 17 日，万科董事会主席王石通过个人微博，对绩效主义发表个人观点。绩效主义像企业脓包：索尼前常务董事天外伺郎提出，绩效主义摧毁了索尼引以为傲的激情团队。绩效主义看似公平，但缺少内涵。它只靠利益刺激，未结成精神共同体，最终将走向平庸。无论何企业，只要实行员工收入与业绩完全挂钩，一些扎实工作就易被忽视，破坏员工对企业的信任。

王石这一观点鲜明，直指绩效主义的内在缺陷：“一些扎实工作就易被忽视，破坏员工对企业的信任。”这种信任的破坏，会给企业带来各种伤害。万科今年多次遭遇质量问题，先后经历了“安信地板事件”以及深圳“纸板门”“设计门”等事件，就是这种伤害的证明。也因此，在 5 月 11 日的股东会上，王石表态，万科要把质量看得比规模、速度更重要；如果质量和规模、速度存在冲突，质量优先于规模、速度等。王石表示“大家要做好准备，万科可能会为了质量沦为老二老三”。即为了质量，失去行业第一也“在所不惜”。

在房地产行业政策波动和行业快速发展过程中，在郁亮主权时期，绩效主义就如指挥棒。万科对城市公司的绩效指标主要看财务报表的前三项，诸如资本回报率、利润率、存货周转率等。剔除了王石时期保留的较为务虚的业绩考核指标，如区域建设、产品质量、客户满意度等。对于一线公司职业经理人的考核也变为强调快速周转，甚至，郁亮专门提出了一个“5986 模式”，什么都别想，要以最快的速度拿地，最快的速度开工，最快的速度销售。拿地 5 个月动工、9 个月销售、第一个月售出八成，无论如何，开盘你得卖出 60%。由此，万科步入了一个快速开发模式。这种快速开发、快速周转模式对万科的资金链顺畅起到重要作用，尤其是在宏观调控、各种融资渠道收紧的情况下。但是，在“求快、求规模、求周转”的同时，就不可避免地对产品质量、区域建设、客户满意、领导力建设等这些长期对公司品牌、信誉非常重要因素的忽视。可以说，万科出现质量事件，在某种程度上，就是这种绩效主义种下的恶果。

绩效主义，很容易忽视公司的长期价值。虽然绩效可以借助于平衡计分卡取得一些指标上的平衡，但就其考核周期来讲，难以跨越年度甚至是季度。在年度，甚至是季度框架时间内的绩效主义，对于组织中的各个主体来讲，是难以考虑更为长期（三年、五年、十年、二十年、五十年、百年）的价值，尤其这些绩效目标、绩效指标与各个主体当期利益挂钩时更是如此。但对于大型公司来说，这种长期价值又是必须考虑并在现期有所行动的重大议题，因为这些议题对企业长期的生存发展来说，生死攸关。

绩效主义，很容易忽视那些不易衡量内容的价值。对于产品质量、客户满意度、企业品牌与信誉、员工满意度与组织氛围、整个公司的运营管理水平、研发技术水平、领导力水平、企业文化等，这些更富有软性的方面，不易衡量。但这些不易衡量的东西，对公司的生存、发展尤其是长期发展富有极其重要的价值。而绩效主义往往更关注那些容易衡量的内容，而忽略了对这些软性因素的关注，这种忽视短期来看公司是生机勃勃，但会对公司长期成长带来伤害。

绩效主义，很容易遗漏一些内容甚至重要内容的价值。绩效主义，只能关注那些比较关键的内容和指标（受制于周期短、软性因素难衡量、对于关键内容的认识不同等状况，关注的关键内容也在很大程度上受到扭曲），势必会造成对公司其他一些内容和工作的忽视，这种忽视容易对员工造成伤害，更容易对公司造成伤害。一般只有在出了一些重大问题之后，才反过来去关注一些基本的常识、规则、要求等。此外，由于市场竞争环境的变化，绩效关注重点没有及时调整，而导致绩效主义关注的指标往往具有一定的滞后性。

资料来源：http://club.ebusinessreview.cn/blogArticle－122662.html

三、目标管理法

（一）目标管理法的内涵

目标管理法是依据组织预定的管理目标，对组织领导人及其员工工作的数量、质量和效果进行评估，是目标管理原理在绩效评估中的客观运用。

目标管理既是现代管理理论的重要原则，又是一种管理方式，也叫作“成果管理”，是著名管理学家德鲁克在1954年提出的。作为一种原则，管理组织者的每一项工作都必须围绕它的总目标展开。衡量管理者是否称职，要看他对完成任务的贡献如何。目标管理的核心是：要求每一个组织成员都用自我控制的办法实现组织既定的目标,而不是用传统的统治者主宰一切的办法进行管理。

同其他管理方法一样,目标管理的目的也是激发全体员工的愿望和热情,在为组织目标服务中实现自身的价值和责任,并从中得到满足。

(二)目标管理的特征

目标管理是一种现代管理方法,具有如下特征:①目标管理是以人为中心的管理;②目标管理以激励代替惩罚,以民主代替放任或独裁;③目标管理是一种将组织目标和个人需要紧密结合在一起的管理技术;④目标管理不仅是一种采用式管理,而且是一种自我管理,即自我控制的管理;⑤目标管理是一种强调整体性的管理理念。

(三)目标管理法实施步骤

目标管理法实施步骤:①确定组织目标;②确定部门目标;③讨论部门目标;④对预期成果的界定(确定个人目标);⑤工作绩效评价;⑥提高反馈。

目标管理最重要的是确定组织目标。确定的方法一般有自上而下和自下而上两种方式。自上而下的方式,是上层领导确定目标,然后适当征求下属的意见。这种方式强调的是管理者上层的目标预期,要求下属通过努力实现预期,下属自始至终处于比较被动的被管理地位。自下而上的方式,是在基层管理者听取上级领导人对总目标的意见后确定工作目标。这种方式强调的是由于工作目标是基层确定的,那么基层通过自我调节、"自律"行动实现了个体目标的最大化,自然整个组织的目标也就最大化了。不管目标的确定是自上而下抑或自下而上,管理工作都是依靠上层管理人员和下层人员一道共同辨明目标,并且最终依据该目标对组织的所有成员进行检查、考核和评估。

组织目标应该具有可操作性,为此:①管理目标是明确的、可衡量的;②管理目标是可以分解的,如分解为日常目标(亦即需要达到的目标)、创造性目标(亦即力争达到的目标)、临时目标、个人目标(其最低要求是日常目标在每个员工身上的分解,以及分担必要的临时工作任务);③管理目标原则,即不论哪一级的目标,都应当具备这几个性质——层次化、数量化、现实性和协调性。

四、图表评估法

图表评估法是在绩效评估中普遍采用的方法,评价工作绩效、评定职称,甚至评价一篇文章的质量等级,都可以采用这种方法。绩效评估依据设定的表格进行。此种方法又称为评级量表法,常用 5 点量表。评估人员只需根据被评估对象的情况在表上"对号入座"就行了。然后,把各项得分加总起来,就成为被评估者的最后得分(见表 11-3)。

表11－3　图表评估样本

评估对象姓名：________　职务：________评估日期：　年　月　日
工作单位：　　　　　　　　　　　评估人：　　　（签名）

考核项目	考核要素	说　明	评　定
基本能力	知识	是否充分具备现任职务所要求的基础理论知识和实际业务知识	A B C D E 10 8 6 4 2
业务能力	理解力	是否能充分理解上级指示，完成本职工作，不需上级反复提示和指导	A B C D E 10 8 6 4 2
	判断力	是否能充分理解上级指示，正确把握现状，随机应变，恰当处理	A B C D E 10 8 6 4 2
	表达力	是否有现任职务所要求的表达能力，能否进行一般的联络，说明工作	A B C D E 10 8 6 4 2
	交涉力	在和企业内外的对手交涉时，是否具有使双方同意或达成协商的表达能力	A B C D E 10 8 6 4 2
工作态度	纪律性	是否严格遵守工作纪律和规定；对人是否有礼貌；严格遵守工作汇报制度，按时提出工作报告	A B C D E 10 8 6 4 2
	协调性	工作中是否能充分考虑别人的处境，是否主动协助上级、同级或企业外人员	A B C D E 10 8 6 4 2
	积极性 责任感	对分配的任务是否不讲条件，主动积极，尽量多做工作，主动进行改良、改进，向困难挑战	A B C D E 10 8 6 4 2

评定标准	分数换算
A——非常优秀，理想状态	A——100～90分
B——优秀，满足要求	B——90～80分
C——基本满足要求	C——80～70分
D——略有不足	D——70～60分
E——不合格	E——60分以下

组织在进行绩效评估时，往往不只是停留在一般性工作绩效因素（如数量、质量）的评价上，还需要将作为评价标准的工作职责进一步进行分解。比如，一个秘书要做的工作可能有打字、接待、计划安排、文件与资料管理、办公室杂务等，但所有这些工作并不是同样重要的。因此，在对她的工作进行评估时，应该根据每项工作的重要性确定其权重。这样做，其评价结果才能有更高的信度与效度。但由于等级之间的区分缺乏明确的标准，评估时对考核者的依赖性较大，主观色彩比较

重。为了进一步提升该方法的科学性,现实中一些单位要求针对所考核的项目列举具体的事例进行打分。

五、比较法

(一)排列评估法

排列评估法又叫排队评估法、队列评估法和交替排序法。用这种方法进行绩效评估的时候,不是把每个被评估者的表现与某一具体指标逐一对照,而是采用在被评估人之间进行相互比较,进行由优到劣的排列(通常是将最优秀者排在最前面,最差者排在最后)。其操作方法是:①将需要进行评价的所有人员的名单列举出来(可以将不是很熟悉而无法对其评价的人去掉);②在图表的相应位置上显示哪个员工表现是最好的,哪个是最差的;③再在剩下的员工中依次挑选好和差的,直至所有的被评员工都出现在图表上为止。这种方法之所以可行,是因为人们发现,在一个群体中,把最好的人与最差的人加以区别,显然比简单地把同样一群人按最好到最差的顺序一个个排列下来更容易操作。这种方法在实践中运用较多,特别是在进行定性比较的时候。但是,这种方法不能说出被比较的两个人(尤其是相邻的两人)之间在数量上的差距具体有多大。排列评估法样表如表 11 -4 所示。

表 11 -4 排列评估法样表

第一栏:评价等级最高的员工	
1.	9.
2.	10.
3.	11.
4.	12.
5.	13.
6.	14.
7.	15.
8.	16.
第二栏:评价等级最低的员工	

（二）对比评估法

对比评估法是将每个评估对象的每一项特征作为指标，与其他评估对象逐一进行比较。评估的项目既可以是定量的，也可以是定性的。定量比较的操作方法不说自明。定性比较的操作方法如表 11－5 所示。比较结果也可以给人一种一目了然的感觉，但是，它也有与排列评估法类似的缺陷。

表 11－5　某公司员工工作质量评估实例

比较对象	被评价人姓名				
		B	C	D	E
A		+	+	－	－
B	－		－	－	－
C	－	+		+	－
D	+	+	－		+
E	+	+	+	－	

注：A，B，C，D，E 分别代表 5 位被评估对象。“＋”表示“好于”，“－”表示“不如”。把每个空格里的“＋”加起来，就可以得到排序的结果。该例说明，“B”的工作质量是最好的。

（四）强制分布法

强制分布法与按照一条曲线进行等级评定的意思基本相同。使用这种方法，要提前确定一个比例，将被评价者分别分布到每一个工作绩效等级上。例如，设定各种绩效人数占被评价员工总数的比例如下：

绩效最高的占 15%；

绩效较高的占 20%；

绩效一般的占 35%；

绩效低于要求的占 20%；

绩效很低的占 10%。

在实际操作过程中，这种评价工具的使用程序是：①将被评价者的姓名分别写在一张卡片上；②根据每一种评价要素对员工进行评价；③根据评价结果将这些代表员工的卡片放到相应的工作绩效等级中。

显然，对于一位只有四五个下属的主管来说，要将其下属强制性地分布到 5 个等级中是不现实的。因此，又产生了一种“滚雪球”式的累计做法，即将类似工作性质的单位集合在一起进行评价，几个单位的主管各自提出分级名单，然后共同做出评价。

需要指出的是，如果部门员工表现比较接近或者优秀员工很多，这种方法就不合适了，否则会挫伤员工的工作积极性，甚至会导致优秀员工的流失。

阅读材料：　使用强制分布法的注意事项

一、使用条件要成熟

1. 文化基础

“强制分布法”较之其他考评办法，更需要与文化的吻合。因为其强烈的刺激，给人们心理带来的冲击更大。GE的“活力曲线”之所以发挥出很好的效果，在于其整整花费了10年时间来建立新的绩效文化。但即便是在GE，冲突也是经常发生，有的部门负责人，甚至将已经过世的人的名字拉来充后10%的人数。但GE的文化，较好地弥合了“强制分布法”的负面效应。坦率与公开是GE绩效文化中最显著的特点，人们可以在任何层次上进行沟通与反馈，在这种文化下，绩效的持续改进与提升是人们关注的重点。如果没有这种绩效文化的依托，“强制分布法”也只能起到传统考核所起到的“胡萝卜加大棒”的效果。另外，杰克·韦尔奇坚决果断的领导风格，也是GE文化中较有色彩的一笔。

2. 制度保证

企业的各项管理措施必须是兼容的。企业的人力资源系统内部、企业的其他管理系统与人力资源系统之间，必须有很好的融合度。如果企业的绩效管理本身不够系统和规范，如果绩效只能与物质奖励（或惩罚）挂钩而无法引导员工的持续发展，如果企业的愿景和使命不能焕发员工的激情，可以肯定，“强制分布法”的激励效果会非常有限。

二、方法要吃透

在使用“强制分布法”之前，一定要吃透其负面影响，权衡利弊后，如果确实利大于弊，方可采用。并且，要研究如何将其负面影响降到最小。对一些管理方法和工具的使用，一定要“适”字优先，万不可人云亦云，并且，要根据企业的自身实际，灵活而不是机械式的运用。

1. 让绝对“强制法”“柔软”起来

不同部门间的平均绩效水准以及员工的素质参差不齐，因此在实践中，应该将员工的绩效与部门的整体绩效联系起来，而不应该简单的“一刀切”。有两种办法：一种是整体领先法。在各部门人数确定的前提下，根据部门整体绩效的等级，不同等级给予一定的系数，确定部门内各等级员工名额，对整体绩效领先的部门给予一定的倾斜。比如，同样人数的两个部门，A部门整体绩效为“优异”，则A部门获得“优异”的员工人数为:10% ×人数 ×1.5 ;获得“较差”等级的员工人数为:5% ×人数 ×0.5。B 部门整体绩效为“一般”,则 B 部门获得“优异”的人数为 10% ×人数 ×0.6;获得“较差”人数为 10% ×人数 ×1.2(倾斜系数一定要根据企业的实际,经反复测算后方可确定)。

另一种是柔软等级法。与第一种方法类似,区别在于,不强调名额的精确性,模糊规定出上下限。比如,部门整体评价在“优异”的,只按倾斜系数规定出“优异”的人数,而不限制“优秀”、“一般”和“较差”的人数;如果有绩效较差的,就如实评价,如果没有,也不要强行拉入;而部门整体绩效“较差”的,不仅按倾斜系数限制“优异”“优秀”的人数,并且,“优秀”“优异”的人数可以少于规定的人数,而“较差”的人数则只能比倾斜系数计算出的数量多。如此,不仅可以避免“绝对强制”所产生的负面效果,更可以提高团队士气,达到长久的团队激励效果。

2. 让“统一的时间”变得“相对”起来

对于人数少的部门,不强行规定各等级人数,而由其直管领导根据其绩效实际,直接评价出等级(这需要在绩效指标与标准设定以及在绩效过程中都维持良好的沟通)。为有效避免部门领导绩效评价过严或过松的现象,由公司的考评小组,每三个月对上述部门评价为“优秀”以上的员工业绩进行公开审核,届时,直管领导需在专项会议上进行书面以及口头陈述。如果部门评价与考评小组评价有异议的,以考评小组为准;对绩效评价为“一般”以及“较差”的员工,如果本人以及其他部门都没有提出异议,则不需要考评小组进行审核。

3. 让单一的物质刺激转化为全方位激励

可采用多种办法,比如提供培训以及更有挑战性的工作机会等,激发员工的工作热情。另外,在必备的绩效文化没有形成前,企业在绩效结果的使用上也需要留有分寸。比如初期,可缩小最后一个等级的人数比例;或者,不把“强制分布法”与员工的末位淘汰结合起来,将关注点由对过去的结果评价转移到对员工未来绩效与能力的提升上来。

总之,对于“强制分布法”的使用,企业应该慎重。如果简单地将其作为强激励与强威胁的工具,就会混淆绩效管理之提升绩效的重点,处理不好,就会步入“以人际关系为导向”而非“以绩效为导向”之歧路,如此,就违背了考核的初衷。这样的考核,不要也罢。

强制分布法也有自己的优点,如可以在宏观上控制绩效比例,从而控制绩效工资的总量。

六、360 度绩效评估法

（一）360 度绩效评估法的内涵

360 度绩效评估法又称为全方位考核法，由英特尔公司提出并加以实施运用。该方法包括被评价者的上级、同事、下属和客户等分别对被评价者进行匿名评价。被评价者自己也对自己进行评价。然后，由专业人员根据有关人员对被评价者的评价，对比被评价者的自我评价向被评价者提供反馈，以帮助被评价者提高其能力水平和业绩的一种绩效评估方法（参见图 11－3）。

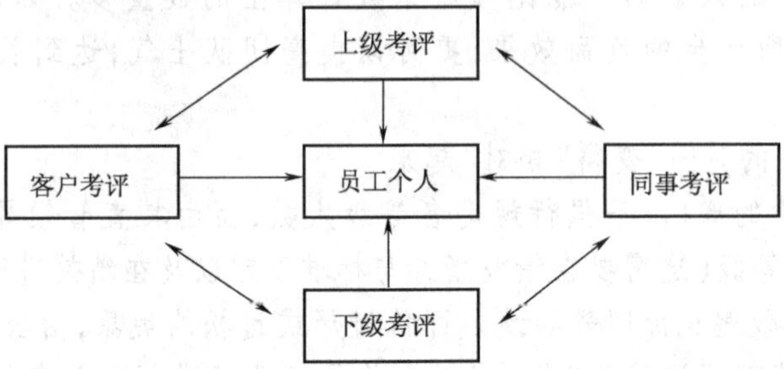

图 11－3　360 度绩效评估示意图

在 360 度考核方式出现以前，企业采用的主要考核方式是上级对下级的单向考察和评价，这种单向考察的方式简单易操作，但也有其明显的缺点，如：容易受到上级特别是直接上司个人偏好、水平的影响；对于一些行政后勤部门特别是业绩难以量化的部门难以进行有效评价；对于团队合作性质的工作难以评价。360 度作为一种全方位的绩效评估方法，考评的多角度和对考评反馈过程的重视是其鲜明的特点。360 度考核方式强调从与被考核者发生工作关系的多方主体那里获得被考核者的信息，有助于提升评价信息的全面性，也有助于评价过程的沟通，从而使绩效考核的过程与绩效改进建议很好地结合在一起；强调服务对象的评价权重最大，从而有助于提升内部团队合作的精神，避免部门利益，有利于提升顾客服务意识。360 度绩效评估法的缺陷主要在于评估结果来自各方面，工作量比较大，且在不同方面的意见特别是不同利益主体的意见不一致的背景下，其处理有相当的难度；也可能存在非正式组织，影响评价的公正性；还需要员工有一定的知识参与评估。

基于 360 度绩效评估法的优点和缺陷，有人提出 360 度绩效评估法应该主要服务于员工的发展。实践证明，在用于不同的评价目的时，同一评价者对同一被评价者的评价也会不一样；反过来，同样的被评价者对于同样的评价结果基于不同的评价目的也有可能有不同的反应。

360 度绩效评估一般采用问卷法进行。问卷的形式分为两种：一种是给评价者提供 5 分等级，或者 7 分等级的量表（称之为等级量表），让评价者选择相应的分值；另一种是让评价者写出自己的评价意见（称之为开放式问题）。二者也可以综合采用（见表 11－6）。从问卷的内容看，可以是与被评价者的工作情景密切相关的行为，也可以是比较共性的行为，或者二者的综合。常见的 360 度绩效评估问卷都采用等级量表的形式，有的同时包括开放式问题。问卷的内容一般都是比较共性的行为。采用这种问卷进行 360 度绩效评估有两个优点，即成本较低且实施起来比较容易。但是，这种方法也有其不足，最主要的一点就是问卷内容都是共性的行为，与公司的战略目标、公司文化、具体职位的工作情景结合不紧密，加大了结果解释和运用的难度，会降低 360 度绩效评估的效果。

表 11－6　____年 360 度考评表（上级评价）　评价人：

1. 评分标准：每个考评项目最高分为 5 分，最低分为 1 分，每个分值代表的含义如下：5 分——卓越；4 分——优秀；3 分——称职；2 分——需改进；1 分——不称职。
2. 请在评分后结合被考评人全年工作的实际情况给出综合评价，并针对不足给出改进意见。
3. 考评项目中的权重仅做其重要性排序用。

考评类别	序号	考评项目		考评描述	评分
工作成果（40%）	1	工作绩效（15%）		能主动、及时、保质完成上级交办的任务及部门工作	
	2	成本控制（5%）		始终把节能降耗作为一项重要工作来抓，部门内有具体的成本控制措施，降成本/成本控制效果明显	
	3	制度建设（5%）	制度优化意识	有通过不断优化制度流程规范部门工作，提高工作效率的意识；发现其他部门归口的制度流程有问题时，能及时与其他部门沟通；其他部门反映本部门归口管理的制度流程有问题时，能及时解决并反馈	
			制度建设成效	部门内的制度完善，流程通畅，无制度缺陷造成的重大工作失误	
	4	绩效管理（5%）	绩效管理意识	有主动利用绩效管理提高部门工作效率和质量的意识，积极探寻适合本部门的绩效管理方法	
			绩效指标设定	能根据下属的岗位职责设定具体的考核指标及评分标准，并不断调整优化	
			绩效管理成效	部门内各岗位职责明确，考核及时、客观、公正	

续表

考评类别	序号	考评项目		考评描述	评分
工作成果（40%）	5	员工培养（5%）		能积极组织部门培训，部门员工的工作技能和业务素质有明显提高	
	6	企业文化宣贯（5%）		能主动向部门员工宣传企业文化，部门内无重大违反企业文化的事件	
职业能力（40%）	7	分析决策（5%）	分析能力	分析问题准确、全面，能抓住实质	
			决策能力	在权限范围内能主动、及时、果断决策，且正确率高	
	8	执行力（10%）	计划执行	能根据工作重点及上级的安排，及时、主动制定部门工作目标，并形成期限明确、可行性强的行动方案	
				能有效地分解目标，合理安排下属工作并及时追踪检查	
			政策贯彻	能及时、准确做好公司各项政策和会议精神在部门内的上传下达工作，并积极督导落实	
			制度执行	严格执行公司各项制度流程，部门内无重大违规违纪行为	
	9	时间管理（5%）		善于抓住工作重点，目标、期限明确；能使用2/8原则合理规划时间，同时开展多项工作	
	10	领导能力（5%）	个人魅力	工作中率先示范、以身作则，能有效领导下属开展工作	
			团队建设	奖罚公正及时，部门凝聚力强	
			授权能力	善于用人及有效分配工作，并对授权事项进行监督、检查	
	11	沟通能力（5%）	与上级沟通	经常与上级沟通，能快速领悟上级工作意图，并做出相应的回应及行动，工作方向偏差小	
				需要寻求上级支持时，带着方案说问题，而不是直接将问题交给上级	
				工作进展及完成情况能及时向上级汇报	
			平行沟通	在工作中能就问题和流程主动与业务关联部门沟通，得出解决方案并有效执行	
				平行部门前来协调事情时，不推诿，扯皮事项少	
			对外沟通	对外处理公共关系的能力较强，基本能说服他人，获得支持	
	12	全局观（5%）		能主动站在公司整体利益最大化的立场上考虑问题和开展工作，能考虑公司长远利益而不仅仅是眼前利益	
	13	业务能力（5%）	专业技能	专业知识和经验丰富，专业技能熟练，能较好处理本部门内的问题，并经常主动创新	
			学习能力	接受新知识的能力较强，并能在工作中学以致用，效果明显	

续表

考评类别	序号	考评项目	考评描述	评分
职业素养（20%）	14	主动性(8%)	主动开展工作而非被动接受任务，并为达到工作目标积极寻求办法和措施	
		奉献精神(5%)	兢兢业业工作，为公司利益着想	
		责任感(3%)	工作认真负责，不拖拉敷衍，对失误不逃避、不辩解，勇于承担责任	
		原则性(2%)	立场明确，敢于指出任何有损公司利益的行为	
		公正性(2%)	与公司保持一致的价值观和道德取向，并以此作为判断事物好坏的标准，在处理具体问题时，不以个人好恶，关系疏密判断，能做到客观公正	
综合评价				
1. 请以具体事件为依据指出本年度工作突出之处				
2. 请以具体事件为依据指出本年度工作不足之处				
3. 改进意见				

一些公司开始编制自己360度绩效评估问卷。采用这种方法要求人力资源工作者能分析拟评价职位的工作，抽取典型的工作行为，编制评价问卷，对评价结果进行统计处理，并向被评价者和评价者提供反馈。采用这种方法所编制的问卷，能确保所评价的内容与公司的战略目标、公司文化以及具体职位的工作情景密切相关，使评价结果能更好地为公司服务。这种方法对人力资源部门的技能要求比较高，同时其成本也要比购买成熟的问卷高。

360度绩效评估一般由多名评价者匿名进行。采用多名评价者，确实扩大了信息搜集的范围，但是并不能保证所获得的信息就是准确的、公正的。同样，虽然匿名评价可能会使评价结果更加真实，但是真实的评价并不一定是有效的。

在360度绩效评估过程中，受到信息层面、认知层面和情感层面因素的影响，可能会导致所获得的评价结果是不准确的、不公正的。为了提高评价结果的准确性和公正性，在进行360度绩效评估之前，应对评价者进行选择、指导和培训。360度绩效评估一般是让被评价者的上级、同事、下属和客户对被评价者进行评价，但是并不是所有的上级、同事、下属和客户都适合做评价者，一定要选那些与被评价者在工作上接触多、没有偏见的人充当评价者。即使是这样，也不一定要求所有的评价者对被评价者的所有方面进行评价，可以让被评价者确定由谁来对他的哪些方面进行评价。为了提高评价结果的准确性和公正性,在进行360度绩效评估之前,应对评价者进行选择、指导和培训。

(二)360度绩效评估实施的步骤

1.确认360度绩效评估参与人

依据工作需要,确认需要参加360度绩效评估的相关人员,包括评价者和被评价者,评价者和被评价者相互知晓。可以通过发布360度绩效考评通知或360度绩效考评年终动员大会的方式确认本事项,并使被评价者明确本次绩效评估的重点和内容。

2.对评价者进行训练和指导

通过训练和指导,使评价者对评估的指标、评价的方法、评价的目的、评价打分的基准、评价的程序和时间表有统一的了解。

3.实施360度绩效评估

在这个阶段需要对具体实测过程加强监控和质量管理。比如,从问卷的开封、发放、宣读指导语到疑问解答、收卷和加封,实施标准化管理。如果实施过程未能作好,则整个结果是无效的。当然,在网络化时代,很多公司是通过管理信息系统从网上完成相应评价的。

4.统计评分数据并报告结果

对每一个被评价者的评估结果进行统计、综合打分,为每一位被评价者提供一份综合分析说明和相关建议,进一步将相关报告反馈给被评价者。

5.被评价者针对反馈报告制订改进计划

被评价者在阅读评价报告之后,针对结果提出有针对性的改进计划。其上级主管也可以就这一计划进行沟通,帮助被评价者明确自身存在的问题或正确对待评价中的建议。

第二节 绩效考核指标的确认

一、设定绩效指标的程序

(一)确定工作产出

绩效指标是针对组织目标起到增值作用的工作产出来设定的,因此,要想设定关键绩效指标首先要确定工作产出。

1.增值产出

即工作产出必须与组织目标相一致,即在组织的价值链上能够产出直接或间接增值的工作产出。从企业战略层面，到部门层面，再进一步到岗位层面，我们关注增值产出推动组织战略目标的实现。

2. 客户导向

这里的客户包括内部客户和外部客户。所谓内部客户是指被评估者的工作产出输出给单位内的其他部门，这些部门构成了本部门的内部客户；而外部客户是指组织外部的客户。我们定义工作产出需要从客户（无论是内部客户还是外部客户）的需求出发。需要强调的是组织内部客户的概念，即把组织内部不同部门或个人之间工作产出的相互输入输出也当作客户关系。

3. 结果优先

定义工作产出首先要考虑最终的工作结果，如果最终结果难以界定，关键行为就成为关注对象。

4. 设定权重的原则

各项工作产出应该有权重。权重要根据各项工作产出在工作目标中的“重要性”，而不是花费时间的多少来设定。

（二）制定具体岗位的绩效评估指标

制定具体岗位的绩效考核指标，一般从关注结果和过程行为两个方面展开。对于组织内部不同层次的人员，由于拥有的权限及承担的责任范围不同，结果指标和行为指标所占的权重是不同的。一般说来，企业高层或者说决策者拥有较多资源分配权从而在考核时应该更多关注结果指标，基层员工很大程度上是按照上级指示行事，更多的是对行为表现承担责任，而对做什么以及最终的结果难以承担责任，其考核时行为指标或者过程指标相对较多。

中高层管理者作为企业或部门的负责人，其主要工作就是领导和带领团队成员履行部门岗位职责，以合理代价完成团队目标。利润、成本、收入等指标就成为中高层管理人员的绩效评估指标。此外，作为一个管理者，团队管理指标也是其业绩评估指标中的一个重要指标。基层员工的绩效指标则来源于两个方面：第一，来源对其岗位职责所体现的责任，体现对业务管理流程的支持以及对部门管理的贡献；第二，来源于战略层面的层层分解，体现出对业务执行流程的支持，对组织最终绩效目标的贡献力度。

一个岗位的绩效考核指标是由部门目标分解得出的。

二、绩效指标的审核

绩效指标审核的目的是为了确认这些关键绩效指标是否能够全面、客观地反映被评估对象的工作绩效，以及是否适合于评估操作。

（一）工作产出是否为最终产品

由于通过绩效指标进行功能评估主要是对工作结果的评估，因此在设定关键绩效指标的时候关注与工作目标相关的最终结果。在有最终结果可以界定和衡量的情况下，我们尽量不去追究过程中的细节。

（二）绩效指标是否可以证明和观察

在设定绩效指标后，我们要依据这些关键绩效指标对被评估者的工作表现进行跟踪和评估，所以这些绩效指标必须是可以观察和证明的。

（三）多个评估者对同一绩效指标进行评估，结果是否能一致

如果设定的绩效指标真正是SMART（S—具体的，M—可度量的，A—可实现的，R—现实性，T—有时限）的绩效指标，那么它就应该具有清晰明确的行为性评估标准，在这一基准上，不同的评估者对同一绩效指标进行评估时就有了一致的评估标准，能够取得一致的评估结果。

（四）指标的总和是否能解释被评估者80%以上的工作目标

绩效指标是否能够全面覆盖被评估者工作目标的主要方面，也就是我们所抽取的关键行为的代表性问题，也是我们非常关注的。因此，在审核绩效指标时，我们需要重新审视被评估者主要的工作目标，看看我们所选的关键绩效指标是否可以解释被评估者主要的工作目标。

（五）是否从客户的角度来界定绩效指标

在界定绩效指标的时候，充分体现出组织内外客户的意识，因此，很多绩效指标都是从客户的角度出发考虑，把客户满意的标准当作被评估者工作的目标。所以我们需要审视，在设定的绩效指标中是否能够体现出服务客户的意识。

（六）跟踪和监控绩效指标是否可以操作

我们不仅要设定绩效指标，还需要考虑如何依据这些绩效指标对被评估者的工作行为进行衡量和评估，因此，必须有一系列可以实施的跟踪和监控绩效指标的操作性方法。如果无法得到与绩效指标有关的被评估者的行为表现，那么绩效指标也就失去了意义。

（七）是否留下超越标准的空间

需要注意的是，绩效指标规定的是要求被评估者达到工作目标的基本标准，也就是说是一种工作合格的标准。因此，绩效指标应该设置在大多数被评估者通过努力可以达到的范围之内，对于超越这个范围的绩效表现，我们就可以将其认定为卓越的绩效表现。

第三节 有效绩效考核的实施

一、绩效考核程序

从设计绩效考核程序的不同角度出发,一般将考核分为纵向考核和横向考核。

(一)纵向绩效考核程序

纵向程序是按照评估对象的先后顺序确定的程序,或者根据组织结构的层次确定的评估程序,即逐级向上推进,最后考核最高层。通常情况下,这种评估考核都是从上到下,一级级布置下去。实际进行时,基层领导考核其下属、上级领导考核其下属领导、上级组织考核下级组织。

应当指出,在现代社会的民主管理制度下,纵向考核应该是一个双向过程。除了上极考核、评估下极外,还应当允许从下到上,下级和群众对上极、对领导进行考核。这实际上也是一种对上级和领导的有效监督方式。

无论是从上到下,组织出面的正规检查和评估考核;还是自下而上,群众不定期的民主监督,两种绩效评估程序对于企业经营都具有重要意义。为了保证评估结果的公开性、公正性和公平性,都应当学习和掌握科学的绩效考核方法与技术。

(二)横向绩效考核程序

1. 制定绩效考核标准

为了避免随意性,在制定横向评估标准时,其内容必须是工作分析中已经制定的工作说明与工作规范;各项考核指标应该是一个客观、科学的指标体系,并且大多数是可以量化的,即使不可量化,至少也不应当造成其衡量结果在解释上发生歧义,从而引发不必要的争论。

2. 实施评估

实施评估即对员工的工作绩效进行考核、测定和记录。

3. 评估的结果分析与评定

评估的结果分析与评定即对照既定标准,对考核记录进行科学分析与评判,并得出科学的结论。

4. 结果反馈与实施纠正

结果反馈与实施纠正有两方面的工作要做:第一,将评估结果告诉员工,一般是正面地给予评价与鼓励,发扬优点,克服缺点,从而激发全体员工为组织目标奋斗的积极性;第二,对照组织目标,找出差距,提出下一步改进工作的措施。

二、绩效考核方案的设计

考核与评估工作要有效果,应注意考核方案的设计及其运用。有的评估考核方案在具体运用时,收效不大,达不到考核目的,反而挫伤了员工的积极性。问题之所以发生,是因为:①考核缺乏明确的标准;②考核工具设计不科学,缺乏可操作性;③考核没有反馈制度,其结果不加反馈,对表现好的人和表现差的人并未采取不同的措施,使人们对这种考核不感兴趣;④被考核者没有申辩和补充的机会,也不了解自身表现与组织期望之间吻合的程度,使考核失去了改进职工工作、提高工作效率的作用。

国外有人把对员工的绩效评估工作称为"量才",认为量才是求才的工具,得才的手段,知才的尺码,育才的依据,用才的条件,励才的基础,爱才、容才、遇才的前提。量才的核心是设计好考核表。

(一)划分考核层次和类别

绩效考核涉及面很广,至少有三个大的层次:高层管理、中层指导监督、下层操作。每个大的层次又可以根据工作的任务分为三个层次。然后,每个大的层次又可以根据工作任务分成若干个考核类别。因此,一般企业的绩效评估至少应该有三个大层次、九个亚层次、十类考核指标(如表 11-7 所示)。

表 11-7　一般企业考核层次与类别

层次	层级	类别			
高层管理	9 8 7	管理	专业	技术	
中层指导监督	6 5 4	现场管理	现场专业	现场技术	事务
下层操作	3 2 1	操作	辅助	事务	

资料来源:赵耀. 如何做人事主管[M]. 北京:首都经济贸易大学出版社,1998:214.

显然,绩效评估的层次和类别,是与考核的目的、对象和内容联系在一起的。一般情况下,组织着重考评员工的业绩和某项工作能力。下面重点介绍业绩考评和能力考评两类方案的设计。

（二）绩效考核表的设计

绩效考核表至少应该包括三部分内容：第一，完成工作的情况；第二，上级的指导意见和改进方向；第三，考核评价。样表如表11－8所示。

表11－8 绩效评估样表

1. 工作完成情况				2. 指导与改进	3. 考核评价								
工作内容	期望目标	自我评价	上级评价		考核内容	考核项目	考核要素	一次	二次	三次	四次	五次	综合评定
——	——	□	□	①需要改进的方面有哪些②如何改进	绩效			S A B C D	S A B C D	S A B C D	S A B C D	S A B C D	S A B C D
——	——	□	□					S A B C D	S A B C D	S A B C D	S A B C D	S A B C D	S A B C D
——	——	□	□					S A B C D	S A B C D	S A B C D	S A B C D	S A B C D	S A B C D
其他	——	□	□										

资料来源：同表11－7。

表11－8第一栏“完成工作情况”的第一列“工作内容”全部按重要性依次列出。第二列“期望目标”尽可能定量化，指标不能过高，也不应过低。其实，这两项就是“工作分析”的内容。在第三、四列“自我评价”和“上级评价”之间，如果有差异，上、下应当进行沟通。

第三栏“考核评价”的6次考核，依次指上级、同级、员工自己、下级、专家和人事部门综合考核。前5次考核应相互独立进行，后一次考核不受前一次的影响。每次考核都应做出自己的正确判断。

业绩考核也可以根据不同的工作性质、工作岗位，分成若干项目进行。例如，对一般职工，着重考核操作技术的准确性、完成工作量、工作的速度和对指示的理解等。对中层管理人员，考核他们的现场管理能力、专业技术能力、完成上级交办任务的情况和处理事务工作的水平等。高级管理人员则着重决策的正确性、管理能力、重大技术的水平、完成任务的情况及处理人际关系的能力等。

三、绩效考核的步骤

（一）计划

绩效考核是人力资源管理的基础，与企业的各项管理工作密切相关，涉及企业目标的实现及每一个员工的切身利益，科学的绩效考核计划不但有助于推进绩效考核工作的顺利开展，更重要的是有助于实现绩效考核到绩效管理的过渡，进而最终实现组织绩效目标。

绩效考核计划包括确定绩效考核目的、对象、内容、时间与方法等内容。绩效考核作为企业人力资源管理的基础，与人力资源招聘、培训、职业生涯发展和薪酬福利等相关内容密切联系，不同的绩效考核目的使绩效考核指标的选择角度、指标的权重都存在较大差异，不是为了考核而考核。绩效工作是一项需要投入大量精力及成本的管理工作，必须依据考核的目的明确考核的对象，从而提升绩效考核的针对性和有效性，提升绩效考核工作的效率。绩效考核内容的确定是绩效考核指标的前提，该项目与具体的阶段性任务有关。绩效考核时间包括两个部分，即绩效考核周期以及具体绩效考核实施的考核时间。从考核周期看，绩效考核可分为年度考核、半年度考核、季度考核和月度考核。年度考核对所有的考核对象和考核内容都是需要的，而月度考核、季度考核对生产系统、销售系统等业务系统具有非常重要的作用，有助于通过考核及时发现问题，从而在下一个绩效周期内尽快修正和弥补以提升绩效。而对企业中高层管理者的考核，建议延长考核的周期，以季度、半年度和月度为主。具体的绩效考核时间确认与绩效考核周期相关，在绩效考核计划中确认绩效考核时间有助于考核者和被考核者合理安排时间，提升考核效率。具体的时间安排要尽量不影响日常工作。绩效考核部门通常给考核者预留一定时间实施绩效评分。如何对这段时间进行合理安排和分配，间接影响着绩效考核偏差的大小。通常来说，将考核评分过程安排在相对集中的时间段较为合理，这样可以避免由于不同时间、地点、环境和个人情绪等因素造成的主观判断差异，同时相对集中的时间段便于进行被考核者间的横向比较。

（二）技术准备

包括拟订和审核考核标准、选择考核工具与方法、培训考核人员。

某一特定的成绩无所谓好坏，关键是看标准。实施科学的绩效考核必须明确绩效考核的标准，以此引领被考核对象在考核周期内的工作方向及努力程度。不同的指标及标准对应不同的绩效考核方法，我们可以从考核效果、考核成本、考核实施难易度等方面确认绩效考核需要的工具及方法。绩效考核人员的培训是整个绩效计划中重要的环节，通过培训，使考核人员掌握绩效考核的目的、意义，掌握相应的绩效考核工具，有效提升绩效考核实施的效率。

（三）资料准备

主要是收集评估资料信息。

不同的绩效考核指标有不同的信息来源，绩效考核计划必须就绩效考核涉及的指标需要哪些数据，以及这些数据和资料由哪个具体部门提供预先做好安排，以便于相关部门在日常工作中为考核做好资料准备。在实施具体的考核工作时，相关的数据和资料还需要得到被考核对象的确认，从而提升被考核对象对考核结果的认同度。

提供资料部门主要包括企业内部的财务部门、生产部门、销售系统，也包括企业外部的部门，如客户、供应商等。

对收集到的各种资料需要进行甄别，合理判断其有效性，从而提升评估的准确性。

（四）分析评价

对被考核对象做出全面评价，能够定量的尽量量化。

评价工作是绩效考核工作自然的落脚点。评价是基于绩效考核的目的，对绩效考核结果的目标性解释。用数据说话，用事实说话是评价的基本原则。在评价中我们要对事不对人，切勿进行人身攻击。此外，在具体评价的时候，要动态地看到员工在本考核周期内的绩效结果，基于过去的比较，基于同时期相同岗位员工绩效结果的评价，基于其岗位责任和管理者预期的评价，以及基于未来期望的现阶段评价。

（五）结果运用

评价不是目的，关键是改进。通过绩效考核发现绩效问题点，指出改进的方向，提供改进的建议，绩效考核计划中的结果运用也就是企业有关管理部门主动利用绩效考核结果推动相关管理工作的有序进行。

案例思考

A 公司成立于 20 世纪 50 年代初。经过近 50 年的努力，在业内已具有较高的知名度并获得了较大的发展。目前公司有员工 1 000 人左右。总公司本身没有业务部门，只设一些职能部门；总公司下设有若干子公司，分别从事不同的业务。在同行业内的国有企业中，该公司无论在对管理的重视程度上还是在业绩上，都是比较不错的。由于国家政策的变化,该公司面临着众多小企业的挑战。为此公司从前几年开始,一方面参加全国百家现代企业制度试点;另一方面着手从管理上进行突破。绩效考核工作是公司重点抓的一项工作。公司的高层领导非常重视,人事部具体负责绩效考核制度的制定和实施。人事部在原有考核制度基础上制定出了"中层干部考核办法"。在每年年底正式进行考核之前,人事部出台当年的具体考核方案,以使考核达到可操作化程度。

A公司的做法通常是由公司的高层领导与相关的职能部门人员组成考核小组。考核的方式和程序通常包括被考核者填写述职报告、在自己单位内召开全体职工大会进行述职、民意测评(范围涵盖全体职工)、向科级干部甚至全体职工征求意见(访谈)、考核小组进行汇总写出评价意见并征求主管副总的意见后报公司总经理。

考核的内容主要包括三个方面:被考核单位的经营管理情况,包括该单位的财务情况、经营情况、管理目标的实现等方面;被考核者的德、能、勤、绩及管理工作情况;下一步工作打算,重点努力的方向。具体的考核细目侧重于经营指标的完成、政治思想品德,对于能力的定义则比较抽象。

对中层干部的考核完成后,公司领导在年终总结会上进行说明,并将具体情况反馈给个人。尽管考核的方案中明确说考核与人事的升迁、工资的升降等方面挂钩,但最后的结果总是不了了之,没有任何下文。

对于一般员工的考核则由各部门领导掌握。子公司的领导对于下属业务人员的考核通常是从经营指标的完成情况(该公司中所有子公司的业务员均有经营指标)进行的;对于非业务人员的考核,无论是总公司还是子公司均由各部门的领导自由进行。通常的做法是到了年度要分奖金了,部门领导才会对自己的下属做一个笼统的排序。

这种考核方法使员工的卷入程度较高,颇有点儿声势浩大、轰轰烈烈的感觉。公司在第一年进行操作时,获得了比较大的成功。由于被征求了意见,一般员工觉得受到了重视,感到非常满意。领导则觉得该方案得到了大多数人的支持,也觉得满意。但是,被考核者发现自己的部门与其他部门相比,由于历史条件和现实条件不同,年初所定的指标不同,觉得相互之间无法平衡,心里还是不服。考核者尽管需访谈300人次左右,忙得团团转,但由于大权在握,体会到考核者的权威,还是乐此不疲。

进行到第二年时,大家已经丧失了第一次时的热情。第三年、第四年进行考核时,员工考虑前两年考核的结果出来后,业绩差的或好的领导并没有任何区别,自己还得在他手下干活,领导来找他谈话,他也只能敷衍了事。被考核者认为年年都是那套考核方式,没有新意,失去积极性,只不过是领导布置的事情,不得不应付。

（资料来源：http://www.51job.com/forum/2006/lianxiang.php）

问题：

1. A公司绩效考核中存在哪些问题？
2. 绩效考核指标中能力指标的界定需要考虑哪些因素？

G 关键概念 JIANGAINIAN

关键绩效指标　　平衡计分卡　　360度绩效评估　　目标管理

F 复习思考题 XISIKAOTI

1. 关键绩效指标提炼的原则有哪些？
2. 平衡计分卡如何体现出战略导向？
3. 为什么说目标管理不仅是一种绩效考核方法还是一种现代管理方法？
4. 绩效考核的准备工作有哪些？
5. 绩效考核指标的权重提炼需要考虑哪些问题？

B 补充阅读材料 CHONGYUEDUCAILIAO

联想：业绩导向下的销售激励与绩效考核管理

多年来，联想的销售以渠道为主，销售人员以渠道管理为主要业务，因此，在联想内部销售人员的考核激励政策与职能人员几乎相同：以团队考核为主，个人绩效目标不明确等。而随着联想业务模式的变革以及市场竞争的加剧，这种考核方式对于目标很明确、业绩差异很明显的销售人员已经明显不适合，它不利于公司销售目标的完成和优秀人才的保留。因此，从2004年4月开始，联想集团开始设计业绩导向下的销售激励与绩效考核改革方案。

方案实施共分为三个阶段。

第一阶段：方案设计

以人力资源部、企划部以及各业务单元负责人等人员组成专门的项目小组，小组成员在进行充分的市场调研以及内部访谈的基础上，开始设计既要符合业界通用做法,又能兼顾联想自身实际情况的考核方案,方案既要简洁清晰,让销售人员易理解、易记忆,还要能够充分、及时体现公司各项重点销售战略。

为打通销售各环节,联想将全价值链直接参与销售流程的人员都涵盖在销售考核激励范围内,总体上分为销售与销售支持两部分,对于直接销售采取更高风险、高回报的方式,如工资奖金6/4,而销售支持7/3。在考核上,强调业绩导向,以财务指标考核为主,重点考核营业额、利润,同时留出10% ~20%的考核权重给销售管理者;新考核方案的原则是:对高绩效者决不吝啬,坚决拉大绩优者和其他人员的激励差异,业绩排在前10%的人可以获得10倍于后10%者的奖金。

在激励上,采取多种形式相结合的方式,以目标奖金方式为主,对特殊项目、特殊产品也采取提成,简洁直接。同时还进行内部竞赛,如评选先进销售员、先进小组等,在总结会上进行表彰和奖励,发放奖杯,给其以很强的荣誉感,这些方法的综合使用,使考核激励效果得到了保障,提升了销售组织的活力。

第二阶段:方案实施与完善

方案形成后,先在部分管理基础好的业务部门进行试点,后推广到全集团。而各个考核指标、销售目标等都需要经过反复的权衡,不断地进行修正,使最终的薪酬回报率既能激励销售员的热情,又能保证公司整体薪酬水平的内部公正性。

方案设计完成之后,方案是否顺利实施成为关键,为了让大家更加理解新方案设计的思路与背景,人力资源部专门组织各地区销售经理就新方案进行培训,同时专门组织各区域人力资源岗位的培训,向他们详细讲解新方案的内容,同时要求他们在指定的时间内将新政策向每个销售人员宣讲,确保销售人员清晰地了解个人的销售目标和考核指标,甚至自己能口算出自己的奖金。

第三阶段:方案的稳定和维护运营

方案经过一年的运行和完善,整个销售考核已经形成相对完善和成熟的系统,更多的是将内容框架、流程等固化下来,并把它转化为一件日常运营的事情。现在公司考核管理的整体效率得到提升,以往季度销售考核激励方案在当季度的首月15日发布,而目前,由于有了固化的流程和内容框架,方案发布时间也由原来的15日提早到5日。

经过2004财年一年的实施和运行,新方案取得了良好效果,员工认可率达到84%,人力资源管理真正成为战略伙伴、业务伙伴,业务领导与人力资源管理有了共同的语言,他们反映销售考核激励给他们工作带来了明显支持,而且新方案极大地激发了销售人员的工作积极性,解放了生产力。

(资料来源:第5届人力资本论坛暨2005《人力资本》最佳实践案例,http://www.51job.com/forum/2006/lianxiang.php)

第十二章

绩效考核的评估及绩效管理

本章要点

本章从绩效考核的评估入手，介绍了绩效考核中的晕轮效应、居中趋势、宽严倾向等问题，并以此为切入点，讨论对绩效考核结果的审核、绩效管理的程序以及有效绩效反馈的方式。通过本章的学习，掌握绩效考核中容易出现的偏差及相应的举措，进一步掌握绩效管理的过程以及绩效面谈的相应技巧。

引入案例

某食品企业一位在营销岗位上工作了六年的大区经理，对来公司进行管理咨询的某咨询师抱怨："老总对我一直有偏见，说我没有思路，做了六年的大区经理，业绩也不错，可一直没有提升，而有些比我进企业还晚的大区经理有的已成分公司总经理了，看来我在这个企业的发展前途不乐观，我呢，也要随时准备撤了。"而当咨询师与该企业的老总进行交谈提到这位大区经理时，老总的评价是："这位大区经理就会要政策，人很聪明，可思路不多，操作市场不会打策略战，光会打价格战，有时还与我无理搅三分，稍不如意就想撂挑子，像这样的经理谁敢重用他，如果把他提起来，有一天他突然撒手不干了，那他负责的区域不就散架了吗？况且，他从不主动向我汇报工作，即使提促销费用申请，也是报上来之后就不管不问了，很多事情都是我主动找他、盯他，你想想我事情那么多，不可能都替他想吧，你说说像这样的员工我如何来提拔他？”事后，当咨询师把老总的话委婉地说给这位大区经理听时，他却一脸的委屈：“光会要政策？没有政策支持怎么能行？我负责的区域某第一品牌厂家不断召开订货会，力度大得吓人，而河南某厂家的产品也来势汹汹，不断挑起价格战，我们夹在中间，不要政策进行抵抗，那不是等死吗？另外，老总他比较忙，找他说点事情，都要排队等上两个小时，我们业务那么忙，哪有那么多的闲时间？”可当我问他，这些情况是否都当面向老总沟通与交流过时，他却连连摇头说没有……看来，他们之间的问题就出在这少得可怜的沟通与交流上。

评估不是目的，有效提升绩效水平以最终实现企业战略目标是企业绩效工作的中心任务。推动企业从绩效考核转变为绩效管理是现代企业管理发展之必然。针对绩效考核中出现的问题及时处理，有效开展绩效反馈沟通，推动企业从绩效考核走向绩效管理是现代人力资源管理的重要工作。

第一节　绩效考核的评估

一、绩效考核中出现问题的处理

（一）绩效考核中可能出现的问题

1. 评价标准不明确

标准不明确是绩效考核中经常犯的错误。主要表现为评价指标及好坏程度是开放性的，人们可以有不同的理解和解释。例如，在一份评价“工作质量”“工作数量”“创造性”“诚实性”等的表格中，都用“优、良、中、差”的字眼来定性，难免让人产生很大的歧异。

2. 晕轮效应

晕轮效应最早是由美国著名心理学家爱德华·桑戴克于20世纪20年代提出的。他认为，人们对人的认知和判断往往只从局部出发，扩散而得出整体印象，也即常常以偏概全。一个人如果被标明是好的，他就会被一种积极肯定的光环笼罩，并被赋予一切都好的品质;如果一个人被标明是坏的,他就被一种消极否定的光环所笼罩,并被认为具有各种坏品质。这就好像刮风天气前夜月亮周围出现的圆环(月晕),其实呢,圆环不过是月亮光的扩大化而已。据此,桑戴克为这一心理现象起了一个恰如其分的名称“晕轮效应”,也称作“光环作用”。

将晕轮效应用于绩效考核,是指在考察员工业绩时,由于一些特别的或突出的特征,而掩盖了被考核人其他方面的表现和品质。在考核中将被考核者的某一优点扩大化,以偏概全,通常表现为一好百好,或一无是处,要么全面肯定,要么全面否定,因而影响了考核结果。例如,某经理看到某员工经常加班、忙忙碌碌,对他的工作态度很有好感,在年终考核时对他的评价就较高,从而忽略了对他的工作效率和经济效益等综合表现的考察。

3. 居中趋势

居中趋势也称为平均倾向、调和倾向,是指给大多数员工的考核得分在“平均水平”的同一档次,并往往是中等水平或良好水平,这也是考核结果具有统计意义上的集中倾向的体现。无论员工的实际表现如何,统统给中间或平均水平的评价。比如,如果评价等级分为 1 ~ 7 级,在评出的结果中,既避开最差的第 6,7 级,也不评为第 1,2 级,大家都评在第 3,4,5 三个等级上。

产生这种现象的原因之一是利益驱动,管理者给自己下属员工普遍高评价,有助于在本部门薪酬预算时得利;原因之二是对绩效考核评价工作缺乏自信,缺乏进行绩效考核的相关事实和依据;原因之三为有些主考人信奉中庸之道,不愿做反面考核,认为被评为劣等会对员工造成负面影响,挫伤员工工作信心和士气。在管理者如此心态下所做的考核必定是含糊的,无法对员工形成正面、有效的引导。

4. 偏紧或偏松

偏紧或偏松也叫宽严倾向,包括“宽松”和“严格”两个方面。宽松倾向是指考核中所做出的评价过高,严格倾向是指考核中所做出的评价过低。出现这两类考核误差的原因主要是缺乏明确、严格、一致的判断标准,考核者往往根据自己的经验进行判断,主观性过强。

5. 评价者的个人偏见

个人偏见是指考核者由于经验、教育情况、世界观、个人背景以及人际关系等因素而形成的固定思维模式对考核评价结果的刻板化影响,通俗的说法是“偏见”“顽固”等。凭个人好恶判断是非,是绝大多数人难以察觉、不愿承认的弱点。个人的价值观和偏见可能会代替组织已制定的考核标准,依据个人意愿和个人的理解随意地考核。

6. 近因和首因效应

近因效应是考核者只看到考核期末一小段时间内的情况,对整个考核期间的工作表现缺乏长期了解和记忆,以“近”代“全”,只是对最后一阶段进行考核。首因效应是指考核者凭“第一印象”下判断。这两种情况与考核者的思维习惯有关,其考核结果并不能反映整个考核期间内员工绩效表现,在一定程度上影响被考核者的得分。

（二）问题的处理

1. 充分了解工作绩效评价中可能出现的问题

弄清问题及其来源,有助于避免再次发生同样的问题。

2. 选择正确的绩效评价工具

每一种评价工具都有其优缺点,如果选择不当,就会引起员工的不同感受,从而直接影响工作绩效。

3. 对有关人员进行培训

对主管人员进行如何避免晕轮效应、偏紧/偏松倾向与居中趋势等问题的培训,并尽可能借助现代化管理手段(如计算机)辅助设计绩效评价方案和指标。

4. 坚持公开、公平、公正原则

坚持绩效评价的公开、公平、公正等原则,并将评价结果与职工的切身利益挂钩。

绩效考核结果必须公开,这不仅仅是考核工作民主化的反映,也是组织管理科学化的客观要求。考核评价做出以后,要及时进行考核面谈,由上级对下级逐一进行,将考核结果反馈给员工,使员工了解自己的业绩状况和考核结果,也使管理者了解下级工作中的问题及意见,创造一个公开、通畅的双向沟通环境,使考评者与被评对象能就考核结果及其原因、成绩与问题及改进的措施进行及时、有效的交流,并在此基础上制订员工未来事业发展计划。这样,绩效考核才能真正发挥其效用,推动员工素质的提高,实现组织发展目标。对绩效考核结果的保密,则只会导致员工不信任与不合作的后果。

同时,积极地将考核结果与薪酬福利、培训晋升等相关人力资源问题关联起来,使绩效考核成为企业管理的基础性环节而得到大家的重视,从而提升其运作的科学性。

5. 设置考核申诉机制

考核申诉产生的原因,一是被考核员工对考核结果不满,或者认为考核者在评价标准的掌握上不公正;二是员工认为考核标准运用不当、有失公平。因此,第一,要设立一定的机制,从制度上促进绩效考核工作的合理化,保障员工在绩效考核过程中合理地表达自己的意愿。处理考核申诉,一般是由人力资源部负责。在处理考核申诉时要注意尊重员工,申诉处理机构应该认真分析员工所提出的问题,找出问题发生的原因。如果是员工的问题,应当以事实为依据,以考核标准为准绳,对员工进行说服和帮助;如果是组织方面的问题,则必须改正。第二,要把处理考核申诉过程作为互动互进的过程，当员工提出考核申诉时，组织应当把它当作一个完善绩效管理体系、促进员工提高绩效的机会，而不要简单地认为员工申诉是员工有问题。第三，处理考核申诉，应当把令申诉者信服的处理结果告诉员工。如果所申诉的问题属于考核体系的问题，应当完善考核体系；如果是考核者的问题，应当将有关问题反馈给考核者，以使其改正；如果确实是员工个人的问题，就应该拿出使员工信服的证据并做合理的处理。

二、绩效考核结果的审核

如前所述，绩效考核涉及人员的使用、工资、奖惩、升降、调动和培训等，有关人员的稳定、积极性和组织的绩效和发展前景。各级管理者不仅要重视绩效考核工作本身，而且必须注意对绩效考核结果的评估。如果评估的结果与实际情况发生了较大的差距，最终受影响的是组织自身。因此，注重绩效考核结果的审核，是绩效考核工作不可缺少的内容。

（一）检验考核结果的基本尺度

绩效考核审核是审核考核结果是否客观、公正、公平。检验评估结果的基本尺度是效度和信度。

1. 绩效考核审核是审核绩效考核结果测量的准确程度

绩效考核审核要得到准确的结果，必须首先有正确的指标，包括评估项目的设置、项目的权数确立要适当，等级分配要合理，以及同一组织内部不同工作（工种）之间的平衡。为此，开始审核评估结果之前，应当首先检查绩效考核的指标设置是否与原订工作计划要求的目标相一致，因为这是检查评估结果是否可靠的重要依据。

2. 信度

绩效考核的信度指评估测量的稳定程度和一致程度。这有两层含义：一是对同一岗位的绩效评估标准，在一定时期内应当保持一致；二是在不同时期从事评估工作的人员，掌握评估指标和标准应当保持稳定和一致。只有做到这两点，才能保证最终评估结果的稳定性和可靠性。

讲求绩效考核结果的稳定与一致，达到预期的效度和信度，不等于不允许绩效考核可能产生误差。事实上，有许多因素（如环境因素、绩效标准因素、评估者个人因素、被评估者个人因素等）可能导致绩效考核工作发生误差。把误差缩小到最低限度的有效方法是做细致的准备工作。

（二）绩效考核审核的内容

在绩效指标的分析中我们指出，绩效指标主要有数量、质量、成本和时限四种类型。绩效评估的审核就是从这四个方面进行，考察被评估人的“绩”的实效。需要注意的是，“绩”的结果与个人所具有的德、能、勤素质与工作的环境、上级的目标激励程度和企业内部客户的合作程度都密切相关。

（三）审核绩效评估的反馈

检查绩效评估的结果是否反馈给当事人。如果根据评估的结果提出了新的工作计划和组织措施，还应该检查计划、措施是否得到了落实。

第二节　绩效管理过程和绩效反馈

一、绩效管理过程

从流程上讲，绩效管理主要包括四个环节：绩效计划、绩效辅导、绩效评价和绩效结果的运用。

（一）绩效计划

这是一个设定目标的过程，其目的在于将公司战略与每位员工的行动结合起来，确保员工的工作目标与公司的战略目标保持一致，这样就可以最大限度地保证公司目标的实现。因此，绩效计划必须清楚地说明期望员工达到的结果，以及为达到该结果期望员工表现出的行为和技能。

绩效计划主要是通过层层分解目标，将组织的整体目标分解到各个部门，再逐层分解到个人，每个员工都形成一个实现目标的绩效整体（参见图 12－1）。

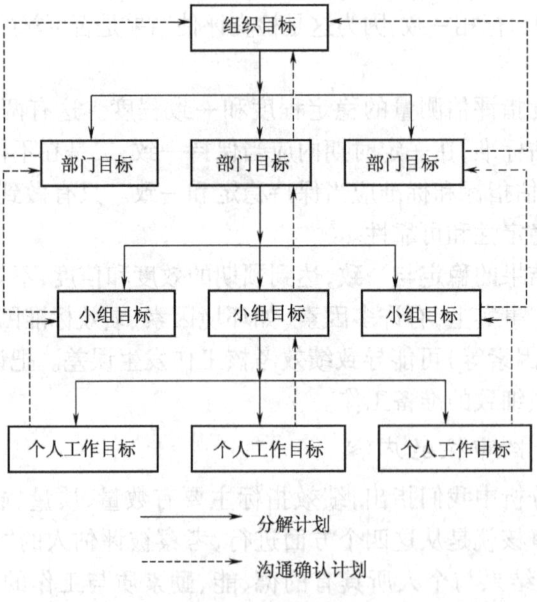

图 12－1　绩效计划过程

所以,绩效计划是一个确定组织对员工的绩效期望并得到员工认可的过程,必须要有员工全面参与管理,从而明确自己的职责和任务,这是绩效管理的一个至关重要的环节,因为,员工只有知道组织或部门对自己的期望是什么,才有可能通过自己的努力达到期望的结果。

看故事,并思考

为什么有时候会出现个人绩效评价结果很好,但是企业同期经营业绩不佳的情况?

有一天一个老人路过一块地,看见两个人拼命地干活,一个人一直拼命地挖着坑,一个人在拼命地填土。老人很好奇,看在做什么,可是老人看了半天也没看出个所以然来,就问他们:"你们这是在做什么呀?"两个人告诉他,他们是在替一家公司种树,三个人一个人负责挖坑,另一个人负责填土,还有一个人负责放树苗。今天放树苗的那个人生病请假了,但是因为公司按照他们的工作量给报酬,所以负责挖坑的继续挖坑,而负责填土的继续填土。

(二)绩效辅导

绩效辅导是绩效管理中最重要的环节,也是最容易被忽视的环节。辅导是一个改善员工知识、胜任特征(胜任工作的行为)和技能的过程。辅导的主要目的是:第一,及时帮助员工了解自己工作进展情况,确定哪些工作需要改进,需要学习哪些知识和掌握哪些技能;第二,在必要时,指导员工完成特定的工作任务;第三,使工作过程变成一个学习过程。辅导的目的在于改善和增强管理者与下属之间的关系,创造融洽、和谐的工作氛围,同时通过绩效辅导,找到员工工作中出现的问题并想办法共同解决,提高工作绩效,从而能够更加出色地完成工作(参见图12-2)。

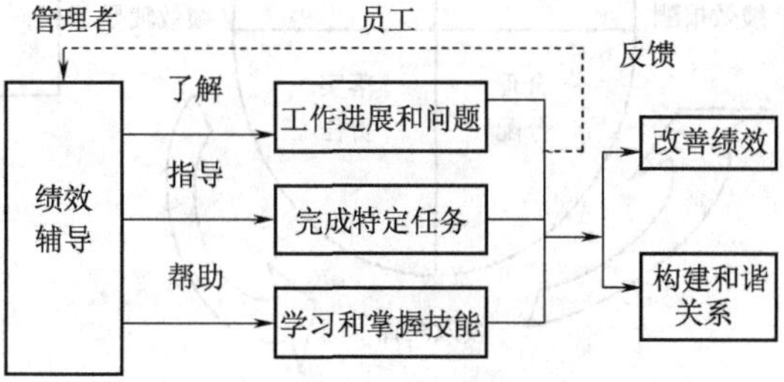

图12-2　绩效辅导

有效的绩效辅导具有这样一些特征:①绩效辅导是一个学习过程,而不是一个教育过程；②学习过程得到管理者的支持、咨询和监控；③个人负责制订工作计划并努力达到预期目标；④反馈应该具体、及时并反映在好的工作表现上。

（三）绩效测评

这是绩效管理中最受人关注的环节，在这个环节将会对所有员工的业绩进行评价。不过需要指出的是，评价不是目的，其目的在于让所有员工都清楚，怎样做才能达到优秀的绩效，工作应该如何改进，通过怎样的方式方法，使人人都可能成为优异绩效的创造者。同时，绩效测评也是对整个绩效管理体系进行评估的过程，通过上下级的沟通，找到绩效系统设计过程中可能存在的不足，并在未来的实施中予以完善。

（四）绩效结果的运用

评价结果可以和员工的薪酬挂钩，如果员工持续表现优异，那么可以纳入岗位晋升和薪资调整的范围；如果对照岗位胜任素质模型，发现员工在岗位上缺乏某些胜任素质，那么可以进行有针对性的培训和轮岗。

这四个环节环环相扣、相辅相成，构成完整的管理体系。因为绩效管理不仅仅是绩效评价，更重要的，它也是一个解决问题的机会。所以上述四个环节，在绩效管理中“一个也不能少”（参见图 12－3）。

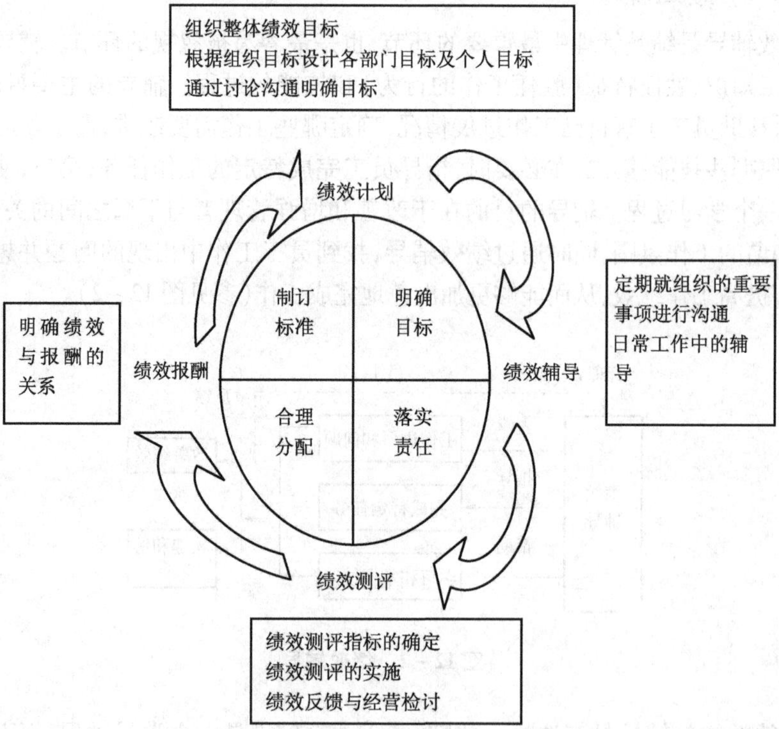

图 12－3　绩效管理系统实施流程

二、绩效管理过程中的沟通与反馈

一个在你眼中一直工作非常努力，业绩不错的员工，可是在年底的考核中，你却发现他的考核结果大大出乎你的意料，非常差，请问这时候你会怎么办？这时候，你需要和他进行绩效沟通。

（一）对绩效沟通与反馈的认识

绩效管理过程中，需要组织、管理者和员工的全员参与，通过沟通的方式，明确企业的战略，管理的职责、方式和手段以及员工的绩效目标等基本内容；在持续沟通的前提下，管理者帮助员工共同清除工作过程中的障碍，提供必要的支持、指导和帮助，建立员工与管理者之间建设性的、开放的关系，与员工一起完成绩效目标；同时，激发员工开发自身的潜能，提高他们的工作满意感，以此来增强团队凝聚力，改善团队绩效。所以有人说，绩效管理就是沟通、沟通、再沟通。

从图 12－4 可以看到，绩效管理全过程都涉及绩效沟通，但不同的绩效阶段沟通内容存在差异。

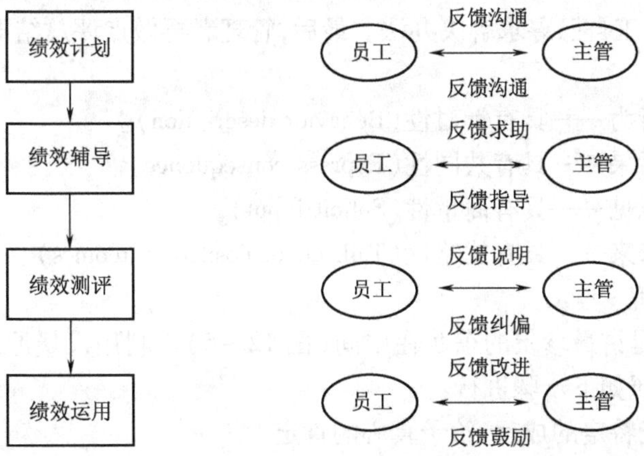

图 12－4　绩效沟通

在绩效的计划阶段，我们通过绩效沟通达成对目标的共识及承诺。如果双方不能有效地沟通及反馈，任务则不会变成承诺，也不会因此而指导行动。也就是说，我们不能只是仅仅下达或通知被管理对象要完成什么任务。

在绩效辅导阶段，我们与员工就如何达成目标及达成目标的支持条件进行沟通，使员工不仅有明确的目标，还有达成目标的具体措施、过程。众多的企业往往只是下达目标，而对目标的实现过程不予以关注。可口可乐公司的一句名言是：只要过程做得好，结果自然好！企业的管理者必须给员工以达成目标、履行计划必要的建议和相关条件，给员工能力的指导和行动建议是沟通的重要内容。

在绩效测评阶段，我们需要及时关注员工的绩效状态，并进一步明确其为什么是这样，通过沟通我们要与员工达成改进工作状态方法的共识。

在绩效运用阶段，需要注意的是我们必须把员工的每一点改进都及时通过沟通反馈给员工本人，即使在其改进仍然没有达到预期值的背景下也应该如此。及时地激励可以鼓励员工进一步改进工作，提升绩效水平。

（二）有效的绩效沟通方式

在整个过程中我们一直关注要做什么，为什么要这样以及怎么样才能做好。最后一个问题的实质就是通过沟通明确达成绩效的能力定位。

在绩效沟通反馈中，我们不要随意地批评一个人，汉堡原理和"刹车"原理的应用将使我们的批评被员工乐于接受，并达到最终促进绩效改善的目的。

1."刹车"原理

"刹车"原理又叫 BEST 法则，是指在管理者指出问题所在，并描述了问题所带来的后果之后，在征询员工想法的时候，管理者不要打断员工，要适时地"刹车"；然后，以聆听者的姿态，听取员工的想法，让员工充分发表自己的见解，发挥员工的积极性，鼓励员工自己寻求解决办法。最后，管理者再做点评总结即可。具体包括四个步骤：

(1)描述行为——具有针对性(Behavior description)。

(2)表达后果——具有共同性(Express consequence)。

(3)征求意见——具有商量性(Solicit input)。

(4)着眼未来——具有战略性(Talk about positive outcomes)。

2.汉堡原理

汉堡原理是讲最珍贵的东西在中间(图 12－5)。利用汉堡原理，是指在实施绩效沟通时按照如下步骤进行：

(1)先表扬特定的成就，给予真心的肯定。

(2)然后提出需要改进的"特定"的行为表现。

(3)最后以肯定和支持结束。

图 12－5　汉堡原理示意图

汉堡原理的作用在于提醒管理者，绩效面谈的作用在于帮助员工改善绩效，而不是抓住员工的错误和不足不放,因此,表扬优点,指出不足,然后肯定和鼓励,才是最佳的面谈路线。

汉堡原理和“刹车原理”的应用实质上体现在人更需要得到尊重。面向未来,对一个员工的行为和贡献进行正面的评价将有助于管理绩效的提升。每一个人都不是天生想把事情弄糟糕,正面的评价使员工感受到自身的价值,从而提升工作的动力,为绩效改善奠定良好的心理基础。可我们的企业管理者往往更多地注意员工的缺陷,使员工在很多时候与我们的管理者形成对立面。下面的故事可以给我们一些启示。

表扬的巨大作用

小勇的妈妈到了学校,老师对小勇妈妈说:“你赶紧把小勇带到医院测测智商,他太笨了。全班70个人,他考试成绩为65名。”小勇妈妈听后很伤心!

回到家,小勇胆怯地看着妈妈,妈妈笑着对小勇讲:“老师表扬你了!说你这学期有进步,如果再努力一点,就可以超过你的同桌。同桌这次考了30名。”小勇听了妈妈的话,开心地笑了!

从第二天开始小勇自觉学习。

第二学期期末结束了,妈妈又来到学校,老师说:“哎!你应该赶紧给小勇联系补习学校,他这次考试排名仅为全班的28名,考大学没有希望了!”小勇妈妈听了之后又开始难过,因为上大学是小勇妈妈没有实现的梦想!她特别希望小勇能帮她实现这个梦想!

小勇妈妈回到家,望着紧张的小勇,开心地说:“老师又表扬你了!说你只需要再努力一点点,你绝对可以考上一个特棒的大学!”

小勇笑了!

一年之后,小勇果然考上了重点大学。他回到家,对妈妈说:“其实我早就知道老师批评我了!是妈妈让我觉得我还有希望,我谢谢妈妈!”

这就是鼓励的魅力!表扬激发出小勇的全部能力,使其潜能激发,终于获得了理想的绩效。

(三)绩效反馈的步骤

恰当的反馈步骤有助于将反馈形成一种双方的约束,以最终成为行动方案。表12-1给出的就是反馈的五个步骤。

表 12-1　绩效反馈的五步骤

反馈具体步骤	反馈情况	改进反馈面谈
步骤 1　做深呼吸,保持冷静	沟通记录时间: 员工: 职位: 部门: 经理: 确认工作目标和任务: 工作评估: 经理签字: 员工签字	改进措施:
步骤 2　仔细聆听,试图用别人的观点看问题		
步骤 3　弄清所有的问题以及确定你的理解		
步骤 4　承认你听到的和懂得的而不去争论		
步骤 5　整理你听到的,然后决定你同意什么		

要做好反馈,聆听是其中一个关键的环节。上帝给我们两只耳朵和一个嘴就是要让我们多听少说! 具体地说,聆听要注意以下技巧:①点头且微笑;②眼神接触;③听话听音;④身子前倾;⑤重复/总结;⑥做记录。

科学的聆听技巧首先是让说话的人感觉到尊重,从而愿意更多地表达自己的真实意愿,这才能更多地引起共鸣从而提高沟通的效果。

(四)反馈面谈

绩效评估反馈的重要方式之一是面谈,人们称之为"反馈面谈"。

1. 反馈面谈的类型和目标

进行评估之后,有四种人需要进行反馈面谈,每一种都有其特殊目的,参见表 12-2。

表 12-2　反馈面谈的类型与目标

反馈面谈的类型	反馈面谈的目标
(1)令人满意:可以提升	(1)制订开发计划
(2)令人满意:不能提升	(2)维持现有绩效
(3)不令人满意:可以改善	(3)绩效改善计划
(4)不令人满意:无法改善	(4)解雇或放任自流

其中,最后一种人属于可谈可不谈的。

2. 反馈面谈注意事项

(1)谈话要直接具体。谈话要根据绩效评估中得到的真实信息、资料,客观地向员工反映。因此,要充分准备好谈话用资料,如缺勤、迟到、质量记录、检查报告、残次品或报废率、生产率记录、计划任务完成情况、原材料消耗、成本控制和减少程度、差错率、实际成本与预算成本的对比、订货处理时间、事故报告、顾客投诉等。只有这样才能做到准确、有的放矢。

(2)说话要讲究策略。针对不同的人选择不同的谈话基调。对于员工的每一点成绩,都要充分看到并进行热情的肯定。不要简单、直接地指责员工,更不能用威胁的话,要主动与员工一起分析改进工作的方法与途径。

(3)鼓励员工多说话。反馈谈话是双向交流的过程,因此,不要将谈话变成自己的"训话"。要以平等的态度,仔细倾听、观察员工对绩效评估结果的反映和态度,让他们提出一些问题。必要时可以重问一下他们的意见,以便确认对所提问题已经完整无误地了解。然后共同分析原因,讨论改进措施。

(4)不要绕弯子。说话简明扼要,既不能直接针对员工个人,又必须要确保员工明白自己到底做对了什么,做错了什么。但要就事论事,切记不要算老账。

(5)适当的建议。无论针对哪一种人,反馈面谈的结果都应该制订进一步改进的计划和措施。其中,需要提出行动的步骤、时间和预期达到的结果,以保证面谈的有效性。

案例思考　干得好的成了"吆鸭子"的

天宏公司总部会议室,赵总经理正认真听取关于上年度公司绩效考核执行情况的汇报,其中有两项决策让他左右为难。一是经过年度考核成绩排序,成绩排在最后的几名却是在公司干活最多的人。这些人是否按照原先的考核方案降职和降薪,下一阶段考核方案如何调整才能更加有效?另一个是人力资源部提出上一套人力资源管理软件以提高统计工作效率的建议,但一套软件能否真正起到支持绩效提高的效果呢?

天宏公司成立仅四年,为了更好地进行各级人员的评价和激励,天宏公司在引入市场化用人机制的同时,建立了一套绩效管理制度。对于这套方案,用人力资源部经理的话说,是细化传统的德、能、勤、绩几项指标,同时突出工作业绩的一套考核办法。其设计的重点是将德、能、勤、绩几个方面的内容细化延展成考量的10项指标,并把每个指标都量化出5个等级,同时定性描述等级定义,考核时只需将被考核人实际行为与描述相对应,就可按照对应成绩累计相加得出考核成绩。

但考核中却发现了一个奇怪的现象:原先工作比较出色和积极的职工考核成绩却常常排在多数人的后面,一些工作业绩并不出色的人却排在前面。还有就是一些管理干部对考核结果大排队的方法不理解、有抵触心理。但是综合各方面情况,目前的绩效考核还是取得了一定的成果,各部门都能够很好地完成,唯一需要确定的是对于考核排序在最后的人员如何落实处罚措施。另外,对于这些人的降职和降薪无疑会伤害一批像他们一样认真工作的人,但是不落实却容易破坏考核制度的严肃性和连续性。另一个问题是,在本次考核中,统计成绩的工具比较原始,考核成绩统计工作量太大,人力资源部就三个人,却要统计总部200多人的考核成绩,平均每个人有14份表格,统计、计算、平均、排序、发布,最后还要和这些人分别谈话,在整个考核的一个半月中,人力资源部几乎都在做这件事情,其他事情都耽搁了。

赵总经理决定亲自请车辆设备部和财务部负责人到办公室深入了解一下实际情况。

车辆设备部李经理、财务部王经理来到总经理办公室,当总经理简要地说明原因之后,车辆设备部李经理首先快人快语回答道:我认为本次考核方案需要尽快调整,因为它不能真实反映我们的实际工作。例如,我们车辆设备部主要负责公司电力机车设备的维护管理工作,总共只有20个人,却管理着公司总共近60台电力机车,为了确保它们安全无故障地行驶在600公里的铁路线上,我们主要工作就是按计划到基层各个点上检查和抽查设备维护的情况。在日常工作中,我们不能有一次违规和失误,因为任何一次失误都是致命的,也会造成重大损失,但是在考核业绩中有允许出现"工作业绩差的情况",因此,我们的考核就是合格和不合格之说,不存在分数等级多少。

财务部王经理紧接着说道:对于我们财务部门,工作基本上都是按照规范和标准来完成的,平常填报表和记账等都要求万无一失,这些如何体现出创新的最好一级标准?如果我们没有这项内容,评估我们是按照最高成绩打分还是按照最低成绩打分?还有一个问题,我认为应该重视,在本次考核中我们沿用了传统的民主评议的方式,我对部门内部人员评估没有意见,但是实际上让其他人员打分是否恰当?因为我们财务工作经常得罪人,让被得罪的人评估我们财务,这样公正吗?

听完大家的各种反馈,赵总想:难道公司的绩效管理体系本身设计的有问题?问题到底在哪里?考核内容指标体系如何设计才能适应不同性质岗位的要求?公司是否同意人力资源部门提出购买软件的方案?能否有一个最有效的方法解决目前的问题?总经理陷入了深深的思考中。

(资料来源:肖一鸣,http://www. ccw. com. cn/work2/enployer/manager/htm2005/20050412_09AJ1. htm,2005 -4 -12。)

问题:

1. 本企业在绩效管理中存在哪些问题?

2. 请你给总经理就修正绩效考核方案提点建议。
3. 财务部门的绩效考核有哪些难点?

G 关键概念 JIANGAINIAN

晕轮效应　　信度　　图表评估法　　指标　　标准

F 复习思考题 XISIKAOTI

1. 绩效的内涵是什么?
2. 如何认识绩效评估的原则?
3. 绩效评估的基础是什么?
4. 绩效指标设计的原则是什么?
5. 如何认识绩效评估过程中可能出现的问题?

B 补充阅读材料 CHONGYUEDUCAILIAO

海尔的绩效管理

从一家濒临破产的小企业,成长为享有世界声誉的企业集团,海尔的产品行销五洲,海尔的员工来自世界各地。是什么让海尔冲险破隘、创造出一个个骄人业绩?首先很重要的是海尔集团实施的名牌战略,坚持技术质量上的高起点,强化全员质量意识和产品质量意识,坚持技术进步,通过狠抓产品质量,创立了海尔冰箱名牌,实行海尔国际星级一条龙服务的营销策略,通过制作海尔兄弟的动画片树立良好企业形象等,使海尔跻身中国十大驰名商标之列,也赢得了空前的市场信誉,2006 年,在《亚洲华尔街日报》组织评选的"亚洲企业 200 强"中,海尔集团连续第四年荣登"中国内地企业综合领导力"排行榜榜首。海尔已跻身世界级品牌行列,其影响力正随着全球市场的扩张而快速上升。而海尔的广告词"真诚到永远"也给民众留下了十分深刻的印象。

而在海尔的发展历程中,是生机勃勃、创新不止的海尔文化把不同地域、不同民族的 3 万海尔员工,聚合在蓝色的海尔旗下,成为海尔人创造奇迹的强大动力。

创新不仅包括技术的创新,还包括管理实践的创新,海尔探索的"日事日毕,日清日高”的 OEC 管理模式引起国际管理界的高度关注。OEC 管理源于海尔,被国家经贸委发现,三位副总理批示在全国推广。

迄今为止,在中国直接、间接借鉴过海尔 OEC 管理方法的企业达万家。

什么是 OEC 呢? O - overall 全方位,E - every 每人每天每件事,C - control & clear 控制和清理,即今天的工作必须今天完成,今天完成的事情必须比昨天有质的提高,明天的目标必须比今天更高。这是海尔首先提出的管理方法。

OEC 管理法的主要内容:

三个基本原则:

(1)闭环的原则:凡事要善始善终,必须有 PDCA 循环原则,而且要螺旋上升。

(2)比较分析的原则:纵向与自己的过去比,横向与同行业比(研究竞争对手),没有比较就没有发展。

(3)不断优化的原则:

A. 优化组合、整合,如对人员及时调整,对工作目标、工作项目及时调整等,后来又提出木桶理论。

B. 根据木桶理论,找出弱项,并及时整改,提高全系统的水平。

目标标准体系

(1)根据企业发展方向、市场竞争需求确定合理的目标。

(2)进行目标管理:将企业的大目标分解到各部门,再分解到每个员工的身上。

(3)目标特征:指标具体、可以度量,将量化值编成小册子。目标分解到人:责任人、主管人、配合人、审核人等。如:冰箱有 156 道工序,545 项责任都落实到人,并规定每一道工序不出废品。

(4)做到管理不漏项,事事有人管,人人都管事,并将责任人、检查人明确显示出来。

(5)做到企业内所有人都十分清楚自己每天该干什么,按什么标准干,如何获得优秀标准。

日清控制体系

(1)日事日毕:当天发生的问题,当天解决。

(2)日清日高:要求职工坚持每天提高 1%,70 天工作水平可提高一倍。

(3)日清方法:自清,职能管理部门现场复审,自检、互检、专检。

(4)复审中发现的问题,随时纠偏,连续发现不了的问题,必须提高目标值。

管理人员日清表,日:即在每个生产作业现场设立的一级大表。

3E 卡:指“3E 日清工作记录卡”,是工人的日清表。

管理人员日清表由各级管理人员在班后进行清理时填写。

生产系统工人按七项日清要求进行生产,班后填写 3E 卡,车间主任、班长等纵向控制，班后审核 3E 卡。

职能系统针对七项日清，按“5W3H1S”的要求，每两小时巡检一次，从事瞬间控制，并且班后自清。两者结合就形成了一个纵横交错的“日日清”控制网络体系。

通过 OEC 日清表，处于不同管理层的管理者对其下属的工作可以清楚了解，及时地纠正下属的工作失误，对先进做法及时总结推广。

有效激励体系

(1)激励原则：公平、公正、公开——通过 3E 卡，每天公布职工每个人的收入，不搞模糊工资。

(2)制定合理的计算依据，对每个岗位量化考核，使劳动与报酬直接挂钩，报酬与质量直接挂钩。

在激励的方法上，海尔更多地采用即时激励的方式。如在质量管理上利用质量责任价值券，员工人手一本质量价值券手册，手册中整理汇编了企业以往生产过程中出现的所有问题，并针对每一个缺陷，明确规定了自检、互检和专检三个环节应负的责任价值及每个缺陷应扣多少钱，质检员检查发现缺陷后，当场撕价值券，由责任人签收；操作工互检发现的缺陷经质检员确认后，当场予以奖励，同时对漏检的操作工和质检员进行罚款。

海尔有一套完善的绩效考核制度，业绩突出者进行三工“上”转，试用员工转为合格员工，合格员工转为优秀员工；不符合条件的进行三工“下”转，甚至退到劳务市场，内部待岗。退到劳务市场的人员无论原先是何工种，均下转为试用员工。试用员工必须在单位内部劳务市场培训 3 个月方可重新上岗。同时，每月由各部门提报符合转换条件的员工到人力资源管理部门，填写《三工转换建议表》，然后由人力资源管理部门审核后公布。

所以有人说 OEC 实际上也是一种特色的绩效管理。

主要参考文献

1　何承金.人力资本管理[M].成都:四川大学出版社,2000.

2　[美]雷蒙德·诺伊,约翰·霍伦拜克,拜雷·格哈特,帕特雷克·莱特.人力资源管理:赢得竞争优势[M].刘昕,译.北京:中国人民大学出版社,2001.

3　余凯成.人力资源开发与管理[M].北京:企业管理出版社,1997.

4　罗锐韧,曾繁正.人力资源管理[M].北京:红旗出版社,1997.

5　安应民,吴菁.人力资源管理学[M].北京:中共中央党校出版社,1998.

6　郑绍濂,陈万华,胡君辰,杨洪兰.人力资源开发与管理[M].上海:复旦大学出版社,1995.

7　谌新民,张帆.工作岗位设计[M].广州:广东经济出版社,2002.

8　廖泉文.人力资源考评系统[M].济南:山东人民出版社,2000.

9　詹姆斯·沃克.人力资源战略[M].北京:中国人民大学出版社,2001.

10　彼得·道林,丹尼斯·韦尔奇.跨国公司人力资源管理(第1版)[M].北京:中国人民大学出版社,2001.

11　吴志明.员工招聘与选拔实务手册[M].北京:机械工业出版社,2002.

12　秦志华.人力资源管理[M].北京:中国人民大学出版社,2000.

13　郑晓明.现代企业人力资源管理导论[M].北京:机械工业出版社,2002.

14　[英]内维尔·贝恩,比尔·梅佩.人的优势——通过更好的遴选与业绩改善经营成果[M].北京:经济管理出版社,2001.

15　埃里克·弗兰霍尔茨.人力资源管理会计[M].上海:上海翻译公司,1986.

16　刘仲文.人力资源会计[M].北京:首都经济贸易大学出版社,1997.

17　李天明.管理会计研究[M].上海:立信会计出版社,1994.

18　黄维德.现代人力资源开发与管理概论[M].武汉:华东理工大学出版社,1998.

19　雷蒙德·诺伊.雇员培训与开发[M].北京:中国人民大学出版社,2001.

20　骆玲.现代企业管理综合培训教程(上册)[M].成都:西南交通大学出版社,2001.

21 [美]杰克·菲利普斯. 培训评估与衡量方法手册[M]. 天津:南开大学出版社,2001.

22 朱舟. 人力资本投资的成本收益分析[M]. 上海:上海财经大学出版社,1999.

23 何承金. 劳动经济学[M]. 大连:东北财经大学出版社,2002.

24 雅各布·明塞尔. 人力资本研究[M]. 北京:中国经济出版社,2001.

25 加里·贝克尔. 人力资本[M]. 北京:北京大学出版社,1987.

26 高文举. 培训管理[M]. 广州:广东经济出版社,2001.

27 李宝元. 人力资本运营[M]. 北京:企业管理出版社,2001.

28 谌新民,刘善敏. 人员测评技巧[M]. 广州:广东经济出版社,2002.

29 赵曙明. 人力资源管理与开发[M]. 北京:中国人事出版社,1998.

30 赵耀. 如何做人事主管[M]. 北京:首都经济贸易大学出版社,1998.

31 武欣. 绩效管理实务手册[M]. 北京:机械工业出版社,2001.

32 彼得·圣吉. 第五项修炼(第2版)[M]. 上海:上海三联书店,1998.

33 李春苗等. 企业培训设计与管理[M]. 广州:广东经济出版社,2002.

34 郭京生等. 人员培训实务手册[M]. 北京:机械工业出版社,2002.

35 孙健敏. 人力资源管理[M]. 北京:科学出版社,2009.

36 魏钧. 绩效考核指标设计[M]. 北京:北京大学出版社,2010.

37 唐志红,肖丕楚,韩文丽. 能本管理实用图解手册[M]. 北京:中国工人出版社,2006.

38 方振邦,孙一平. 绩效管理[M]. 北京:科学出版社,2010.